부동산 중개 실무 123(개정3판)

부동산 중개 실무 개정3판

123

권대갑 지음

도서출판 북트리

"이 책을 절대 빌려주지 마세요! 이 책이 곧 경쟁력입니다."

---

1. 경쟁력 있는 중개사?

쉽게 말해서 돈 잘 버는 중개사가 되려면 어떤 조건이 필요할까요?

여러분이 아래에서 골라보세요.

① 뛰어난 사무소의 입지와 풍부한 인맥

중개업도 영업적인 요소기 크기 때문에 입지가 상당히 중요합니다. 좋은 입지란 쉽게 말해서 손님이 많이 오는 자리입니다. 하지만 좋은 자리는 권리금과 차임이 너무 비쌉니다. 자신 있게 들어가서 월세에 시달리다가 백기를 드는 경우가 허다합니다.

위와 같은 현상이 발생하는 이유는 오는 손님을 소화시키지 못해서 수익을 많이 발생시키지 못해서 그렇습니다. 그렇다면, 왜 오는 손님을 소화시키지 못할까요? 많은 요인이 있겠지만 소개해 줄 물건이 충분히 확보되지 않아서입니다. 이것은 인맥과도 밀접하게 관련이 됩니다. 인맥은 자신의 노력 여하에 따라 다르겠지만, 충분히 쌓이기에는 시간이 걸립니다. 자신이 개업하고자 하는 곳의 토박이라면 위 시간이 크게 절약될 것입니다.

결론이 나왔습니다. 자신이 잘 아는 동네에서 손님 많이 오는 자리에 개업하면 되겠네요? 하지만 자금이 충분할 리가 없습니다.

산꼭대기에 차리지 않은 이상 하루에 한두 분 정도의 손님은 오십니다. 이분들을 꼭 잡는다는 각오로 임하시면 입지적 불리함을 어느 정도 극복할 수 있습니다. 자금이 충분한 분은 처음부터 요지에 들어가서서 자리가 잡힐 동안 버티셔도 됩니다. 그렇지 못하다면 자신이 오래 살았던 동네의 주택가 또는 원룸촌에서 시작하십시오.

② 호감과 신뢰를 주는 외모와 옷차림

타고난 외모는 어쩔 수 없지만, 자기관리 또는 옷차림으로 호감도와 신뢰도를 높일 수 있을 것입니다. 너무 노티가 나도 문제지만, 너무 가벼워 보여도 문제입니다. 주위의 옷 잘 입는 분들의 조언을 구해서 자신에게 맞는 옷 입는 법을 찾아야 할 것입니다.

③ 화려한 언변

말을 많이 해야 하는가? 과묵해야 하는가? 참 어려운 문제입니다. 필자의 경험으로는 젊은 층을 상대하는 원룸이나 상인을 상대하는 상가의 경우에는 재미있게 말을 많이 하는 경우 계약 성사율이 높았으나, 고가의 통매매 같은 경우에는 전혀 도움이 되지 않았습니다. 고가 물건을 중개할 경우 의뢰인들이 고령이시고 전 재산이 걸린 중요한 사안이기에 중개사가 쓸데없는 말들을 해서 가벼워 보이는 일이 없어야 할 것입니다.

④ 풍부한 지식(부동산 관련 지식 또는 법률적 지식 등)

아무리 강조해도 지나치지 않습니다. 남들보다 하나라도 더 알아야 합니다. 일단 멘토, 강의, 책 등을 통해서 익힌 후 그 지식이 말로 나와야 합니다. 머릿속에 있는 것과 의뢰인들에게 말로 설명하는 것은 완전히 별개라는 것을 명심하시고, 항상 공부하는 자세를 가져야 할 것입니다.

⑤ 분쟁의 소지를 남기지 않는 빈틈없는 계약서 작성

실질적으로 가장 중요한 사항이며, 극단적으로 말하자면 이것만 잘해도 실력 있는 중개사라는 말을 들을 수 있습니다. 세부적으로는 빈틈없이 계약서를 작성할 수 있고, 그 내용을 정확히 설명할 수 있어야 합니다. 앞으로 이 책의 대부분은 이 항목에 관한 내용이 될 것입니다.

⑥ 끝까지 책임지는 자세

매스컴 등에서 보면 중개사분들이 고객들에게 가장 비난을 받는 경우가 수수료를 받고 나면 돌변한다는 것입니다. 한 분 한 분께 책임지는 자세로 정성을 들여 보십시오, 제비가 떠났다가 박 씨를 물고 오듯이 몇 배의 가치가 되어서 돌아올 것입니다.

2. 이 책의 성격 및 구성

이 책은 시중의 다른 실무 서적들과 달리 중복된 내용의 판례, 불필요한 도표, 사진 등을 통한 페이지 수 늘리기 편법을 쓰지 않고, 꼭 필요한 것 중에 더욱 필요한 사항만 꼭꼭 눌러 담았습니다.

이 책은 실무에서 가장 자주 접하게 되는 기본적인 계약서(단독주택, 빌라, 아파트, 상가, 오피스텔, 분양권) 작성법 위주로 구성이 되어 있습니다.

이 책에서 다루고 있지 않은 계약서 유형들도 어짜피 기본적인 계약서 유형에서 약간의 변형만 주는 형태이기 때문에, 이 책의 내용만 잘 숙지하시어 활용하시면 다른 생소한 유형의 계약에도 충분히 대처가 가능할 것입니다.

3. 당부하고 싶은 말

　중개업은 세월이 흐른다고 저절로 실력이 쌓이지 않는다는 점만 말씀드리고 싶습니다. 경력이 많은 분들의 경험을 이 책 한 권으로 살 수는 없을 것입니다. 하지만 이 책을 통하여 부동산 중개의 핵심을 내 것으로 만든다면, 2년 이상의 경험자들을 충분히 능가할 수 있는 실력을 쌓을 수 있을 것이라 확신합니다. 항상 초심을 잃지 마시고 공부하는 자세로 중개업에 뛰어드신다면, 중개사님들의 미래에 큰 성공이 찾아올 것이라는 것을 믿어 의심치 않습니다.

　이 책의 내용 중 학설이 갈리는 사안 등에는 저의 개인적인 의견도 조금 반영되어 있음을 알려드립니다. 또한 책의 내용으로 인해 발생할 수 있는 문제에 관하여 저자가 법적 책임을 지지 않음을 알려 드립니다.

CONTENTS …

제1장 계약의 사전단계 — 13

1. 계약의 당사자 — 14
2. 가계약 — 19
3. 공인중개사의 확인 설명의 범위와 책임 — 26

제2장 특약총론 — 28

1. 특약이란? — 29
2. 특약의 종류 — 31
3. 특약들의 사용법 — 36

제3장 단독주택 — 39

1. 단독주택의 의미 — 40
2. 단독주택의 월세 — 42
   1) 주택임대차보호법 주요 내용 — 42
   2) 계약의 시간적 진행과정 — 47

   3) 주택 월세의 권리 분석   47
   4) 계약서 작성법   56
   5) 확인 설명서 작성법   83

3. 단독주택의 전세   99
   1) 계약의 시간적 진행과정   99
   2) 계약서 작성법   100
   3) 확인 설명서 작성법   104

4. 단독주택의 매매   108
   1) 계약의 시간적 진행과정   108
   2) 계약서 작성법   117
   3) 확인 설명서 작성법   124

제4장   공동주택   **129**

1. 다세대주택·연립주택   130
   1) 다세대주택·연립주택의 의미   130
   2) 다세대주택·연립주택의 월세 계약   131
   3) 다세대주택·연립주택의 전세 계약   140
   4) 다세대주택·연립주택의 매매 계약   148

2. 아파트　　　　　　　　　　　　　　　　　　　　　　157

 1) 아파트 월세　　　　　　　　　　　　　　　　　　157
  (1) 계약의 시간적 진행과정　　　　　　　　　　　157
  (2) 계약서 작성법　　　　　　　　　　　　　　　158
  (3) 확인 설명서 작성법　　　　　　　　　　　　161

 2) 아파트 전세　　　　　　　　　　　　　　　　　　165
  (1) 계약의 시간적 진행과정　　　　　　　　　　　165
  (2) 계약서 작성법　　　　　　　　　　　　　　　166
  (3) 확인 설명서 작성법　　　　　　　　　　　　171

 3) 아파트 매매　　　　　　　　　　　　　　　　　　175
  (1) 계약의 시간적 진행과정　　　　　　　　　　　175
  (2) 계약서 작성법　　　　　　　　　　　　　　　176
  (3) 확인 설명서 작성법　　　　　　　　　　　　181

제5장　상가　　　　　　　　　　　　　　　　　　　185

1. 상가임대차　　　　　　　　　　　　　　　　　　　186

 1) 권리금이란?　　　　　　　　　　　　　　　　　　186
 2) 상가임대차 보호법 주요 내용　　　　　　　　　　188
 3) 상가임대차 계약의 시간적 진행과정　　　　　　　196
 4) 상가임대차 계약서 작성법/확인 설명서 작성법　　239
 5) 상가임대차 권리금 계약서 작성법　　　　　　　　253

2. 상가주택매매	260
1) 상가주택이란?	260
2) 상가주택의 특징	261
3) 상가주택 매매계약서 작성법/확인설명서 작성법	266

3. 상가 매매	273
1) 상가 매매의 의의 및 특징	273
2) 상가 매매계약서 작성법/확인 설명서 작성법	273

제6장 오피스텔 — 278

1. 오피스텔의 의미	279
2. 업무용 오피스텔, 주거용 오피스텔	279
1) 구별 기준	279
2) 구별의 실익	280
3) 오피스텔 임대차계약서/확인 설명서 작성법	283
4) 오피스텔 매매계약서/확인 설명서 작성법	287

제7장 분양권 — 292

1. 분양권 매매	293
1) 분양권 매매계약서, 확인설명서 작성법에 관한 기본 지식	293
2) 분양권 매매계약서 작성법	294
3) 분양권 매매계약 확인설명서 작성법	297
4) 계약 및 잔금 진행 과정	302

2. 분양권 상태의 임대차계약   304
   1) 분양권 상태의 임대차계약서, 확인설명서 작성법에   304
      관한 기본 지식
   2) 전세계약서 작성법   305
   3) 잔금 진행 과정   306

제8장 중개사에게 유용한 지식들   **308**

1. 중개보수   309
2. 묵시적 갱신   312
3. 건폐율과 용적률   317
4. 도로   320
5. 확정일자와 전세권 설정등기   322
6. 계약서 대서, 대필   325
7. 임차인의 원상회복의무(원상복구의무)   327
8. 개업공인중개의 금지행위   333
9. LH전세, SH전세   343
10. 주요 중개사고의 유형   349
11. 내용증명   352
12. 차임 연체에 관한 법률들   357

제 1 장

REAL ESTATE

계약의 사전단계

1 계약의 당사자

1) 소유자(매도인, 임대인) 또는 매수인(임차인)은 자연인(사람) 또는 법인일 수 있습니다.

- **사람** - 단독소유
    공동소유(대부분 공유 / 기타 합유·총유)
    : 등기부상 소유자가 ① 신분증 ② 등기권리증 ③ 입금계좌의 명의와 일치해야 함.
- **법인** - 법인등기부상 ① 법인이 실존해야 함 ② 대표이사(임기 중) 명의 확인

▶ 실무 - 보증금이 소액인 원룸 등의 임대차의 경우에는 신분증과 입금계좌 명의가 등기부상 소유자와 일치한다면 거의 대부분 안심해도 됩니다. 왜냐하면, 대포 통장과 신분증 위조 비용이 500만 원 이상 들어가는데 어느 사기꾼이 몇 백만 원 먹으려고 교도소 갈 각오를 할까요? 하지만 보증금 또는 거래금액이 수천만 원에서 수억 원인 경우에는 반드시 등기부상 소유자와 진정한 권리자라 주장하는 사람이 일치하는지를 신분증, 입금계좌명의 확인만으로는 부족하고, 등기권리증, 재산세 납부증명원 확인 또는 직접 직장 등을 탐문하여야 책임을 면할 수 있습니다. 또한 입금계좌 명의 확인 시에 진정한 권리자라고 주장하는 자가 제시한 계좌가 개설된 지 얼마 안 된 것이라면 일단 의심을 해보아야 합니다. 일단, 보유계좌 중에 가장 오래되고 거래실적이 많은 계좌를 제시해 달라고 요청을 하십시오. 만약 그것을 거부한다면 거래를 중개하지 않는 것이 좋을 것입니다.

※**담보신탁 등기된 부동산 임대차**
현업을 하다 보면 등기부에 신탁 등기된 부동산을 중개하게 되는 일을 겪게 됩니다.
이런 경우에 대부분의 대표님들께서는 당황을 하게 되고, 심지어 이런 물건을 중개를 포기하는 일도 많습니다.
신탁 등기된 부동산이란, 일정한 목적을 달성하기 위하여 부동산의 원소유자인 위탁자가 수탁자(일반적으로 신탁회사)에게 부동산의 소유권을 완전히 넘기는 것을 말합니다.
우리가 중개하면서 많이 접하게 되는 유형은 담보신탁이며, 이는 원소유자가 부동산을 공신력 있는 수탁자(신탁회사)에게 담보로 넘기고 우선수익자(금융기관)에게서 자금을 빌리는 형태입니다.

> 여기서 중요한 점은 대내적으로나 대외적으로나 담보신탁 부동산의 소유자는 수탁자라는 점입니다. 따라서 임대권한은 원칙적으로 소유자인 수탁자에게 있으므로, 수탁자와 계약을 맺어야 합니다. 따라서 본인에게 임대권한이 있다고 주장하는 원소유자인 위탁자와 계약을 체결하기 위해서는 세 가지 사항을 반드시 확인하여야 합니다.
>
> · 신탁원부를 통한 임대권한 확인(신탁원부의 특약 부분 확인)
> · 임대동의서를 통한 수탁자와 우선수익자의 임대동의 확인
> · 수탁자와 우선수익자를 통한 입금계좌 확인
>
> 만약 위의 내용 확인을 통해 위탁자의 임대권한을 확인하였다면, 임대차계약서에 수탁자가 아닌 위탁자를 임대인으로 기재하여 임대차계약을 체결할 수 있습니다.

2) 계약하러 온 사람은 본인, 대리인 또는 대표일 수 있습니다.

(1) 본인이 계약하러 나온 경우

① 본인 단독소유인 경우 : 매매, 임대차 구별 없이 특별히 문제 될 것 없으며 본인이 맞는지 여부만 신분증, 등기부, 등기권리증 등으로 확인하면 됩니다.

② 본인이 공유자 중 1인인 경우
▶ 매매의 경우 → 지분의 매매가 아닌 이상 어떠한 경우에도 단독으로 계약체결이 불가능.
▶ 임대차의 경우
본인의 지분이 과반수 이상 → 단독으로 계약체결 가능
본인의 지분이 과반수 이하 → 단독으로 계약체결 불가(대리권 수여 필요)
본인과 다른 공유자가 부부관계인 경우, 일상가사대리권에 의한 단독 계약체결이 가능여부 →
원칙적으로는 불가능(임대차계약에 의하여 공유자 다른 일방이 월차임에 관한 권리를 얻지만, 보증금 반환채무도 지게 되므로)

예외적으로 보증금이 소액일 경우는 가능(다수설 입장)

(2) 대리인이 계약하러 나온 경우

① 대리인이 유권대리인인 경우

▶ 매매, 임대차 공통 → 대리인이 위임장+인감증명서를 가지고 있는지 확인

여기서 주의할 점은 위임장은 위임여부를 판단하는 기준이기 때문에 카톡이나 녹취 등의 다른 수단으로 위임여부를 증명할 수 있다면 위임장이 없어도 된다는 점입니다.

※ 인감증명서에 관하여 주의할 점
- 본인발급(인감증명서 상단에 표시)인지 반드시 확인해야 합니다.
  처가 위임장을 위조하고 남편명의의 인감증명서를 대리발급 받아서 전세금을 가지고 도망간 사례가 있으니 반드시 인감증명서가 본인 발급이 맞는지 확인하여야 합니다.
- 인감증명서의 존재여부는 계약의 필수사항이 아닙니다.
  판례에서는 인감증명서는 위임장의 진위여부를 확인하는 수단일 뿐이므로 위임이 있었다는 것을 확실하게 증명할 수 있다면 인감증명서의 부재가 계약의 효력에 영향을 미칠 수 없다고 판시하고 있습니다.

---

② 대리인이 무권대리인인 경우

▶ 대리인이 소유자와 부부관계인 경우
- 매매의 경우 → 원칙대로 별도의 위임을 받아야 합니다.
- 임대차의 경우 → 보증금이 소액일 경우 일상가사대리권에 의해 대리가 성립할 수 있습니다.

▶ 본인과 아무 관련이 없는 사람인 경우
아래 세가지 중 하나를 갖추어야 계약의 유효성이 인정됩니다.
- 위임장+인감증명서 또는 위임을 증명할 수 있는 다른 방법

┌ 추인(녹취, 문자메시지, 카카오톡 등의 방법)
└ 기존 계약서 복사(표현대리 성립 가능)

→ 임대차의 경우 필자가 자주 쓰는 방법입니다. 임대차계약서 작성시 권리 없는 부부 일방이 나왔을 경우, 위임장 등을 보여 달라고 하면 월세계약을 하는데 이렇게 까다롭냐며 화내시는 경우가 많습니다. 더구나 소유자(부부 중 다른 일방)와 연락도 안 되서 추인 받기도 힘든 경우에는 난감하기만 합니다. 이럴 경우 동일 건물내의 다른 룸을 계약한 기존의 계약서를 가지고 와서 복사해 두면, 누가 봐도 이 사람이 동 건물을 계속 관리했다고 믿을만한 사유가 있다고 볼 수 있어 민법126조의 표현대리가 성립할 수 있습니다.

하지만 소유자와 무권리자의 관계가 부부가 아닌 경우에는 계약서의 위조 가능성도 있기 때문에 이 방법에 의한 표현대리 성립이 힘들 것입니다.

▶ 본인이 재외국민인 경우

재외국민이란 국적은 대한민국이지만 다른 나라의 영주권을 가지고 있거나 외국의 일정한 장소에 20일 이상 체류하는 자로 재외국민등록법에 의한 공관에 등록한 자를 말합니다. 이처럼 계약 당시 대리인이 출석하였는데 본인이 재외국민일 경우라고 해도 위임장+인감증명서(또는 위임장의 진위를 확인할 수 있는 방법)가 필요하다는 점에서는 일반적인 대리계약과 별반 다르지 않습니다. 하지만 본인이 타국에 있다는 특수성 때문에 약간의 주의를 더 기울일 필요가 있으므로, 본인에게 위임장에 대한민국재외공관의 공증을 받아서 보내 달라고 하는 것이 좋습니다. 공증수수료가 2달러 정도 밖에 하지 않으므로 본인에게도 무리한 요구는 아닐 것입니다. 그 후에 대리인은 공증 받은 위임장으로 인감증명서를 대리 발급 받으면 될 것 입니다.

> **※영상통화를 통한 위임 또는 추인 확인의 유효성**
> (영상)통화를 통한 위임 또는 추인 확인은 적법하고 안전한가?
> ☞ (영상)통화의 대상이 위임한 본인이 맞다는 전제아래 위임과 추인은 적법합니다.
> 하지만, 그 대상이 다른 사람일 가능성도 있으므로, 협회 상담위원께서 답변을 주신 것처럼 (영상)통화 외의 다른 수단(신분증 사본 팩스로 발송 요청)을 통해 권한을 확인해야 할 것입니다.

> 실제로도 (영상)통화를 통해 위임 또는 추인 여부를 확인하였는데도 불구하고, 차후에 본인이 아님이 밝혀져서 공인중개사가 손해배상을 하게 된 사건이 많음에 주의해야 합니다.
>
> 　제외공관을 통해 발급 받은 위임장이 계약 당일까지 국내에 도착할 수 없다면, 어떻게 해야 하는가?
> ☞ 아직 위임장이 국내에 도착하지 않았다고 하더라도, 해당 영사관에서 위임장을 발급했다는 사실을 국가에서 관리하는 사이트(영사민원24)를 통해 확인할 수 있습니다.
> 따라서 계약시에 의뢰인에게 해당 사이트를 통해 확인을 시켜주고, 차후 위임장이 도착하면 이를 교부하면 될 것입니다.

(3) 대표

　대표는 회사 그 자체로 보며, 대리인으로 보지 않습니다. 따라서 법인등기부를 통하여 현재 임기 중인 대표이사임을 확인했다면 위임장이 필요하지 않습니다.

> ※ **대표와의 계약 시**
> 　대표이사 서명 + 법인 인감 = 유효
> 　대표이사 서명 + 대표이사 인감 = 유효
> 　대표이사 서명 + 대표이사 막도장 = 유효

2 가계약

1) 가계약의 의의

　통상적으로 계약은 계약의 당사자들이 한자리에 모여서 바로 계약서를 쓰는 경우가 가장 일반적이며, 이 경우에는 가계약이라는 절차가 불필요합니다. 그러므로 되도록 당사자들을 바로 불러 모아서 계약서를 작성해야 가계약에 의해 발생하는 여러 골치 아픈 문제들을 피할 수 있습니다.
　현실적으로는 의뢰인이 계약의 의사를 표시했을 때 소유자(대리인)를 사무소로 바로 오시게 하는 것이 쉽지가 않으며, 매물 선점의 의미로 가계약을 원하시는 경우가 많습니다.
　업계에서는 계약금의 전부 또는 일부를 소유자의 계좌로 입금 또는 중개사에게 돈을 맡기거나 중개사의 계좌로 입금하고, 영수증 정도만 작성·발행해주고는 가계약이 되었다고 하는 경우가 대부분입니다. 위의 관행 때문에 가계약 단계에서 골치 아픈 문제가 발생하며, 협회게시판 등에도 가계약 단계에서의 문제 상담의뢰 건수가 상당수 올라오고 있는 실정입니다.

2) 가계약의 문제점

　통상적인 방법(소유자 계좌로 입금+영수증 발급)으로 가계약을 체결한 후 당사자들이 모여서 순조롭게 계약서를 작성한다면 아무런 문제가 없습니다. 하지만 당사자들 중 일방이 변심하여 가계약의 무효를 주장하거나 가계약의 해제를 요구한다면 과연 이미 지급한 가계약금을 어떻게 처리할 것인가가 문제됩니다.
　업계에서는 24시간 이내에 가계약을 해제할 수 있다고 알고 계신 분들도 계신 데 이것은 아무 근거도 없는 잘못된 부동산 상식 중 하나일 뿐입니다. 판례에 따르면 가계약이 가계약금의 지급 및 영수증의 발급 정도로만 이루어진 경우 본 계약의 주요 부분에 대한 합의가 없다고 하여 아무 효력도 없다고 합니다. 즉 가계약이라도 주요 부분의 합의가 있어야 계약의 일부 또는 예약으로 인정하고 보호하겠다는 입장인 것입니다.

  결론적으로 가계약의 내용에 본 계약의 주요 부분에 대한 합의가 있었다는 것을 유효 또는 무효를 주장하는 자가 입증하지 못하면 가계약은 무효가 되어 주고받은 금전은 그냥 서로 되돌려주고 끝나는 것이지(부당이득) 가계약금의 포기 또는 배액 상환 등은 요구할 수 없습니다.

> **판례 : 부산지법 2007. 07. 26. 선고 2003가합10578 판결(판결요지 중 발췌)**
>
> 실거래계에 있어서는 정식의 계약체결에 이르기 전에 당사자들의 다양한 이해관계를 반영하는 합의들이 흔히 '가계약'으로 이루어지는 경우가 많다. 그러나 가계약의 내용은 구속력의 정도나 규정하는 내용에 있어 매우 다양한 모습을 나타내고 있어 그 법적 성질과 효과를 파악하기가 쉽지 않으나, 우선적으로 고려되어야 할 것은 의사표시의 해석을 통해서 나타나는 당사자의 의사라 할 것인데, 당사자들이 장차 계속되는 교섭의 기초로써 작성한 것이고 장래의 교섭에 의하여 수정될 것이 예정되어 있다면 법적 구속력을 인정하기 힘들 것이지만, 주된 급부에 관하여 대략의 합의가 성립하여 있는 경우라면 그 부수적인 내용이 상세하게 확정되어 있지 않다고 하더라도 위 합의에 관하여는 독자적인 구속력 및 책임의 근거로써 인정해야 할 경우가 많이 있다. 따라서 가계약은 본계약 주요 급부의 중요 부분이 확정되어 있는 경우는 예약 또는 조건부 계약으로 볼 수 있고 그것이 확정되어 있지 않는 경우는 준비단계의 계약으로 볼 것이다. 가계약의 구속력으로써 본계약체결의무를 인정하여 그 이행이익의 배상을 구하기 위해서는 가계약에서 본계약 주된 급부의 중요 부분에 관한 합의가 이루어져 당사자가 임의로 본계약체결을 파기할 수 없는 상태에 있어야 한다.
>
> ☞ 주요부분을 갖춘 가계약을 본계약의 예약으로 볼 수 있다는 판례

사례

갑과 을은 을 소유의 아파트를 4억에 매매하기로 하였습니다. 을이 사정상 중개사무소에 나오지 못하자, 중개사는 갑에게 가계약금으로 4백만 원을 을의 계좌에 입금하자고 한 후 영수증을 발급하였습니다. 그 후 동 아파트의 매매가가 급등하자 을은 4백만 원을 돌려주며 없었던 일로 하자고 하였습니다. 이 경우 갑은 을에게 4백만 원의 배액을 요구할 수 있을까요?
결론은 배액을 청구할 수는 없습니다. 가계약이 성립하였다고 볼 수 있을 정도의 주요 사항이 결여된 계약으로 부당이득의 문제만 발생할 뿐입니다. 즉, 을은 4백만 원을 돌려주면 되고, 갑은 그 금액 이상을 요구할 수 없습니다.

3) 해결법

가계약의 내용에 본 계약의 주요 부분에 대한 합의가 있었다는 것을 증명할 수 있는 무언가를 남겨야 합니다. 그 방법에는 아래 항목 중 하나를 하시면 되나 필자의 경우에는 세 번째 방법만 사용하고 있습니다.

(1) 스마트폰에 의한 녹취

중개사가 양당사자들과 각각 통화하여 주요사항을 녹취(구두계약도 계약으로 인정될 수는 있겠지만, 권장하는 방법은 아닙니다)

(2) 가계약서의 작성

별 실효성이 없습니다. 가계약서를 쓸 수 있는 상황이면 바로 본 계약서를 작성하도록 유도합니다.

(3) 모바일 가계약서의 작성

  스마트폰 메모장에 거래 유형별 가계약서를 작성해놓고, 양당사자에게 전송한 후 내용에 '동의함' 또는 '확인했음' 등의 답장을 받아서 가계약을 성립시킵니다. (아래 참조)

  아래의 형식으로 메모장에 작성해 놓고 계약할 때마다 내용만 수정하여 가계약을 진행시키면 됩니다. 임대차 외 매매 등의 다른 유형의 계약도 형식은 같습니다.

  여러가지 유형의 가계약서 중 주택임대차, 주택매매, 상가권리금에 관한 예시를 보겠습니다. 주의하실 점은 최근에 권리금계약서 작성행위가 행정사법 위반이라는 수원지법의 판결(2022.11.11선고)이 있었다는 사실입니다.

<임대차계약시 가계약서 표본>

서울특별시 관악구 신림동 251-196번지 207호에 관하여 다음과 같이 임대차계약을 체결함.

1. 임대차 계약내용: 계약금 100만원/ 계약기간 2021.04.15~2022.04.14/ 보증금 1000만원/ 월차임 50만원

2. 가계약금: 50만원

3. 본계약일(문서계약서 작성일): 2021.04.13

4. 특약 사항
 ① 임차 목적물에 관하여 **구두로 확인설명을 진행**한 후 체결하였음.
 ② **가계약금은 가계약에 관한 해약금 및 위약금으로 본다.**
 ③ 애완동물의 사육을 금지하며, 1인1실 계약임
 ④ 가계약이 중개사의 책임 없는 사유로 파기되는 경우, 양 당사자(또는 귀책 당사자)는 **소정의 보수 (금 00만원)를 개업공인중개사에게 지급**하기로 한다.

5. 가계약 동의 여부 확인
 ① 위의 사항에 동의 하시면 임대인 명의의 계좌번호를 문자로 알려 주십시오.(임대인용)
 ② 위의 사항에 동의하시면 임대인 명의의 계좌번호로 가계약금 50만원을 받겠습니다.
  입금과 동시에 임대차계약은 확정됩니다.(임차인용)

2021.03.26   매도인: 김갑동
　　　　　　매수인: 김을순

개업공인중개사: 김고수

▶ 계약의 주용 사항을 명확히 기재해야 가계약의 효력이 인정됨을 명심하시고, 최대한 명확하하고 꼼꼼하게 기재합니다

▶ 가계약시에는 중개대상물에 대한 확인설명서를 작성할 의무는 없지만, 구두로 의뢰인에게 확인설명을 진행했다는 취지의 특약을 남겨놓은 것이 분쟁방지에 좋습니다.

▶ 가계약에는 법정해제에 관한 민법565조가 적용되지 않는다는 것이 판례의 태도입니다.

따라서 특약으로 미리 가계약금의 성격이 해약금의 성격과 위약금(손해배상)의 성격이 있다고 정해줘야지 나중에 복잡한 문제가 발생하지 않습니다.

▶ 가계약이 공인중개사의 책임 없는 사유로 파기 되었을 때도 당사자들은 일정 보수를 지급할 의무가 있다는 사실을 특약으로 명시해 놓는 것이 좋습니다.

▶ 당사자들이 어떠한 행위를 했을 때 이를 청약과 승낙으로 간주하는 특약을 기재하여, 당사자들로 부터 별도로 동의했다는 답장을 받는 번거로움을 줄일 수도 있습니다.

<매매계약시 가계약서 표본>

서울특별시 관악구 신림동 서초그린 아파트 101동 301호에 관하여 다음과 같이 매매계약을 체결함.

1. 매매 금액: 6억 원

2. 가계약금: 600만 원

3. 본계약금 및 중도금 액수: 계약금(매매 금액의 10%), 중도금(매매 금액의 30%)

4. 중도금 및 잔금 예정일: 중도금 예정일(2020.02.01) 잔금 예정일(2020.03.01)

5. 본계약일(문서계약서 작성일): 2020.01.10

6. 특약 사항
① **매수인의 사정에 의해** 매매 목적물에 관하여 **유선상으로 확인설명을 진행**한 후 체결하였음.
② **매매 금액(6억원)의 10%(6천만원)를 가계약에 관한 해약금 및 위약금으로 본다.**
③ 가계약이 중개사의 책임 없는 사유로 파기되는 경우, 양 당사자(또는 귀책 당사자)는 **소정의 보수(금 00만원)를 개업공인중개사에게 지급**하기로 한다.

7. 가계약 동의 여부 확인
① 위의 사항에 동의 하시면 매도인 명의의 계좌번호를 문자로 알려 주십시오.(매도인용)
② 위의 사항에 동의하시면 매도인 명의의 계좌번호로 가계약금 600만원을 받겠습니다.
　　입금과 동시에 매매계약은 확정됩니다.(매수인용)

　　　　　　　　　　　　　　　　　　　　　　2020.01.01　매도인: 김건모
　　　　　　　　　　　　　　　　　　　　　　　　　　　매수인: 김을순
　　　　　　　　　　　　　　　　　　　　　　　　개업공인중개사: 김고수

<권리금계약시 가계약서 표본>

서울특별시 관악구 신림동 신림동 1517-10번지 1층 상가에 관하여 다음과 같이 권리금계약을 체결함.

1. 권리금액: 3000만원

2. 권리금에 포함된 권리: 모든 시설 및 영업 정보

3. 가계약금: 100만원

4. 본계약금: 300만원

5. 잔금 및 인수 예정일: 2021.05.01

6. 본계약일(문서계약서 작성일): 2021.04.10

7. 임대차 계약내용: 계약금 200만원/ 계약기간 2021.05.01~2023.05.01/ 보증금 2000만원/ 월차임 150만원

8. 특약 사항

① 가계약금은 가계약에 관한 해약금 및 위약금으로 본다.
② 임대차계약이 불성립하거나 임대인이 다른 계약 조건을 주장할 경우, 계약은 무효로 한다.
③ 권리금수수료는 권리금의 10프로로 하며 권리양도자가 부담한다.
④ 가계약이 중개사의 책임 없는 사유로 파기되는 경우, 양 당사자(또는 귀책 당사자)는 소정의 보수 (금 00만원)를 개업공인중개사에게 지급하기로 한다.

9. 가계약 동의 여부 확인

① 위의 사항에 동의 하시면 권리양도인 명의의 계좌번호를 문자로 알려 주십시오.(양도인용)
② 위의 사항에 동의하시면 권리양도인 명의의 계좌번호로 가계약금 600만원을 받겠습니다. 입금과 동시에 매매계약은 확정됩니다.(양수인용)

2021.04.01 권리양도인: 김갑동
권리양수인: 김을순
개업공인중개사: 김고수

< 가계약에 관한 논쟁>

① 가계약의 효력
계약도 본계약에 준하는 구속력을 가지는가에 관하여 논란이 있습니다.
대법원에서는 가계약이라고 해도 계약의 주요 사항(당사자, 거래대상물의 소재지, 거래금액, 중도금 및 잔금시기)을 갖추고 그것을 증명할 수 있으면 본계약에 준하는 구속력을 가진다고 말하고 있습니다.
가계약금을 주고 받았는지 여부는 가계약 성립에 영향을 주지 않음(대법원)에 주의해야 합니다.
→ 가계약금만 주고 받았어도 구속력을 인정해야 한다는 하급심 판례(2018년)가 존재합니다만, 대법원의 태도에 따르면 가계약금만 주고 받은 행위는 아무런 의미가 없다고 볼 수 있습니다.
→ 문서로 작성되지 않은 어떠한 계약도 효력을 인정할 수 없다는 학설도 존재합니다.

② 가계약금의 성격
가계약금도 계약금처럼 해약금 또는 위약금의 성격을 가지는가에 관하여, 가계약에는 민법 제565조가 적용되지 않는다고 대법원에서 최근 판결하였습니다.
→ 따라서 가계약시 별도의 해약금 및 위약금 약정을 하여야 합니다.

③ 중개보수
가계약이 중개사의 책임 없는 사유로 파기된 경우, 공인중개사의 중개보수를 수령 권한 여부에 관하여 논쟁이 많습니다.
논란의 여지는 있으나 현재 국토부의 태도는 **확인설명서를 작성해야 중개보수청구권이 발생한다**고 보는 입장입니다.
→ 가계약서에 특약으로 가계약 파기시 **일정한 보수**(중개보수 아님)를 공인중개사에게 지급한다고 기재하는 것은 유효하며, 대법원도 이와 같은 태도를 보이는 것으로 해석이 됩니다.

④ 부동산거래신고
가계약이 성립한 경우에도 부동산거래신고 의무가 있다는 것이 국토부의 태도(현실성이 떨어지는 판단이긴 합니다)입니다.
하지만 이것은 유효한 가계약이 성립되었다는 전제 조건이 있습니다.
→ 따라서 문서계약서 작성과 동시에 그 전에 주고 받은 가계약 흔적들을 다 지워버린다면, 가계약금만 주고 받았다는 사정만으로는 가계약 성립의 입증이 어렵기 때문에 가계약 시점의 부동산거래신고의무를 회피할 수도 있다는 것입니다.

3 공인중개사의 확인 설명의 범위와 책임

1) 관련 법규

개업공인중개사는 중개의뢰인에게 중개대상물의 상태, 입지, 거래 또는 이용제한사항, 그 밖에 대통령령이 정하는 사항을 성실, 정확하게 설명하고, 토지대장 등본 또는 부동산종합증명서, 등기사항증명서 등 설명의 근거자료를 제시하여야 합니다. (공인중개사법 제25조 제1항)

만약 공인중개사 중개행위를 함에 있어서 고의 또는 과실로 인하여 거래당사자에게 재산상의 손해를 발생하게 한 때에는 그 손해를 배상할 책임이 있습니다. (공인중개사법 제30조)

2) 실무에서는 판례를 기반으로 판단하여야 합니다.

위의 법규는 추상적이어서 실제 사례에 적용하기가 힘듭니다. 그러므로 어쩔 수 없이 우리 중개사들은 1차적으로는 지금까지 나온 판례에 의존하여 판단할 수밖에 없습니다. 기존의 주요 판례들을 숙지하시고 수시로 나오는 판례들을 체크하여야 할 것입니다. 주요한 판례 몇 가지를 소개하면 다음과 같습니다.

① 부동산 중개업자와 중개의뢰인의 법률관계는 민법상 위임관계와 같으므로, 민법 제681조에 의하여 중개의뢰의 본지에 따라 선량한 관리자의 주의로써 의뢰받은 중개업무를 처리하여야 할 의무가 있을 뿐 아니라…… 여기에는 중개대상물의 권리자에 관한 사항도 포함된다. (인천지법 2004. 06. 24. 선고 2003가합12577 판결) ☞ 중개사에게 선량한 관리자의 주의의무 수준의 책임을 부여.

② 부동산을 처분 또는 임대하려는 자가 진정한 권리자와 동일인인지 여부에 관하여 부동산등기부와 주민등록증을 확인하여야 하고, 더 나아가서 등기권리증의 소지 여부나 그 내용을 확인 조사하여 보아야 할 주의의무가 있다. (대법원 1993. 05. 11. 선고 92다55350 판결) ☞ 주민등록증은 위조가 비교적 손쉬우므로 등기권리증까지 조사하여야 중개사로서의 주의의무를 다 한 것으로 인정하여 책임을 면한다고 봄.

③ 부동산중개업자가 의뢰인에게 선순위의 확정일자를 갖춘 선순위 임차인의 존재를 확인 설명하지 아니한 채 임차보증금을 확보할 수 있다고 잘못 설명하여, 해당 주택이 경매 후 의뢰인이 임차보증금을 전혀 배당받지 못한 경우…… 중개업자에게 책임을 인정. (서울지법 남부지원 2000. 02. 11. 선고 99가합11831 판결) ☞ 보증금 전부가 아니라 일부를 배당받지 못한 경우에도 같다고 보아야 함.

④ 개업공인중개사는 중개대상 건물에서 과거에 자살이나 살인사건이 있었다는 사실을 중개의뢰인(매수인, 임차인)에게 고지할 의무가 있는가?

이를 긍정하는 듯한 하급심 판례가 있습니다. 하지만 위와 같은 사건이 발생한지 오랜 시간이 흘

REAL ESTATE

제 2 장

특약총론

1 특약이란?

```
계약서 구성 ┬ 일반적인 약속  ➡ 정확성 영역(공부 기준)
           └ 특별한 약속    ➡ 창조성 영역(당사자 의사 기준)

확인설명서의 구성 ➡ 확인설명의무가 있는 사항 중 가장 중요한 항목을 서식화
```

(1) 당사자 간의 특별한 약속

▶ 특약이란 "계약의 목적을 달성하기 위한 당사자 간의 특별한 약속"입니다.
계약서는 일반적인 약속과 특별한 약속으로 구성이 됩니다.

- 일반적인 약속 → 당사자, 소재지, 거래 금액 등
- 특별한 약속 → 대리계약이라는 사실, 하자에 대한 책임, 선순위 권리 말소, 위약금, 공인중개사가 확인설명을 했다는 사실 등

예를 들어 "A와 B"가 "서울특별시 서초구 잠실동 000-000번지 000아파트"를 "00억원"에 매도하기로 한다. 라는 약정이 일반적인 약속입니다.
하지만, 일반적인 약속만으로 이루어지는 계약은 거의 없습니다.
이에 더하여 "A를 대리하여 C가 계약을 체결"하며, "누수 발견시 매도인이 책임"지기로 한다. 라는 약정을 한다면, 이것은 특별한 약속이며 바로 특약인 것입니다.

▶ 계약서 작성시 일반적인 약속은 정확히 기재하는 것이 중요(정확성)하고, 특별한 약속은 제3자가 이해하기 쉽고 명확한 문구로 전문성 있게 기재하는 것이 중요(창조성)합니다.

(2) 확인하고 의뢰인에게 설명했다는 사실을 기재

▶ 공인중개사 입장에서 볼 때, 계약서 작성시 가장 중요한 사항은 계약에 중요한 영향을 미치는 사항을 확인하고, 이를 중개의뢰인에게 설명하였다는 사실을 남겨놓는 것입니다.
▶ 이것이 바로 "확인설명 특약"이며 공인중개사의 책임과 직결되는 매우 중요한 특약입니다.

(3) 계약의 목적을 파악하는 습관 필요

▶ 확인설명 특약 외에 어떤 특약을 기재해야 할 것인지 감이 안 잡힐 때에는 해당 계약의 목적이 무엇인지 생각해 보면, 대부분 해답을 얻을 수 있을 것입니다.

- 아파트 매매계약의 목적 → 소유권 이전
- 정비구역 내에 있는 아파트 매매계약의 목적 → 소유권 이전 + 조합원 지위 이전
- 아파트 임대차계약의 목적 → 잘 살고 + 보증금 잘 받아 나가는 것

▶ 예를 들어 아파트 매매계약이라면 계약의 목적은 아파트 소유권의 이전일 것입니다. 따라서 당사자 간의 원활한 소유권 이전에 방해가 되는 요소들(누수, 근저당, 가압류 등)을 해결하는 특약을 기재하게 될 것이고, 이행을 강제하기 위하여 위약금과 같은 벌칙을 정해놓게 될 것입니다.
▶ 그런데 매매대상 아파트가 정비구역 내에 있다면, 계약의 목적은 아파트 소유권의 이전 외에 조합원 지위 이전이라는 요소가 덧붙여질 것입니다.
따라서 조합원 지위의 이전이 불가능할 경우, 계약을 무효로 한다는 취지의 특약을 기재하게 될 것입니다.
▶ 또한 아파트 전세계약의 목적은 잘 살다가 전세금을 잘 돌려받아서 나가는 것일텐데, 여기서 잘 산다는 것은 임차목적물인 아파트에 잘 전입하여 계약기간 동안 거주할 수 있다는 것을 의미할 것입니다.

따라서 잔금 및 입주일에 전입을 방해하는 요소(예: 기존 임차인 거주)나 법정 기간 동안 거주하는 것을 방해하는 요소(예: 임대인이 2년 후 해당 아파트에 들어와 살아야 하는 경우)가 있을 수 있다면, 이를 해소할 수 있는 특약을 생각해 봐야 할 것입니다.

2 특약의 종류

(1) 계약서에 사용되는 특약은 몇 개?

▶ 대표님들께서 다른 부동산사무실에서 쓴 계약서 또는 시중의 계약서 작성 관련 도서들을 보면 매우 다양한 종류의 특약들이 사용되고 있는 것처럼 보일 것입니다.

심지어 어떤 책에는 계약서에 사용되는 특약들의 수가 500개 이상이라고 말하기도 합니다.

하지만 사실상 이러한 특약들은 겉보기에만 종류가 많은 것처럼 보일 뿐이고, 놀랍게도 실제 계약서에 사용되는 특약들은 크게 4가지 성격을 가진 특약들로 구성됩니다.

다만, 4가지 성격의 특약들이 중개상황에 따라 형태만 바꾸어서 표현될 뿐입니다.

▶ 다양한 중개상황에 따른 각종 계약서에 사용되는 4가지 성격의 특약들은 다음과 같습니다.

- 확인설명 특약
- 책임 특약
- 말소 특약
- 벌칙 특약

(2) 확인설명 특약

▶ 계약 당시 의뢰인의 계약체결에 중대한 영향을 미칠만한 사항들을 공인중개사가 확인하고 설

명했다는 사실을 기재한 특약입니다.

▶ 공인중개사의 책임과 직결되는 매우 중요한 특약입니다.

▶ 계약서를 구성하는 특약 중 가장 큰 비중을 차지합니다.

▶ 확인설명 해야 하는 사항은 다음과 같습니다.

- 당사자의 권한 확인
    - 매매일 경우 → 매도인의 처분권한
    - 임대차일 경우 → 임대인의 임대권한
    - 대리인이 나온 경우 → 대리인의 대리권한

- 물건에 관한 확인
    - 물건의 현황: 건축물 대장과 다른 구조, 임의 구조 변경 등
    - 물건의 하자
        - 물리 하자: 파손, 균열, 누수 등
        - 권리 하자: 근저당, 가압류, 선순위 임차인 등
        - 법률 하자: 위반건축물, 인허가 등

- 기타 계약에 중대한 영향을 미칠만한 사실:
    - 흉사(자살, 살인, 큰화재 등이 발생한 사실), 층간 소음 등
    - 정비구역에 관한 특수한 확인설명 사항(도정법 제122조)

사례

이 사례는 똑똑이 임차인을 만난 공인중개사에게 고난이 닥친 전형적인 사례이며, 공인중개사의 확인설명 범위에 관하여 시사하는 바가 큰 예입니다.

해당 사례에서 임차인이 공인중개사에게 주장하고 있는 논점은 공인중개사가 법정 확인설명서의 기재 사항 외에도 계약에 중대한 영향을 미칠만한 사안은 확인하여 의뢰인인 본인에게 설명했어야 하는데, 그것을 하지 않았다는 것입니다.

여기서 임차인이 주장하는 계약에 중대한 영향을 미칠만한 사안은 전세로 입주한 아파트 엘리베이터 교체공사를 1개월 동안 할 예정이라는 사실입니다.

그렇다면 엘리베이터 교체공사를 1개월 동안 할 예정이라는 사실에 대한 공인중개사의 확인 설명 의무가 인정될 수 있을까요?

일단, 공인중개사는 법정 확인설명서에 기재된 사항 외에 '계약에 중대한 영향을 미칠만한 사항'들을 확인하고 설명할 의무가 있는 것은 맞습니다.

여기서 말하는 '계약에 중대한 영향을 미칠만한 사항'이라는 것은 의뢰인이 이 사실을 알았더라면 계약을 체결하지 않았을 것이라고 객관적으로 인정될 만한 중대성을 가진 사항이라는 것입니다.

개인적인 생각으로는 해당 사안은 객관적으로 볼 때 이러한 정도의 중대성을 가진 사항이라고는 인정되기 어렵다고 생각합니다.

그렇다면 이런 상황에 대한 현명한 대처 방법은 무엇일까요?

공인중개사의 책임 여부를 떠나서 이러한 유형의 임차인은 이 문제 외에도 다른 사항들로 분쟁을 일으킬 가능성이 매우 높으며, 그 분쟁의 원인은 확인설명서가 될 것입니다.

따라서 공인중개사 스스로 확인설명서를 확실하게 작성하였다는 확신이 있다면 돈으로 합의를 할 필요가 없지만, 확인설명서 작성에 문제가 있다면 1개월치 월세를 주고 좋게 끝내는 것도 생각해 볼 필요가 있습니다.

(3) 책임 특약

▶ 계약 당시 및 잔금시까지 발생할 수 있는 문제에 관하여 미리 책임자 및 책임의 범위를 미리 정하는 특약입니다.

▶ 공인중개사의 책임과는 상관없는 특약이지만, 공인중개사가 잘못된 설명을 하였을 경우에는 책임을 지게 될 수도 있습니다.

▶ 계약서를 구성하는 특약 중 두 번째로 큰 비중을 차지합니다.

▶ 계약서에 사용되는 주요 책임특약의 예는 다음과 같습니다.

- 영업 신고등록 가능 여부에 관한 특약(상가임대차)
- 각종 인허가 가능 여부에 관한 특약(토지거래허가, 용도변경 등)
- 매도인의 하자담보책임의 범위에 관한 특약(각종 매매계약)
- 각종 부담금 또는 세금 부담에 관한 특약(상가임대차에서 하수도원인자 부담금을 임차인이 부담, 매수인 양도세 대신 부담)
- 면책특약(거래 당사자의 책임에 관한 면책특약, 공인중개사의 책임에 관한 면책특약)

(4) 말소 특약

▶ 계약 당시 등기부에 존재하는 여러 가지 권리하자들을 일정한 시점에 말소시키기로 하는 합의를 기재한 특약입니다.

▶ 공인중개사의 책임과는 상관없는 특약이지만, 말소가 되지 않아서 의뢰인에게 손해가 발생한 경우에는 공인중개사의 책임이 인정될 수 있음에 주의해야 합니다.

사례

이 사례는 실제로 필지가 상담하는 과정에서 목격한 중개사고입니다.
아파트 전세계약(7억)을 A중개사와 B중개사가 공동중개 하였는데, 계약서는 물건지 부동산의 A중개사가 작성하였습니다. A중개사는 계약서에 잔금과 동시에 아파트에 설정되어있는 근저당(채권최고액 5억)을 말소한다는 특약을 기재하였습니다.
그 이후 B중개사는 당연히 근저당이 말소 되었겠거니 하고 생각하였고, 1년6개월이 경과 하였습니다. 그런데 갑자기 해당 아파트가 근저당으로 인한 경매로 넘어갔고, B중개사는 A중개사와 연대하여 손해배상을 하라는 소장이 날라왔습니다.
B중개사는 본인이 계약서를 작성한 것도 아닌데 손해배상액 절반을 부담하여야 한다는 것에 억울하여 항소까지 하였습니다.
하지만, 법원에서는 공동중개한 공인중개사들 모두 말소특약의 이행 여부를 확인하지 않아서 임차인에게 손해를 입혔다는 사실을 인정하여, 원심 그대로 중개사들의 연대책임을 인정하였습니다.

▶ 말소가 아니라 반대로 근저당권 또는 전세권 등을 설정하는 특약을 넣을 수도 있습니다.

▶ 말소의 기본 원칙은 다음과 같습니다.

- 계약금을 좀 더 걸어서라도 계약시 말소하는 것이 가장 좋음
- 개인과 관련된 근저당 또는 가압류를 먼저 말소하는 것이 좋음
- 등기부에 권리하자가 다수 존재하는 경우, 계약 시점과 잔금 시점의 간격을 최대한 줄이는 것이 좋음

(5) 벌칙 특약

▶ 계약이 당사자들의 책임 없는 사유 또는 책임 있는 사유로 파기(해제, 취소, 무효) 되었을 경우, 당사자 일방에게 금전적 보상을 해주기 위한 특약입니다.

▶ 벌칙이 강할수록 계약은 잘 깨지지 않는 장점이 있는 반면, 계약 당사자들에게 거부감을 줄 수 있습니다.

▶ 당사자가 벌칙을 이행하지 않는다고 하여도 공인중개사의 책임과는 상관이 없습니다.

▶ 벌칙특약의 대표적인 예는 다음과 같습니다.

- 해약금 특약: 민법 제565조에 근거하여 계약의 이행이 시작되기 전이라면, 당사자 일방이 아무 이유 없이도 일정 금액(일반적으로 계약금)을 배액배상 또는 포기하고 계약을 해제할 수 있게 하는 특약입니다.
  당사자들 간의 특별한 약정이 없으면, 계약금은 해약금으로 추정합니다.
- 위약금 특약: 당사자 일방의 채무불이행이 발생한 경우, 다른 당사자에게 배상해야 하는 손해배상액을 미리 정해놓는 특약입니다.
  계약금은 당연히 위약금으로 추정되지 않으므로, 차후에 손해를 입증해야 하는 번거로움을 없애기 위해서 반드시 위약금 특약이 필요합니다.
- 위약벌 특약: 당사자 일방의 채무불이행이 발생한 경우, 손해배상과는 별개로 채무불이행을 했다는 사실 자체에 대한 배상을 따로 해주기로 하는 특약입니다.
  채무불이행을 한 당사자의 상대방은 위약벌금을 청구하면서 계속적인 계약이행을 청구할 수도 있으므로, 벌칙 특약 중 가장 강력한 성격을 가집니다.

3 특약들의 사용법

(1) 확인설명 특약은 모든 계약에 필수 요소
 ▶ 확인설명 특약은 모든 유형의 계약서에 공통적으로 들어가야 하는 가장 기본적이고 중요한 특약입니다.
 ▶ 계약서 작성시 확인설명 특약을 기본적으로 기재 한 후, 계약의 목적과 당사자들의 요구를 고려하여 나머지 성격의 특약들을 사용하시면 됩니다.

(2) 계약의 목적에 맞게 3가지 특약(책임 특약, 말소 특약, 벌칙 특약) 사용

(3) 명확하게 기재
 ▶ 특약으로 인해 중개분쟁이 발생하는 가장 큰 원인은 특약을 기재하지 않아서가 아니라, 특약을 애매하게 기재해서라는 사실을 명심해야 합니다.
 아래의 사례도 공인중개사가 애매한 특약을 기재함으로 인해 발생한 중개분쟁에 관한 것입니다.

사례

A(임대인)와 B(임차인)가 연립주택에 관한 매매계약을 체결하는 과정에서 중개사 C는 배란다 벽면 부분에서 균열, 누수 및 그로 인한 심한 곰팡이를 발견하였습니다.

C의 중재로 A는 균열, 누수 문제를 책임지고 해결해 주기로 하였으므로, C는 계약서에 이 내용을 특약(배란다 부분의 균열, 누수는 매도인이 책임지고 수리해 주기로 한다)으로 기재하였습니다.

그런데 계약 이후에 알고 보니, 해당 빌라는 12세대로 구성되어 있는데, 균열 또는 누수에 관한 수리는 세대가 개별적으로 할 수 없고 내년 7월(임차인은 1년 가까이 그대로 살아야 함)에 공동으로 하기로 계획되어 있었습니다.

임차인 측에서는 특약의 내용은 잔금시까지 수리를 해준다는 의미 아니냐며, 잔금시까지 이 문제가 해결되지 않으면 계약을 해제하겠다고 합니다.

반면 임대인 측에서는 해당 특약에서 수리를 언제까지 해준다는 표현이 없으니 내년에 공동으로 수리할 때 해주면 문제 없는 것 아니냐는 입장입니다.

▶ 계약과 관련 없는 제3자가 봤을 때도 그 내용이 명확해야 할 것입니다.

▶ 계약서에 흔히 사용되는 대표적인 애매한 특약들은 다음과 같습니다.

> - 적극 협조한다 → 어느 정도까지 협조하는 것이 "적극 협조"하는 것인지에 관하여 분쟁이 발생하게 됩니다. 구체적으로 어느 선까지 협조해야 하는 것인지 명확하게 기재해야 할 것입니다.
> - 협의로 정하기로 한다 → 당사자들 간의 협의가 성립되지 않는 경우, 분쟁이 발생하게 됩니다. 협의가 성립하지 않을 경우에는 어떻게 한다는 등의 구체적인 대책을 기재해야 할 것입니다.
> - 책임지고 행하기로 한다 → 언제까지 그리고 어디까지 책임을 져야 하는 것인지에 관하여 분쟁이 발생하게 됩니다.

책임의 범위와 책임을 지는 기간을 명확하게 기재해야 할 것입니다.

(4) 적법하게 기재

▶ 특약은 원칙적으로 판례 및 강행법규에 위배되서는 안 됩니다.

▶ 공인중개사가 당사자들이 상호 합의한 내용을 있는 그대로 기재했다면, 그 특약이 판례에 반하거나 강행법규에 위배되더라도 책임은 없습니다.

하지만, 공인중개사가 해당 특약의 효력에 관하여 잘못 설명하여, 의뢰인이 그 특약의 효력을 믿고 계약을 체결하였는데, 차후에 이로 인하여 손해를 입은 경우에는 공인중개사에게 책임이 인정될 수 있음에 주의해야 합니다.

▶ 보편적으로 많이 사용 되지만, 적법하지 않은 대표적인 특약들은 다음과 같습니다.

- 매도시 명도 특약 → 아파트 전세계약 등을 체결하면서 "집이 매매되면 계약기간 중이라도 임차인은 전셋집을 비워주어야 한다"는 취지의 특약을 삽입했다 하더라도, 이는 주택임대차보호법에 위반(존속기간을 최소 2년 보장하는 규정)되므로 효력이 없습니다.
- 임의강제집행 특약 → 주택 또는 상가 임대차계약 등을 체결하면서 "임차인이 차임의 2기에 달하는 금액을 연체하고 연락두절이 되는 경우, 임대인은 단독으로 계약을 해지한 후, 임차물을 명도하고 재임대를 할 수 있다"는 취지의 특약을 삽입했다 하더라도, 이는 강제집행절차를 국가의 고유권한으로 인정하는 판례의 취지의 위반되므로 효력이 없습니다.
- 수선의무 배제 특약 → 임대차계약을 체결하면서 "임차기간 중 임차목적물에 대한 수리, 수선은 임차인의 책임으로 한다"는 취지의 특약을 삽입했다 하더라도, 이는 수리수선의무를 전적으로 임차인의 책임으로 전가 시키는 특약은 일부만 효력이 있다(소규모로 수리수선이 필요한 사안에만 인정)는 판례의 취지에 반하므로 일부 효력이 없습니다.

REAL ESTATE

제 3 장

단독주택

1 단독주택의 의미

1) 쉽게 말해서 건물 전체의 소유자가 동일하면 단독주택이라 보시면 됩니다.

물론, 아파트 같은 집합건물 한 동 전체를 동일 소유자가 소유하는 것이 이론적으로는 가능하지만, 현실적으로 보기 힘든 경우이기 때문입니다. 통상적으로 말하는 '원룸'은 단독주택의 일부인 것이 대부분입니다.

2) 단독주택에는 좁은 의미의 단독주택, 다중주택, 다가구주택이 있습니다.

① **좁은 의미의 단독주택** : 층수 관계 없이 전체 건물의 소유자가 동일한 주택

② **다중주택** : 주택면적이 330㎡(100평) 이하이고, 주택으로 쓰는 층수(지하 제외)가 3층 이하인 주택입니다. 독립욕실 설치는 가능하지만, 취사는 원칙적으로 불가능합니다.

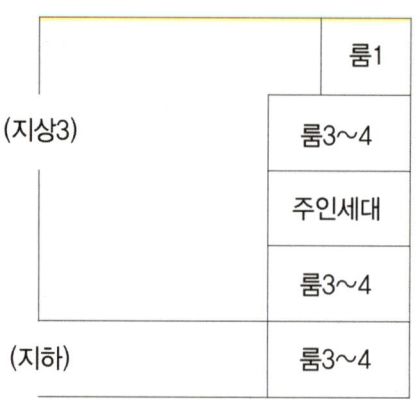

주위에서 자주 볼 수 있는 지하 1층, 지상 3층, 옥탑에 방 하나짜리 원룸 건물이 바로 다중주택입니다. 그런데 이런 원룸들이 내부는 모두 풀옵션이죠? 네 맞습니다. 불법입니다. 취사는 불가능하기 때문입니다. 보통 계단실 또는 물탱크실을 개조하여 원룸을 만듭니다. 물론 불법입니다.

③ **다가구주택** : 주택면적이 660㎡(200평) 이하이고, 주택으로 쓰는 층수(지하 제외)가 3층 이하인

주택입니다. 1층이 필로티 구조의 주차장과 주택 이외 용도의 공간으로 구성된 경우에도 주택의 층수에서 제외됩니다. 다중주택과 달리 원칙적으로 취사도 가능합니다. 19세대(여러 동으로 구성된 경우 동별 세대수를 합한 세대) 이하가 거주 가능합니다. 겉에서 보기에는 다세대주택과 크게 다르지 않아 구별이 안 됩니다.

- 전형적인 다가구주택의 모습입니다.

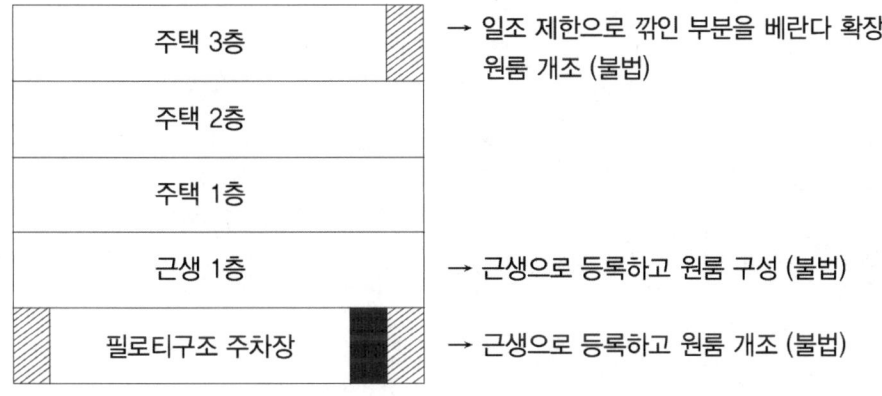

3) 구별의 실익은 주차장에 있습니다.

주차장법 19조에 따라, 다가구주택은 가구당 0.7대 이상의 주차장을 확보해야 하지만, 다중주택은 시설면적 150㎡ 초과의 경우 1대에 150㎡를 초과하는 100㎡당 1대를 더한 대수만 설치하면 됩니다.

따라서 건축하는 분들은 땅의 효율적인 활용을 위해 40평~50평 정도의 땅을 사서 다중주택을 지어 파는 경우가 대부분입니다. 주차장을 작게 뽑아야 방 수를 늘릴 수 있기 때문입니다.

2 단독주택의 월세

1) 주택임대차보호법 주요 내용

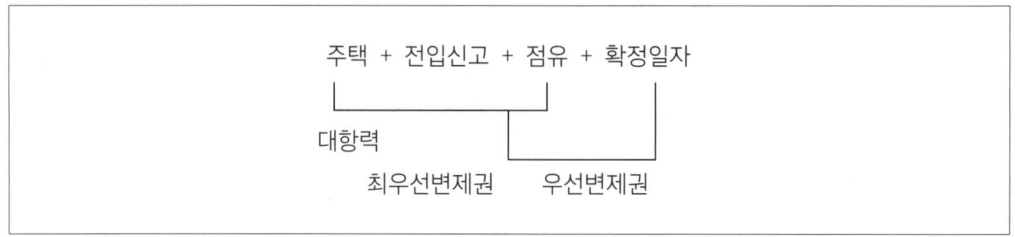

(1) 적용대상

① 임차인이 "자연인"일 것

▶ 원칙적으로 "사람"에게만 적용되고 "법인"에게는 적용되지 않습니다.

▶ 예외적으로 "법인"이라도 다음의 경우에는 주임법이 적용됩니다.

LH전세, SH전세와 같이 일정한 목적에 의하여 법인이 주택을 임차한 후, 입주자를 선정하여 그 입주자가 주택의 인도를 받고 전입신고를 마친 경우 중소기업법에 따른 중소기업이 소속 직원의 주거용으로 주택을 임차한 후, 선정된 직원이 해당 주택을 인도 받고 전입신고를 마친 경우

② 주택일 것

▶ 건축물대장상의 용도가 아닌 "실질적으로 주거의 용도"로 사용하고 있는 지를 기준으로 판단

▶ 주택의 일부, 무허가 건물, 불법 건물, 미등기 건물 등인지 여부 불문

▶ 외국인에게도 적용됩니다.

대법원은 외국인이 외국인등록 또는 체류지변경신고 또는 국내거소신고나 거소이전신고를 한 경우, 이는 전입신고와 동일한 법적효력이 있다고 판시하고 있습니다.

③ 무상임대차에는 적용되지 않습니다.

사견으로는 무상임대차는 일반적인 사용대차로 볼 수 없으며, 주임법의 입법 취지로 볼 때 일부 규정은 적용이 되어야 한다고 생각합니다.

④ 일시적 임대차에는 적용이 되지 않습니다.

(2) 대항력/최우선변제권/우선변제권

① 대항력이란 이미 발생한 법률관계를 제3자에게 주장할 수 있는 효력을 말합니다. 즉, 임차목적물이 경매 등의 사유로 인하여 제3자에게 이전되더라도 자신의 임차권을 새로운 소유자에게 주장할 수 있는 힘입니다.

② 전입신고 and 점유를 갖춘 날의 익일 0시부터 대항력이 발생합니다.

그러므로 전세 또는 보증금 액수가 큰 임대차계약을 맺었을 경우, 전입신고 한 다음 날 반 드시 등기부등본을 한 번 더 확인하여 임대인이 계약 후 바로 근저당 등을 설정했는지를 알 아 보아야 할 것입니다.

전입신고 한 시점과 점유를 개시한 시점이 다를 경우, 두 가지가 다 갖춰진 시점이 대항력이 발생하는 시점이 됩니다.

점유를 개시했다는 것은 반드시 이사를 완료해야 한다는 의미가 아닙니다. 짐 몇 개만 던져 놓아도 점유개시가 인정됨을 주의해야 합니다.

③ 등기부등본을 확인했을 때, 갑구에 임차인이 대항력의 요건을 갖춘 시점보다 빠른 근저당권자 등이 있을 경우에는 임차인은 대항력을 주장할 수 없습니다.

그러므로 원룸건물 등에 입주하는 임차인들은 전입신고를 하고 이사를 와도 대항력이 없는 경우가 대부분입니다.

④ 임차인이 대항력 취득 후에 다른 곳으로 전입신고를 하거나 점유를 상실하였다면, 그 시점의 익일부터 대항력을 상실합니다.

⑤ 대항력의 요건을 갖춘 임차인의 보증금(환산보증금 아님)이 일정한 규모 이내라면 임차인에게 최우선변제권이 인정됩니다. 그 결과 임차인은 보증금 중 일정액을 최우선적으로 보장받게 됩니다.
☞ 49p 최우선 변제권의 보증금 규모와 지급에 관한 표 참조

⑥ 대항력의 요건을 갖춘 임차인이 확정일자를 받은 경우, 그 임차인의 보증금은 경매 등에서 우선변제적 효력을 가지게 됩니다. 그 결과 배당 시에 정해진 순위에 따라서 배당금액에 관하여 우선변제를 받게됩니다. ☞ 52p 배당순위표 참조

(3) 계약 기간/차임증감청구권

① 최단 존속기간은 2년입니다.
　여기서 주의할 점은, 계약기간을 1년으로 정하였을 경우에는 임차인은 보장기간인 2년을 주장할 수 있으나 임대인은 2년을 주장할 수 없습니다. (편면적 강행규정)

② 1회에 한하여 계약갱신 요구권을 행사할 수 있습니다.
　상가임대차보호법과 다른 점은, 상가임차인은 묵시적 갱신 기간을 포함하여 총 10년을 보장 받을 수 있지만, 주택임차인은 묵시적 갱신기간이 얼마였는지 상관 없이 1회에 한하여 계약갱신 요구권을 행사할 수 있습니다.

③ 연 5%까지 증액청구가 가능합니다.
　여기서 말하는 5%는 보증금, 월세 중 하나만 골라서 올릴 수 있는 것이 아니라, 양쪽 모두 올릴 수 있다고 보아야 합니다. (다수설) 또한 보증금을 증액하지 않을 경우에 이를 월세로 환산하여 올릴 수도 있다는 의견이 다수설입니다.

※ **계약조건** 보증금: 4000만원 월차임: 200만원

만약 다수설(보증금, 월차임 모두 5% 증액 가능)에 따를 경우, 아래와 같은 계산법에 따른 결론이 나오게 됩니다.

월차임에 대한 증액분 = 2,000,000원 x 5% = 100,000원

보증금에 대한 증액분 = (40,000,000원 x 5%) ÷ 12개월 x 5.5% = 13,125원

여기서 5.5% = 한국은행 기준금리(3.50%) + 대통령령이 정하는 이율(2%)입니다.

즉, 위 계약 조건에서 월세만 증액하는 갱신계약 시에 증액이 가능한 금액은 100,000원 + 13,125원입니다.

위의 계산법은 주택과 상가에 동일하게 적용됩니다.

(4) 임차권 등기명령제도

① 임대차기간이 만료되었음에도 불구하고 임차인이 보증금의 전부 또는 일부를 돌려받지 못한 경우에 유효한 제도입니다. 임대차 기간 만료 후 이사를 가야하는데 이사를 가면 점유를 잃어서 대항력, 최우선변제권, 우선변제권이 상실되기 때문에 이러지도 저러지도 못 하는 경우를 방지할 수 있습니다.

② 임차주택의 소재지를 관할하는 법원에 임차인이 단독으로 임차권등기명령을 신청할 수 있으며, 임대인의 동의가 필요하지 않습니다.

③ 임차권등기명령의 신청은 임차인이 이사 가기 전에 해야함에 주의하여야 합니다. 만약에 먼저 전입을 하면 임차인은 대항력을 상실하게 됩니다.

(5) 편면적 강행규정적 성격

① 주임법에서 규정한 사항에 반하여 임차인에게 불리한 특약은 효력이 없습니다.

예를 들어서 임대인의 수선의무를 면제하는 특약은, 그 수선의 대상이 주거를 위한 필수적 시설이거나 대규모수선인 경우에 효력이 없다고 합니다.(판례)

하지만, 특약 내용이 임차인에게 주는 이득도 상당하여 임차인에게 불리하기만 한 조건이 아니라면 유효한 특약이 될 수 있음에 유의해야 합니다.

예를 들어, 임차인에게 시세보다 40%정도 저렴한 금액에 아파트 전세를 주면서 향후 매매가 될 경우 명도하기로 약정한 특약은 유효합니다.

② 임차인이 자신에게 불리한 특약의 유효성을 주장하는 것은 상관이 없습니다.

주임법에 의하여 임대기간 2년을 보장받을 수 있는데 임차인 스스로 임대기간 1년의 유효성을 주장하는 경우, 이와 같은 특약은 유효합니다.

> **※문자메시지의 증명력**
>
> 문자메시지도 증명력이 있는가?
>
> ☞ 내용증명이 아닌 일정한 요건을 갖춘 문자메시지에도 증명력을 인정하는 것이 판례의 태도입니다. 문자메시지를 통해 상대방에게 통지할 경우, 상대방의 신분을 확인한 후 + 통지할 내용을 명확히 전달하고 + 상대방이 해당 내용을 인지 또는 확인했다고 인정될 수 있는 답장을 받은 경우에 한하여 증명력이 인정됨을 주의해야 합니다.
> 예를 들면 "동의함" 또는 "확인함" 등과 같은 답장을 받아야 한다는 것입니다.
>
> 문자메시지를 통한 통지의 올바른 예시
>
> 임차인: 안녕하세요~ 201호 임차인입니다. OOO사모님(임대인) 맞으신가요?
> 임대인: 예~맞습니다. 무슨 일이시죠?
> 임차인: 3달 후 계약이 만료면 저는 계약을 연장하지 않고 이사를 가려고 합니다.
> 임대인: 잘 알겠습니다.

2) 계약의 시간적 진행과정(원룸 기준으로 적었으며, 투룸 & 살림집도 거의 동일)

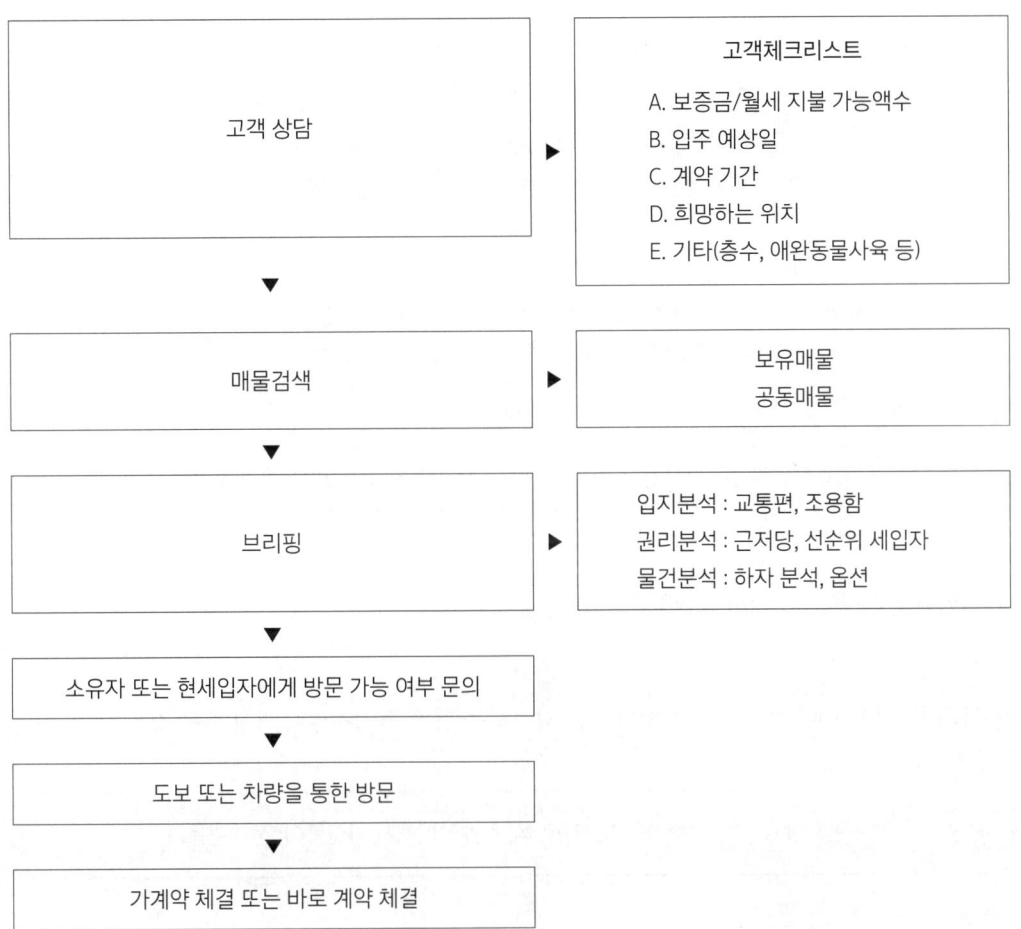

3) 주택 월세의 권리 분석

단독주택의 월세에 관한 권리 분석은 다음과 같은 순서로 진행되며, 그 실익은 경매로 넘어갔을 경우 '집을 비워줘야 하느냐? 내 보증금을 보장을 받을 수 있느냐?'는 것입니다.

```
┌─────────────────────────────────────────────────────────┐
│           1. 등기사항전부증명서(등기부) 발급              │
└─────────────────────────────────────────────────────────┘
                           ▼
┌─────────────────────────────────────────────────────────┐
│         2. 말소기준권리 및 기타 각종 등기사항 확인        │
└─────────────────────────────────────────────────────────┘
                           ▼
┌─────────────────────────────────────────────────────────┐
│          3. 임차인 보다 우선하는 선순위 권리 확인,        │
│        소액임차인의 해당여부 및 최우선 변제금액 확인      │
└─────────────────────────────────────────────────────────┘
                           ▼
┌─────────────────────────────────────────────────────────┐
│  4. 보증금이 최우선 변제로 보호되는 금액을 초과한 경우    │
│     국세 및 선순위 담보권, 먼저 확정일자를 받은 선순위    │
│     임차인 확인하여 선순위 보증금 총액 산정               │
└─────────────────────────────────────────────────────────┘
                           ▼
┌─────────────────────────────────────────────────────────┐
│   5. 임차인이 보장 받을 수 있는 예상 금액 산정하여        │
│      임차인에게 설명                                      │
└─────────────────────────────────────────────────────────┘
```

① 대법원 인터넷등기소에서 발급받습니다.

② 아래 항목 가운데 등기부에 말소되지 않고 남아있는 것들 중 설정일이 가장 **빠른** 것을 찾습니다.

┌───┐
│ (근)저당권등기, 담보가등기, (가)압류, 강제경매개시   │
│   기입등기, 전세권등기   │
└───┘

▶ (근)저당권등기는 등기부에서 가장 흔하게 볼 수 있는 말소기준권리입니다. 이것들이 말소기준권리가 되지 않는 경우는 없습니다.

▶ 가등기의 경우에 선순위의 소유권이전청구권 가등기는 말소기준권리가 되지 않아 말소 되지 않으며 낙찰자가 인수해야 합니다.

하지만 담보가등기의 경우에는 그 성질이 담보물권과 같아서 낙찰로 인해 소멸하므로 말소기준권리가 됩니다.

▶ 선순위 가압류등기의 경우 현 소유자를 채무자로 하는 경매사건인 때에는 말소기준권리가 되어 낙찰로 소멸하지만, 가압류등기가 전소유자에 대한 것일 때에는 현 소유자를 채무자로 하는

경매에 있어서는 법원의 재량으로 배당을 해주고 말소기준권리로 간주할 수도 있고 배당을 안 해주고 낙찰자 인수로 처리할 수도 있다는 판례가 있습니다.

▶ 강제경매개시 기입등기는 저당권등기와 같이 항상 말소기준권리가 됩니다.

▶ 전세권이 말소기준권리가 되기 위해서는 "전세권이 부동산 전체에 설정 될 것+전세권자가 경매신청과 배당요구를 하였을 것" 이라는 요건을 충족하여야 합니다.

전세권의 말소기준권리 성립여부에 대해서는 매각건물명세서에서 "최선순위 설정 일자"란에 어떻게 기재되어 있는지 확인하시면 됩니다. 최선순위 설정 일자에 전세권이 적혀 있다면 그 전세권은 선순위담보물권이 되고, 그렇지 않다면 그 전세권은 말소기준권리 자격이 없는 것 입니다.

※ 법원경매에서의 권리분석시 말소기준권리
부동산경매에서는 말소기준권리가 설정된 시점을 기준으로 이보다 늦게 설정된 권리는 배당 후 소멸하게 되고, 먼저 설정된 권리는 낙찰자가 인수를 하게 됩니다.
그러므로 권리분석시 먼저 말소기준권리를 찾고, 그 다음에 말소기준권리보다 앞서는 권리를 확인하는 것이 경매에서의 기본이라 할 것입니다.

일단, 권리분석 시 말소기준권리가 하나라도 존재하면, 전입신고 시에 그것이 말소되지 않는 이상 임차인은 대항력이 없습니다.

즉, 경매로 넘어가서 주인이 바뀌면 집을 비워줘야 합니다.

③ 최우선 변제금액을 결정하는 기준이 되는 시점은 계약 시가 아니라 선순위담보물권 설정 당시입니다. 예를 들어 A 학생이 원룸 월세 계약을 했는데, 보증금 3천만 원에 월세 20만 원이면(계약일 2017. 10. 15. / 선순위담보물권 생성일 2000. 09. 01.) 적용되는 법은 2016. 03. 31. 개정법이 아니라 선순위담보물권 설정일 당시의 적용법인 1995. 10. 19. 법률이 적용되게 됩니다. 그러므로 A 학생은 주택임대차보호대상 보호되는 소액임차인의 범위(3천만 원 이하)에는 속하게 되나, 보증금 3천만 원 중 1,200만 원밖에 최우선변제로 보호받을 수 없으며, 나머지 1,800만 원은 그 외의 국세, 담보권, 선순위 임차인들과 순위를 따져야 합니다.

최우선변제권의 보증금 규모와 지급에 관한 법령의 변동

제.개정 시기	보호대상 임차인의 범위	우선변제되는 보증금
1984.06.14. 제정	-500만원 이하	-특별시.직할시: 300만원 이하 -기타지역: 200만원 이하
1987.12.01. 1차 개정	-500만원 이하	-특별시.직할시:500만원 이하 -기타지역:400만원 이하
1990.02.19. 2차 개정	-특별시.직할시:2,000만원 이하 -기타지역:1,500만원 이하	-특별시.직할시:700만원 이하 -기타지역:500만원 이하
1995.10.19. 3차 개정	-특별시.직할시:3,000만원 이하 -기타지역:2,000만원 이하	-특별시.직할시:1,200만원 이하 -기타지역:800만원 이하
2001.09.15. 4차 개정	-수도권 과밀억제권역:4,000만원 이하 -광 역 시:3,500만원 이하 -그 밖의 지역:3,000만원 이하	-수도권 과밀억제권역:1,600만원 이하 -광 역 시:1,400만원 이하 -그 밖의 지역:1,200만원 이하
2008.08.21. 5차 개정	-수도권 과밀억제권역:6,000만원 이하 -광 역 시:5,000만원 이하 -그 밖의 지역:4,000만원 이하	-수도권 과밀억제권역:2,000만원 이하 -광 역 시:1,700만원 이하 -그 밖의 지역:1,400만원 이하
2010.07.21. 6차 개정	-서울특별시:7,500만원 이하 -수도권 과밀억제권역:6,500만원 이하 -광역시.안산.용인.김포.광주시:5,500만원 이하 -그 밖의 지역:4,000만원 이하	-서울특별시:2,500만원 이하 -수도권 과밀억제권역:2,200만원 이하 -광역시.안산.용인.김포.광주시:1,900만원 이하 -그 밖의 지역:1,400만원 이하

2013.12.30 7차 개정	-서울특별시:9,500만원 이하 -수도권 과밀억제권역:8,000만원 이하 -광역시,안산.용인.김포.광주시: 6000만원 이하 -그 밖의 지역:4,500만원 이하	-서울특별시:3,200만원 이하 -수도권 과밀억제권역:2,700만원 이하 -광역시,안산.용인.김포.광주시: 2,000만원 이하 -그 밖의 지역:1,500만원 이하
2016.03.31 8차 개정	-서울특별시:1억원 이하 -수도권 과밀억제권역: 8,000만원 이하 -광역시,안산.용인.김포.광주.세종시: 6천만원 이하 -그 밖의 지역: 5,000만원 이하	-서울특별시:3,400만원 이하 -수도권 과밀억제권역: 2,700만원 이하 -광역시,안산.용인.김포.광주.세종시: 2,000만원 이하 -그 밖의 지역: 1,700만원 이하
2018.09.18 9차 개정	-서울특별시: 1억1000만원 이하 -수도권 과밀억제권역 및 용인.화성.세종시: 1억원 이하 -광역시,안산.김포.광주.파주시: 6천만원 이하 -그 밖의 지역:5,000만원 이하	-서울특별시: 3,700만원 이하 -수도권 과밀억제권역 및 용인.화성.세종시: 3,400만원 이하 -광역시,안산.김포.광주.파주시: 2,000만원 이하 -그 밖의 지역: 1,700만원 이하
2021.05.11 10차 개정	-서울특별시: 1억5000만원 이하 -수도권 과밀억제권역 및 용인.화성.김포.세종시: 1억3000만원 이하 -광역시,안산.김포.광주.파주.이천.평택시: 7,000만원 이하 -그 밖의 지역: 6,000만원 이하	-서울특별시: 5,000만원 이하 -수도권 과밀억제권역 및 용인.화성.세종.김포: 4,300만원 이하 -광역시,안산.김포.광주.파주.이천.평택시: 2,300만원 이하 -그 밖의 지역: 2,000만원 이하

2023.02.21. 11차 개정 (현행)	-서울특별시: 1억6500만원 이하 -수도권 과밀억제권역 및 용인.화성.김포.세종시:1억4500만원 이하 -광역시,안산.김포.광주.파주.이천.평택시:8,500만원 이하 -그 밖의 지역:7,500만원 이하	-서울특별시: 5,500만원 이하 -수도권 과밀억제권역 및 용인.화성.세종.김포시:4,800만원 이하 -광역시,안산.김포.광주.파주.이천.평택시:2,800만원 이하 -그 밖의 지역:2,500만원 이하

<최우선 변제권 관련 중요 사항>
- 임차 주택 경매나 공매의 매각 금액 1/2 범위 내에서 다른 담보물권자보다 우선하여 변제 받을 수 있음
- 임차인의 계약일(전입신고일, 잔금일 등)이 기준이 아닌, 등기부등본 상에 선순위로 근저당권 등 담보물권이 설정된 경우에는, 최선순위 담보물권이 설정된 시기를 기준으로 함
- 임차인은 경매 신청의 등기 전까지 대항력을 갖추어야 하며, 배당 요구의 종기일 전까지 반드시 배당 요구를 해야 함

부동산 경매 대부분의 경우는 배당금액이 총채권 금액보다 적습니다. 따라서 민사집행법에서는 채권자들 사이에 분쟁을 막기 위해서라도 배당 순위라는 걸 정해놓았습니다. 채권추심과정에서 이러한 경매 배당순위를 알아야 실익을 따져 볼 수 있고 또 우선순위 선점을 통해 채권 회수의 효율성을 높일 수도 있습니다.

④ 최우선 변제로 보장받지 못하는 보증금은 배당순서에 따라 보장이 됩니다.(우선변제권) 임차인보다 선순위의 권리는 국세, 임금채권, 근저당권 등의 담보권, 선순위 임차인 우선 변제권입니다.

배당의 순위 및 흐름은 다음과 같습니다.

• 경매배당순위

1순위	경매집행비용
2순위	경매목적 부동산에 지출한 필요비와 부동산보존, 개량을 위해 지출한 유익비
3순위	주택(상가)임대차보호법상 일정액(최우선변제) 근로기준법상 최우선임금 (최종 3개월 임금, 3년간 퇴직금, 재해보상금)
4순위	당해 해당 부동산에 부과된 국세와 지방세
5순위	담보물권(저당권, 전세권 등) 대항요건과 확정일자를 갖춘 임차보증금 조세채권, 일반임금채권, 당해세 이외의 국세, 지방세
6순위	각종 공과금 (국민연금, 건강보험료, 산재보험료, 전기세, 수도세 등)
7순위	우선변제권이 없는 일반채권 대항력 없는 주택, 상가 건물 임차인

실무에서는 통상적으로 국세, 임금채권은 크게 고려하지 않고, 등기부를 통해 확인 가능한 근저당권의 채권최고액의 합과 선순위 임차인의 보증금 총액을 중요하게 생각합니다. 채권최고액과 보증금 총액의 합이 시세의 60%~80%를 넘기면 위험하다는 말들이 있지만, 이것은 딱 잘라서 말하기는 무리가 있습니다. 보통 원룸 임대차의 경우 보증금이 100~150만 원 정도 소액인데 이 정도 금액은 전입신고만 하여 최우선 변제권리를 갖추면 전액 보장을 받기 때문에 등기부조차 확인이 불필요한 경우가 대부분입니다.

만약, 보증금 액수가 높은 경우에는 선순위 임차인의 보증금 총액을 꼭 확인하여야 합니다. 소유자들 중에서는 친절하게 위 사항을 잘 알려주는 분들도 계시지만 금액이 적을수록 비협조적인 경우가 많습니다. 주인들을 잘 구슬려서 반드시 확인해 확인 설명서에 기재하도록 합시다.

⑤ 권리분석을 해 본 결과 조금이라도 보증금 전액을 보장받을 수 없을 가능성이 있다면 특약 사항에 아래와 같이 기재합니다.

> 임차인은 등기부를 통해서 선순위 근저당 채권최고액을 확인했으며, 중개사를 통해 선순위 임차인들의 보증금 총액에 관한 설명을 듣고 보증금 일부를 보장받을 수 없다는 사실을 확인 후 계약을 체결함.

ⓖ 실전 권리분석 사례

- 지역 : 서울
- 감정평가액 : 5억 (주변낙찰가율 100%)
- 소유자 미납 세금, 체불 임금 없음 / 경매비용 등 무시
- 1순위 근저당 설정일 2016.6.1 (채권최고액 3억, 실제 2억 3천만 원)

→ 전세 6,000만 원에 계약을 해도 안전한가?

본 건물이 경매로 5억원에 낙찰된 경우 배당 흐름(물권화된 임차권은 최우선변제의 기준인 제한물권이 아니라고 가정)

ⓐ 1순위 제한물권 설정일 2016.6.1 -> 2016.3.31 시행법(1억/3,400) 적용
ⓑ 최우선 변제권 임차인 대상 배당

　1순위(301호)~6순위(102호) 모두 3,400만 원 배당

　301호 -> 500만 원 모두 배당

　302호 -> 7,000만 원 중 3,400만 원 배당 (잔존 3,600만 원)

　201호 -> 7,000만 원 중 3,400만 원 배당 (잔존 3,600만 원)

　202호 -> 7,000만 원 중 3,400만 원 배당 (잔존 3,600만 원)

　101호 -> 500만 원 모두 배당

　102호 -> 6,000만 원 중 3,400만 원 배당 (잔존 2,600만 원)

총 14,600만 원 배당

잔존 35,400만 원

ⓒ 우선변제권 대상 배당

1순위(301호) -> 최우선변제로 모두 충족

2순위(302호) -> 35,400만 원 중 3,600만 원 우선변제로 모두 충족

3순위(201호) -> 31,800만 원 중 3,600만 원 우선변제로 모두 충족

4순위(은행) → 28,200만원 중 23,000만원 우선변제로 모두 충족

5순위(202호) → 5,200만원 중 3600만원 우선변제로 모두 충족 6순위(101호) → 최우선변제로 모두 충족

7순위(102호) -> 나머지 1,600만 원으로 2,600만 원 우선변제 충족이 불가합니다.

4) 계약서 작성법

부동산(다가구주택) 월세 계약서

임대인과 임차인 쌍방은 아래 표시 부동산에 관하여 다음 계약 내용과 같이 임대차계약을 체결한다.

1. 부동산의 표시

소 재 지	서울시 관악구 신림동 250-4			
토 지	지 목	대	면 적	142.0 ㎡
건 물	구 조	철근콘크리트구조 용 도 다가구주택	면 적	382.36 ㎡
임대할부분	204호 전부		면 적	18.50 ㎡

2. 계약내용

제1조 [목적] 위 부동산의 임대차에 한하여 임대인과 임차인은 합의에 의하여 임차보증금 및 차임을 아래와 같이 지급하기로 한다.

보 증 금	금 일천만원정	(₩10,000,000)	
계 약 금	금 일백만원정	은 계약시에 지급하고 영수함. ※영수자	(인)
1차중도금	금	은 년 월 일에 지급한다.	
2차중도금	금	은 년 월 일에 지급한다.	
잔 금	금 구백만원정	은 2024년 11월 01일에 지급한다.	
차 임	금 사십칠만원정	은 매월 1일 (선불) 지급한다.	

제2조 [존속기간] 임대인은 위 부동산을 임대차 목적대로 사용할 수 있는 상태로 2024년11월01일 까지 임차인에게 인도하며, 임대차 기간은 인도일로부터 2026년11월01일(24개월) 까지로 한다.

제3조 [용도변경 및 전대 등] 임차인은 임대인의 동의없이 위 부동산의 용도나 구조를 변경하거나 전대, 임차권 양도 또는 담보제공을 하지못하며 임대차 목적 이외의 용도로 사용할 수 없다.

제4조 [계약의 해지] 임차인의 차임 연체액이 2기의 차임액에 달하거나, 제3조를 위반 하였을 때 임대인은 즉시 본 계약을 해지 할 수 있다.

제5조 [계약의 종료] 임대차 계약이 종료된 경우 임차인은 위 부동산을 원상으로 회복하여 임대인에게 반환한다. 이러한 경우 임대인은 보증금을 임차인에게 반환하고, 연체 임대료 또는 손해배상금이 있을 때는 이들을 제하고 그 잔액을 반환한다.

제6조 [계약의 해제] 임차인이 임대인에게 중도금(중도금이 없을때는 잔금)을 지급하기 전까지 임대인은 계약금의 배액을 상환하고, 임차인은 계약금을 포기하고 이 계약을 해제할 수 있다.

제7조 [채무불이행과 손해배상의 예정] 임대인 또는 임차인은 본 계약상의 내용에 대하여 불이행이 있을 경우 그 상대방은 불이행 한 자에 대하여 서면으로 최고하고 계약을 해제 할 수 있다. 이 경우 계약 당사자는 계약해제에 따른 손해배상을 각각 상대방에게 청구할 수 있으며, 손해배상에 대하여 별도의 약정이 없는 한 계약금을 손해배상의 기준으로 본다.

제8조 [중개보수] 개업공인중개사는 임대인 또는 임차인의 본 계약 불이행에 대하여 책임을 지지 아니한다. 또한 중개보수는 본 계약 체결에 따라 계약 당사자 쌍방이 각각 지급하며, 개업공인중개사의 고의나 과실 없이 본 계약이 무효, 취소 또는 해제 되어도 중개보수는 지급한다. 공동중개인 경우에 임대인은 자신이 중개 의뢰한 개업공인중개사에게 각각 중개보수를 지급한다.

제9조 [중개대상물확인설명서교부 등] 개업공인중개사는 중개대상물확인설명서를 작성하고 업무보증관계증서 (공제증서 등) 사본을 첨부하여 거래당사자 쌍방에게 교부한다. (교부일자 : 2024년 10월 01일)

[특약사항] <<< 별지 특약 있음 >>>
1. 본 계약은 계약일 현재 대상 부동산의 권리 및 시설물 상태하의 주택 임대차계약임.
2. 임차인은 특약1에 관하여 직접 현장확인 및 관련공부를 열람한 후 중개대상물 확인설명서를 통해 확인설명을 받고 본 계약을 체결함.
3. 대상물의 권리 상태: 선순위 근저당권 등기 1건 존재/ 선순위조세채권이 존재하지 않음을 임대인이 제출한 국세 및 지방세 납입증명원을 통해 확인함. (또는 임대인이 확인함)
4. 대상물의 시설물 상태: 수선 또는 교체가 필요한 사항이 없음을 당사자 쌍방이 확인하였음/ 형광등, 샤워기 등의 소모품은 계약기간 중 1회에 한해서 임대인이 교체해 주기로 함.
5. 애완동물 사육은 금하며, 흡연도 금함/ 1인 1실 계약임.
6. 공과금 중 전기세, 가스세 별도 부과/ 관리비 없음/ 퇴실시 청소비 10만원
7. 임차인은 정해진 요일 일몰 후 일반쓰레기는 종량제봉투를 사용하여 지정된 곳에 배출하고, 재활용 쓰레기 및 음식물 쓰레기는 분리하여 지정된 곳에 배출하여야 한다.
8. 풀옵션 상태(세탁기, 인덕션, 전자렌지, 에어컨, 냉장고, 침대, 책상, 의자, 옷장)의 계약임. 계약시 옵션들의 정상 작동 여부를 임차인이 확인하였으며, 임차인은 계약기간 만료시까지 책임지고 사용하기로 한다.
9. 계약기간 중 퇴실할 경우(묵시적 갱신 중의 퇴실도 포함)에 중개보수 및 승계임차인 입주 전까지의 차임은 임차인이 부담하기로 한다.

임대인	주 소	경기도 성남시 분당구 양현로 254 (야탑동)				(인)
	주민 등록 번호	420120-	전화	010-2345-6789	성명 김갑동	
임차인	주 소	서울특별시 관악구 신림로 15길4 (신림동)				(인)
	주민 등록 번호	821227-	전화	010-3456-7891	성명 김을순	
개업공인중개사	사무소 소재지	서울특별시 관악구 남부순환로 1702				
	사무소 명칭	고수부동산공인중개사사무소		대표자명	서명및날인	(인)
	전화 번호	02-875-2486	등록 번호	11620-2019-00201	소속공인중개사 서명및날인	(인)

부동산(다가구주택) 월세 계약서 별지

◆ 부동산의 표시

소재지	서울시 관악구 신림동 250-4				
토 지	지 목	대		면 적	142.0 ㎡
건 물	구 조	철근콘크리트구조	용 도	다가구주택	면 적	382.36 ㎡
임대할부분	204호 전부			면 적	18.50 ㎡

◆ 특약 사항
10. 임차인이 차임을 2기 이상 연체한 후 연락이 두절된 경우, 임대인은 단독으로 임대차계약을 해지할 수 있으며, 임차인이 임차목적물을 임의로 명도하여 내용물을 처분할 권한을 임차인이 위임하였음.
11. 임차인은 등기부와 임차인현황서를 통해 선순위 근저당권자의 채권최고액 및 선순위 임차인들의 보증금총액을 확인한 후, 개업공인중개사로 부터 임대목적물의 경매시 보증금 일부를 보장받지 못할 수도 있다는 사실에 관한 설명을 듣고 계약을 체결함.
12. 임차인 비상연락처:
13. 임대인 입금계좌:

> ★ 모든 임대차계약서의 기본은 단독주택 임대차계약서입니다! ★
>
> 대표님들께서는 이 말을 반드시 기억하셔야 할 것입니다.
> 모든 임대차계약서의 기본 뼈대는 지금 공부하시게 될 단독주택 임대차계약서이며, 그 외 각종 임대차계약서들은 여기에다가 살만 조금 붙인 형태라고 생각하시면 됩니다. 예를들어 오피스텔 임대차계약서는 '단독주택임대차계약서 특약 + 부가세 특약으로 구성이 될 것입니다.

(1) 부동산의 표시

① 소재지 → 임대할 부분을 포함하고 있는 건물이 깔고 앉아 있는 땅의 주소를 의미합니다. 즉, 지번은 토지의 주소입니다. 등기사항 전부증명서(건물)의 좌측 최상단의 주소를 기재합니다. '서울특별시 관악구 신림동 251-435외 2필지'와 같이 토지가 한 필지가 아닐 수도 있으니 이상하게 생각하지 마시고 그대로 기재합니다. 주의할 점은 도로명주소는 건물의 주소이므로 기재하시면 안 됩니다.

② 토지 → 토지대장을 보고 기재합니다.

③ 건물 → 건축물대장을 보고 기재하는데 몇 가지 유의점이 있습니다.

▶ 건물면적 : 고심할 것 없이 대장상 연면적을 기재합니다.
  - 실질적인 연면적 : 불법 건축한 부분까지 합한 연면적
  - 대장상 연면적 : 관공서가 알고 있는 연면적
  - 용적률 산정용 연면적 : 지하주차장 면적을 뺀 연면적

▶ 임대하는 부분 : 대부분의 경우 소유자는 임대를 주기 위하여 임대할 부분을 명확히 구분하고 호실로 특정하는 경우가 대부분입니다. 이럴 경우에는 해당 호실의 전부를 임대한

다고 기재하고 면적은 건축물대장을 기준으로 기재합니다. (단, 건축물대장으로 전용면적을 알 수 없는 경우에는 "전용면적을 대장상으로 확인이 불가능하여 임대인의 진술 등을 바탕으로 대략적인 수치를 기재하였으며, 실제 면적과 차이가 나더라도 공인중개사에게 책임을 묻지 않는다."라고 기재) 하지만 주택의 방 하나를 하숙으로 주는 것처럼 방의 호실 같은 표시가 없을 경우에는 "출입구에 들어서서 정면의 방"처럼 누구나 알 수 있게 명확히 특정해 주어야 합니다.

※ 다가구주택의 특정 호실을 물리적으로 구분해서 임대 놓는 경우(예: 대장상으로는 101호밖에 표시되어 있지 않으나 101-1호, 101-2호와 같이 구분해 놓은 경우)에 각 호실은 주택임대차보호법의 보호를 받는가? 다가구 주택과 같은 단독주택은 호실의 기재 없이 주소만 기재하여도 주임법 적용을 받음(판례)

(2) 계약 내용

① 금액의 표기

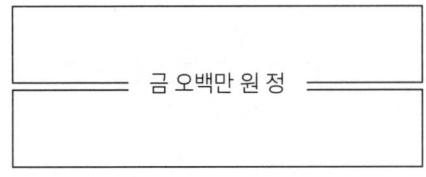

요즘은 컴퓨터로 기입하는 방식을 쓰지만, 만약 프린터가 고장이 난다면 수기로 쓰는 경우가 있습니다. 수기로 쓸 경우에는 이와 같이 한글로 쓰고 공란은 줄을 그어서 임의 수정이 불가능하게 합니다.

② 보증금

부동산임대차에 보증금이란 임대차 기간 중에 임대료채무, 목적물의 멸실 또는 훼손 등으로 인한 손해배상채무 등 임대차 관계에 따른 임차인의 모든 채무를 담보하는 것입니다.(대법 1999. 12. 07.) 그리고, 발생한 채무 상당액은 임대차관계의 종료 후 목적물이 반환될 때 특별한 사정이 없는 한 별도의 의사 표시 없이 보증금에서 당연히 공제됩니다.

사례

몇 년 전에 어떤 여학생이 필자의 사무실에서 집을 구했습니다. 그런데 전에 살던 투룸에서 나와서 보증금을 돌려달라고 하니, 주인이 욕실 문 앞 바닥 쪽이 파손되었다고 수리비를 공제하고 보증금을 주겠다고 한다고 합니다. 하지만 학생 말로는 그 부분은 입주 때부터 그랬고 찍어 둔 사진도 있다고 합니다. 이처럼 공제하려는 채무액에 분쟁이 있으면 당연히 공제하고 돌려줄 수 없습니다. 일단 주인은 보증금을 돌려주고 손해는 따로 주장하는 자(주인)가 입증하여 배상을 청구해야 할 것입니다.

실무

실무를 하다 보면 건물주들이 방을 놓아달라고 할 때 보증금을 정하는 일정한 패턴이 있음을 알 수 있습니다. 일반적으로는 계약 달 수 × 월차임 + α 이런 식으로 많이 산정하십니다. 임차인이 계약 두 달째부터 (첫 달은 선불인 경우가 대부분) 월세를 안 내는 최악의 경우를 생각하는 것이죠. 하지만 직장인이 아닌 학생일 경우에는 부모님이 월세를 부담하는 경우가 대부분이라 보증금을 많이 받지 않는 경우가 많습니다.

③ 계약금

▶ 계약금계약 : 판례에서는 주계약(임대차)과 별도로 계약금을 주고받았다면 계약금계약이라는 것이 성립하였다고 보며, 이것은 주계약과는 별개의 계약으로 봅니다. 계약금은 꼭 거래금액의 10%일 필요는 없으며, 거래에서 계약금을 주고받지 않을 수도 있습니다. 즉 계약금계약은 주계약의 필수 요건이 아닙니다. 드문 경우지만 그 자리에서 물건 사듯이 모든 금액을 지불하는 경우겠습니다. 계약금 교부(일부 또는 전부)는 계약금계약의 필수 요소입니다.

사례

갑이 을의 아파트가 너무 마음에 들어서 그 자리에서 임대차계약을 체결하게 되었는데 계약금은 자신이 사정이 있어서 내일 입금하겠다고 하였습니다. 그런데 갑이 계약금 지급을 차일 피일 미루다가 잔금 및 입주일이 임박하게 되었습니다. 입주일이 되어서야 갑은 을에게 보증금 전액과 첫달 차임을 한번에 입금하겠다고 하였습니다. 하지만 그 동안 마음이 상한 을은 "나는 당신과 같이 약속을 안 지키는 사람에게는 집을 줄 수 없다"고 하며 계약금 미지급을 이유로 임대차계약을 해제하겠다고 말합니다. 그 말을 들은 갑은 "어차피 보증금하고 월세만 잘 들어 오면 상관 없지 않냐"고 하면서 을의 계좌에 보증금과 첫달차임을 입금하였습니다. 이 경우에 과연 누구의 주장이 맞는 것일까요?

이렇게 계약금을 주고 받기로 한 계약에서는 항상 계약금계약과 본계약을 분리하여 분석하는 시각을 가져야 합니다. 첫째, 계약금계약이 성립하였나를 확인합니다. 위 사례에서 보면 계약금을 지급하기로 하는 약속은 하였으나 실제로 계약금이 지급되지 않았으므로 계약금계약은 성립되지 않았습니다.(계약금 지급은 필수) 둘째, 계약금계약 불성립의 효력이 본계약에 미치는지가 문제됩니다. 원칙적으로는 본계약의 효력에 영향을 미치지 않습니다. 계약금계약과 본계약은 별개의 계약으로 보기 때문입니다. 하지만 본계약의 특약사항에 "계약금이 익일까지 입금되지 않으면 본계약의 효력을 무효로 한다"는 등의 표현이 있으면 본계약의 무효를 주장할 수 있습니다. 결론적으로 위 사례에서는 갑이 잔금 및 입주일에 맞춰서 보증금과 월차임을 모두 입금하였으므로 본계약은 정상적으로 이행이 된 것입니다. 사례는 임대차의 경우지만 매매 등의 다른 경우도 같은 논리가 적용됩니다.

사례

갑이 을의 아파트가 너무 마음에 들어서 계약금 1천만 원에 매매계약을 체결하려고 합니다. 그런데 갑은 현재 계좌에 5백만 원 정도 밖에 없다고 하면서 계약금 중 5백만 원은 계약시에 지급하고 나머지는 이틀 후에 보충하기로 하였습니다. 하지만 이틀 후 갑은 갑자기 사정이 생겨서 계약의 이행이 힘들게 되었습니다. 이 경우에 ① 갑은 계약금 5백만 원만 포기하고 계약을 해제할 수 있을까요? ② 갑은 보증금 보충을 지체하였지만 계약의 이행이 가능하다고 주장함에도 불구하고 을은 보증금 전체의 미지급을 이유로 계약을 해제할 수 있을까요? 이번 사례는 일단 계약금계약이 유효하게 성립되었는지 살펴 본 후에, 설정된 계약금이 실제로 지급된 계약금과 다를 경우 계약금계약의 효력이 설정된 금액 전체에 미치는지 아니면 실제로 지급된 금액에 미치는지 살펴 보아야 합니다. 그리고 매도인이 계약금 전체의 미지급을 이유로 본계약을 해제할 수 있는 것인지도 알아보아야 합니다.

첫째, 계약금계약의 효력은 계약서 상에 설정된 금액 전부에 미칩니다.(판례) 사례에서 갑은 계약금 1천만 원 중 5백만 원을 지급하였지만 계약을 해제하기 위해서는 나머지 5백만 원을 더 을에게 지급해야 할 것입니다. 이와 반대로 을이 변심하여 계약을 해제할 경우에는 5백만 원의 2배인 1천 만 원이 아니라 5백만원 외에 1천만 원을 더 갑에게 지급해야 합니다. 둘째, 계약금계약의 불이행은 원칙적으로 본계약에 영향을 미치지 않습니다. 계약금계약의 불이행으로 손해가 발생하였다면 그에 따른 손해를 입증하여 배상을 청구할 수 있을 뿐, 이를 이유로 본계약을 해제할 수는 없습니다. 결론적으로 을은 갑이 계약금의 나머지를 보충하지 않는다고 하여 매매계약을 해제할 수는 없게 될 것입니다.

> **사례**
>
> 갑이 계약금 3천만 원 중 계약일에 1백만 원, 그 익일에 2,900만 원을 지급하기로 약정한 경우, 갑이 2,900만 원의 지급을 계속 미루고 있다가 입주일에 계약금, 잔금 등의 모든 금액을 지불한 경우인데, 특약에 '익일 2,900만 원이 입금되어야 계약의 효력이 발생한다.'는 조항이 있는 경우
>
> 위 사례는 단서에 의해 주계약 자체도 성립 못 한 경우가 되므로 을은 받은 것 돌려주고 계약의 무효주장 가능

▶계약금계약과 관련하여 실무에서 가장 질문이 많은 사안은, 현임차인이 계약기간 만료 전에 퇴실을 하기 위하여 중개사무소를 통해서 새로운 임차인을 구하여 계약금이 임대인의 계좌에 입금되었을 때 발생합니다.

아래의 사례를 보시겠습니다.

> **사례**
>
> A(현임차인)는 계약기간이 6개월이 남은 시점에서 개인적인 사정이 생겨 이사를 가야하는 상황이 생겼습니다. 일단 A는 B(임대인)에게 사정을 설명하고 합의해지를 부탁하였으나, B는 "계약기간이 아직 많이 남았으니 알아서 중개사무소를 통해서 새로운 임차인을 구해놓고 나가라"며 A의 요청을 단호하게 거절하였습니다.

그 후 A는 중개사무소로부터 새로운 임차인을 찾았으며 2019.06.01.일까지 방을 비워줄 수 있냐는 말을 들었습니다.
A는 기쁜 마음에 승낙을 하였고 C(새로운 임차인)은 B의 계좌로 계약금 50만원을 입금하고 임대차계약서를 작성하였습니다.
다음 날 A는 자신이 이사할 곳에 봐둔 마음에 드는 방을 2019.06.01.에 입주하기로 계약을 맺었습니다.
그런데 잔금 전에 아래와 같은 일이 발생하였습니다.
① C(새로운 임차인)가 사정이 생겨서 입주를 할 수 없게 되었으며, 계약금은 포기하겠다고 하였습니다.
② A가 새로 계약한 집에 문제가 생겨서 남은 계약기간 동안에 그냥 거주하겠다고 합니다.
이럴 경우 중개사는 참으로 난감하지 않을 수가 없을 것입니다.
그렇다면 과연 이런 상황을 어떻게 교통정리 하여 해결할 수 있을까요.
일단 A(현임차인)와 B(임대인)사이의 합의의 성격이 무엇인지 알아야 합니다. 새로운 임차인이 들어오면 방을 비우겠다는 A와 B사이의 합의의 법적 성격은 "새로운 임차인으로부터 보증금의 잔금까지 모두 지급받아서 현임차인에게 보증금 전액을 반환할 수 있을 때 임대차계약을 합의해지하겠다는 정지조건부 합의해지"로 해석해야 합니다.
또한 C(새로운 임차인)이 지급한 계약금은 B와 C사이의 계약금계약을 통하여 지급된 것이므로 당연히 B에게 귀속되는 것이며 A와는 아무런 상관이 없습니다.
위와 같은 해석에 따라 다음과 같은 결론에 이르게 됩니다.
① 사안의 경우, 이미 다른 방을 구해 놓은 A에게는 너무 가혹하지만 A와 B의 계약관계는 여전히 유효하며 C가 포기한 계약금은 B에게 귀속이 되게 됩니다. A는 이에 관하여 중개사를 포함한 누구에게도 책임을 물을 수 없습니다. 중개사 입장에서는 최대한 빨리 다른 임차인을 찾아 주는 방법 외에는 해줄 수 있는 것이 없게 됩니다.
② 사안의 경우에는 아무리 A가 사정이 생겨서 못 나가겠다고 변심하여도, C가 잔금일에 보증금을 완납하고 B가 A에게 보증금을 반환할 준비를 마치면 정지조건이 성취되기 때문에 A와 B사의의 임대차계약은 해지가 되게 됩니다. 그러므로 A는 그 전에라도 새로운 방을 찾아서 이사를 가거나, 무단 점유자가 되어 강제집행을 당할 처지에 놓이게 될 것입니다.

▶ 계약금의 성격

- **증약금** : 계약금을 주고받은 흔적이 있으면 계약체결 증거의 의미가 있다는 것
- **해약금** : 이행착수 전이라면 자유롭게 계약을 해제할 수 있다는 것
- **위약금** : 손해배상 예정의 의미로 채무 불이행이 있는 경우, 별도의 손해입증이 없이 계약금을 몰수 또는 청구할 수 있다는 것

민법상 계약금은 당연히 해약금으로 추정됩니다.(민 565①, 민551) 즉, 이행의 착수(중도금지급 시 또는 중도금이 없으면 잔금 시) 전까지는 매수인(임차인)은 계약금을 포기하고, 매도인(임대인)은 계약금의 배액을 상환하고 계약을 해제할 수 있습니다. 물론 다른 손해가 있다 해도 배상책임은 발생하지 않습니다. 하지만 위약금의 성격은 추정되지 않으므로 별도의 특약이 필요합니다. '계약금은 위약금으로 본다.'와 같은 특약이 있어야 비로소 위약금의 성격을 가지게 됩니다.

사례

갑과 을이, 을이 소유한 아파트에 대하여 보증금 3억에 월세 60만 원으로 계약을 체결하고, 계약금 3천만 원은 계약 시 지급하고 중도금 1억을 보름 후에 지급하기로 설정하였는데, 갑이 이를 지급하지 않는 경우 을은 계약 불이행으로 계약금 3천만 원을 당연히 몰수할 수 있는가?
→ 계약금을 위약금으로 볼 수 있는 특약이 없는 한 을은 손해를 입증하고 3천만 원에서 손해액을 공제하고 갑에게 반환해야 합니다.

실무

매매나 금액이 큰 임대차의 경우 반드시 위약금 특약을 넣어서 후에 분쟁 발생 시 서로 손해를 입증하는 번거로움을 없애주어야 합니다.

④ 중도금

중도금은 설정해도 되고 안 해도 됩니다. 일반적으로 월세 계약의 경우 보증금이 소액이고 계약일과 잔금일의 갭이 짧아서 설정하지 않습니다. 일단 설정이 되면 중도금 지급 시기가 이행의 착수 시기가 되어서 중도금이 지급되면 해약이 불가능하게 됩니다. 그런데 주의할 점은 판례에서는 중도금을 미리 지급하는 것도 가능하다고 봅니다. 하지만 미리 중도금 지급을 인정할 경우, 매도인의 기한의 이익을 해치므로 이를 허용해서는 안 된다는 의견도 많습니다. 추가 판례를 기다려봅니다.

> **사례**
>
> 갑 소유의 아파트에 관하여 갑과 을이 매매계약을 체결하였는데, 그 후에 주변 아파트 시세가 폭등하자 갑의 해약을 두려워한 을이 중도금 시기가 안 되었는데도 갑의 계좌로 중도금을 입금한 경우 갑은 중도금의 이행기가 아니므로 이행의 착수가 없었음을 주장하여 계약금의 배액을 상환하고 계약을 해제할 수 있을까요?
> → 계약의 이행의 착수를 인정하여 해약이 불가능합니다.

⑤ 잔금

매매의 경우에는 잔금에서 기존 임차인의 전세금 등을 상계하거나 잔금과 동시에 대출을 받아 잔금을 치르는 경우가 많지만 임대차에서는 일어나지 않습니다. 다만 주의할 점은 반드시 임차인의 잔금 + 첫 달 차임의 입금을 확인하고 입주를 시켜야 한다는 점입니다. 왜냐하면, 일단 짐 하나라도 들어가면 임차인의 점유가 성립하기 때문에 임차인이 잔금을 지급하지 않고 미루게 되더라도 임대인이 임의로 짐을 뺄 수 없는 골치 아픈 문제가 발생합니다.

잔금 전에 짐의 일부라도 먼저 넣으려면 소유자에게 양해를 구하여 중개사가 책임을 지는 일이 없도록 합시다.

⑥ 차임

월세의 지급 시기에 관하여 딱 정해진 것은 없으나 주택임대차의 경우는 선불, 상가임대차의 경우는 후불로 하는 것이 일반적입니다. 특약을 통해서 차임에 어떤 비용(공과금, 관리비, 인터넷, 유선 TV)이 포함되었는지 확실하게 짚고 넘어가야 하겠습니다.

⑦ 존속기간

살림을 위한 단독주택의 월세가 아닌 학생이나 직장인을 대상으로 하는 원룸 등의 월세 계약시에 자주 받는 질문이 있습니다. 그것은 "1년으로 계약하는 것이 좋나요? 2년으로 계약하는 것이 좋나요?" 하는 질문입니다.

이 경우 저는 항상 임차인은 1년을 계약하는 것이 유리한 점이 많다고 말씀을 드립니다.

그 이유는 주택임대차보호법의 적용을 받는 주택일 경우에 임차인은 1년을 계약하면 자기의 필요에 따라 1년을 살 수도 있고 2년을 주장하여 2년을 살 수도 있지만, 처음부터 2년을 계약하면 중간에 사정이 생기더라도 꼼짝 없이 2년에 묶이게 되어 직접 방을 놓고 나가야 하는 일이 생기게 되기 때문입니다.

주택임대차보호법은 편면적 강행규정(임차인에게만 유리한 법률)이기 때문에 1년 계약을 한 경우 임차인은 2년을 주장할 수 있어도 임대인은 임차인의 뜻에 반하여 계약기간 2년을 채우라고 주장할 수 없습니다.

최근에는 국내의 경제사정이 안 좋은 관계로 학생들이 방을 구할 때 1년 계약조차 하지 않고, 번거롭더라도 필요한 몇 달만 살고 집에 갔다가 사정을 봐서 다시 방을 구하는 경우가 많이 있습니다.

이 경우에 문제 되는 것이 단기임대차계약입니다.

일반적으로 중개사님들 대부분은 단기임대차계약은 주택임대차보호법이 적용되지 않는다고만 막연히 알고 계신 경우가 많습니다. 하지만 이렇게 딱 잘라서 말하기에는 무리가 있으며 생각보다 복잡한 법률적인 문제가 있습니다. 아래에서 조금 상세하게 알아 보겠습니다.

> ※날짜 계산하는 법
> - 주택임대차 기간만료일이 12월31일 경우, 묵시적 갱신을 막기 위해서는 어느 시점까지 갱신거절 통지를 해야 하나?
> ☞ 주택임대차보호법 제6조 제1항을 보시면 "~임대차기간이 끝나기 6개월 전부터 2개월 전까지~" 라고 명시 되어 있습니다.
> 기간 만료일이 12월31일이라면 기간 만료 2개월 남은 날은 11월01일이며, 기간 만료2개월 전은 10월31일입니다.
> 따라서 임차인은 10월31일 24:00까지 갱신거절 통지를 하여야 합니다.
> - 묵시적 갱신 상태에서 만약 7월20일에 중도해지권을 행사하면 계약해지의 효력은 언제 발생하나?
> ☞ 주택임대차보호법 제6조의 2 제2항을 보시면 묵시적 갱신 상태에서 임차인은 언제든지 중도해지권을 행사할 수 있으며, 해지의 효력은 "임대인이 통지를 받은 날부터 3개월이 지나면 그 효력이 발생한다."라고 명시 되어 있습니다.
> 임차인이 중도해지권을 행사하여 7월20일 임대인에게 통지 되었다면, 7월20로부터 3개월이 되는 날짜는 10월20일이며, 3개월이 지난 시점은 7월21일 00:00입니다.
> 따라서 중도해지의 효력은 7월21일 00:00에 발생하며, 임대인은 이 날까지 임차인에게 보증금을 반환하여야 합니다.

▶ 단기임대차계약

주택임대차보호법 제11조(일시사용을 위한 임대차)이 법은 일시사용하기 위한 임대차임이 명백한 경우에는 적용하지 아니한다.

이 조항이 바로 단기임대차계약은 주택임대차보호법이 적용되지 않는다고 보는 근거조항입니다. 하지만 법규정을 자세히 보면 분명히 "일시사용하기 위한 임대차"라고 말하고 있습니다. 즉 "단기임대차"라고 규정하고 있지 않습니다. 또한 "명백한 경우"라는 용어도 눈여겨 보아야 합니다. 이 규정을 근거로 단기임대차계약이 주택임대차보호법의 적용을 받지 않기 위해서는 다음과 같은 요건이 필요하게 됩니다.

첫째, 일시사용을 위한 임대차여야 합니다. 보통은 1년 이하의 계약을 단기임대차계약이라고 부르는데 이 경우가 모두 일시 사용을 위한 임대차계약이라 볼 수는 없습니다.

논란이 있는 부분입니다만 계약기간이 6개월 이하일 경우에도 임차인은 주임법에서 보장하는 2

년을 주장할 수있을 것으로 보입니다.

둘째, 그 내용이 명백하여야 합니다.

도대체 명백한 경우가 무엇을 말하는 것인지 궁금하실 것입니다. 이것의 의미는 해당 계약의 성격이 통상적으로 봤을 때 일시사용의 목적으로 볼 수 있다는 것입니다.

계약서 작성시에 특약으로 "이 계약은 임차인의 사정에 의해 임차목적물을 일시사용 하기 위한 임대차계약임"등의 표현으로 기재 해 놓으면 해결이 될 것입니다.

임대인의 입장에서는 계약서를 기준으로 언제 새로운 임차인과 계약을 맺어야 하는가 등을 결정하여 계획을 세우기 때문에, 단기임대차의 경우에는 특약에 반드시 그 내용을 기재하여 후에 임차인이 주택임대차보호법을 근거로 더 살겠다고 주장하며 방을 빼주지 않아 문제가 발생하는 일이 없도록 하여야 할 것입니다.

▶ 민법 제653조(일시사용을 위한 임대차의 특례) 제629조, 제638조, 제640조, 제646조 내지 648조, 제650조 및 전조의 규정은 일시사용하기 위한 임대차 또는 전대차인 것이 명백한 경우에는 적용하지 아니한다.

이 조항에서 볼 수 있듯이 단기임대차계약이 일시사용을 위한 임대차로 인정 되더라도 주택임대차보호법과 민법 제653조에 나열된 규정만 적용되지 않을 뿐이고 민법623조(임대인의의무)와 같은 다른 규정은 그대로 적용이 됩니다.

즉 임대인은 단기임대차라고 하여 수리,수선의무 등을 게을리할 경우 민법623조를 위반한 것이 되어 임차인에게 손해배상청구를 받을 수 있음에 주의해야 합니다.

※갱신된 계약의 존속기간
- 계약기간을 1년(2년 미만)으로 정한 임대차계약의 경우
☞ 계약기간 끝나기 2개월 전까지 아무일 없이 지나갔다고 하더라도, 해당 경우에는 묵시적 갱신이 일어나지 않습니다.
또한 임차인은 그 기간까지 갱신요구권을 행사할 수도 없습니다.(정확하게는 행사할 필요도 없습니다)
왜냐하면 임차인은 묵시적 갱신을 주장하거나 갱신요구권을 행사할 필요 없이 주임법에서 보장한 계약기간 2년을 주장하면 되기 때문입니다.

그리고 2년이 되는 시점까지는 묵시적 갱신된 상황이 아니므로, 임차인은 계약 중도해지권을 행사할 수 없습니다.

그 후 계약기간 1년이 지나고 2년이 되는 시점 6월~2월까지 임차인은 갱신요구권을 행사할 수 있고, 이 기간이 지나면 계약은 비로소 묵시적으로 갱신되며, 갱신된 계약 기간은 2년입니다.

- 계약기간을 30개월(2년 초과)로 정한 임대차계약의 경우

☞ 계약기간을 주임법에서 규정한 최소 계약기간 2년 초과하여 정한 경우, 이는 임차인에게 유리한 계약 조건이므로 그대로 효력이 인정됩니다.

그 후 계약기간이 만료 되는 시점 6월~2월까지 임차인은 갱신요구권을 행사할 수 있고, 이 기간이 지나면 계약은 묵시적으로 갱신되며, 갱신된 계약 기간은 전 임대차와 동일한 기간(30개월)이 아니라 2년임에 주의해야 합니다.

(3) 특약사항

① 가장 일반적으로 사용 되는 유명한 특약입니다.

하지만, 이 특약의 의미에 관하여 제대로 알고 사용하는 대표님들은 거의 없는 실정입니다.

이 특약은 세 가지 정도의 의미를 가집니다.

- 계약일 현재 알 수 있는 하자는 보증금 및 월차임에 고려되었다.
- 임차인은 임차대상물의 부합물 및 종물에 대한 사용권한이 있다.
- 임대인은 계약시의 권리 및 시설물 상태를 잔금시까지 유지해야 한다.

② 공인중개사가 의뢰인에게 중개대상물의 권리 및 시설 상태에 관해 확인설명 하기 위하여 아래의 행위를 했다는 것을 증명하기 위한 특약입니다.

- 현장 확인을 시켜주었다.
- 확인설명의 근거 자료를 제시하며 설명하였다.
- 법정 중개대상물 확인설명서의 내용을 설명하였다.

의뢰인이 확인설명서에 서명 또는 날인을 했으면서도 차후에 설명을 듣지 못하고 서명했다고 주장하는 어처구니 없는 상황을 예방하기 위한 목적이 큰 특약입니다.

③ 공인중개사가 확인하여 의뢰인에게 설명한 권리 상태에 관하여 기재한 특약입니다.

그 내용은 주로 등기부에 기재된 권리 하자(근저당, 가압류, 가처분, 가등기 등)가 될 것입니다.

그 외에 공인중개사가 확인 후 설명을 해야 하는 권리 사항은 다음과 같습니다.

- 선순위 임차인에 관한 사항
- 임대인의 미납 국세 및 지방세에 관한 사항

④ 임차대상물의 계약 당시의 시설물 상태 및 임대인의 수선의무에 관한 특약입니다. 민법상 임대인과 임차인의 의무는 다음과 같습니다.

민법상 : 임대인 → 사용, 수익할 수 있게 유지를 해줘야 할 의무
　　　　　임차인 → 선관주의 의무

쉽게 말해서 임차인이 고의, 과실로 임차물을 파손한 경우는 선관주의 의무를 위반으로 책임을 져야하지만, 그 외에는 임대인이 처리를 해줘야 한다는 것입니다. 그렇지만 이것은 임대인에게 너무 넓은 책임을 부담시키게 됩니다. 그래서 판례에서는 임차인이 선관주의 의무를 다했지만, 그 파손된 정도가 '쉽게 교체 가능+적은 비용'이 들면 임차인이 알아서 하라고 합니다.

판례 : 대법원 1994. 12. 09. 선고 94다34692, 94다34708 판결(판결요지 중 발췌)

임대차계약에 있어서 임대인은 목적물을 계약 존속 중 그 사용, 수익에 필요한 상태를 유지하게 할 의무를 부담하는 것이므로, 목적물에 파손 또는 장해가 생긴 경우 그것이 임차인이 별 비용을 들이지 아니하고도 손쉽게 고칠 수 있을 정도의 사소한 것이어서 임차인의 사용, 수익을 방해할 정도의 것이 아니라면 임대인은 수선의무를 부담하지 않지만, 그것을 수선하지 아니하면 임차인이 계약에 의하여 정해진 목적에 따라 사용, 수익할 수 없는 정도의 것이라면 임대인은 그 수선의무를 부담한다.

임대인의 수선의무는 특약에 의하여 이를 면제하거나 임차인의 부담으로 돌릴 수 있으나……그것은 통상 생길 수 있는 파손의 수선 등 소규모의 수선에 한한다 할 것이고, 대파손의 수리, 건물의 주요 구성 부분에 대한 대수선, 기본적 설비 부분의 교체 등과 같은 대규모의 수선은 이에 포함되지 아니하고 여전히 임대인이 그 수선의무를 부담한다고 해석함이 상당하다.

☞ 임대인의 수선의무 면제특약은 소규모의 수선일 경우에만 유효

사례

A. 임차인이 형광등 불이 나갔다고 하는 경우

형광등 램프가 문제인 경우 → 쉬움 O + 비용 小 = 임차인

형광등 자체가 문제인 경우 → 쉬움 X + 비용 中 = 임대인

B. 임차인이 샤워기가 고장 났다고 하는 경우

- 교체하는 것 자체는 쉽지만, 샤워기 가격이 1~2만 원 정도인데 이것을 보고 비용이 많이 든다고 보아야 할지가 의문입니다. 주인이 교체해준다면 감사하겠지만, 임차인이 처리해야 할 것입니다.

C. 임차한 집에서 좀벌레 같은 것이 나오는 경우

이런 경우 임대인에게 처리를 해달라고 전화하는 임차인들을 자주 볼 수 있습니다. 이를 해결하기 위해서는 벌레를 퇴치하는 약이나 기구를 사서 해결하거나 용역을 부를 수 밖에 없을 것입니다.

> 개인적인 사견으로는 아파트 등의 시공의 문제로 여러 가구에서 같은 벌레들이 출몰하는 경우를 제외하고는 이런 경우는 임대인의 관리 영역이 아니며 고액의 비용이 필요하다고 볼 수도 없습니다.
> 그러므로 임차인이 알아서 해결해야 한다고 생각합니다.

'수선의무 배제특약'을 요구하는 임대인이 계시는데 이 특약은 유효할까요?

판례에서는 유효하지만, 이 특약을 통해서 임대인이 모든 책임을 면할 수는 없다고 합니다. 즉 이 특약에도 불구하고 통상 생길 수 있는 파손의 수선(소규모 수선)이 아니라, 대 파손의 수리, 건물의 주요 구성 부분에 대한 수선, 기본적 실비 부분의 교체 등과 같은 대규모 수선 등은 해줘야 한다고 합니다.

사례

보일러가 고장난 경우의 책임
A. 수선의무 배제 특약 O → 임대인 수리의무 O
B. 수선의무 배제 특약 X → 임대인 수리의무 O

임차목적물이 화재 등으로 훼손 또는 소실 된 때의 책임
원칙적으로 임차목적물이 어떠한 원인으로 소실된 경우에, 임차인이 발생한 손해에 관하여 자신의 책임이 없다는 것을 입증하지 못하면(원인 미상도 포함) 이에 관하여 임차목적물 반환의무 불능 또는 선관주의의무 위반으로 책임을 지게 됩니다.
다만, 훼손 또는 소실의 원인이 임대인이 지배 관리하는 영역에 존재하는 하자로 인한 것이라고 보여 지고, 임차인이 미리 그 하자를 몰랐으며 알지 못한 것에 과실이 없다면, 임대인은 그 하자로 인한 손해배상책임을 임차인에게 물을 수 없습니다.

> **실무**
>
> 원룸 등의 임대차에서 건물주에게 자주 질문을 받는 것이 형광등, 샤워기 꼭지를 임차인이 갈아 달라고 하는데 갈아줘야 하느냐는 것입니다. 임차인이 입주할 때 형광등, 샤워기가 새것으로 갈아놓은 상태가 아니었다면 계약기간 중에 한번은 주인이 갈아줘야 공평할 것입니다.

⑤ 요즘 많이 논란이 되는 조항입니다.

▶ 애완동물 사육 : 계약 특약에 금지라고 넣어 놓지 않으면, 계약 후에 몰래 가져와서 키워도 뭐라고 할 수 없습니다. 그래서 애완동물 사육 가능한 방을 찾는 손님께도 굳이 키워야 하겠다 하면, 미리 주인에게 말하지 말고 계약 후에 조용히 키우시라고 조언하면 문제가 없습니다. 나중에 중개사가 주인에게 항의를 들을 수는 있겠지요.

▶ 실내 흡연 금지: 해당 조항을 기재하면, 계약 종료시 이를 위반한 임차인에게 벽지 교체비용 등을 청구할 수 있을 것입니다.

▶ 1인 1실 명시 : 특히 원룸계약 후에 문제가 발생합니다. 처음 계약 당시에는 분명히 한 분이 사시다가 시간이 지나서 보면 동거를 하는 경우가 부지기수입니다. 반드시 1인 1실 계약임을 명시하고, 2인 이상 거주 시에는 주인과 상의해서 추가 수도세 등의 비용을 지불하게 하여야 할 것입니다.

⑥ 월차임 이외의 비용에 관한 조항입니다.

월차임 이외에 임차인이 지불하는 비용으로는 관리비, 공과금, 부가세(상가), 퇴실 시 청소비가 있습니다. 이 중에서 관리비라는 개념이 좀 애매합니다. 주인들 중에는 공과금 중 수도세만 관리비에 포함시키는 경우가 많고, 중앙난방인 경우 가스비용까지도 관리비에 포함시키는 경우도 있습니다. 계약 시 정확히 확인해 1~2만 원 때문에 임대인, 임차인에게 시달리는 일이 없도록 합시다.

- **관리비** → 청소비, 정화조, 엘리베이터 이용료
- **공과금** → 전기세, 수도세, 가스비
- **부가세** → 관리비에 대한 부가세도 발생함을 주의합시다.(상가임대 부분에 설명)

원룸 임대차계약 시 청소비라는 것을 받는 경우가 있습니다. 임차인이 퇴실 시에 아무래도 원래 입실할 때의 수준으로 청소를 해놓고 나간다는 것이 힘든 경우가 대부분입니다. 그래서 임대인이 5~15만원 정도를 받아서 직접 청소하거나 용역업체를 불러서 대신 청소 한다는 개념입니다. 지역적인 성격도 있는 듯합니다. 받는 지역도 있고 안 받는 지역도 있습니다. 임대인에게 반드시 물어보고 계약을 체결해야 할 것입니다.

⑦ 쓰레기 배출에 관하여 왜 이런 것까지 특약에 넣어야 하는 것인가 의문이 생기실 겁니다. 일단 특약에 넣으면 약속이기 때문에 아무래도 세입자들이 쓰레기 배출 시 한 번 더 생각하게 됩니다. 심리적으로 강제한다는 의미이고, 이 특약을 넣어두면 법적인 강제력을 떠나서 임대인들이 아주 좋아합니다.

⑧ 이런 사항까지 넣어야 하느냐고 생각하실 겁니다. 실제로 필자가 원룸을 놓다 보니 임대인들에게 이런 전화를 많이 받습니다. 임차인들이 이사를 간 후 방을 정리하다 보니 에어컨 리모컨이 없어졌다거나 전자레인지가 사라졌다는 것입니다. 그래서 이사 간 임차인에게 전화하면 원래 없었다거나 자신이 가지고 온 전자레인지라고 우긴다는 것입니다. 그러므로 계약 시에 입주 당시 모습을 사진으로 남길 수 없다면, 특약 사항에 옵션목록을 적어 두는 것이 좋습니다.
또한, 해당 물품들을 임차인이 책임지고 사용한다는 표현도 넣으면 좋습니다.

⑨ 일반적으로 세입자가 직접 방을 부동산사무소에 내놓을 때는 둘 중 하나의 상황입니다. 계약 기간 중이거나 묵시적 갱신 중일 때입니다. 계약 기간 중일 경우에는 임차인이 놓고 나가야 하며 중개사무소에 의뢰하였을 경우 중개보수를 지불해야 한다는 것에는 논란의 여지가 없습니다. 그런데 묵시적 갱신 중일 경우에는 현실과 관공서의 해석이 달라서 논란의 여지가 있습니다.

- **통상적인 임대인 생각** → 임차인이 책임
- **관공서의 생각** → 계약 기간 중 잘 살아줬으니 묵시적 갱신되면 임대인이 책임

위와 같이 생각이 달라지므로 중개사는 향후 분란의 소지를 없애기 위해 계약 시 임대인과 임차인에게 묵시적으로 갱신되었을 경우 누가 중개보수를 지불할지 합의를 시켜 특약에 남겨주는 것이 좋을 것입니다.

중개보수 지불에 관하여 특이한 사례가 있었는데, 한번 보시죠.

사례

원룸에 거주하던 학생(갑)이 계약 기간 전에 유학을 가게 되었습니다. 그래서 주인할머니(을)께 말씀을 드리니, 할머니께서는 그러냐면서 부동산사무소에는 내놓았느냐고 하니 갑은 A 중개사무소에 내놓았다 했습니다. 그런데 방이 빨리 빠지지 않자 할머니께서는 호의로 B, C, D 중개사무소에 직접 내놓아 주셨습니다. 그 후에 D 중개사무소에서 계약을 성사시켜서 할머니께 중개보수를 청구하니 할머니는 갑 학생에게 받으라고 했습니다. 중개사가 갑 학생에게 중개보수를 청구하니 자신은 A 중개사무소에만 방을 내놓았다고 하면서 중개보수 지불을 거부하고 있습니다.

사례에서 과연 중개보수를 누가 지불해야 하는 것일까요? 비록 기간 전 퇴실이지만 중개보수는 별도의 사정(학생이 바빠서 할머니께 방을 중개사무소에 놓아 달라고 위임했다는 등의 사정)이 없는 한 의뢰한 사람이 지불해야 합니다. 할머니께서 비록 호의로 한 행동이지만 이런 억울한 일이 생길 수 있습니다.

⑩ 어떻게 보면 임의강제집행특약으로 보입니다.

필자가 원룸중개를 하면서 빈번하게 일어나는 황당한 사연이 있습니다. 임차인이 월세를 여러 달 밀리고, 새벽 1시 넘어서 들어와서 새벽 5시에 나가는 겁니다. 그리고는 임대인의 전화도 받질 않습니다. 이런 경우에는 임대인은 속수무책으로 소송 이외에는 방법이 없어집니다. 계약 해지를 하자니 연락이 안 되고, 짐을 빼자니 주거침입과 임의강제집행으로 범죄가 되는 것이지요. 그렇다고 소송을 하자니 기간이 보통 6개월이나 걸리고, 월세 못 내는 임차인에게서 손해배상을 바라기는 힘든 상황이 되어 임대인은 큰 손해를 보게 됩니다. 그럼 임의강제집행특약을 맺으면 되지 않는가 하는 생각을 하게 되지만 이것이 참 애매합니다. 아래 판례를 보시죠.

판례 : 임의 강제집행특약은 무효라는 대법원의 입장

이와 관련하여 대법원은 "법률이 정한 집행기관에 강제집행을 신청하지 않고 채권자가 임의로 강제집행을 하려고 하는 계약이라고 한다면 이는 사회질서에 위반되어 무효라고 할 것이고, 또한 이 사건 임대차계약을 체결할 당시 공인중개사가 입회하였다든가 간판철거 당시 피해자의 신고로 출동한 경찰관이 간판철거를 제지하지 아니하고 그냥 돌아갔다는 사정만으로 피고인의 간판철거 행위가 죄가 되지 아니하는 것으로 오인한 데 정당한 이유가 있다고 볼 수 없다"는 취지다.

따라서 "피해자가 이 사건 점포를 점유하고 식당 영업을 하고 있는 상태여서, 피고인이 간판업자를 동원하여 이 사건 점포에 설치된 피해자 소유의 간판을 철거하여 그 효용을 해한 것은 피고인이 손괴를 함과 동시에 위력을 사용하여 피해자의 업무를 방해한 것이고, 피고인이 피해자가 아직 식당 영업을 종국적으로 포기하였다고 볼 만한 사정이 없는데도 피해자가 영업을 하지 못하도록 이 사건 점포의 출입문을 자물통으로 채우고 창문에 폐업이라는 공고문을 붙인 것은 위력을 사용하여 피해자의 업무를 방해한 것에 해당"하게 된다.
대판 : 2004도341판결

위에서 보면 대법원은 임의강제집행특약은 민법 103조에서 금하는 반사회질서의 법률행위로 위법으로 무효라고 합니다.

그렇다면 임의강제집행특약이 아니라, 임차인이 계약 시에 자신이 사정이 생겨 월세를 못 내고 연락 두절 시를 대비해 물건처분을 위임했다면 어떨까요? 보기에 따라서 그게 그거 같지만 이런 경우에는 유효한 특약이라 보는 변호사분들이 많이 계시고, 심지어는 위 판례도 논란의 소지가 있다는 의견도 있습니다.

> **실무**
>
> 일단 위와 같은 특약이 있으면 임차인에게 심리적으로 강제하는 효과가 있습니다. 특약의 유무효를 떠나 일단 위임의 형식으로 보이게 특약을 기입해 두는 것이 좋습니다. 위의 '명도위임 특약과 별개로, 차임연체로 인한 계약 해지 시에 위약금을 물게 하는 특약도 임대인의 권리보호를 위하여 아주 효과적입니다. 또한 '임차인은 계약해지 시부터 명도 시까지 월차임의 3배에 해당하는 금액을 손해배상액으로 부담한다' 이 특약을 삽입하면 임대인은 별도의 손해입증 없이도 손해를 배상받을 수 있으며 임차인을 심리적으로 압박하는 효과도 있을 것입니다.

⑪ 경고 특약

의뢰인에게 민사손해가 발생할 개연성이 높은 위험한 계약일 경우에는 반드시 경고를 해줘야 공인중개사는 책임을 면할 수 있다는 것이 대법원의 일관된 태도입니다.

여기에 덧붙여 공인중개사의 면책특약까지 기재해 놓으면 아주 좋을 것입니다.

- 위험한 계약 → 경고특약 + 면책 특약

⑫ 임차인의 비상연락처를 넣어 놓지 않으면 임대인들이 넣어달라고 하시는 경우가 많습니다. 계약서를 다시 뽑거나 수정하는 번거로움을 방지하기 위해 반드시 기입해 놓습니다.

일반적으로 가족의 연락처를 기재하는 경우가 많습니다.

(4) 당사자

① 주소 : 임대인의 주민등록상 현주소를 정확히 적어야 합니다. 임차인의 주소란에는 주민등록상 주소가 아닌 현재 사는 곳 심지어 주소가 틀려도 주민 센터에서 전입신고, 확정일자를 받는 데 문제가 없습니다. 하지만 임대인의 주소가 틀리면 주민 센터에서 받아주지 않는다는 것을 주의해야 합니다. 일반적으로 주민등록증을 보고 적는 경우가 대부분인데 주민등록증상의 주소가 수정되지 않

은 경우도 있으므로 반드시 주인에게 한 번 물어보고 기입합시다. 또한 임대인의 현재 주민등록상 주소가 동 건물의 소유권을 취득할 당시와 다를 경우, 계약서상의 임대인의 주소와 확인설명서에서 "권리관계"란에 기입하는 임대인의 주소가 달라짐을 주의하여야 합니다. 여기에는 임대인의 현재 주소가 아닌 등기부상의 주소(건물의 소유권을 취득할 당시의 주소)를 기재하여야 합니다.

> ※ **전입신고와 확정일자 받는 곳**
> **전입신고** : 반드시 전입할 곳 관할 주민센터에서만 가능
> **확정일자** : 관할 주민센터 또는 전국 모든 등기소(관할과 상관 없이 가능)
> **외국인의 경우** : 체류지 변경신고로 전입신고 대체(관할 구청), 확정일자는 관할 주민센터

② 주민등록번호 : 판례 또는 법률 해석상 중개사는 계약서 작성을 위해 의뢰인에게 주민등록번호를 요구할 수 있다고 합니다. 하지만 주민등록번호는 법적으로 워낙 민감한 문제이기 때문에 대부분의 중개사무소에서는 계약서 작성을 하면서 개인정보 활용 동의서를 받는 경우가 많습니다.

> ※ **누구와 계약을 체결할 것인가?**
> 매매진행 중인 주택이나 상가에 대하여 임대차계약을 체결할 경우에, 임차인이 매도인 또는 매수인 중 누구와 계약을 체결할 지는 전입신고(주택의 경우) 또는 사업자등록(상가의 경우)을 할 시점의 소유자가 누구냐에 따라 결정이 됩니다.
> 임대차계약의 잔금일이 매매계약의 잔금일 이전인지 이후인지를 나누어서 살펴볼 필요가 있습니다.
>
> ① **임대차계약 잔금일이 매매계약 잔금일 이전인 경우**
>   주택, 상가 모두 매도인과 계약을 체결하는 것이 좋습니다. 이후에 매수인과 다시 계약서를 써도 되고 안 써도 상관이 없습니다.
> ② **임대차계약 잔금일이 매매계약 잔금일 이후인 경우**
>   주택의 경우 계약시에 미리 전입신고 할 생각이면 매도인과 계약체결하고, 잔금 및 입주일에 전입신고 할 생각이면 매수인과 계약을 체결하는 것이 좋습니다. 하지만, 상가임대차의 경우에는 미리 사업자등록을 받아 주는 경우가 드물기 때문에 매수인과 임대차계약을 체결하는 것이 좋을 것입니다.
> ③ **임대차계약 잔금일과 매매계약 잔금일이 동일한 경우**
>   매매계약 후 잔금 충당을 위하여 임차인을 맞추어야 하는 대부분의 경우에는 임대차계약 잔금일과 매매계약 잔금일이 동일할 것입니다.

이런 경우에는 임대차계약 당시의 소유자인 매도인이 임대권한을 가지고 있으므로, 원칙적으로 매도인과 임대차계약을 체결해야 합니다
물론 편의상 매도인의 동의 아래 매수인과 임대차계약을 체결할 수도 있습니다.
만약 원칙대로 매도인과 임대차계약을 체결하게 되면 임차인의 대항력에 문제가 발생할 수 있으므로, 반드시 새로운 임대인이 되는 매수인과 임대차계약서를 다시 작성해야 할 것입니다

③ 서명 또는 날인

중개사는 '서명 + 날인'하도록 법적으로 강제되어 있는데, 임대인 또는 임차인의 경우에도 '서명 + 날인'을 모두 해야 하는지가 문제입니다. 그리고 사인 또는 막도장 날인도 법적인 효력이 있는지 궁금하실 것입니다. 간단히 표현하면 '서명=인감≤=무인(지장)'입니다. 즉, 3가지 모두 강력한 증명력을 가지고 있기 때문에 3가지를 다 해도 좋고 하나만 해도 무관 합니다. 굳이 하나만 해야 한다면 무인(지장)이 가장 좋은 방법입니다.

'서명'이란 누가 봐도 읽어서 알아볼 수 있게 자신만의 방식으로 적는 것으로 사인과는 다릅니다. 그리고 아무나 파서 가져올 수 있는 막도장이 있는데 사인과 막도장은 단독으로는 증명력이 약합니다. 아래에 간단히 정리하겠습니다.

서명	+	인감	인정
		무인(지장)	인정
		막도장	인정
사인	+	인감	인정
		무인(지장)	인정
		막도장	불인정
		막도장	불인정
서명	+		인정
		무인(지장)	인정
사인	+		불인정

주의할 점은 대리인이 나왔을 경우, 원칙적으로는 대리인이 자신의 이름으로 서명하면, 날인은 본인 인감을 대신 찍든 자신의 인감을 찍든 상관이 없습니다. 그러므로 대리인의 서명은 반드시 받는 것이 좋습니다. 법인은 대표가 나왔을 경우에는 제1장 당사자 부분에서 이미 설명하였습니다.

※대리계약시 당사자란 기재에 관하여 자주 받는 질문들
Q) 여러 명의 공동소유인 물건에 대한 임대차계약서 작성시, 참석자가 위임장의 제시하였다고 하더라도 당사자란에 참석자 외에 모든 공동소유자의 인적사항을 기재해야 하나요?
A) 공유자 중 1인이 다른 공유자들의 위임을 증명할 수 있는 서류를 갖추어 계약시 참석하였다면, 계약서에 참석한 공유자만 기재하여도 법적으로 문제가 없습니다.
하지만 실무적으로는 공공기관 또는 금융기관에서 계약서에 공유자 모두를 명시할 것을 요구하는 경우가 대부분이기 때문에, 계약서 당사자란에 공유자 모두를 기재하는 것이 좋습니다.

Q) 계약서에 공동소유자란을 모두 활성화 시켰다면, 참석자 외의 공동소유자란에는 어떤 방식으로 서명 또는 날인을 하나요?
A) 참석자는 반드시 자필 서명을 하여야 하고, 참석하지 않은 공유자란에는 참석자가 '대리 김갑동'이라고 서명하거나 소지하고 나온 다른 공유자의 도장을 날인하여도 됩니다.

Q) 대리인이 위임을 증명할 수 있는 서류(위임장, 인감증명서 등)와 본인 인감을 지참한 경우, 계약서에 대리인란을 활성화 시키지 않고 본인이 계약한 것처럼 당사자란을 기재해도 되는가요?
A) 실무를 하다 보면, 대리계약으로 체결된 계약서를 사용할 경우 금융기관에서의 절차가 무척 까다롭기 때문에 대리계약이지만 본인이 직접 계약한 것처럼 당사자란에 대리인란을 활성화 시키지 않는 경우가 종종 있습니다.
저도 강의를 하다 보면 이렇게 계약서를 작성하여도 문제가 없는 것인지에 관하여 자주 질문을 받습니다. 본인의 위임을 증명할 수 있는 서류를 확실히 갖추는 것이 중요한 것이며, 대리인이 본인의 인감을 지참하여 계약서 본인란에 직접 날인 하여도 계약의 효력에는 전혀 문제가 없습니다.

▶ 간인, 계인

일반적으로 계인이라는 말은 잘 쓰지 않고 계약서 여기 저기에 도장을 찍는 것을 간인이라고만 부르는 경우가 많습니다. 하지만 간인과 계인은 서로 다른 별개의 개념입니다.

간인은 계약서 한 부를 기준으로 계약서가 여러 페이지일 경우, 포함된 페이지들이 같은 계약서의 내용이라는 것을 표시하기 위하여 지장, 인장 또는 서명이나 싸인을 하는 것을 말합니다. 그러므로 계약서가 여러 페이지가 아니라 한 페이지일 경우에는 간인을 할 필요가 없습니다.

계인은 한 계약에서 작성된 여러 부의 계약서들이 같은 계약에서 파생된 것이라는 것을 표시하기 위하여 하는 행위라는 점에서 간인과 다릅니다.

일반적으로 계약을 할 때 계약서는 세 부(공동중개시 네 부)가 작성이 됩니다. 이때에 이 계약서들을 포개놓고 도장 등을 찍는 행위가 계인인 것이죠.

실무에서는 간인, 계인을 꼭 해야하는 행위라고 생각하시는 분들도 계십니다. 물론 임대차의 경우 계약서가 2장 이상일 때 법률의 규정에 의해서 간인은 필수입니다.

예를 들어 표준임대차계약서는 계약서가 2장 이상이니 간인이 필수겠죠.

하지만 매매 같은 그 이외의 계약에서 간인, 계인이 차후 분쟁 발생시 증거로써는 가치가 있습니다 다만 법적인 강제성은 없다는 것에 유의하시면 됩니다. 그러므로 간인, 계인은 할 수 있으면 꼭 하시면 좋습니다만, 깜빡하고 생략하셨다고 해서 너무 걱정을 하실 필요는 없습니다.

(5) 확인 설명서 작성법

■ 공인중개사법 시행규칙 [별지 제20호서식] <개정 2024. 7. 2.> (제1쪽)

중개대상물 확인·설명서[I] (주거용 건축물)

(주택 유형: [√] 단독주택   [ ] 공동주택   [ ] 주거용 오피스텔)
(거래 형태: [ ] 매매·교환   [√] 임대)

확인·설명 자료	확인·설명 근거자료 등	[ ]등기권리증 [√]등기사항증명서 [√]토지대장 [√]건축물대장 [√]지적도 [ ]임야도 [√]토지이용계획확인서 [ ]확정일자 부여현황 [ ]전입세대확인서 [√]국세납세증명서 [ ]지방세납세증명서 [ ]그 밖의 자료 (신분증)
	대상물건의 상태에 관한 자료요구 사항	임대인에게 등기권리증 제시를 요청하였으나 응하지 않아, 임대인이 제시한 국세납세증명서를 통해 임대권한을 확인하였음.

유의사항

개업공인중개사의 확인·설명 의무	개업공인중개사는 중개대상물에 관한 권리를 취득하려는 중개의뢰인에게 성실·정확하게 설명하고, 토지대장 등본, 등기사항증명서 등 설명의 근거자료를 제시해야 합니다
실제거래가격 신고	「부동산 거래신고 등에 관한 법률」 제3조 및 같은 법 시행령 별표 1 제1호마목에 따른 실제 거래가격은 매수인이 매수한 부동산을 양도하는 경우 「소득세법」 제97조제1항 및 제7항과 같은 법 시행령 제163조제11항 제2호에 따라 취득 당시의 실제 거래가액으로 보아 양도차익이 계산될 수 있음을 유의하시기 바랍니다.

I. 개업공인중개사 기본 확인사항

①개상물건의 표시	토지	소재지	서울시 관악구 신림동 250-4			
		면적(㎡)	142.0㎡	지목	공부상 지목	대
					실제 이용 상태	대
	건축물	전용면적(㎡)	18.50㎡		대지지분(㎡)	해당 사항 없음
		준공년도 (증개측년도)	1997	용도	건축물대장상 용도	다가구주택
					실제 용도	다가구주택
		구조	철근콘크리트구조	방향		북동향 (기준: 주출입구)
		내진설계 적용여부	해당 사항 없음	내진능력		해당 사항 없음
		건축물대장상 위반건축물 여부	[ ]위반 [√]적법	위반내용		공부상 확인되지 않는 위반사항이 존재하지 않음을 임대인을 통해 확인함.

② 권리관계	등기부 기재사항		소유권에 관한 사항		소유권 외의 권리사항
		토지	성명:김갑동 생년월일:1942.01.20 주소:서울특별시 관악구 대학길58-9 (대학동)	토지	근저당권 등기:2021.02.15 권리자: 주식회사 우리은행 채권 최고액:443,000,000원
		건축물	위의 내용과 동일	건축물	토지와 공동담보임

③ 토지이용 계획, 공법상이용 제한 및 거래규제에 관한 사항 (토지)	지역·지구	용도지역	생략(임대차)		건폐율 상한	용적률 상한
		용도지구	생략(임대차)		생략(임대차)	생략(임대차)
		용도구역	생략(임대차)			
	도시·군계획 시설	생략(임대차)		허가·신고 구역여부	[X]토지거래허가구역	
				투기지역 여부	[X]토지투기지역 [X]주택투기지역 [X]투기과열지구	
	지구단위계획구역, 그 밖의 도시·군관리계획	생략(임대차)		그 밖의 이용제한 및 거래규제사항	생략(임대차)	

(제2쪽)

④ 임대차 확인사항	확정일자 부여현황 정보	[ ]임대인 자료 제출	[√]열람 동의		[√]임차인 권리 설명	
	국세 및 지방세 체납정보	[ ]임대인 자료 제출	[ ]열람 동의		[√]임차인 권리 설명	
	전입세대 확인서	[ ]확인(확인서류 첨부) [ ]해당 없음		[√]미확인(열람·교부 신청방법 설명)		
	최우선변제금	소액임차인범위: 7,500 만원 이하		최우선변제금액: 2,500 만원 이하		
	민간임대등록여부	등록	[ ]장기일반민간임대주택 [ ]그 밖의 유형 ( )	[ ]공공지원민간임대주택	[ ]임대보증금 보증 설명	
			임대의무기간 년	임대개시일		
		미등록 [√]				
	계약갱신 요구권 행사 여부	[ ]확인(확인서류 첨부) [ ]미확인 [√]해당 없음				

		임대인	김갑동	(서명 또는 날인)
개업공인중개사가 "④ 임대차 확인사항"을 임대인 및 임차인에게 설명하였음을 확인함		임차인	김을순	(서명 또는 날인)
		개업공인중개사	김고수	(서명 또는 날인)
		개업공인중개사		(서명 또는 날인)

※ 민간임대주택의 임대사업자는 「민간임대주택에 관한 특별법」 제49조에 따라 임대보증금에 대한 보증에 가입해야 합니다.
※ 임차인은 주택도시보증공사(HUG) 등이 운영하는 전세보증금반환보증에 가입할 것을 권고합니다.
※ 임대차 계약 후 「부동산 거래신고 등에 관한 법률」 제6조의2에 따라 30일 이내 신고해야 합니다(신고 시 확정일자 자동부여).
※ 최우선변제금은 근저당권 등 선순위 담보물권 설정 당시의 소액임차인범위 및 최우선변제금액을 기준으로 합니다.

⑤ 입지조건	도로와의 관계	(6m × 4m)도로에 접함 [√]포장 [ ]비포장		접근성	[√]용이함 [ ]불편함	
	대중교통	버 스	(고시촌입구)정류장,	소요시간: ([√] 도보, [ ] 차량) 약 15분		
		지하철	(관악산입구)역,	소요시간: ([√] 도보, [ ] 차량) 약 15분		
	주차장	[ ]없음 [ ]전용주차시설 [√] 공동주차시설 [ ]그 밖의 주차시설 ( )				
	교육시설	초등학교	(삼성초동)학교,	소요시간: ([√]도보, [ ]차량) 약 15분		
		중학교	(삼성중)학교,	소요시간: ([√]도보, [ ]차량) 약 15분		
		고등학교	(삼성고)학교,	소요시간: ([√]도보, [ ]차량) 약 15분		

⑥ 관리에 관한사항	경비실	[ ]있음 [√] 없음	관리주체	[ ]위탁관리 [√]자체관리 [ ] 그밖의유형
	관리비	관리비 금액: 총 원		
		관리비 포함 비목: [ ]전기료 [ ]수도료 [ ]가스사용료 [ ]난방비 [ ]인터넷 사용료 [ ]TV 수신료 [ ]그 밖의 비목( )		
		관리비 부과방식: [ ]임대인이 직접 부과 [ ]관리규약에 따라 부과 [ ]그 밖의 부과 방식 ( )		

⑦ 비선호시설(1km이내)	[√]없음 [ ]있음 (종류 및 위치:)

⑧ 거래예정금액 등	거래예정금액		₩10,000,000(₩470,000)	
	개별공시지가 (㎡당)	임대차생략	건물(주택) 공시가격	임대차생략

⑨ 취득시 부담할 조세의 종류 및 세율	취득세	임대차생략%	농어촌특별세	임대차생략%	지방교육세	임대차생략%
	※ 재산세와 종합부동산세는 6월 1일 기준으로 대상물건 소유자가 납세의무를 부담합니다.					

(제3쪽)

Ⅱ. 개업공인중개사 세부 확인사항

⑩ 실제권리관계 또는 공시되지 않은 물건의 권리 사항
　선순위 임차인들의 보증금 총액(345,000,000)을 임대인이 제시한 자료를 통해 확인하였음.

⑪ 내부·외부 시설물의 상태 (건축물)	수 도	파손여부	[√]없음　　　[ ]있음　(위치: 당사자 쌍방이 확인함　　　　　　　　　　)
		용 수 량	[√]정상　　　[ ]부족함 (위치: 당사자 쌍방이 확인함　　　　　　　　　)
	전 기	공급상태	[√]정상　　　[ ]교체필요(교체할 부분: 당사자 쌍방이 확인함　　　　　)
	가스(취사용)	공급방식	[√]도시가스　[ ]그 밖의 방식 (　　　　　　　　　　　　　　　　　　)
	소 방	단독경보형감지기	[√]없음　[ ]있음(수량: 0　개)　　※「소방시설 설치 및 관리에 관한 법률」제10조 및 같은 법 시행령 제10조에 따른 주택용 소방시설로서 아파트(주택으로 사용하는 층수가 5개층 이상인 주택을 말한다)를 제외한 주택의 경우만 적습니다.
	난방방식 및 연료공급	공급방식	[ ]중앙공급　[√]개별공급　[ ]지역난방　　시설작동　[√]정상 [ ]수선필요(　　　　　　　　　　) [√]확인불가　　※개별공급인 경우 사용연한 (　　　)
		종 류	[√]도시가스　[ ]기름　[ ]프로판가스　[ ]연탄　[ ]그밖의종류(　　　　)
	승강기		[ ]있음 ([ ] 양호　　[ ]불량)　[√]없음
	배 수		[√]정상　　[ ]수선필요　(　당사자 쌍방이 확인함　　　　　　　　　　)
	그 밖의 시설물		해당 사항 없음
⑫ 벽면·바닥면 및 도배상태	벽면	균열	[ ]없음　[√]있음 (위치: 통상적인 노후로 인한 균열 있을 수 있음　　　)
		누수	[ ]없음　[√]있음 (위치: 통상적인 노후로 인한 누수 있을 수 있음　　　)
	바닥면		[ ]깨끗함　[√]보통임　[ ]수리필요 (위치: 수리가 필요한 사항이 없음을 임대인이 확인함)
	도배		[ ]깨끗함　[√]보통임　[ ]도배필요
⑬ 환경조건	일조량		[ ]풍부함　[√]보통임　[ ]불충분 (이유:　　　　　　　　　　　　　　)
	소음		[ ]아주 작음 [√]보통임 [ ]심한 편임　진 동　[ ]아주 작음 [√]보통임 [ ]심한 편임
⑭ 현장안내	현장안내자		[√]개업공인중개사　[ ]소속공인중개사　[ ]중개보조원(신분고지 여부: [ ]예　[ ]아니오) [ ]해당 없음

※ "중개보조원"이란 공인중개사가 아닌 사람으로서 개업공인중개사에 소속되어 중개대상물에 대한 현장안내 및 일반서무 등 개업공인중개사의 중개업무와 관련된 단순한 업무를 보조하는 사람을 말합니다.
※ 중개보조원은 「공인중개사법」 제18조의4에 따라 현장안내 등 중개업무를 보조하는 경우 중개의뢰인에게 본인이 중개보조원이라는 사실을 미리 알려야 합니다.

Ⅲ. 중개보수 등에 관한 사항

⑮ 중개보수 및 실비의 금액과 산출내역	중개보수	228,000 원	<산출내역> 중개보수 : (10,000,000원 + (470,000원 * 100)) × 0.40% 실비 : ※ 중개보수는 시·도 조례로 정한 요율한도에서 중개의뢰인과 개업공인중개사가 서로 협의하여 결정하며 부가가치세는 별도로 부과될 수 있습니다.
	실비	0 원	
	계	228,000 원	
	지급시기	잔금시	

「공인중개사법」 제25조제3항 및 제30조제5항에 따라 거래당사자는 개업공인중개사로부터 위 중개대상물에 관한 확인·설명 및 손해배상책임의 보장에 관한 설명을 듣고, 같은 법 시행령 제21조제3항에 따른 본 확인·설명서와 같은 법 시행령 제24조제2항에 따른 손해배상책임 보장 증명서류(사본 또는 전자문서)를 수령합니다.

2024년 10월 01일

매도인 (임대인)	주 소	경기도 성남시 분당구 양현로 254 (야탑동)	성 명	김갑동 서명 또는 날인
	생년월일	42-01-20	전화번호	010-2345-6789
매수인 (임차인)	주 소	서울특별시 관악구 신림로15길4 (신림동)	성 명	김을순 서명 또는 날인
	생년월일	82-12-27	전화번호	010-3456-7891
개업공인 중개사	등록번호	11620-2019-00201	성명(대표자)	서명 및 날인
	사무소 명칭	고수부동산공인중개사사무소	소속공인중개사	서명 및 날인
	사무소 소재지	서울특별시 관악구 남부순환로 1702	전화번호	02-875-2486
개업공인 중개사	등록번호		성명(대표자)	서명 및 날인
	사무소 명칭		소속공인중개사	서명 및 날인
	사무소 소재지		전화번호	

★ 확인설명서 작성의 대원칙 ★

- 절대 공란을 남기지 마라!
- 애매하면 불리하게 적어라!

확인설명서 작성에서 가장 중요한 원칙은 공란을 남기지 않는 것입니다.

이것의 의미는 체크할 곳은 반드시 체크하고, 기재할 내용이 없으면 '해당 사항 없음' 등으로 기재하여야 한다는 것입니다.

예를 들어 확인설명서 제일 상단에 있는 '확인 설명 자료'에 체크 누락이 있으면 과태료 200만원 정도가 부과 되며, 민간임대 등록 여부 또는 다가구주택 확인서류 제출 여부 등에 체크 누락이 있으면 과태료 100만원 정도가 부과됩니다.

또한 애매하면 불리하게 기재하라는 이유는 사람 심리가 설명 들은 것보다 더 좋은데 따지는 손님은 없기 때문입니다.

사례

초보중개사 갑은 손님 을에게 원룸을 소개하고 계약서를 쓰려고 하는데, 그 건물의 난방방식이 개별난방인지 중앙난방인지 구분이 잘 안 되어 개별난방으로 기재하였습니다. 그런데 계약 며칠 후 을이 갑을 찾아와서는 자신은 추위를 많이 타서 개별난방을 원했는데, 알고 보니 중앙난방이었다면서 계약해지를 주장했습니다. 중개사 입장에서는 참 난처한 상황이죠.

만약, 중개사 갑이 확인 설명서에 중앙난방으로 기재했다면 실제로 개별난방이더라도 따지는 사람이 없었을 것입니다.

위 문제는 엘리베이터에서도 똑같이 발생할 수 있습니다. 승강기가 있었는지 없었는지 헷갈린다면 일단은 없음으로 체크해두는 것이 좋습니다.

제 3 장 | 단독주택

(1) 확인 설명 자료

> - 확인설명서 가장 상단에 위치하는 확인설명 자료 부분은 과태료 처분이 가장 많이 발생하는 사항임을 유의해야 합니다.
> - 임야에 관한 매매 또는 임대차가 아닌 이상, 임야 부분을 제외한 모든 사항에 체크하시는 것이 원칙입니다.

① 등기권리증, 등기사항 증명서

임대인이 임대할 권한이 있는지 확인하기 위한 용도로 확인을 해야 합니다. 판례에서는 공인중개사가 신분증과 등기사항 증명서 뿐만 아니라, 등기권리증까지 확인을 하여야 한다고 일관되게 말하고 있습니다.

하지만 주택임대차의 경우에는 임대인에게 등기권리증까지 확인받기가 힘든 것이 현실입니다. 이런 경우 대표님들께서는 임대인에게 등기권리증을 대체할 수 있는 다른 증명 수단(재산세 납입증명원 등)을 요구하시거나, "등기권리증까지 확인하여 임차인에게 보여주지 않으면 저희가 처벌을 받습니다."라고 얘기하며 잘 설득해봐야 할 것입니다.

② 건축물대장

등기사항증명서 만큼 중요한 확인설명 근거자료이며, 중개대상 건축물의 용도와 위반건축물 유무를 확인하는 것이 주요 기능입니다.

예를 들면 요즘 원룸을 보면 용도가 주택이 아닌 경우가 굉장히 많습니다. 근린생활시설로 건축물대장상에 나와 있어도 주택임대차보호법 적용을 받거나, 전입신고, 확정일자를 받는 것에는 문제가 없습니다. 하지만 불법은 불법이므로 확인하여 임차인에게 설명해야 합니다.

③ 토지대장, 토지이용 계획 확인서

주택임대차의 경우에도 반드시 발급 및 체크를 해야 하는 사항입니다.

현업을 하시는 대표님들을 보면, 확인설명서 작성시 해당 사항의 체크를 누락하시는 경우가 많은

데, 이는 매우 위험한 행동입니다.

④ 그 밖의 자료

체크사항에 없는 자료를 기입하며, 대표적인 자료들은 다음과 같습니다.

- 신분증
- 재산세 납입증명원(등기권리증 미제출 시)
- 위임장, 인감증명서(대리계약일 경우)
- 가족관계증명서(친권자와의 계약일 경우)
- 신탁원부(중개대상물에 신탁등기가 되어 있는 경우)
- 법인등기부등본(법인과의 계약일 경우)
- 전입세대열람원, 확정일자부여현황(중개대상 건물에 선순위 임차인이 거주할 경우)
- 후견등기사항증명서(후견인과의 계약일 경우)
- 무허가건축물확인원(양성화된 무허가건축물에 대한 계약일 경우)
- 각종 동의서들(말소 동의서, 권리포기 동의서 등)

⑤ 대상물건의 상태에 관한 자료 요구사항

임대인에게 요구한 자료와 불응 여부를 기재하는 곳입니다.

예를 들어, 공인중개사가 다수의 임차인들이 거주하는 다가구주택에 관한 임대차를 중개하며 임대인에게 선순위 임차인들에 관한 임차현황서를 요구하였는데 임대인이 이를 거부할 경우, 해당 사실(자료를 요청하였으나 임대인이 응하지 않았다는 사실)을 기재하여야 합니다.

(2) 방향

임대대상이 되는 건축물의 방향을 지정하는 곳입니다. 기준을 어디로 설정하느냐에 따라 방향이 달라집니다. 아파트는 일반적으로 발코니의 방향을 기준으로 하는 경우가 많고, 주택은 출입구를 기준으로 설정하시고 출입구가 향하고 있는 방향을 적으시면 됩니다.

중개대상물의 방향에 대한 오기는 매우 중대한 확인설명의무 위반이며, 이를 잘못 기재한 공인중개사에게 매우 큰 금액의 손해배상책임이 부과되는 경우도 많이 발생함에 유의해야 합니다. 대표님들께서는 너무 나침반 어플을 믿어서는 안 되고, 반드시 2가지 수단 이상의 방법으로 방향을 확인 또 확인해야 할 것입니다.

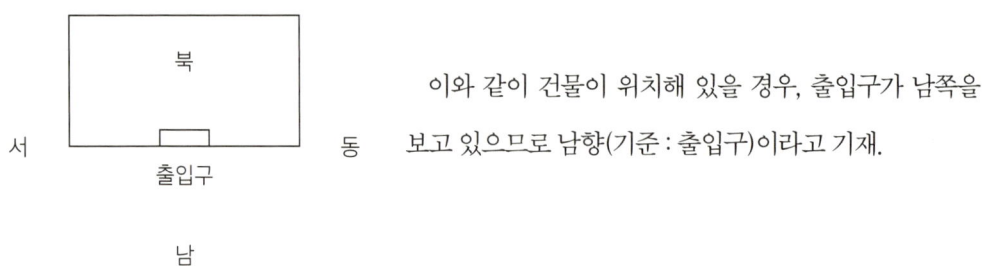

이와 같이 건물이 위치해 있을 경우, 출입구가 남쪽을 보고 있으므로 남향(기준 : 출입구)이라고 기재.

(3) 내진설계 적용 여부 및 내진능력

해당 건물의 건축물 대장을 열람하여 기재되어 있는 내용을 그대로 작성하면 되고, 건축물대장 상에 해당 내용이 없다면 '해당 사항 없음' 등으로 중개의뢰인이 알 수 있도록 작성하면 됩니다. 건축물대장에 표기되는 '내진능력'에 대한 적용규정은 2017.01.20. 이후 건축허가·건축신고 등을 하는 경우부터 적용되므로, 상당수가 '해당 없음' 또는 '확인 안 됨' 등으로 표기될 것입니다.

(4) 위반 건축물은 유형이 아래의 셋 중 하나일 가능성이 큽니다.

> A. 건축물 대장상 위반 건축물로 기재된 경우
> B. 건축물 대장상 위반 건축물로 기재되지 않았고, 적발은 된 경우
> C. 건축물 대장상 위반 건축물로 기재되지 않았고, 적발도 안 된 경우

→ A의 경우 그냥 '위반'으로 체크하면 됩니다.
→ B의 경우 건축과에 문의해야 알 수 있습니다. 일단 '적법'으로 체크 하시고 '위반내용'에 '건축과에 문의 결과 베란다 확장으로 위반 내용 있음' 등으로 기재하시면 됩니다.

→C의 경우에도 '적법'으로 체크하는 것은 동일한데, 적발되지 않은 사항을 적어야 하느냐가 문제가 됩니다. 사례를 하나 보겠습니다.

> **사례**
>
> 원룸들이 많은 밀집지역은 모두 비슷하겠지만, 필자가 있는 고시촌은 원룸들이 거의 대부분 근린생활시설로 된 층에 속해 있는 경우가 많습니다. 그래서 확인 설명서 작성 시 '적법'으로 체크하고 위반 내용에 '건축물대장상 근린 생활시설이지만 주택으로 개조 사용 중으로 위법임'이라고 기재를 했더니 다음 날 임대인이 찾아오셔서 난리가 난 겁니다. 학생들이 신고하라고 이렇게 친절하게 적어줬냐는 것이죠. 그래서 저는 근린생활시설을 원룸으로 개조해서 임대를 하는 것이 너무 만연해 있어서 구청에서도 알면서도 손을 놓고 있으니, 적어도 상관없다고 설명을 드려서 간신히 돌려보낸 경우가 있었습니다.

결론적으로, '적법'으로 체크는 하고, 적발되지 않은 위법사항을 적을 때 융통성을 발휘해서 임대인과의 트러블을 피해야 하겠습니다.

(5) 소유권에 관한 사항, 소유권 외의 권리사항

소유권에 관한 사항에는 현소유자에 관한 내용과 가씨 3형제(가압류, 가처분, 가등기)에 관한 내용을 기재합니다.

또한 등기사항전부증명서(토지, 건물)에 표시된 소유권 이외의 권리를 확인하여 중개 대상물 확인 설명서 작성일 현재 말소되지 않은 소유권 이외의 권리사항을 모두 기재합니다. 간략하게 적어도 공간이 부족하면 "별지 첨부"라고 적고, 따로 작성하여 첨부합니다. 토지별도 등기가 있는 경우에도 '토지별도 등기가 되어 있음' 등의 표현으로 소유권 외의 권리사항에 기재합니다.

(6) 토지이용계획, 공법상 이용제한 및 거래규제에 관한 사항

① 건폐율 상한, 용적률 상한

토지이용계획확인원 및 지역 조례를 확인하여 기재하는 것이지, 건축물 대장에 기재된 건축물의 실제 건폐율과 용적률을 기재하시는 것이 아닙니다.

② 임대차의 경우에는 생략 가능

임대차라고 하더라도 토지이용계획에 영향을 받는 계약(정비구역 내의 임대차, 교육환경보호 구역 내의 상가임대차)이 있으며, 이 경우에는 해당 사항들에 관한 기재를 생략해서는 안 됩니다.

(7) 임대차 확인사항

① 추가 확인설명근거자료의제출 여부 및 임차인의 권리 설명
▶확정일자 부여현황정보 → 임대인이 자료를 제출했으면 '제출'에 체크하고, 그렇지 않다면 '열람 동의'와 '임차인 권리설명'항목 체크
▶국세 및 지방세 납세 정보 → 임대인이 자료를 제출했으면 '제출'에 체크하고, 그렇지 않다면 '열람 동의'와 '임차인 권리설명'항목 체크
▶전입세대 확인서 제출 → 임대인이 자료를 제출했으면 '확인'에 체크하고, 그렇지 않다면 '미확인(열람교부신청방법 설명'에 체크/ 가급적이면 '해당 없음'에 체크하는 것은 피하는 것이 좋음
② 최우선변제금 설명
▶계약일 현재 시행 중인 법이 아닌, 최선순위 제한물권(저당권, 근저당권등)이 설정될 당시의 법을 기준으로 기재
▶제한 물권등기가 없는 경우에는 현재 시행 중인 법을 기준으로 기재
③ 민간임대등록 여부 설명
▶임대 대상 주택이 민간임대주택에 관한 특별법 제49조에 따른 민간임대주택일 경우, 이에 대한 정보 기재

▶임대보증금에 대한 보증보험에 가입할 의무가 있음을 설명하고 '임대보증금 보증 설명'에 체크

▶해당 사항 없으면, 반드시 '해당 없음'에 체크

④계약갱신요구권 행사 여부

▶매매계약시 주택임대차보호법의 적용을 받는 임차인 거주하는 경우에만 기재

▶매매목적물에 거주 중인 임차인이 계약갱신요구권을 행사 또는 포기했다는 사실을 증명할 수 있는 서류(특약이 기재된 연장계약서, 갱신요구권포기 확약서)를 확인 가능하다면 '확인'에 체크

(8) 도로와의 관계

실무를 하다 보면 이 항목을 어떻게 적어야 하는지 질문을 많이 받습니다. 대상 건물로 진입 할 수 있는 도로의 유형을 적는 곳입니다.

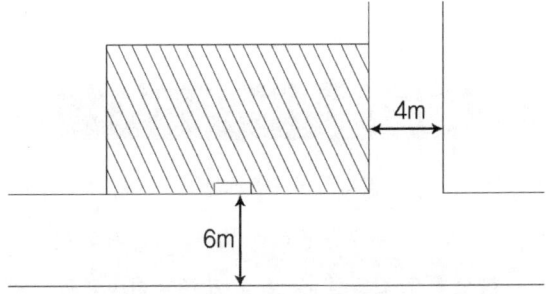

위와 같이 건물의 경우 6미터 도로와 4미터 도로에 접하므로, 6x4로 기재합니다. 만약 진입 하는 도로가 6미터 도로밖에 없다면, 6x0 또는 6x공란으로 기재하시면 됩니다.

(9) 비선호시설

비선호시설이란 사회통념상 혐오 또는 기피되는 시설을 말하며 여기에는 쓰레기처리 관련시설, 오폐수 분뇨 처리 관련시설, 격리병원, 납골당, 화장장, 사창가, 군 관련 시설, 고압송전 시설 등이 포함 됩니다.

하지만 고물상, 가스충전소, 장례식, 공동묘지가 아닌 분묘 등은 비선호시설에 해당 되지 않음을 주의해야 합니다.

또한 1킬로 반경 내에 비선호시설이 존재하면 실제 인체 유해 여부에 관련 없이 무조건 기재해야 하며, 차후에 인체에 무해하다는 사실이 입증되었다고 하여 책임을 면할 수 있는 것이 아니라는 판례가 존재함에 유의해야 합니다.

(10) 실제 권리관계 또는 공시되지 않은 물건의 권리 사항

매매의 경우에는 종물이나 부합물의 귀속 등에 관하여 합의 사항을 적는 경우도 있지만, 주택임대차의 경우에는 선순위 임차인의 보증금 총액이 가장 중요한 문제입니다.

> **판례 : 한국공인중개사협회의 손해배상책임을 인정한 사례**
>
> ① 다가구주택 일부에 관한 임대차계약을 중개하는 중개업자가 임차의뢰인에게 부담하는 의무의 내용 및 중개업자가 고의나 과실로 이러한 의무를 위반하여 임차의뢰인에게 재산상 손해를 발생하게 한 경우, 공인중개사의 업무 및 부동산 거래신고에 관한 법률 제30조에 의한 손해배상책임을 부담하는지 여부(적극)
>
> ② 중개업자 갑이 다가구주택 일부에 관하여 임대의뢰인 을과 임차의뢰인 병의 임대차계약을 중개하면서 병에게 다른 임차인의 임대차보증금 등에 관한 사항을 확인하여 설명 등을 하지 않았는데, 그 후 개시된 경매절차에서 병이 다른 소액임차인 등보다 후순위에 있어서 임대차보증금을 배당받거나 반환받지 못한 사안에서, 갑 및 갑과 공제계약을 체결한 협회 책임을 인정……
>
> 대판 : 2012. 01. 26. 선고 2011다63857 판결

과거에는 임대인이 선입주 임차인들의 계약서 공개를 거부하는 경우, 개업공인중개사가 선순위

임차인들의 보증금 총액이 얼마인지 알 수 있는 방법이 없었습니다.

그 결과 임대인 말에만 의존하여 계약을 중개하였다가 손해배상책임을 지게 된 개업공인중개사 분들이 많았습니다.

차선책으로 임대인이 전세세입자가 없음을 확인하였고 자료제출을 거부하였다는 기록을 확인설명서에 남겨놓기도 하는데, 이는 개업공인중개사가 책임을 피하는 것에 도움이 되지 않습니다.

이와 같이 임대인이 선순위 임차인을 파악하는데 도움을 주지 않을 경우, 개업공인중개사는 임대인의 위임(정보제공에 관한 위임장, 인감증명서, 임대인신분증 사본 필요)을 받아 주민센터에 임대차정보제공을 요청하여 해당 건물의 임대차계약현황을 파악한 후 확인설명서에 기재하여야 차후에 책임을 면할 수 있을 것입니다.

하지만 이 제도는 2014.01.01. 이후에 생겼기 때문에, 그 이전에 입주하여 전입신고 및 확정일자를 받은 장기 거주 임차인의 계약 내용은 파악할 수가 없습니다.

따라서 임대차계약 시 보증금의 액수가 크다면 반드시 임대인을 설득하여 선입주 임차인들의 계약 내용을 파악하여 확인설명서에 기재하는 것이 좋을 것입니다.

다행스러운 것은 2023년 4월 18일 부터 임차인은 임대인에게 선순위임차인에 관한 정보(확정일자 부여 현황, 보증금, 차임)에 관한 자료를 요구하거나, 관련 공부에 관한 열람 동의를 요구할 수 있게 되었다는 점입니다.

건물에 신탁등기가 있는 경우에는 신탁번호를 확인하여 등기소에 신탁원부를 발급받아 신탁계약의 내용 및 실권리자를 확인하여 기재합니다. "신탁자(김갑동)는 동 건물의 모든 권한을 수탁자(대박건설)에 수여하는 신탁계약을 체결"등의 표현으로 기재하면 됩니다.

또한 임대인에게 체납세금이 있는 경우에는 그러한 사정도 적어 주는 것이 좋습니다.

(11) 난방공급방식

별것 아닌 것 같지만 원룸의 경우에는 문제가 가장 많이 발생하는 사안입니다. 어떤 난방방식인지 임대인에게 물어보는 것이 확실한 방법입니다. 하지만 물어볼 수 없는 상황이라면 직접 확인을 해야 할 것입니다.

원룸의 경우 개별인지 중앙인지 쉽게 확인하는 방법은 방안에 스마트폰 같은 온도조절기가 있는지 확인하는 것입니다. 이것이 없다면 중앙난방입니다. 주의할 점은 중앙난방의 경우에도 작은 크기의 온도조절기가 있는 경우도 있다는 것입니다. 계약서 작성 시 긴장되어 아무것도 기억나지 않는다면 일단 중앙난방으로 체크하시면 되겠습니다.

또한 보일러 작동 여부를 임대인을 통해서 혹은 직접 확인하시어 작동 여부를 체크하시고 보일러에 기재된 제조일을 기준으로 사용연한을 기재하시면 됩니다.

(12) 승강기

승강기 유무를 가지고 트집 잡는 분들이 종종 계십니다. 높은 층일 경우에는 중요한 문제일 수 있으므로 임대인에게 반드시 물어보고 기재를 해야 합니다. 헷갈리면 '없음'으로 체크합니다. 그리고 승강기가 있는 건물은 추가관리비가 있을 수 있으니 꼭 물어봐야 합니다.

(13) 균열, 누수, 도배, 일조량, 소음

'누수'는 임차인이 생활하는데 아주 중요한 문제이므로 반드시 확인하고, 누수 발견 시 임대인에게 수선을 당부해야 합니다. 하지만 균열의 경우에는 신축이 아닌 이상 미세한 균열이 없는 집을 찾기는 거의 불가능합니다. 따라서 확인설명서에 균열은 '있음'에 체크하시고, 위치란에 '통상적인 노후로 인한 균열이 있을 수 있음'이라고 기재하시는 것이 좋습니다.

'도배'의 경우에는 임대인이 새로 해 놓은 것이 아닌 이상 상태가 매우 좋더라도 '보통'에 체크하는 것이 바람직합니다. '일조량', '소음'의 경우는 매우 상대적인 개념입니다. 같은 집을 소개했는데도 어떤 학생은 햇빛이 잘 들어온다고 보는 반면 다른 학생은 같은 시간대에 보았는데도 일조량이 부족하다고 한다는 것입니다. 둘 다 '보통'에 체크해 두시는 것이 좋습니다.

(14) 중개보수 및 실비의 금액과 산출내역

① 중개보수

중개보수청구권의 발생시기는 원칙적으로는 중개가 완성되는 잔금시지만, 당사자들과의 협의로 정할 수 있습니다. 중개보수에 관하여 가장 주의 할 점은 법정요율을 초과한 중개보수를 수령해서는 안 된다는 점입니다. 또한 어이없게도 확인설명서에 기재된 보수 보다 적게 받는 행위도 처벌대상이 되므로, 반드시 확인설명서에 기재한 액수와 실제 수령한 액수가 같아야 할 것입니다.

② 실비, 부가세

공인중개사는 원칙적으로는 중개행위를 하면서 소비한 실비를 의뢰인들에게 청구할 수 있으나, 중개보수를 법정요율 한도까지 받을 수만 있다면 따로 청구하지 않는 것이 일반적입니다.

또한 공인중개사는 간이과세자이든 일반과세자이든 상관 없이 자신이 내는 부가세만큼 의뢰인들에게 징수할 수 있습니다.

※공제증서에 관하여 자주 받는 질문들

공인중개사법 제30조 제5항
개업공인중개사는 중개가 완성된 때에는 거래당사자에게 손해배상책임의 보장에 관한 다음 각 호의 사항을 설명하고 관계 증서 사본을 교부하거나 관계 증서에 관한 전자문서를 제공하여야 한다.
1. 보장금액
2. 보증보험회사, 공제사업을 행하는 자, 공탁기관 및 그 소재지
3. 보장기간

공제증서는 반드시 계약체결시 교부해야 하는가? 아니면 잔금시까지 교부만 하면 문제가 없는가?
☞ 공인중개사법 제30조 제5항에서는 '중개가 완성된 때'에 공제증서를 교부하라고 명시하고 있습니다. 따라서 원칙적으로는 계약시 교부하지 않으면 과태료 부과 대상이지만, 당사자들에게 양해를 구하고 다른 시점에 교부하는 행위로 처벌할 수는 없습니다.

공제증서 교부를 이메일을 통해 보내도 되는가?
☞ 공인중개사법 제30조 제5항에서는 공제증서의 교부 대신 '관계 증서에 관한 전자문서를 제공'하는 행위도 허용 된다고 명시하고 있으므로, 이메일을 통해 공제증서 파일을 교부하여도 공인중개사를 처벌할

수 없다는 것이 개인적인 의견입니다.

공제증서를 뒷면까지 출력해서 교부해야 하는가? 아니면 앞면만 출력해서 교부해도 되는가?
☞ 뒷면까지 모두 출력해서 교부해야 한다는 국토부 해석 존재합니다.
하지만 공인중개사법 제30조 제5항에서는 증서에 명시된 보장금액, 공제사업자, 보장기간을 당사자에게 설명하면 된다고 기재가 되어 있으므로, 국토부의 태도는 논란의 여지가 있습니다.

공제증서를 교부했다고 어떻게 증명할 수 있는가?
☞ 계약서에 교부서류 확인 특약을 남겨놓는 방법이 가장 좋습니다(교부문서: 중개대상물 확인설명서, 공제증서)

공제증서도 확인설명서와 같이 중개 후 공인중개사가 보관하여야 하는가?
☞ 공인중개사법에는 공인중개사가 거래한 건별로 공제증서를 보관해야 할 의무에 관하여 규정하고 있지 않습니다.

3 단독주택의 전세

1) 계약의 시간적 진행과정

월세의 경우와 거의 일치합니다.
월세와 비교하여 두 가지 정도만 신경 써서 체크하시면 됩니다.

① 관리비 : 같은 건물에 있는 룸이라도 월세로 놓은 룸은 관리비가 없어도 전세일 경우에는 거의 대부분 관리비가 있으므로 반드시 체크해야 합니다.

② 권리분석 (단독주택 월세의 권리분석과 일치) : 전세의 경우에는 최우선 변제를 받는다 해도 전세금 전부를 보장받지 못할 가능성이 큽니다. 좀 더 꼼꼼히 권리 분석을 하고, 전세금 전부를 보장받지 못할 가능성이 1%라도 존재하면 반드시 그러한 내용을 설명하고 의뢰인에게 상황을 설명하고 경고를 해줘야 공인중개사가 책임을 면할 수 있습니다.

이처럼 단독주택의 경우 공동주택과 다르게 건물에 거주 중인 다른 세입자의 권리까지 고려해야 한다는 점에 유의해야 합니다.

또한 단독주택 전세는 공동주택의 전세에 비해서 보증금이 낮기 때문에 보증금을 받아서 건물에 설정된 근저당을 말소시키는 등의 절차는 필요하지가 않는 경우가 대부분이지만, 단독주택 전체를 임대한다면 공동주택 전세와 동일한 절차가 필요할 것입니다.

2) 계약서 작성법

부동산(다가구주택) 전세 계약서

임대인과 임차인 쌍방은 아래 표시 부동산에 관하여 다음 계약 내용과 같이 임대차계약을 체결한다.

1. 부동산의 표시

소재지	서울시 관악구 신림동 250-4				
토지	지목	대		면적	142.0 ㎡
건물	구조	철근콘크리트구조	용도 다가구주택	면적	382.36 ㎡
임대할부분	204호 전부			면적	18.50 ㎡

2. 계약내용

제1조 [목적] 위 부동산의 임대차에 한하여 임대인과 임차인은 합의에 의하여 임차보증금 및 차임을 아래와 같이 지급하기로 한다.

보증금	금 구천만원정	(₩90,000,000)
계약금	금 사백만원정	은 계약시에 지급하고 영수함. ※영수자 (인)
1차중도금	금	은 년 월 일에 지급한다.
2차중도금	금	은 년 월 일에 지급한다.
잔금	금 팔천육백만원정	은 2024년 11월 01일에 지급한다.

제2조 [존속기간] 임대인은 위 부동산을 임대차 목적대로 사용할 수 있는 상태로 2024년11월01일 까지 임차인에게 인도하며, 임대차 기간은 인도일로부터 2026년11월01일(24개월) 까지로 한다.

제3조 [용도변경 및 전대 등] 임차인은 임대인의 동의없이 위 부동산의 용도나 구조를 변경하거나 전대, 임차권 양도 또는 담보제공을 하지 못하며 임대차 목적 이외의 용도로 사용할 수 없다.

제4조 [계약의 해지] 임차인이 제3조를 위반하였을때 임대인은 즉시 본 계약을 해지 할 수 있다.

제5조 [계약의 종료] 임대차 계약이 종료된 경우 임차인은 위 부동산을 원상으로 회복하여 임대인에게 반환한다. 이러한 경우 임대인은 보증금을 임차인에게 반환하고, 연체 임대료 또는 손해배상금이 있을 때는 이들을 제하고 그 잔액을 반환한다.

제6조 [계약의 해제] 임차인이 임대인에게 중도금(중도금이 없을때는 잔금)을 지급하기 전까지 임대인은 계약금의 배액을 상환 하고, 임차인은 계약금을 포기하고 이 계약을 해제할 수 있다.

제7조 [채무불이행과 손해배상의 예정] 임대인 또는 임차인은 본 계약상의 내용에 대하여 불이행이 있을 경우 그 상대방은 불이행 한 자에게 서면으로 최고하고 계약을 해제 할 수 있다. 이 경우 계약 당사자는 계약해제에 따른 손해배상을 각각 상대방에게 청구할 수 있으며, 손해배상에 대하여 별도의 약정이 없는 한 계약금을 손해배상의 기준으로 본다.

제8조 [중개보수] 개업공인중개사는 임대인 또는 임차인의 본 계약 불이행에 대하여 책임을 지지 않는다. 또한 중개보수는 본 계약 체결에 따라 계약 당사자 쌍방이 각각 지급하며, 개업공인중개사의 고의나 과실 없이 본 계약이 무효, 취소 또는 해제 되어도 중개 보수는 지급한다. 공동중개인 경우에 임대인과 임차인은 자신이 중개 의뢰한 개업공인중개사에게 각각 중개보수를 지급한다.

제9조 [중개대상물확인설명서교부등] 개업공인중개사는 중개대상물확인설명서를 작성하고 업무보증관계증서(공제증서 등) 사본을

[특약사항] <<< 별지 특약 있음 >>>

1. 본 계약은 계약일 현재 대상 부동산의 권리 및 시설물 상태하의 주택 임대차계약임.
2. 임차인은 특약1에 관하여 직접 현장확인 및 관련공부를 열람한 후 중개대상물 확인설명서를 통해 확인설명을 받고 본 계약을 체결함.
3. 대상물의 권리 상태: 선순위 근저당권 등기 1건 존재/ 선순위조세채권이 존재하지 않음을 임대인이 제출한 국세 및 지방세 납입증명원을 통해 확인함.(또는 임대인이 확인함)
4. 대상물의 시설물 상태: 수선 또는 교체가 필요한 사항이 없음을 당사자 쌍방이 확인하였음(단, 임대인은 입주시까지 도배 및 장판을 해주기로 한다)
5. 소모품의 교체 및 소규모 수선은 임차인이 행하기로 한다.
6. 애완동물 사육은 금하며, 흡연도 금함/ 1인 1실 계약임.
7. 공과금 중 전기세, 가스세 별도 부과/관리비 없음/ 퇴실시 청소비 15만원
8. 임차인은 정해진 요일 일몰 후 일반쓰레기는 종량제봉투를 사용하여 지정된 곳에 배출하고, 재활용 쓰레기 및 음식물 쓰레기는 분리하여 지정된 곳에 배출하여야 한다.
9. 풀옵션 상태(세탁기, 인덕션, 전자렌지, 에어컨, 냉장고, 침대, 책상, 의자, 옷장)의 계약임. 계약시 옵션들의 정상 작동 여부를 임차인이 확인하였으며, 임차인은 계약기간 만료시까지 책임지고 사용하기로 한다.
10. 계약기간 중 퇴실할 경우(묵시적 갱신 중의 퇴실도 포함)에 중개보수 및 승계임차인 입주 전까지의 차임은 임차인이 부담하기로 한다.

본 계약을 증명하기 위하여 계약 당사자가 이의 없음을 확인하고 각각 서명 또는 기명 날인한다. 2024년 10월 01일

임대인	주소	경기도 성남시 분당구 양현로 254 (야탑동)				(인)
	주민등록번호	420120-	전화	010-2345-6789	성명 김갑동	
임차인	주소	서울특별시 관악구 신림로 15길4 (신림동)				(인)
	주민등록번호	821227-	전화	010-3456-7891	성명 김을순	
개업 공인 중개사	사무소 소재지	서울특별시 관악구 남부순환로 1702				
	사무소 명칭	고수부동산공인중개사사무소		대표자명	서명및날인	(인)
	전화번호	02-875-2486	등록번호 11620-2019-00201	소속공인중개사	서명및날인	(인)

부동산(다가구주택) 전세 계약서 별지

◆ 부동산의 표시

소 재 지	서울시 관악구 신림동 250-4						
토 지	지 목	대				면 적	142.0 ㎡
건 물	구 조	철근콘크리트구조	용 도	다가구주택		면 적	382.36 ㎡

◆ 특약 사항
11. 임차인은 등기부와 임차인현황서를 통해 선순위 근저당권자의 채권최고액 및 선순위 임차인들의 보증금총액을 확인한 후, 개업공인중개사로 부터 임대목적물의 경매시 전세금 일부를 보장받지 못할 수도 있다는 사실에 관한 설명을 듣고 계약을 체결함.
12. 임차인 비상연락처:
13. 임대인 입금계좌:

(1) 소재지 ~ 존속 기간

전세의 경우 월차임란이 없고, 통상적으로 24개월로 하는 경우가 많다는 것을 제외하고는 월세와 큰 차이가 없습니다.

(2) 특약사항

① 전세의 경우, 월차임이 없기 때문에 임대인의 의무가 좀 가벼워진다고 생각되어지고 있습니다. 하지만 전세라고 하여 법적으로 의무가 가벼워지는 것은 전혀 없습니다.

> **사례**
>
> 필자가 신혼 시절에 아파트 전세를 정보지를 통해 얻은 적이 있습니다. 임대인과 만나서 계약서를 쓰는데, 임대인이 자신은 전세를 주고 수리 등을 해달라는 전화를 받고 싶지 않으니 그런 부탁을 안 한다고 합의하면 집을 전세로 주겠다고 했습니다. 그 당시에 필자가 부동산에 관한 지식이 무지하여 그렇게 하겠다고 하고, 실제로 4년간 살면서 임대인에게 한 번도 수리, 교체 요청을 하지 않았습니다.

위의 사례를 분석해 보면 임대인과 저는 수선의무면제특약을 체결하였다고 볼 수 있습니다. 그렇다면 이런 특약은 효력이 있을까요?

판례 내용을 보면 수선의무면제특약을 넣더라도 그 효과는 유효하지만, 제한적이라고 합니다. 즉, 이 특약은 통상 생길 수 있는 파손의 수선 등의 소규모 수선에만 효력이 있고, 그것을 수선하지 아니하면 임차인이 계약에 정해진 목적에 따라 사용, 수익할 수 없게 되는 필수시설의 수선, 대규모 수선에는 효력이 미치지 않는다고 합니다.

② 최근 뉴스를 보면 전세계약 또는 보증금이 큰 월세계약의 경우, 임대인이 잔금을 수령한 당일 임대 대상물을 통하여 대출을 받아서 문제가 되는 경우를 자주 보게 됩니다. 이것이 문제되는 이유는 임차인이 잔금 당일에 전입신고를 하고 계약서에 확정일자를 받더라도 그 효력(대항력,우선변제권)이 다음 날부터 발생하기 때문입니다. 이렇게 되면 임차인은 대출을 해주고 근저당을 설정 받은 은행에 대하여 대항력이 없을 뿐만 아니라 배당순위에서도 밀리게 되어 매우 불안한 위치에 놓이게 됩니다. 이를 방지하기 위하여 중개사께서는 아래와 같은 대비를 하셔야 합니다.

A. 잔금 전에 미리 임차인에게 전입신고를 해 놓도록 권할 것
왜냐하면 잔금 당일에는 정신이 없어서 전입신고를 잊어버리는 경우가 종종 발생하기 때문입니다. 물론, 전입신고를 미리 하였다고 하더라도 대항력은 이사(전입)까지 해야 발생합니다.

B. 강력한 특약을 넣어 놓을 것
임대인이 잔금 전에 권리 변동을 일으킬 경우를 대비한 강력한 특약조항(예시: 임대인은 잔금일 익일까지 어떠한 선순위 권리도 설정하지 않기로 한다. 임대인이 이를 위반할 경우에 임차인은 즉시 계약을 해제할 수 있으며, 임대인은 계약금의 세 배액을 위약금으로 배상하기로 한다)이 있으면, 임대인이 나쁜 마음을 먹기 힘들 것입니다.

이 특약은 보증금 또는 전세금의 액수가 큰 모든 유형의 계약에 사용될 수 있을 것입니다.

---

③ 전세의 경우, 원룸이든 아파트이든 임차인이 전세자금대출을 받아야 하는 일이 생기게 됩니다. 만약 대출에 임대인의 동의가 필요하고 임대인이 이에 응하였다면, 특약에 "임대인이 대출에 협조한다"라고 기재하는 것으로는 부족하며, 반드시 "임대인이 대출에 동의한다"라고 기재하여야 할 것입니다. 또한 임대인이 이에 동의하지 않을 경우에는, 1금융권 은행들 중에 대출 시 임대인의 동의를 요구하지 않는 곳이 있으니 그쪽을 알아 보셔서 대출을 실행하라고 말씀드리면 될 것입니다.

(3) 관리비

월세의 경우에는 관리비가 있을 수도 없을 수도 있지만, 전세의 경우 대부분 관리비가 있습니다. 공과금 중 어디까지가 관리비에 포함되는지 꼼꼼하게 체크해야 합니다.

3) 확인 설명서 작성법

■ 공인중개사법 시행규칙 [별지 제20호서식] <개정 2024. 7. 2.> (제1쪽)

중개대상물 확인·설명서[I] (주거용 건축물)

(주택 유형: [√] 단독주택　　[ ] 공동주택　　[ ] 주거용 오피스텔)
(거래 형태: [ ] 매매·교환　　[√] 임대)

확인·설명 자료	확인·설명 근거자료 등	[ ]등기권리증　[√]등기사항증명서　[√]토지대장　[√]건축물대장　[√]지적도 [ ]임야도　[√]토지이용계획확인서　[ ]확정일자 부여현황　[ ]전입세대확인서 [√]국세납세증명서　[ ]지방세납세증명서　[ ]그 밖의 자료 (신분증)
	대상물건의 상태에 관한 자료요구 사항	임대인에게 등기권리증 제시를 요청하였으나 응하지 아니하여, 임대인이 제시한 국세납세증명서를 통해 임대권한을 확인하였음.

유의사항

개업공인중개사의 확인·설명 의무	개업공인중개사는 중개대상물에 관한 권리를 취득하려는 중개의뢰인에게 성실·정확하게 설명하고, 토지대장 등본, 등기사항증명서 등 설명의 근거자료를 제시해야 합니다.
실제거래가격 신고	「부동산 거래신고 등에 관한 법률」 제3조 및 같은 법 시행령 별표 1 제1호마목에 따른 실제 거래가격은 매수인이 매수한 부동산을 양도하는 경우 「소득세법」 제97조제1항 및 제7항과 같은 법 시행령 제163조제11항 제2호에 따라 취득 당시의 실제 거래가액으로 보아 양도차익이 계산될 수 있음을 유의하시기 바랍니다.

I. 개업공인중개사 기본 확인사항

① 대상물건의 표시	토지	소재지	서울시 관악구 신림동 250-4		
		면적(㎡)	142.0㎡	지목	공부상 지목	대
					실제 이용 상태	대
	건축물	전용면적(㎡)	18.50㎡		대지지분(㎡)	해당 사항 없음
		준공년도(중개측년도)	1997	용도	건축물대장상 용도	다가구주택
					실제 용도	다가구주택
		구조	철근콘크리트구조	방향	북동향 (기준: 주출입구)	
		내진설계 적용여부	해당 사항 없음	내진능력	해당 사항 없음	
		건축물대장상 위반건축물 여부	[ ]위반　[√]적법	위반내용	공부상 확인되지 않는 위반사항이 존재하지 않음을 임대인을 통해 확인함.	

② 권리관계	등기부 기재사항		소유권에 관한 사항		소유권 외의 권리사항
		토지	성명:김갑동 생년월일:1942.01.20 주소:서울특별시 관악구 대학길58-9 (대학동)	토지	근저당권 등기:2021.02.15 권리자: 주식회사 우리은행 채권 최고액:443,000,000원
		건축물	위의 내용과 동일	건축물	토지와 공동담보임

③ 토지이용 계획, 공법상이용 제한 및 거래규제에 관한 사항 (토지)	지역·지구	용도지역	생략(임대차)		건폐율 상한	용적률 상한
		용도지구	생략(임대차)		생략(임대차)	생략(임대차)
		용도구역	생략(임대차)			
	도시·군계획 시설	생략(임대차)		허가·신고 구역여부	[X]토지거래허가구역	
				투기지역 여부	[X]토지투기지역　[X]주택투기지역　[X]투기과열지구	
	지구단위계획구역, 그 밖의 도시·군관리계획	생략(임대차)		그 밖의 이용제한 및 거래규제사항	생략(임대차)	

단독주택 월세의 경우와 거의 일치합니다.

(제2쪽)

④ 임대차 확인사항	확정일자 부여현황 정보	[ ]임대인 자료 제출 [√]열람 동의	[√]임차인 권리 설명
	국세 및 지방세 체납정보	[√]임대인 자료 제출 [ ]열람 동의	[√]임차인 권리 설명
	전입세대 확인서	[ ]확인(확인서류 첨부) [√]미확인(열람·교부 신청방법 설명) [ ]해당 없음	
	최우선변제금	소액임차인범위: 0 만원 이하	최우선변제금액: 0 만원 이하
	민간임대등록여부	등록 [ ]장기일반민간임대주택 [ ]공공지원민간임대주택 [ ]그 밖의 유형 ( ) 임대의무기간 년 임대개시일	[ ]임대보증금 보증 설명
		미등록 [√]	
	계약갱신 요구권 행사 여부	[ ]확인(확인서류 첨부) [ ]미확인 [√]해당 없음	

개업공인중개사가 "④ 임대차 확인사항"을 임대인 및 임차인에게 설명하였음을 확인함	임대인	김갑동	(서명 또는 날인)
	임차인	김을순	(서명 또는 날인)
	개업공인중개사	김고수	(서명 또는 날인)
	개업공인중개사		(서명 또는 날인)

※ 민간임대주택의 임대사업자는 「민간임대주택에 관한 특별법」 제49조에 따라 임대보증금에 대한 보증에 가입해야 합니다.
※ 임차인은 주택도시보증공사(HUG) 등이 운영하는 전세보증금반환보증에 가입할 것을 권고합니다.
※ 임대차 계약 후 「부동산 거래신고 등에 관한 법률」 제6조의2에 따라 30일 이내 신고해야 합니다(신고 시 확정일자 자동부여).
※ 최우선변제금은 근저당권 등 선순위 담보물권 설정 당시의 소액임차인범위 및 최우선변제금액을 기준으로 합니다.

⑤ 입지조건	도로와의 관계	(6m × 4m)도로에 접함 [√]포장 [ ]비포장	접근성	[√]용이함 [ ]불편함
	대중교통	버 스 (고시촌입구)정류장, 소요시간: ([√]도보, [ ]차량) 약 15분		
		지하철 (관악산입구)역, 소요시간: ([√]도보, [ ]차량) 약 15분		
	주차장	[ ]없음 [ ]전용주차시설 [√]공동주차시설 [ ]그 밖의 주차시설 ( )		
	교육시설	초등학교 (삼성초등)학교, 소요시간: ([√]도보, [ ]차량) 약 15분		
		중 학 교 (삼성중)학교, 소요시간: ([√]도보, [ ]차량) 약 15분		
		고등학교 (삼성고등)학교, 소요시간: ([√]도보, [ ]차량) 약 15분		

⑥ 관리에 관한사항	경비실	[ ]있음 [√]없음	관리주체	[ ]위탁관리 [√]자체관리 [ ]그밖의유형
	관리비	관리비 금액: 총 원(0)		
		관리비 포함 비목: [ ]전기료 [ ]수도료 [ ]가스사용료 [ ]난방비 [ ]인터넷 사용료 [ ]TV 수신료 [ ]그 밖의 비목(0)		
		관리비 부과방식: [ ]임대인이 직접 부과 [ ]관리규약에 따라 부과 [ ]그 밖의 부과 방식 (0)		

⑦ 비선호시설(1km이내)	[√]없음 [ ]있음 (종류 및 위치:)

⑧ 거래예정금액 등	거래예정금액	₩90,000,000		
	개별공시지가 (m²당)	임대차생략	건물(주택) 공시가격	임대차생략

⑨ 취득시 부담할 조세의 종류 및 세율	취득세	임대차생략 %	농어촌특별세	임대차생략 %	지방교육세	임대차생략 %
	※ 재산세와 종합부동산세는 6월 1일 기준으로 대상물건 소유자가 납세의무를 부담합니다.					

(제3쪽)

II. 개업공인중개사 세부 확인사항

⑩ 실제권리관계 또는 공시되지 않은 물건의 권리 사항
　　선순위 임차인들의 보증금 총액(345,000,000)을 임대인이 제시한 자료를 통해 확인하였음.

⑪ 내부·외부 시설물의 상태 (건축물)	수 도	파손여부	[√]없음　　[ ]있음　(위치: 당사자 쌍방이 확인함　　　　　　　)
		용수량	[√]정상　　[ ]부족함 (위치: 당사자 쌍방이 확인함　　　　　　　)
	전 기	공급상태	[√]정상　　[ ]교체필요(교체할 부분: 당사자 쌍방이 확인함　　　)
	가스(취사용)	공급방식	[√]도시가스　　[ ]그 밖의 방식 (　　　　　　　　　　　　　　)
	소 방	단독경보형감지기	[√]없음　[ ]있음(수량: 0 개)　※「소방시설 설치 및 관리에 관한 법률」제10조 및 같은 법 시행령 제10조에 따른 주택용 소방시설로서 아파트(주택으로 사용하는 층수가 5개층 이상인 주택을 말한다)를 제외한 주택의 경우만 적습니다.
	난방방식 및 연료공급	공급방식	[ ]중앙공급　[√]개별공급　[ ]지역난방　　시설작동　[√]정상　[ ]수선필요 (　　　　)　[√]확인불가　※개별공급인 경우 사용연한 (　　　)
		종 류	[√]도시가스　[ ]기름　[ ]프로판가스　[ ]연탄　[ ]그밖의종류(　　　　)
	승강기		[ ]있음 ([ ]양호　[ ]불량)　[√]없음
	배 수		[√]정상　[ ]수선필요 (당사자 쌍방이 확인함　　　　　　　　)
	그 밖의 시설물		해당 사항 없음
⑫ 벽면·바닥면 및 도배상태	벽면	균열	[ ]없음　[√]있음 (위치: 통상적인 노후로 인한 균열 있을 수 있음　)
		누수	[ ]없음　[√]있음 (위치: 통상적인 노후로 인한 누수 있을 수 있음　)
	바닥면		[ ]깨끗함　[√]보통임　[ ]수리필요 (위치: 수리가 필요한 사항이 없음을 임대인이 확인함)
	도배		[ ]깨끗함　[√]보통임　[ ]도배필요
⑬ 환경조건	일조량		[ ]풍부함　[√]보통임　[ ]불충분 (이유:　　　　　　　　　　　)
	소음		[ ]아주 작음　[√]보통임　[ ]심한 편임　진동　[ ]아주 작음 [√]보통임 [ ]심한 편임
⑭ 현장안내	현장안내자		[ ]개업공인중개사　[√]소속공인중개사　[ ]중개보조원(신분고지 여부: [ ]예　[ ]아니오)　[ ]해당 없음

※ "중개보조원"이란 공인중개사가 아닌 사람으로서 개업공인중개사에 소속되어 중개대상물에 대한 현장안내 및 일반서무 등 개업공인중개사의 중개업무와 관련된 단순한 업무를 보조하는 사람을 말합니다.

※ 중개보조원은 「공인중개사법」 제18조의4에 따라 현장안내 등 중개업무를 보조하는 경우 중개의뢰인에게 본인이 중개보조원이라는 사실을 미리 알려야 합니다.

(제4쪽)

Ⅲ. 중개보수 등에 관한 사항

⑮ 중개보수 및 실비의 금액과 산출내역	중개보수	300,000 원	<산출내역> 중개보수: (90,000,000원) × 0.40% 실비:
	실비	0 원	
	계	300,000 원	
	지급시기	잔금시	※ 중개보수는 시·도 조례로 정한 요율한도에서 중개의뢰인과 개업공인중개사가 서로 협의하여 결정하며 부가가치세는 별도로 부과될 수 있습니다.

「공인중개사법」 제25조제3항 및 제30조제5항에 따라 거래당사자는 개업공인중개사로부터 위 중개대상물에 관한 확인·설명 및 손해배상책임의 보장에 관한 설명을 듣고, 같은 법 시행령 제21조제3항에 따른 본 확인·설명서와 같은 법 시행령 제24조제2항에 따른 손해배상책임 보장 증명서류(사본 또는 전자문서)를 수령합니다.

2024년 10월 01일

매도인 (임대인)	주 소	경기도 성남시 분당구 양현로 254 (야탑동)	성 명	김갑동 서명 또는 날인
	생년월일	42-01-20	전화번호	010-2345-6789
매수인 (임차인)	주 소	서울특별시 관악구 신림로 15길4 (신림동)	성 명	김을순 서명 또는 날인
	생년월일	82-12-27	전화번호	010-3456-7891
개업공인 중개사	등록번호	11620-2019-00201	성명(대표자)	서명 및 날인
	사무소 명칭	고수부동산공인중개사사무소	소속공인중개사	서명 및 날인
	사무소 소재지	서울특별시 관악구 남부순환로 1702	전화번호	02-875-2486
개업공인 중개사	등록번호		성명(대표자)	서명 및 날인
	사무소 명칭		소속공인중개사	서명 및 날인
	사무소 소재지		전화번호	

4 단독주택의 매매

1) 계약의 시간적 진행과정

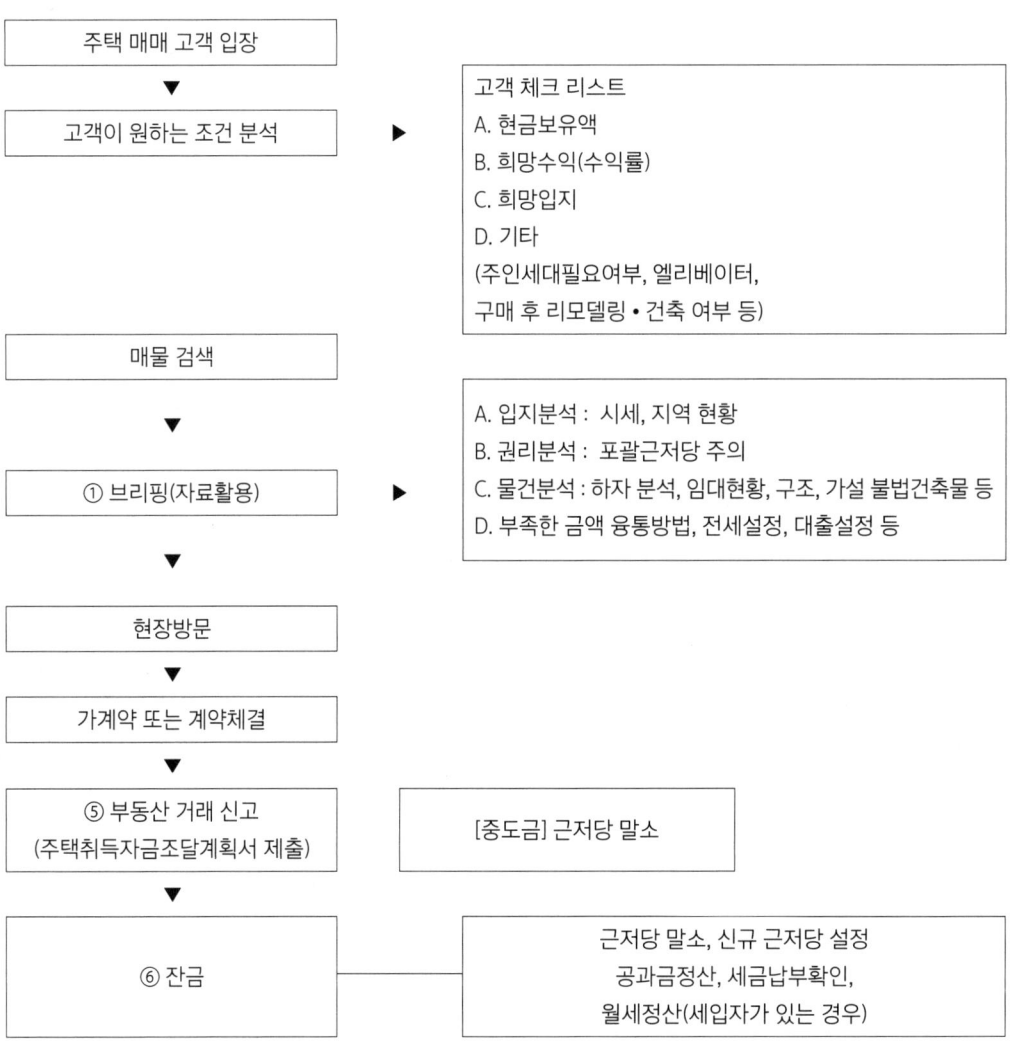

(1) 브리핑

대학동 251-70번지 건물에 관한
투자설명서

작성일 : 2023년 6월 01일
작성자 : 고수 공인중개사사무소
브리핑 대상 서명 : 김을순

주소	서울시 관악구 신림동 251-70 / 2001년 12월 준공 / 대지 60평 / 주차2대					
층수	방	보증금	월세	관리비	공과금	공실여부
1층	101호					
	102호	100만	40만			
	103호	100만	40만			
	104호	100만	40만			
	105호	100만	40만			
2층	201호	100만	40만			
	202호	100만	40만			
	203호	100만	40만			
	204호	100만	40만			
	205호	100만	40만			
	206호	100만	40만			
	207호	100만	40만			
3층	주인세대	32평	방3+욕실	거실 넓음		
4층	401호	100만	40만			
	402호	100만	40만			
	403호	100만	40만			
	404호	100만	40만			
	405호	100만	40만			
5층	501호	100만	40만			
	502호	100만	40만			
	503호	100만	40만			
합계	20실+주인					
매매가		125,000만				
보증금총액/수익		-2,000만	800만			
융자(이자)		0만	0만			
공과금 등			-100만			
실투자액/순수익		123,000만	700만			

* 참고사항 : 공과금은 월평균 추정치입니다.
　　　　　월세 보증금 및 월세는 방마다 조금씩 차이가 있어 평균적인 수치인 100만-40만으로 기재하였습니다.
　　　　　융자 가능액 및 발생 이자는 개인의 신용도에 따라 다릅니다.
　　　　　공실 여부는 정보 수집 시기에 따라 가변적입니다.

<지역 현황>

본 건축물이 위치한 지역은 신림동 고시촌이라고 불리는 역사적으로 특수한 곳입니다.
최근 3~4년 전까지 큰 호황을 누렸으나, 사법고시의 폐지로 지가 하락 및 수익률 하락으로 큰 시련을 겪었습니다. 하지만 최근 들어 경전철 공사착수, 수익률이 더는 하락하지 않자 바닥이라 판단한 매수인들의 유입 및 노량진의 과포화 상태로 인한 공무원 수험생들의 유입 등으로 다시 매매가 큰 폭으로 오르고 있습니다.
그 예로 몇 달 전까지만 해도 애물단지 취급받으며 매수인들이 쳐다보지도 않았던 건영 3차 아파트의 매물이 1층조차도 거의 소진된 상태이며, 매수인 유형도 거주 목적이 아니라 매수 후 바로 전세를 놓고 지가 상승을 기다리는 분들이 많았다는 사실은 주의 깊게 볼만한 사항입니다.
주택 또한 기존에 매물로 내놓았던 분들이 다시 매물을 거두어들여서 매물이 거의 없는 상황이며, 나와 있는 매물도 2달 전에 비해서 1억~2억 정도 더 붙여서 내놓고 있습니다.

제가 사무실을 운영해보면 급매를 찾아 달라는 분들이 많이 계십니다. 그렇다면 대한민국 국민이 모두 좋아하는 급매란 무엇일까요?
세상에 자기의 건물을 이유 없이 싸게 팔려는 사람은 없습니다. 하지만 1년에 몇 건 나오는 좋은 물건을 보면, 그것에는 반드시 사연이 있습니다. 즉 급매란 사연이 있는 건물입니다. 본 건물은 소유자께서 관리의 어려움으로 지방으로 가시려고 하기 때문에 매물로 나오게 되었습니다. 현재 주변의 흡사한 매물들을 분석해보면 매매가가 14억~15억 정도에 형성되어 있습니다. 본 건물의 소유자께서도 역시 15억에 내놓으셨다가 사정상 빠른 매도를 위하여 12.5억으로 가격을 조정하셨습니다. 결론적으로 지역 현황과 본 매물의 매매가 및 수익률을 고려해보면 매우 투자 가치가 높다고 판단이 됩니다.

<현금 3억 투자 시 예상 흐름 분석>

건물매매가: 12.5억
취득세, 법무사비, 중개 보수 등 비용: 약 0.5억

현금 보유액 : 3억

= 융통해야 할 금액 : 10억

  융자 가능 금액 : 3억(승계가 100% 가능한 금액)

= 임차권 설정으로 융통해야 하는 비용 7억

  - 주인세대 전세권 설정 시 2.5억/ 미설정시 0억

= 원룸으로 융통할 비용 4.5억/7억

  - 원룸9개 전세 설정 9x0.5억=4.5억/14x0.5억=7억

=   0억/0억

> 원룸 전세 설정 시 모든 원룸이 5천에 계약되지 않을 수 있으므로, 전세로 놓지 않은 원룸들에서 보증금이 100~300만 원 정도 발생하나 계산에 산정하지 않았습니다.
> 위에서 알 수 있듯이 주인세대의 사용 여부에 따라서 원룸 9개~14개의 전세로의 전환은 불가피합니다. 잔금 기간을 통상 3개월 정도로 봤을 때, 이 기간 동안 과연 위 숫자의 원룸을 전세로 놓을 수 있느냐가 차후 추가 자금의 유입 여부를 결정할 듯합니다.
> 제 경험으로 볼 때 1년 중 원룸 임대 최대 성수기는 크리스마스를 지난 시점인 1월 초~2월 말까지입니다. 만약 추석이 지난 10월 중순 정도에 계약이 성립된다면 잔금 일이 1월 중순 정도가 됩니다. 하지만 잔금 일을 4개월~5개월로 늘릴 수 있다면 계약일~잔금 일이 원룸 임대 최대 성수기를 품게 됩니다.
> 결론적으로 저희가 할 수 있는 최선은 잔금일을 좀 더 길게 잡고, 모든 수단을 동원하여 필요 개수의 원룸을 월세에서 전세로 전환시키는 것입니다. 하지만 현재 제 계산으로는 가능할 듯 보이지만 단 1개라도 전세로의 전환에 실패하면 추가 자금 투입이 불가피할 듯 보입니다.

실무를 하다 보면 누가 누구의 손님을 채갔느니 하면서 다투어 서로 원수가 되는 경우를 자주 보게 됩니다. 간단히 말해서 매수인이 A 중개업소에서 물건 소개를 받고 B 중개업소에서 계약을 체결하는 경우입니다.

A 중개업소는 매수인이 자신을 통해서 물건의 존재를 알게 되었기 때문에 억울하겠지만, 현실적으로는 해당 물건의 중개에 결정적인 역할을 했다는 강력한 증거가 없다면 재판으로 가도 중개보수를 받을 수 있는 가능성은 극도로 희박합니다. 그래서 필자는 매수인에게 브리핑자료를 드리면서 서명을 받고 사진으로 남겨 놓고 있습니다.

중개사님들도 나름대로 편한 방법을 생각해 반드시 브리핑했다는 증거를 남겨놓아야 할 것입니다.

(2) 시세

거의 모든 고객들이 가장 먼저 물어보는 것이 시세일 것입니다. 공인중개사는 고객에게 시세를 알려 주어야 할 법적 의무는 없습니다. 하지만 일단 시세를 설명했다면 그에 대한 법적 책임을 질 수 있음은 앞서 1장의 계약의 사전단계에서 설명한 바 있습니다.

(3) 권리분석

권리분석에서 대부분 문제 되는 것은 근저당(대출)인 경우가 많습니다. 해당 물건에 근저당이 설정되어 있다면 중개사는 채권최고액을 조사·확인하여 설명하는 것으로 족하고 실제 피담보액을 조사·확인해 설명할 의무는 없습니다.

하지만 실무에서는 근저당에 관하여 반드시 은행에 문의해야 할 것입니다. 그 이유는 설정되어 있는 근저당의 성격이 '포괄근저당'일 수 있기 때문입니다.

> **사례**
>
> 을은 갑의 주택을 10억에 매수하기로 계약을 체결하여 계약 시에 계약금 1억을 지급하고 한 달 후 중도금 4억까지 지불했습니다. 그리고 잔금 5억은 잔금 일에 은행에 같이 가서 잔금 즉시 근저당을 말소하기로 했습니다. 그 후 잔금 일에 은행을 가니 은행에서는 20억을 상환해야 근저당이 말소 가능하다는 기절할 소리를 하는 것입니다. 과연 어떻게 된 것일까요?

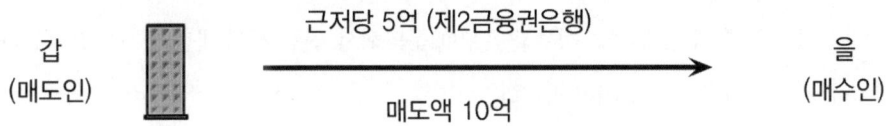

사실인즉슨, 등기부 등본에는 채권최고액 5억의 근저당이라고만 되어 있지만, 일반근저당이 아니라 '포괄근저당'이었던 것입니다. 갑이 이미 받은 계약금과 중도금 5억을 돌려주는 것도 어려운 문제지만, 계약 시 은행에 근저당에 관하여 문의하지 않은 중개사의 명백한 실수인 것입니다.

(4) 불법건축물

적발되어 건축물대장상에 기재된 경우 신규대출이 힘들 수 있음에 주의해야 합니다. 심지어 적발되지 않아 대장상에 기록되지 않아도 감정 불가로 대출이 안 될 수 있습니다. 재미있는 사실은 대장상에 불법건축물로 기재되어 있어도 구청이 실수로 이행 강제금을 부과하고 있지 않은 경우가 있습니다. 확인해본다고 구청에 전화해서 문제를 만들지 말아야 할 것입니다.

(5) 잔금 시 근저당 말소, 승계, 신규설정

① 매도인이 잔금을 받고 근저당을 말소하기로 했다면 반드시 매수인 또는 중개사가 은행에 매도인과 동행해서 말소처리를 하게 하거나, 공인중개사가 미리 은행에 문의하여 잔존 채무액과 입금계좌를 확인하여 중개사무소에서 함께 처리하는 해야 할 것입니다.

매도인이 바로 말소해주겠지 하고 믿고 잔금을 그냥 보내주면 절대 안 됩니다. 또한, 매수인이 매도인의 위임을 받아서 자신이 직접 혼자 가서 말소 신청하면 될 것 같지만, 은행에서는 반드시 돈을 빌린 매도인이 오라고 할 것입니다.

② 매도인이 해당 주택으로 대출을 2억 받았다고 해서 당연히 매수인도 2억을 받을 수 있는 것은 아닙니다. 반드시 계약 전에 승계 가능 여부를 은행에 문의해서, 잔금 시에 대출 승계가 불가능하여 난감한 상황에 처하는 일이 없도록 해야 합니다.

③ 신규 대출을 받아서 잔금을 치러야 하는 경우도 역시 미리 은행에 문의해서 대출 가능 금액을 알아보고 계약을 체결해야 할 것입니다.

④ 잔금 납부 시기를 정할 때 주의할 점

- 잔금 일은 6월 말일을 넘기지 않는 것이 좋습니다. 개별 공시지가가 매년 6월 말에 발표되는데 이 날을 넘기면 대개 양도가액이 올라가기 때문입니다.

- 잔금 일을 12월~1월로 정하는 것이 좋습니다. 매년 12월 말에 세법이 개정되어 1월 1일부터 개정 세법이 적용되기 때문에 잔금 일을 1월 1일 기준으로 유리한 시점으로 잡는 것이 좋습니다.

- 재산세는 보유 기간 상관없이 6월 1일 기준으로 그 시기에 소유한 사람이 1년 전체 재산세를 납부해야 합니다. 웬만하면 잔금 일을 6월 1일 이후로 해서 주택을 사자마자 1년 치 재산세를 내는 일이 없도록 해야 할 것입니다.

⑤ 잔금시 매도인, 매수인 준비사항

매도인 준비사항	매수인 준비사항
▶매매계약서 -계약시 중개사무소에서 작성한 원본	▶매매계약서 -계약시 중개사무소에서 작성한 원본
▶매도용 인감증명서 1부 -매수인 인적사항(성명/주민번호/주소)포함된 매도용 인감증면서 -3개월 이내 발행본	▶도장 -인감일 필요 없음
▶인감도장 -인감증명서에 날인된 것과 동일한 인감도장	▶주민등록등본 1부 -공동명의시 명의인들 각자 준비
▶주민등록 초본 1부 -과거 주소이전 변동이력 포함본	▶잔금 -현금,계좌이체 상관 없으나,되도록 계좌이체로 할 것 -계좌이체 시 잔금 전에 미리 일일송금한도 확인 할것

▶등기필증(등기권리증) -분실시 재발급 불가능(법무사를 통하여 확인서면으로 대체 가능)	▶부동산 등기시 필요서류 -부동산거래계약신고필증 (공인중개사가 제공) -기타 농지 또는 토지거래허가구역 토지 거래일 겨우 필요서류 법무사에게 문의하여 미리 준비
▶공과금(전기/가스/수도),관리비(선수관리비 포함) 정산확인서 -공과금은 잔금일 전일 또는 당일 계량기 자가검침 후 해당 고객센터와 통화 -공동주택의 경우 관리사무소를 통한 관리비 정산영수증 발급	▶부동산 담보대출(신규/승계)시 필요서류 -해당 금융기관에 문의하여 미리 준비
▶세금 완납증명서 -국세완납증명서 -지방세완납증명서	
▶임차인에 관한 서류 (주택에 임차인이 존재하는 경우) -임대차계약서 원본 -사업자등록증 사본 영업허가증/폐업확인서	

2) 계약서 작성법

부동산(다가구주택) 매매 계약서

매도인과 매수인 쌍방은 아래 표시 부동산에 관하여 다음 계약 내용과 같이 매매계약을 체결한다.

1. 부동산의 표시

소 재 지	서울시 관악구 신림동 250-4					
토 지	지 목	대			면 적	142.0 ㎡
건 물	구 조	철근콘크리트구조	용 도	다가구주택	면 적	382.36 ㎡

2. 계약내용

제1조 [목적] 위 부동산의 매매에 대하여 매도인과 매수인은 합의에 의하여 매매대금을 아래와 같이 지급하기로 한다.

매매대금	금 오억구천만원정	(₩590,000,000)	
계 약 금	금 육천만원정	은 계약시에 지급하고 영수함. ※영수자	(인)
현일대보증금	금 삼억오천오백만원정	은 현 상태에서 매수인이 승계함.	
1차중도금	금	은 년 월 일에 지급한다.	
2차중도금	금	은 년 월 일에 지급한다.	
잔 금	금 일억칠천오백만원정	은 2024년 11월 01일에 지급한다.	

제2조 [소유권 이전 등] 매도인은 매매대금의 잔금 수령과 동시에 매수인에게 소유권 이전등기에 필요한 모든 서류를 교부하고 등기절차에 협력하여야 하며, 위 부동산의 인도일은 2024년 11월 01일 로 한다.

제3조 [제한물권 등의 소멸] 매도인은 위 부동산에 설정된 저당권, 지상권, 임차권 등 소유권의 행사를 제한하는 사유가 있거나 제세공과금 기타 부담금의 미납 등이 있을 때에는 잔금 수수일까지 그 권리의 하자 및 부담 등을 제거하여 완전한 소유권을 매수인에게 이전한다. 다만, 승계하기로 합의하는 권리 및 금액은 그러하지 아니하다.

제4조 [지방세 등] 위 부동산에 관하여 발생한 수익의 귀속과 제세공과금 등의 부담은 위 부동산의 인도일을 기준으로 하되, 지방세의 납부의무 및 납부책임은 지방세법의 규정에 의한다.

제5조 [계약의 해제] 매수인이 매도인에게 중도금(중도금이 없을때에는 잔금)을 지급하기전 까지 매도인은 계약금의 배액을 상환하고, 매수인은 계약금을 포기하고 본 계약을 해제할 수 있다.

제6조 [채무불이행과 손해배상의 예정] 매도인 또는 매수인은 본 계약상의 내용에 대하여 불이행이 있을 경우, 그 상대방은 불이행 한 자에 대하여 서면으로 최고하고 계약을 해제할 수 있다. 그리고 계약 당사자는 계약해제에 따른 손해배상을 각각 상대방에게 청구할 수 있으며, 손해배상에 대하여 별도의 약정이 없는 한 계약금을 손해배상의 기준으로 본다.

제7조 [중개보수] 개업공인중개사는 매도인 또는 매수인의 본 계약 불이행에 대하여 책임을 지지 않는다. 또한 중개보수는 본 계약 체결에 따라 계약 당사자 쌍방이 각각 지급하며, 개업공인중개사의 고의나 과실없이 본 계약이 무효, 취소 또는 해제 되어도 중개보수는 지급한다. 공동중개인 경우에 매도인과 매수인은 자신이 중개 의뢰한 개업공인중개사에게 각각 중개보수를 지급한다.

제8조 [중개보수 외] 매도인 또는 매수인이 본 계약 이외의 업무를 의뢰한 경우, 이에 관한 보수는 중개보수와는 별도로 지급하며 그 금액은 합의에 의한다.

제9조 [중개대상물확인설명서교부 등] 개업공인중개사는 중개대상물확인설명서를 작성하고 업무보증관계증서 (공제증서 등) 사본을 첨부하여 거래당사자 쌍방에게 교부한다. (교부일자 : 2024년 10월 01일)

[특약사항]
1. 본 계약은 계약일 현재 대상 부동산의 권리 및 시설물 상태하의 주택 매매계약임.
2. 임차인은 특약1에 관하여 직접 현장확인 및 관련공부를 열람한 후 중개대상물 확인설명서를 통해 확인설명을 받고 본 계약을 체결함.
3. 대상물의 권리 상태: 임차인이 존재함(임차보증금이 압류, 가압류된 임차인의 부존재를 매도인을 통해 확인함)/ 그 외 소유권 행사를 제한하는 권리의 부존재를 매도인을 통해 확인함.
4. 대상물의 시설물 상태: 매도인이 고지한 사항( ) 외에는 시설물의 하자가 존재하지 않음을 확인하였으며, 부동산의 시설물 또는 부착물 중 ( )를 제외한 모든 것은 매매대상에 포함 됨.
5. 하자담보책임에 관한 사항: 매매대상물의 하자는 매매대금에 모두 반영되었으며, 매수인은 매도인에게 잔금일 이후로 어떠한 하자담보책임도 주장하지 않을 것을 합의함.
6. 매도인은 계약일로 부터 잔금일까지 권리 및 시설물에 변동이 생겨 매수인에게 손해를 끼친 경우, 이에 관한 모든 책임을 지기로 한다.
7. 확인설명서에 기재한 취득세율은 매수인의 진술(계약일 현재 무주택)을 바탕으로 기재하였으며, 차후 세무에 관하여 공인중개사에게 책임을 묻지 않기로 한다.

매도인	주민 등록 번호	420120-	전화	010-2345-6789	성명	김갑동	(인)
매수인	주 소	서울특별시 관악구 신림로 15길4 (신림동)					(인)
	주민 등록 번호	821227-	전화	010-3456-7891	성명	김을순	
개업공인중개사	사무소 소재지	서울특별시 관악구 남부순환로 1702					
	사 무 소 명칭	고수부동산공인중개사사무소			대 표 자 명	서명및날인	(인)
	전 화 번 호	02-875-2486	등록 번호	11620-2019-00201	소속공인중개사	서명및날인	(인)

> ★ 모든 매매계약서의 기본은 단독주택 매매계약서입니다! ★
>
> 모든 매매계약서의 기본 뼈대는 지금 공부하시게 될 단독주택 매매계약서이며, 그 외 각종 매매계약서들은 여기에다가 살만 조금 붙인 형태라고 생각하시면 됩니다.
> 예를들어 오피스텔 매매계약서는 '단독주택매매계약서 특약 + 포괄양수도 특약(또는 부가세 특약)'으로 구성이 될 것입니다.

(1) 부동산의 표시

① 소재지 : 매매 대상이 되는 주택이 깔고 앉아 있는 땅의 주소를 의미합니다. 등기사항 전부증명서(건물)의 좌측 최상단의 주소를 기재합니다.

② 토지 정보 : 토지대장을 보고 기재

③ 건물 정보 : 건축물대장을 보고 기재

(2) 계약 내용

① 계약금 : 중도금 : 잔금

　일반적으로 10% : 40% : 50%로 설정합니다. 하지만 계약금을 꼭 10%로 할 필요는 없고 중도금을 설정하지 않을 수도 있습니다. 당사자 간의 약정으로 자유롭게 합의할 수 있습니다.

② 현 임대보증금, 대출금

　▶ 계약 시의 임대보증금과 대출금(융자를 승계할 경우)은 잔금에서 공제하고, 계약일과 잔금일 사이에 계약이 만료된 임차인의 보증금은 매도인이 같은 조건으로 재임대하지 못했을 경우 어떻게 처리할 것인지 미리 합의를 해야 합니다. 매수인이 금전적 여유가 없이 주택을 인수할 경우에는 잔금이 조금만 늘어나도 문제가 되는 경우가 많으니, 매도인이 책임지고 재임대를 해야 할 것

입니다.

▶ 대출금은 매수인이 같은 금액을 승계 가능하고 승계를 원할 경우 잔금에서 제하면 될 것입니다. 대출금의 성격이 포괄근저당인 경우 복잡한 문제가 발생할 수 있으므로 말소를 시키고 잔금 시 신규대출을 받는 것이 바람직합니다.

(3) 특약사항

주택 등의 건물 매매 계약서의 특약은 한마디로 '하자와의 싸움'이라고 할 수 있습니다. 실제로 협회 법률 상담 내용 중 가계약문제와 더불어 가장 큰 비중을 차지하는 것이 매매 시 하자의 문제입니다. 주택매매 계약 후에도 항상 문제가 되는 것이 하자이기 때문에 중개사는 특약을 꼼꼼하게 기재하여 하자로 인한 분쟁의 소지를 없애야 합니다.

> **반드시 체크해야 할 세 가지의 하자**
> ① 계약 시 알 수 있는 하자 → 가격 반영
> ② 계약 시 알 수 없었던 하자 → 하자담보책임 배제
> ③ 계약 후 잔금전의 하자 → 위험부담

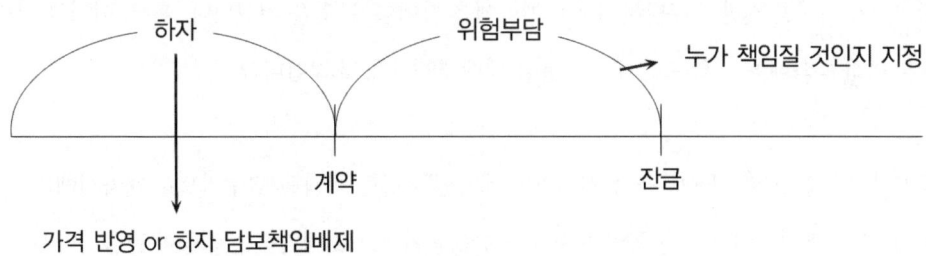

위의 표에서 보면 계약 당시의 하자 즉 그전부터 존재하는 하자는 발견 가능한 경우 확인설명 후 가격에 반영하고 매수인의 과실 없이 발견 불가능한 경우에는 하자 담보책임을 배제하는 특약으로 분쟁의 소지를 없애는 것이 좋습니다.

또한, 계약 이후 잔금 전에 발생한 하자의 경우 매도인에게 책임 있는 사유에 의한 경우에는 당연히 매도인이 책임을 져야 하지만, 쌍방의 책임이 없는 사유에 의한 경우에는 위험부담의 문제가 발생합니다. 아래 사례는 실제로 뉴스에도 나온 사건입니다.

> **사례**
>
> 갑(매도인)과 을(매수인)은 2016. 8. 1.에 갑의 소유 경주소재 주택에 대한 매매 계약을 A 중개사를 통해서 체결했습니다. 그런데 2016. 9. 12. 경주지역에 5.8 규모의 지진이 발생하여 매매 대상 주택의 담이 무너지고 주택에 심한 균열이 발생했습니다. 이에 놀란 을은 중개사 A를 찾아가 매매금액의 감액 또는 완전보수를 주장했습니다. 당황한 중개사 A는 도저히 해결방법을 찾을 수 없어서 난감해 했다고 합니다. 그렇다면 중개사 A는 이 일을 어떻게 해결해야 할까요?

법률 해석상으로는 매도인은 어떠한 책임도 없으며 무너지고 금이 간 그대로 매수인에게 넘겨주면 됩니다. 이에 대하여 매수인은 그냥 그 상태로 건물을 받거나, 계약금을 포기하고 계약을 해제하는 수밖에 없습니다.

하지만 어떤 방법을 선택하더라도 건물의 매수를 원하는 매수인에게 불리할 수 있기 때문에 쌍방의 합의로 수리비를 절반씩 부담하거나 매매금액을 감액할 수 있을 것입니다. 물론, 이러한 사항을 계약 시 미리 특약에 넣어 놓으면 매우 훌륭한 매매계약서가 될 것입니다.

① 중개사님들을 보면 "현 시설물 상태의 매매계약임"이라는 특약을 필수적으로 계약서에 넣는 경우가 대부분일 뿐만 아니라, 이 특약의 효력을 만병통치약으로 생각하는 경향이 많습니다. 하지만 사실 이 특약은 매우 위험하고도 불안전한 특약으로 수많은 중개사고를 불러오는 특약입니다.

판례에서는 이 특약에 관하여 두 가지의 효력에 관하여 두 가지를 말하고 있습니다.

- **확인 가능한 하자는 매매대금에 고려가 되었다는 의미**

    매매계약 시에는 확인 가능한 하자와 과실 없이도 확인이 불가능한 하자가 존재합니다. 전자의 경우에는 매매대금에서 고려하여 해결하는 것이 보통이고, 후자의 경우에는 하자담보책임의 배제 또는 경감특약을 통하여 해결을 해주어야 합니다.

    하지만 본 특약은 확인 가능한 하자밖에 해결을 못 해주는 불완전한 특약이기 때문에, 잔금일 이후 매수인이 하자담보책임을 주장하면 이 특약으로 해결이 불가능 합니다.

- **부합물 또는 종물은 매매대금에 포함된다는 의미**

    따라서 부합물, 종물이 아닌 손쉽게 분리·부착이 가능한 물건을 매도인이 떼어가는 것을 이 특약으로 막을 수 없습니다. 따라서 계약서에 매도인이 무슨 시설 또는 물건들을 떼어갈지 반드시 따로 기재해 주어야 차후의 분쟁을 막을 수 있습니다.

    이런 이유로 "현 시설물 상태의 매매계약임."이라는 특약을 사용 할 때에는 매우 주의할 필요가 있습니다.

② 중개대상물의 권리 및 시설 상태에 관하여 현장확인도 시켜주고 공부도 제시하여 설명해준 후, 확인설명서의 내용을 읽어주었다는 특약입니다.

③ 계약체결 시 대상 주택에 관한 권리상태 중 공부 등으로 확인 가능한 것은 매수인이 직접 확인하였고, 중개인이나 매수인이 직접 확인 불가능한 사항(임대차 보증금이 압류·가압류된 사실)은 매도인이 확인을 해주었다는 내용입니다.

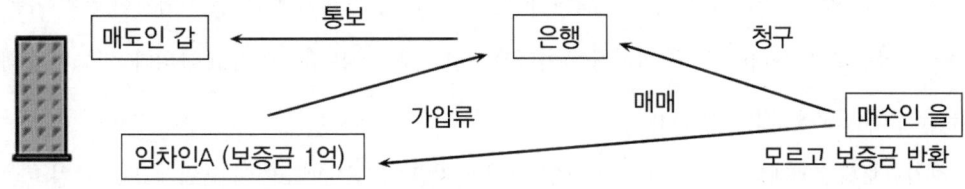

앞에서 보시면 갑 소유의 주택 1층에서 세를 사는 임차인 A가 은행에서 돈을 빌리고 못 갚아서 은행에서 A의 임차보증금 반환채권에 관하여 가압류를 했습니다. 하지만 문제는 은행에서 갑에게 가

압류 사실(임차인 A의 보증금 반환채권을 우리가 압류했으니 A에게 보증금을 돌려주지 말라는 의미)을 통보해주는데, 제3자는 이것을 알 수 있는 방법이 없다는 것입니다. 그래서 만약 매매 계약 시 중개인이 위 사실을 확인하지 못하고 매매가 되서 매수인 을이 A에게 보증금을 돌려줘 버리고 A가 은행에 빚을 갚지 않으면 은행에게 다시 1억 원을 배상하게 되어 손해를 입게 되면 중개사도 그 책임을 면하기 힘들 것입니다.

④ 대상 부동산의 시설물 상태

계약 당시에 매매가격 산정에 반영된 공부 또는 육안으로 확인 가능한 현 시설물의 상태를 말합니다. 주의할 점은 불법건축물인데 건축물대장상에 불법건축물로 기재되어 있지 않더라도 실제로 불법 부분이 존재할 경우 감정 불가로 은행에서 대출을 못 받을 수도 있습니다. 예상하지 못한 대출 불가 사안이 발생할 경우 매수인이 잔금을 치르기 힘든 경우가 생겨 계약 불발로 이어질 수 있습니다.

⑤ 매도인의 하자담보책임

민법(580조~582조)에서는 매매목적물의 하자에 관하여, 매수인이 계약 당시 그 하자를 몰랐고, 몰랐던 것에 대하여 과실이 없으면 하자를 알게 된 날로부터 6개월 이내에 계약해제 또는 손해배상 등을 청구할 수 있다고 합니다.

위 내용은 법률의 내용이므로 당연한 것이지만 이대로 적용이 된다면 매도인은 6개월간(매매목적물을 인수한 날을 하자를 알게 된 날로 봅니다) 불안에 떨어야 하고, 중개사 또한 6개월 동안 참 힘들 것입니다. 그래서 하자담보책임을 경감 또는 배제할 필요성이 있습니다.

가장 좋은 방법은 하자담보책임을 배제시키는 것입니다. 그래야 잔금 후 이런저런 골치 아픈 분쟁을 예방할 수 있습니다. 법률 해석상 하자담보책임배제특약은 유효하다고 봅니다. 가능하면 배제특약으로 유도하는 것이 좋습니다.

하자담보책임배제특약의 표현을 "잔금일 전에 발견한 하자는 매도인이 책임지고, 잔금일 이후에 발견한 하자는 매수인이 책임 지기로 한다."라고 한다면, 특약이 공평해 보여서 당사자들의 거부감을 줄일 수 있을 것입니다.

만약, 매수인이 하자담보배제특약을 거부한다면 그 행사 기간을 경감시키는 특약이라도 해 놓아야 할 것입니다. 예를 들어 경한 하자는 1주일, 중한 하자는 1개월과 같이 상호 협의해 특약을 기재하면 되겠습니다.

⑥ 계약 체결 후 잔금일 전에 권리 또는 시설물에 변동이 생긴 경우

만약 매도인의 고의·과실에 의해 권리변동(근저당, 가압류 등) 또는 시설변동이 발생했다면, 이는 원칙적으로 채무 불이행의 문제가 되어 매수인은 손해배상청구 또는 계약해지를 청구할 수 있을 것입니다. 하지만 천재지변과 같은 매도인·매수인 누구의 잘못도 아닌 경우에는 어떻게 처리를 할 것인지 특약을 해놓아야 할 것입니다. (앞의 경주사례 참고)

개인적인 생각으로는 잔금일을 기준으로 해서 잔금 전에 발생한 새로운 시설 및 권리하자는 매도인이 책임지도록 하는 것이 공평할 것으로 보입니다.

⑦ 세무면책특약

해당 특약은 세무에 관련된 사항에 관한 공인중개사의 면책특약이며, 법적으로 유효한 특약입니다.

취득세는 공인중개사의 확인설명의무가 인정되는 중요한 세금이므로, 반드시 면책특약을 넣어주시는 것이 좋습니다.

⑧ 기타 자주 쓰이는 특약들

계약금은 해약금으로 추정되지만 위약금(손해배상예정)의 특약은 따로 해야 합니다. 또한, 중도금이 설정되어 있다면 중도금의 지급은 계약의 이행으로 보아서 계약금계약의 효력을 상실시키므로 중도금 이후 위약 시에도 계약금을 위약금으로 본다는 특약을 명시하는 것이 좋습니다.

▶ 본인이 나오지 않은 대리계약의 경우에는 위임장, 인감증명서 또는 추인을 받았는지 등을 기재합니다. 또한 본인의 위임장과 인감증명서(본인발급)가 있는 경우, 본인의 신분증 사본은 필요 없습니다. 왜냐하면 인감증명 발급 시에 이미 본인의 신분이 명확하게 증명되었기 때문입니다.

하지만 대리인 발급 인감증명서일 경우에는 반드시 본인에게 확인하고 신분증 사본을 요구하는 것이 좋을 것입니다.

▶ 계약서 이외에 교부하여야 하는 중개대상물확인 설명서 및 공제증서를 교부하였다는 특약을 남겨 놓을 수도 있습니다(첨부서류: 중개대상물 확인설명서, 공제증서)

3) 확인 설명서 작성법

■ 공인중개사법 시행규칙 [별지 제20호서식] <개정 2024. 7. 2.>   (제1쪽)

중개대상물 확인·설명서[I] (주거용 건축물)

(주택 유형: [√] 단독주택 [ ] 공동주택 [ ] 주거용 오피스텔)
(거래 형태: [√] 매매·교환 [ ] 임대)

확인·설명 자료	확인·설명 근거자료 등	[√]등기권리증 [√]등기사항증명서 [√]토지대장 [√]건축물대장 [√]지적도 [ ]임야도 [√]토지이용계획확인서 [ ]확정일자 부여현황 [ ]전입세대확인서 [ ]국세납세증명서 [ ]지방세납세증명서 [ ]그 밖의 자료 (신분증, 건축물 현황도)
	대상물건의 상태에 관한 자료요구 사항	매도인이 제시한 임대차계약서를 바탕으로 임대현황서 작성하여 교부함.

유의사항

개업공인중개사의 확인·설명 의무	개업공인중개사는 중개대상물에 관한 권리를 취득하려는 중개의뢰인에게 성실·정확하게 설명하고, 토지대장 등본, 등기사항증명서 등 설명의 근거자료를 제시해야 합니다.
실제거래가격 신고	「부동산 거래신고 등에 관한 법률」 제3조 및 같은 법 시행령 별표 1 제1호마목에 따른 실제 거래가격은 매수인이 매수한 부동산을 양도하는 경우 「소득세법」 제97조제1항 및 제7항과 같은 법 시행령 제163조제11항 제2호에 따라 취득 당시의 실제 거래가액으로 보아 양도차익이 계산될 수 있음을 유의하시기 바랍니다.

I. 개업공인중개사 기본 확인사항

①개상물건의 표시	토지	소재지	서울시 관악구 신림동 250-4			
		면적(㎡)	142.0㎡	지목	공부상 지목	대
					실제 이용 상태	대
	건축물	전용면적(㎡)	382.36㎡		대지지분(㎡)	해당 사항 없음
		준공년도 (중개측년도)	1997	용도	건축물대장상 용도	다가구주택
					실제 용도	다가구주택
		구 조	철근콘크리트구조		방 향	북향 (기준: 주출입구)
		내진설계 적용여부	해당 사항 없음		내진능력	해당 사항 없음
		건축물대장상 위반건축물 여부	[ ]위반 [√]적법	위반내용	공부상 확인되지 않는 위반사항 및 임의로 구조를 변경한 사실이 있음을 매도인을 통해 확인함	

②권리관계	등기부 기재사항		소유권에 관한 사항		소유권 외의 권리사항
		토지	성명:김갑동 생년월일:1942.01.20 주소:서울특별시 관악구 대학길58-9 (대학동)	토지	근저당권 등기:2021.02.15 권리자: 주식회사 우리은행 채권 최고액:443,000,000원
		건축물	위의 내용과 동일	건축물	토지와 공동담보임

③ 토지이용 계획, 공법상이용 제한 및 거래규제에 관한 사항 (토지)	지역·지구	용도지역	제2종일반주거지역	건폐율 상한	용적률 상한
		용도지구	학교시설보호지구	60 %	200 %
		용도구역	지구단위계획구역		
	도시·군계획 시설	해당 없음	허가·신고 구역여부	[X]토지거래허가구역	
			투기지역 여부	[X]토지투기지역 [X]주택투기지역 [X]투기과열지구	
	지구단위계획구역, 그 밖의 도시·군관리계획	가축사육제한구역 교육환경보호구역 대공방어협조구역 과일억제권역	그 밖의 이용제한 및 거래규제사항	해당사항 없음	

(제2쪽)

④ 임대차 확인사항	확정일자 부여현황 정보	[ ]임대인 자료 제출		[ ]열람 동의		[ ]임차인 권리 설명
	국세 및 지방세 체납정보	[ ]임대인 자료 제출		[ ]열람 동의		[ ]임차인 권리 설명
	전입세대 확인서	[ ]확인(확인서류 첨부) [ ]미확인(열람·교부 신청방법 설명) [ ]해당 없음				
	최우선변제금	소액임차인범위: 0 만원 이하		최우선변제금액: 0 만원 이하		
	민간임대등록여부	등록	[ ]장기일반민간임대주택 [ ]공공지원민간임대주택 [ ]그 밖의 유형 ( )		[ ]임대보증금 보증 설명	
			임대의무기간 년	임대개시일		
		미등록 [√]				
	계약갱신 요구권 행사 여부	[ ]확인(확인서류 첨부)		[ ]미확인	[√]해당 없음	

개업공인중개사가 "④ 임대차 확인사항"을 임대인 및 임차인에게 설명하였음을 확인함	임대인	(서명 또는 날인)
	임차인	(서명 또는 날인)
	개업공인중개사	(서명 또는 날인)
	개업공인중개사	(서명 또는 날인)

※ 민간임대주택의 임대사업자는 「민간임대주택에 관한 특별법」 제49조에 따라 임대보증금에 대한 보증에 가입해야 합니다.
※ 임차인은 주택도시보증공사(HUG) 등이 운영하는 전세보증금반환보증에 가입할 것을 권고합니다.
※ 임대차 계약 후 「부동산 거래신고 등에 관한 법률」 제6조의2에 따라 30일 이내 신고해야 합니다(신고 시 확정일자 자동부여).
※ 최우선변제금은 근저당권 등 선순위 담보물권 설정 당시의 소액임차인범위 및 최우선변제금액을 기준으로 합니다.

⑤ 입지조건	도로와의 관계	(6m × 4m)도로에 접함 [√]포장 [ ]비포장		접근성	[√]용이함 [ ]불편함	
	대중교통	버 스	(고시촌입구)정류장,	소요시간: ([√] 도보, [ ] 차량)	약 15분	
		지하철	(관악산입구)역,	소요시간: ([√] 도보, [ ] 차량)	약 15분	
	주차장	[ ]없음 [ ]전용주차시설 [√] 공동주차시설 [ ] 그 밖의 주차시설 ( )				
	교육시설	초등학교	(삼성초등)학교,	소요시간: ([√]도보, [ ]차량)	약 15분	
		중 학 교	(삼성중)학교,	소요시간: ([√]도보, [ ]차량)	약 15분	
		고등학교	(삼성고등)학교,	소요시간: ([√]도보, [ ]차량)	약 15분	

⑥ 관리에 관한사항	경비실	[ ]있음	[√] 없음	관리주체	[ ]위탁관리 [√]자체관리 [ ] 그밖의유형
	관리비	관리비 금액: 총 원			
		관리비 포함 비목: [ ]전기료 [ ]수도료 [ ]가스사용료 [ ]난방비 [ ]인터넷 사용료 [ ]TV 수신료 [ ]그 밖의 비목( )			
		관리비 부과방식: [ ]임대인이 직접 부과 [ ]관리규약에 따라 부과 [ ]그 밖의 부과 방식 ( )			

⑦ 비선호시설(1km이내)	[√]없음 [ ]있음 (종류 및 위치:)

⑧ 거래예정금액 등	거래예정금액	₩590,000,000	
	개별공시지가 (㎡당)	12,345,600 원	건물(주택) 공시가격 450,000,000 원

⑨ 취득시 부담할 조세의 종류 및 세율	취득세	1.0%	농어촌특별세	0.2%	지방교육세	0.1 %
	※ 재산세와 종합부동산세는 6월 1일 기준으로 대상물건 소유자가 납세의무를 부담합니다.					

(제3쪽)

Ⅱ. 개업공인중개사 세부 확인사항

⑩ 실제권리관계 또는 공시되지 않은 물건의 권리 사항
대항력 있는 임차인이 존재함(임대현황서 첨부)

⑪ 내부·외부 시설물의 상태 (건축물)	수 도	파손여부	[√]없음 [ ]있음 (위치: 당사자 쌍방이 확인함)	
		용수량	[√]정상 [ ]부족함 (위치: 당사자 쌍방이 확인함)	
	전 기	공급상태	[√]정상 [ ]교체필요(교체할 부분: 당사자 쌍방이 확인함)	
	가스(취사용)	공급방식	[√]도시가스 [ ]그 밖의 방식 ( )	
	소 방	단독경보형감지기	[√]없음 [ ]있음(수량: 0 개)	※「소방시설 설치 및 관리에 관한 법률」 제10조 및 같은 법 시행령 제10조에 따른 주택용 소방시설로서 아파트(주택으로 사용하는 층수가 5개층 이상인 주택을 말한다)를 제외한 주택의 경우만 적습니다.
	난방방식 및 연료공급	공급방식	[ ]중앙공급 [√]개별공급 [ ]지역난방	시설작동 [√]정상 [ ]수선필요( ) ※개별공급인 경우 사용연한 ( ) [√]확인불가
		종 류	[√]도시가스 [ ]기름 [ ]프로판가스 [ ]연탄 [ ]그밖의종류( )	
	승강기	[ ]있음 ([ ] 양호 [ ]불량) [√]없음		
	배 수	[√]정상 [ ]수선필요 (당사자 쌍방이 확인함)		
	그 밖의 시설물	해당 사항 없음		
⑫ 벽면·바닥면 및 도배상태	벽면	균열	[ ]없음 [√]있음 (위치: 통상적인 노후로 인한 균열 있을 수 있음)	
		누수	[ ]없음 [√]있음 (위치: 통상적인 노후로 인한 누수 있을 수 있음)	
	바닥면	[ ]깨끗함 [√]보통임 [ ]수리필요 (위치: 수리가 필요한 사항이 없음을 임대인이 확인함)		
	도배	[ ]깨끗함 [√]보통임 [ ]도배필요		
⑬ 환경조건	일조량	[ ]풍부함 [√]보통임 [ ]불충분 (이유:)		
	소음	[ ]아주 작음 [√]보통임 [ ]심한 편임	진 동	[ ]아주 작음 [√]보통임 [ ]심한 편임
⑭ 현장안내	현장안내자	[√]개업공인중개사 [ ]소속공인중개사 [ ]중개보조원(신분고지 여부: [ ]예 [ ]아니오) [ ]해당 없음		

※ "중개보조원"이란 공인중개사가 아닌 사람으로서 개업공인중개사에 소속되어 중개대상물에 대한 현장안내 및 일반서무 등 개업공인중개사의 중개업무와 관련된 단순한 업무를 보조하는 사람을 말합니다.
※ 중개보조원은 「공인중개사법」 제18조의4에 따라 현장안내 등 중개업무를 보조하는 경우 중개의뢰인에게 본인이 중개보조원이라는 사실을 미리 알려야 합니다.

(제4쪽)

III. 중개보수 등에 관한 사항

⑮ 중개보수 및 실비의 금액과 산출내역	중개보수	2,360,000 원	<산출내역> 중개보수 : (590,000,000원) × 0.40% 실비 : ※ 중개보수는 시·도 조례로 정한 요율한도에서 중개의뢰인과 개업공인중개사가 서로 협의하여 결정하며 부가가치세는 별도로 부과될 수 있습니다.
	실비	0 원	
	계	2,596,000 원 (부가세(236,000) 포함)	
	지급시기	잔금시	

「공인중개사법」 제25조제3항 및 제30조제5항에 따라 거래당사자는 개업공인중개사로부터 위 중개대상물에 관한 확인·설명 및 손해배상책임의 보장에 관한 설명을 듣고, 같은 법 시행령 제21조제3항에 따른 본 확인·설명서와 같은 법 시행령 제24조제2항에 따른 손해배상책임 보장 증명서류(사본 또는 전자문서)를 수령합니다.

2024년 10월 01일

매도인 (임대인)	주 소	경기도 성남시 분당구 양현로 254 (야탑동)	성 명	김갑동 서명 또는 날인
	생년월일	42-01-20	전화번호	010-2345-6789
매수인 (임차인)	주 소	서울특별시 관악구 신림로15길4 (신림동)	성 명	김을순 서명 또는 날인
	생년월일	82-12-27	전화번호	010-3456-7891
개업공인 중개사	등록번호	11620-2019-00201	성명(대표자)	서명 및 날인
	사무소 명칭	고수부동산공인중개사사무소	소속공인중개사	서명 및 날인
	사무소 소재지	서울특별시 관악구 남부순환로 1702	전화번호	02-875-2486
개업공인 중개사	등록번호		성명(대표자)	서명 및 날인
	사무소 명칭		소속공인중개사	서명 및 날인
	사무소 소재지		전화번호	

단독주택임대차의 확인설명서와 다른 점은 ⑧ 취득시 부담할 조세의 종류 및 세율 란에 해당 부동산에 맞는 세율을 기입하는 점과 ⑨ 실제 권리관계 또는 공시되지 않은 물건의 권리 사항란에 임차인 현황 등을 비교적 자세히 기입해야 한다는 것입니다. 하지만 그 내용을 자세히 기입하기에는 공간이 협소하므로 임차인 현황 점유 확인서를 별지로 첨부하시는 것이 좋을 것입니다. 또한 취득세율 기입 시에 취득세율표는 항상 잘 보이는 곳에 두시고 정확히 기입하시고, 만약에 농어촌특별세 등의 세금이 부과되는지 여부가 헷갈릴 경우에는 일단 불리하게(부과된다고) 기재하시는 것이 좋습니다.

임차인 현황 점유 확인서

부동산 표시 :
매도인(임대인)은 매매 목적 부동산 물건에 대한 계약 체결일 현재의 점유자 및 임차인 현황에 대해 아래와 같이 고지하며, 사실과 달라 매수인(임차인)이 계약을 체결하면서 일어나는 손해에 대해서는 배상책임을 지기로 확인한다.

호수	임차인	보증금/월세	임차기간	연락처	계약서 사본 첨부 여부	참고
101	김갑동	500만/50만	1년	010-234-6789	O	
보증금 합계						

위와 같이 매도인(임대인)이 확인합니다.

2023년 0월 0일

매도인 :   (인)   연락처 :

REAL ESTATE

제 4 장

공동주택

1 다세대주택 · 연립주택

1) 다세대주택 · 연립주택의 의미

(1) 다세대주택

주택으로 쓰는 1개 동의 바닥면적 합계가 660㎡(200평) 이하이고, 층수가 4개 층 이하인 주택이라고 법률상 정의됩니다. 실제로 보면 각각의 호실이 구분되어서 소유자가 있다는 사실 외에는 다가구 주택과 거의 비슷해 보입니다. 일반적으로 "빌라"라는 말을 쓰는데, 법률상으로 '빌라'라는 용어가 존재하지 않습니다. 다세대·연립이라는 용어를 고급스럽게 보이려고 '빌라'라는 말을 쓰는 것뿐입니다. 계약서를 쓰는 방식도 다세대·연립은 거의 일치하고 아파트는 워낙 세대수가 많다 보니 다세대·연립에는 없는 특색이 조금 있습니다. 또한, 층수가 4층 이하라고는 하지만 몇 개 층을 근린생활시설로 만들어 놓을 수도 있기 때문에 실제로 4층을 초과하는 경우도 많습니다.

(2) 연립주택

주택으로 쓰는 1개 동의 바닥면적(2개 이상의 동을 지하주차장으로 연결하는 경우에는 각각의 동으로 본다) 합계가 660㎡(200평)를 초과하고, 층수가 4개 층 이하인 주택입니다. 다세대보다 규모가 좀 크다는 점을 제외하면 별 차이가 없습니다.

(3) 실무

실제로 현장에서 관찰해보면 원룸건물, 다가구주택, 다세대주택, 연립주택이 겉으로는 구별이 잘 되지 않습니다. 건축물대장을 보고 등기부를 확인해야 명확히 구별되는 경우가 대부분입니다. 건축할 때 근린생활시설을 넣어서 어떻게 해서든지 용적률을 다 채워서 건물을 올리기 때문에 건축물의 규모나 층수로는 구별이 힘듭니다. 다만, 주차장을 확인하면 육안으로 구별이 대략적으로 가능합니다. 딱 보기에 필로티 구조로 주차장을 많이 뽑아 놓았으면 다세대 또는 연립일 가능성이 큽니다.

2) 다세대주택 · 연립주택의 월세 계약

(1) 계약의 시간적 진행과정

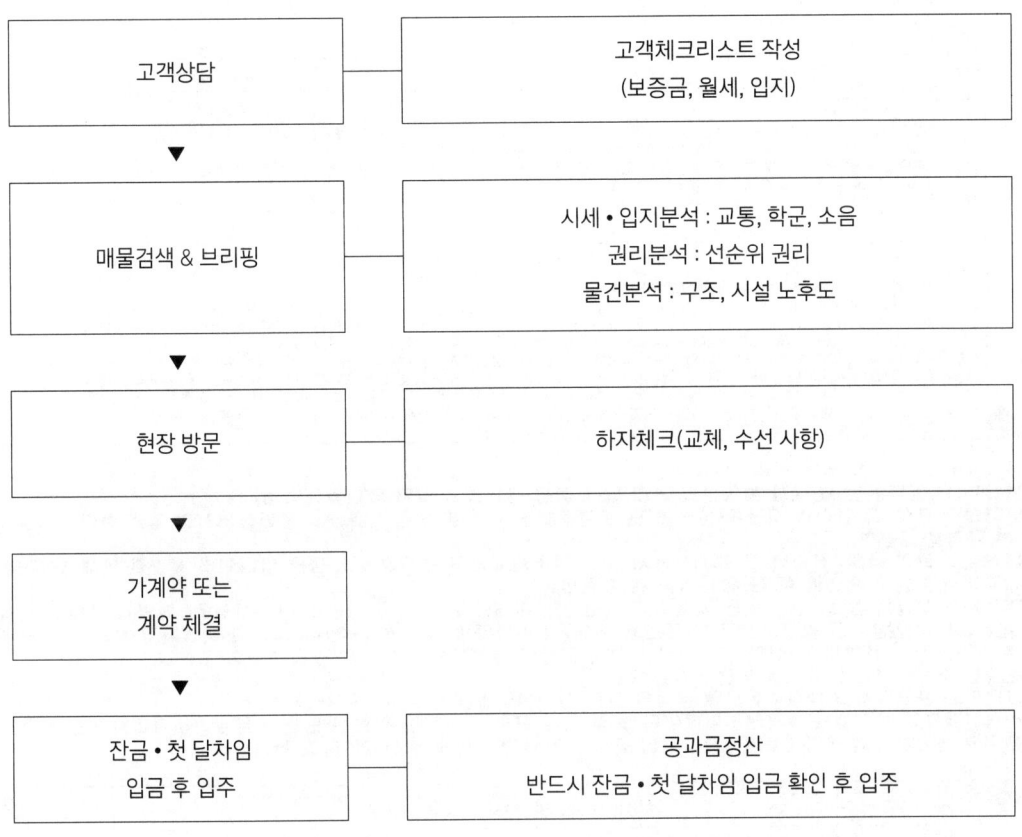

(2) 계약서 작성법

부동산(연립주택) 월세 계약서

임대인과 임차인 쌍방은 아래 표시 부동산에 관하여 다음 계약 내용과 같이 임대차계약을 체결한다.

1. 부동산의 표시

소 재 지	서울특별시 관악구 신림동 244-170번지 제101동 제2층 제201호					
토 지	지 목	대	면 적	568.00㎡	대지권종류	소유권
					대지권비율	568.00분의47.74
건 물	구 조	철근콘크리트구조	용 도	연립주택	면 적	59.59㎡
임대할부분	201호 전부				면 적	59.59㎡

2. 계약내용

제1조 [목적] 위 부동산의 임대차에 한하여 임대인과 임차인은 합의에 의하여 임차보증금 및 차임을 아래와 같이 지급하기로 한다.

보 증 금	금 일억원정	(₩100,000,000)		
계 약 금	금 일천만원정	은 계약시에 지급하고 영수함. ※영수자	(인)
1차중도금	금	은 년 월 일에 지급한다.
2차중도금	금	은 년 월 일에 지급한다.
잔 금	금 구천만원정	은 2024년 10월 01일에 지급한다.
차 임	금 일백만원정	은 매월 1일(선불) 지급한다.

제2조 [존속기간] 임대인은 위 부동산을 임대차 목적대로 사용할 수 있는 상태로 2024년10월01일 까지 임차인에게 인도하며, 임대차 기간은 인도일로부터 2026년09월30일(24개월) 까지로 한다.
제3조 [용도변경 및 전대 등] 임차인은 임대인의 동의없이 위 부동산의 용도나 구조를 변경하거나 전대, 임차권 양도 또는 담보제공을 하지 못하며 임대차 목적 이외의 용도로 사용할 수 없다.
제4조 [계약의 해지] 임차인의 차임 연체액이 2기의 차임액에 달하거나, 제3조를 위반 하였을 때 임대인은 즉시 본 계약을 해지 할 수 있다.
제5조 [계약의 종료] 임대차 계약이 종료된 경우 임차인은 위 부동산을 원상으로 회복하여 임대인에게 반환한다. 이러한 경우 임대인은 보증금을 임차인에게 반환하고, 연체 임대료 또는 손해배상금이 있을 때는 이를 제하고 그 잔액을 반환한다.
제6조 [계약의 해제] 임차인이 임대인에게 중도금(중도금이 없을때는 잔금)을 지급하기 전까지 임대인은 계약금의 배액을 상환 하고, 임차인은 계약금을 포기하고 이 계약을 해제할 수 있다.
제7조 [채무불이행과 손해배상의 예정] 임대인 또는 임차인은 본 계약상의 내용에 대하여 불이행이 있을 경우 그 상대방은 불이행 한 자에 대하여 서면으로 최고하고 계약을 해제 할 수 있다. 이 경우 계약 당사자는 계약해제에 따른 손해배상을 각각 상대방에게 청구할 수 있으며, 손해배상에 대하여 별도의 약정이 없는 한 계약금을 손해배상의 기준으로 본다.
제8조 [중개보수] 개업공인중개사는 임대인 또는 임차인의 본 계약 불이행에 대하여 책임을 지지 않는다. 또한 중개보수는 본 계약 체결에 따라 계약 당사자 쌍방이 각각 지급하며, 개업공인중개사의 고의나 과실 없이 본 계약이 무효, 취소 또는 해제 되어도 중개보수는 지급한다. 공동중개인 경우 임대인과 임차인은 자신이 중개 의뢰한 개업공인중개사에게 각각 중개보수를 지급한다.
제9조 [중개대상물확인설명서교부등] 개업공인중개사는 중개대상물확인설명서를 작성하고 업무보증관계증서 (공제증서 등) 사본을 첨부하여 거래당사자 쌍방에게 교부한다. (교부일자 : 2024년 10월 01일)

[특약사항] <<< 별지 특약 있음 >>>
1. 본 계약은 계약일 현재 대상 부동산의 권리 및 시설물 상태하의 주택 임대차계약임.
2. 임차인은 특약1에 관하여 직접 현장확인 및 관련공부를 열람한 후 중개대상물 확인설명서를 통해 확인설명을 받고 본 계약을 체결함.
3. 대상물의 권리 상태: 선순위 근저당권 존재/ 선순위조세채권이 존재하지 않음을 임대인이 제출한 국세 및 지방세 납입증명원을 통해 확인함.(또는 임대인을 통해 확인함)
4. 대상물의 시설물 상태: 수선 또는 교체가 필요한 사항이 없음을 당사자 쌍방이 확인하였음/ 계약시 확인한 시설 및 옵션(인덕션, 빌트인 김치냉장고, 스탠드형 에어컨)은 임차인이 계약기간 만료시까지 책임지고 사용한 후 반환하기로 한다. 단, 임차인의 책임 없는 사유로 인하여 고장난 경우에는 임대인이 수리해주기로 한다.
5. 소규모 수선의무는 임차인이 부담하기로 한다.
6. 임대인은 잔금일까지 대상부동산에 설정된 모든 선순위권리를 말소하기로 한다.
7. 주택임대차계약 신고는 계약체결일로부터 30일 이내 관할 주민센터를 방문 또는 국토부거래관리시스템을 통하여 임대인과 임차인이 주택임대차계약신고서에 공동으로 서명·날인하여 신고하여야 한다.

대리인	주민 등록 번호	770116-1	전화	010-2345-6789	성명	김갑동	(인)
대리인	주 소	서울특별시 관악구 대학5길 36-10 (신림동)					
	주민 등록 번호	790518-2	전화	010-3456-7890	성명	김을순	(인)
임차인	주 소	서울특별시 관악구 신림로7길 26 (신림동)					
	주민 등록 번호	791211-1	전화	010-4567-8901	성명	박병돌	(인)
개업공인중개사	사무소 소재지	서울특별시 관악구 신림로15길 4, 지층1 (신림동)					
	사무소 명칭	고수공인중개사사무소			대표자명	서명및날인	(인)
	전화 번호	02-875-2486	등록 번호	11620-2019-00201	소속공인중개사	서명및날인	(인)

부동산(연립주택) 월세 계약서 별지

◆ 부동산의 표시

소 재 지	서울특별시 관악구 신림동 244-170번지 제101동 제2층 제201호							
토 지	지 목	대	면 적	568.00 ㎡	대지권 종류	소유권	대지권 비율	568.00 분의 47.74
건 물	구 조	철근콘크리트구조			용 도	연립주택	면 적	59.59 ㎡
임대할부분	201호 전부						면 적	59.59 ㎡

◆ 특약 사항
8. 첨부서류 : 중개대상물확인·설명서, 공제증서 사본 각 1부.
9. 임차인 비상연락처:
10. 임대인 입금계좌:

① 부동산의 표시

▶ 소재지 : 등기부(건축물) 좌측 최상단 주소기재

▶ 토지 : 토지대장 내용기재, 주의할 점은 등기부에도 대지권 비율이 나오지만 대장과 다른 경우가 있으니 반드시 대장을 보고 기재

▶ 건물 : 건축물대장 내용기재, 면적은 전용면적을 기재합니다.

② 계약 내용

▶ 계약금 영수자란에 임대인의 서명 또는 날인을 받지 않았다고 과태료 처분을 받은 사례가 있음을 주의해야 합니다.

▶ 잔금일은 기재가 없으면 특별한 사정이 없는 한 입주일과 같다고 추정됩니다. 기재하지 않는다고 문제가 되지는 않습니다.

▶ 계약 기간은 12개월(1년)로 해놓아도 임차인은 차후에 2년을 주장 할 수 있으나, 임대인은 단독으로 2년을 주장하며 살라고 할 수 없습니다. 임차인이 계약 기간을 1년으로 했다가 2개월 전에 이사 여부를 말하지 않아 묵시적으로 넘어간 경우, 이때 이것을 묵시적 갱신이 되어 계약 기간이 1년 초과 시부터 다시 2년 연장된 것이 아니라 그냥 2년을 주장하는 것으로 보아야 합니다.

(3) 특약사항

① 1번~4번 특약은 확인설명 기본 특약으로 보시면 알 수 있듯이 단독주택 월세계약의 특약과 크게 다르지 않습니다.

수선 또는 교체할 부분이 없음을 당사자 쌍방이 확인하였다는 사실과 임차인이 시설물들을 책임지고 사용하기로 합의한 사실을 기재해 놓는 것이 차후 분쟁방지를 위해 좋습니다.

② 또한 임대인의 수선·교체 의무도 원룸 등과 같은 소규모 주택과는 달리 다세대·연립주택은 살림집일 가능성이 높으므로 좀 완화될 것입니다. 예를 들어 원룸의 경우 주인이 형광등 교체, 샤워기 교체 같은 소규모 수선 중에서도 적은 비용이 들고 손쉽게 할 수 있는 것 빼고는 다 알아서 해주지만,

공동주택 월세의 경우 임차인이 소규모 수선을 스스로 하도록 하는 것도 좋을 것입니다.

③ 소유자(임대인)는 호실마다 다 다르므로 권리분석 시에도 다른 호실은 신경을 쓸 필요가 없습니다. 다만, 보증금이 비교적 높을 수 있으므로 임차인이 선순위 권리에 대한 말소를 요구 할 가능성이 높습니다.

④ 주택임대차신고 의무에 관하여 안내를 했다는 사실을 특약으로 남겨놓는 것도 좋습니다.
공인중개사가 당사자들에게 주택임대차신고 의무에 관하여 확인설명할 의무는 없다고 생각 됩니다만, 해당 사항을 설명해 주는 것이 차후 분쟁방지를 위해서 좋습니다.

⑤ 해당 계약이 대리계약이라는 사실을 기재할 수도 있습니다. (예: 본 계약은 대리인 김을순이 본인 김갑동을 대리하여 체결한 계약임)

(4) 확인 설명서 작성법

단독주택 월세계약의 확인 설명서 작성과 크게 다르지 않습니다. 빌라의 확인설명서 작성 시에는 아파트와 다르게 불법이라는 측면을 집중해서 고려해야 할 것입니다.
빌라는 일반적으로 개인 또는 중소사업자가 시공 및 분양을 하는 경우가 많기 때문에 다음 세 가지 사항을 주의해서 확인할 필요가 있습니다.

- 근생빌라
- 배란다 확장
- 문패 바뀜(도면 상으로는 201호인데 202호문패가 붙여져 있는 경우)

현장답사/도면확인/대장확인 등을 통하여 위와 같은 사항이 발견될 경우, 의뢰인에게 정확히 설명한 후 확인설명서에 기입해야 할 것입니다.

■ 공인중개사법 시행규칙 [별지 제20호서식] <개정 2024. 7. 2.> (제1쪽)

중개대상물 확인·설명서[I] (주거용 건축물)

(주택 유형: [ ]단독주택　　　[√]공동주택　　　[ ]주거용 오피스텔)
(거래 형태: [ ]매매·교환　　　[√]임대)

I. 개업공인중개사 기본 확인사항

확인·설명 자료	확인·설명 근거자료 등	[√]등기권리증　[√]등기사항증명서　[√]토지대장　[√]건축물대장　[√]지적도 [ ]임야도　[√]토지이용계획확인서　[ ]확정일자 부여현황　[ ]전입세대확인서 [ ]국세납세증명서　[ ]지방세납세증명서　[√]그 밖의 자료 (신분증, 위임장, 인감증명서)
	대상물건의 상태에 관한 자료요구 사항	거래당사자는 위 "확인·설명근거자료 등"에 대한 사항을 발급/열람,검색을 통해 확인하였으며, 물건의 현장답사를 통해 육안으로 확인/ 인지한 후 개업공인중개사가 작성한 아래 9~12항에 대한 설명을 통해 각 항목 기재 사항을 확인하고 내용에 동의함.

유의사항

개업공인중개사의 확인·설명 의무	개업공인중개사는 중개대상물에 관한 권리를 취득하려는 중개의뢰인에게 성실·정확하게 설명하고, 토지대장 등본, 등기사항증명서 등 설명의 근거자료를 제시해야 합니다.
실제거래가격 신고	「부동산 거래신고 등에 관한 법률」 제3조 및 같은 법 시행령 별표 1 제1호마목에 따른 실제 거래가격은 매수인이 매수한 부동산을 양도하는 경우 「소득세법」 제97조제1항 및 제7항과 같은 법 시행령 제163조제11항 제2호에 따라 취득 당시의 실제 거래가액으로 보아 양도차익이 계산될 수 있음을 유의하시기 바랍니다.

① 개상물건의 표시	토지	소재지	서울특별시 관악구 신림동 244-170번지 제101동 제2층 제201호		
		면적(㎡)	568.00㎡	지목	공부상 지목	대
					실제 이용 상태	대
	건축물	전용면적(㎡)	59.59㎡	대지지분(㎡)	47.74
		준공년도 (증개축년도)	2016	용도	건축물대장상 용도	연립주택
					실제 용도	상동
		구조	철근콘크리트구조	방향	남서향 (기준: 배란다 기준)
		내진설계 적용여부	해당 사항 없음	내진능력	해당 사항 없음
		건축물대장상 위반건축물 여부	[√]위반　[ ]적법	위반내용	배란다 불법확장(시정조치명령을 받았으나, 임차 기간 중에는 원상복구 할 수 없음)

② 권리관계	등기부 기재사항		소유권에 관한 사항	소유권 외의 권리사항
		토지	성명:김갑동/생년월일:1977-01-16/주소:	(1순위 근저당권) 2016.10.12 설정 주식회사 우리은행 채권최고액 100,000,000
		건축물	성명:김갑동/생년월일:1977-01-16/주소:	상동

③ 토지이용 계획, 공법상이용 제한 및 거래규제에 관한 사항 (토지)	지역·지구	용도지역	제2종일반주거지역	건폐율 상한	용적률 상한
		용도지구	학교시설보호지구	60 %	200 %
		용도구역	지구단위계획구역		
	도시·군계획 시설	해당 없음	허가·신고 구역여부	[X]토지거래허가구역	
			투기지역 여부	[X]토지투기지역　[X]주택투기지역　[X]투기과열지구	
	지구단위계획구역, 그 밖의 도시·군관리계획	해당 없음	그 밖의 이용제한 및 거래규제사항	교육환경보호구역 과밀억제권역 가축사육제한구역 대공방어협조구역	

(제2쪽)

④ 임대차 확인사항	확정일자 부여현황 정보	[ ]임대인 자료 제출	[√]열람 등의		[√]임차인 권리 설명	
	국세 및 지방세 체납정보	[√]임대인 자료 제출	[ ]열람 등의		[√]임차인 권리 설명	
	전입세대 확인서	[ ]확인(확인서류 첨부) [√]미확인(열람·교부 신청방법 설명) [ ]해당 없음				
	최우선변제금	소액임차인범위: 10,000 만원 이하		최우선변제금액: 3,400 만원 이하		
	민간임대 등록 여부	등록	[ ]장기일반민간임대주택 [ ]공공지원민간임대주택 [ ]그 밖의 유형 ( )		[ ]임대보증금 보증 설명	
			임대의무기간 년	임대개시일		
		미등록 [√]				
	계약갱신 요구권 행사 여부	[ ]확인(확인서류 첨부) [ ]미확인 [√]해당 없음				

개업공인중개사가 "④ 임대차 확인사항"을 임대인 및 임차인에게 설명하였음을 확인함	임대인	①김갑동 ②(대리인)김을순	(서명 또는 날인)
	임차인	박병돌	(서명 또는 날인)
	개업공인중개사	김고수	(서명 또는 날인)
	개업공인중개사		(서명 또는 날인)

※ 민간임대주택의 임대사업자는 「민간임대주택에 관한 특별법」 제49조에 따라 임대보증금에 대한 보증에 가입해야 합니다.
※ 임차인은 주택도시보증공사(HUG) 등이 운영하는 전세보증금반환보증에 가입할 것을 권고합니다.
※ 임대차 계약 후 「부동산 거래신고 등에 관한 법률」 제6조의2에 따라 30일 이내 신고해야 합니다(신고 시 확정일자 자동부여).
※ 최우선변제금은 근저당권 등 선순위 담보물권 설정 당시의 소액임차인범위 및 최우선변제금액을 기준으로 합니다.

⑤ 입지조건	도로와의 관계	(6m × 4m)도로에 접함 [√]포장 [ ]비포장		접근성	[√]용이함 [ ]불편함	
	대중교통	버 스	(고시촌입구)정류장,	소요시간: ([√] 도보, [ ] 차량) 약 10분		
		지하철	(서울대입구)역,	소요시간: ([ ] 도보, [√] 차량) 약 20분		
	주차장	[ ]없음 [ ]전용주차시설 [√]공동주차시설 [ ]그 밖의 주차시설 ( )				
	교육시설	초등학교	(삼성초)학교,	소요시간: ([√]도보, [ ]차량) 약 10분		
		중 학 교	(삼성중)학교,	소요시간: ([√]도보, [ ]차량) 약 10분		
		고등학교	(삼성고등)학교,	소요시간: ([√]도보, [ ]차량) 약 10분		

⑥ 관리에 관한사항	경비실	[√]있음 [ ] 없음	관리주체	[ ] 위탁관리 [√] 자체관리 [ ] 그밖의유형
	관리비	관리비 금액: 총 70,000 원 (직전 월 부과금액)		
		관리비 포함 비목: [ ]전기료 [ ]수도료 [ ]가스사용료 [ ]난방비 [ ]인터넷 사용료 [ ] TV 수신료 [√]그 밖의 비목(청소비, 경비원급여 등)		
		관리비 부과방식: [ ]임대인이 직접 부과 [√]관리규약에 따라 부과 [ ]그 밖의 부과 방식 (0)		

⑦ 비선호시설(1km이내)	[√]없음 [ ]있음 (종류 및 위치:)

⑧ 거래예정금액 등	거래예정금액	₩100,000,000(₩1,000,000)		
	개별공시지가 (㎡당)	13,400,000 원	건물(주택) 공시가격	340,000,000 원

⑨ 취득시 부담할 조세의 종류 및 세율	취득세	해당없음%	농어촌특별세	해당없음%	지방교육세	해당없음%
	※ 재산세와 종합부동산세는 6월 1일 기준으로 대상물건 소유자가 납세의무를 부담합니다.					

(제3쪽)

Ⅱ. 개업공인중개사 세부 확인사항

⑩ 실제권리관계 또는 공시되지 않은 물건의 권리 사항
해당 사항 없음

⑪ 내부·외부 시설물의 상태 (건축물)	수 도	파손여부	[√]없음　　　[　]있음　(위치: 당사자 쌍방이 확인함　　　　　　　　　　　)
		용수량	[√]정상　　　[　]부족함 (위치: 당사자 쌍방이 확인함　　　　　　　　　　)
	전 기	공급상태	[√]정상　　　[　]교체필요(교체할 부분: 당사자 쌍방이 확인함　　　　　　)
	가스(취사용)	공급방식	[√]도시가스　[　]그 밖의 방식 (　　　　　　　　　　　　　　　　　　　)
	소 방	단독경보형감지기	[　]없음　　　[√]있음(수량: 4　개)　　※「소방시설 설치 및 관리에 관한 법률」제10조 및 같은 법 시행령 제10조에 따른 주택용 소방시설로서 아파트(주택으로 사용하는 층수가 5개층 이상인 주택을 말한다)를 제외한 주택의 경우만 적습니다.
	난방방식 및 연료공급	공급방식	[　]중앙공급　[√]개별공급　[　]지역난방　　시설작동　[√]정상　[　]수선필요(당사자 쌍방이 확인함　　)　※개별공급인 경우 사용연한 (2015　　　) [ ] 확인불가
		종 류	[√]도시가스　[　]기름　[　]프로판가스　[　]연탄　[　]그밖의종류(　　　)
	승강기		[√] 있음 ([√] 양호　[　]불량)　　[　]없음
	배 수		[√] 정상　　[　]수선필요　(당사자 쌍방이 확인함　　　　　　　　　　　)
	그 밖의 시설물		해당 없음
⑫ 벽면·바닥면 및 도배상태	벽면	균열	[　]없음　[√]있음 (위치: 통상적인 노후로 인한 균열 있을 수 있음　　　　)
		누수	[　]없음　[√]있음 (위치: 통상적인 노후로 인한 누수 있을 수 있음　　　　)
	바닥면		[　]깨끗함　[√]보통임　[　]수리필요 (위치: 수리가 필요한 사항이 없음을 임대인이 확인함)
	도배		[　]깨끗함　[√]보통임　[　]도배필요
⑬ 환경조건	일조량		[　]풍부함　[√]보통임　[　]불충분 (이유:　　　　　　　　　　　　　　　)
	소음		[　]아주 작음　[√]보통임　[　]심한 편임　진동　[　]아주 작음 [√]보통임 [　]심한 편임
⑭ 현장안내	현장안내자		[√]개업공인중개사　[　]소속공인중개사　[　]중개보조원(신분고지 여부: [　]예　[　]아니오)　[　]해당 없음

※ "중개보조원"이란 공인중개사가 아닌 사람으로서 개업공인중개사에 소속되어 중개대상물에 대한 현장안내 및 일반서무 등 개업공인중개사의 중개업무와 관련된 단순한 업무를 보조하는 사람을 말합니다.
※ 중개보조원은 「공인중개사법」 제18조의4에 따라 현장안내 등 중개업무를 보조하는 경우 중개의뢰인에게 본인이 중개보조원이라는 사실을 미리 알려야 합니다.

(제4쪽)

III. 중개보수 등에 관한 사항

⑮ 중개보수 및 실비의 금액과 산출내역	중개보수	600,000 원	<산출내역> 중개보수 : (100,000,000원 + (1,000,000원 * 100)) × 0.30% 실비 :
	실비	0 원	
	계	624,000 원 (부가가치세 포함)	※ 중개보수는 시·도 조례로 정한 요율한도에서 중개의뢰인과 개업공인중개사가 서로 협의하여 결정하며 부가가치세는 별도로 부과될 수 있습니다.
	지급시기	계약시	

「공인중개사법」 제25조제3항 및 제30조제5항에 따라 거래당사자는 개업공인중개사로부터 위 중개대상물에 관한 확인·설명 및 손해배상책임의 보장에 관한 설명을 듣고, 같은 법 시행령 제21조제3항에 따른 본 확인·설명서와 같은 법 시행령 제24조제2항에 따른 손해배상책임 보장 증명서류(사본 또는 전자문서)를 수령합니다.

2024년 10월 01일

매도인 (임대인)	주 소	①서울특별시 관악구 대학5길 36-10 (신림동) ②서울특별시 관악구 대학5길 36-10 (신림동)	성 명	①김갑동 ②(대리인)김을순	서명 또는 날인
	생년월일 생년월일	①1977-01-16 ②1979-05-18	전화번호	①010-2345-6789 ②010-3456-7890	
매수인 (임차인)	주 소	서울특별시 관악구 신림로7길 26 (신림동)	성 명	박병돌	서명 또는 날인
	생년월일	1979-12-11	전화번호	010-4567-6901	
개업공인 중개사	등록번호	11620-2019-00201	성명(대표자)		서명 및 날인
	사무소 명칭	고수공인중개사사무소	소속공인중개사		서명 및 날인
	사무소 소재지	서울특별시 관악구 신림로15길 4, 지층1 (신림동)	전화번호	02-875-2486	
개업공인 중개사	등록번호		성명(대표자)		서명 및 날인
	사무소 명칭		소속공인중개사		서명 및 날인
	사무소 소재지		전화번호		

3) 다세대주택 · 연립주택의 전세 계약

(1) 계약의 시간적 진행과정

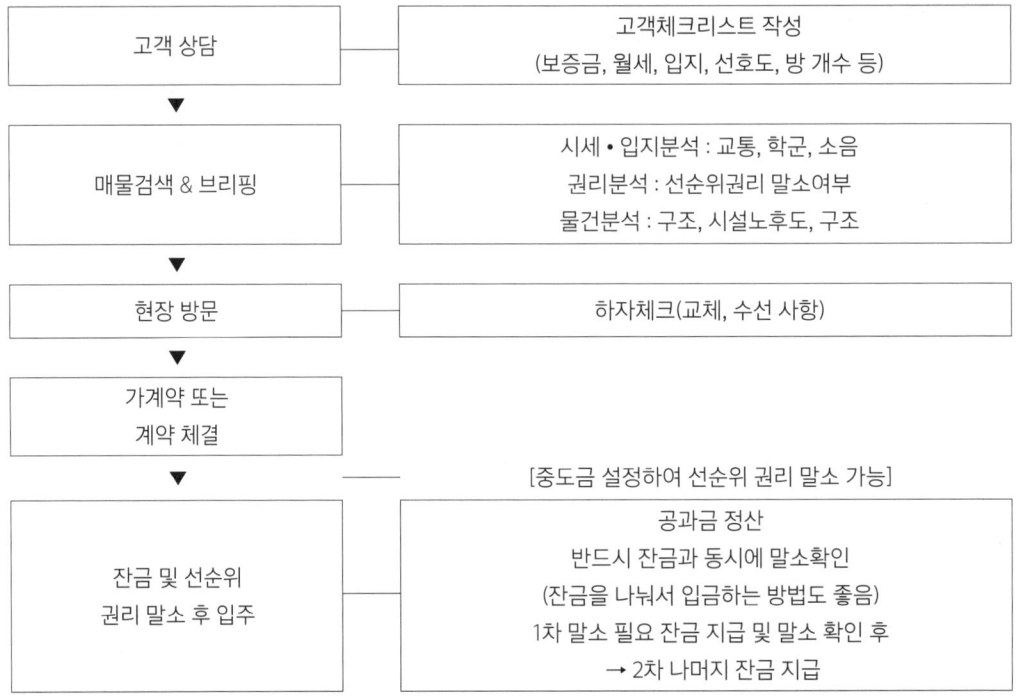

① 위 표에서 볼 수 있듯이 다세대·연립주택의 전세계약은 월세 계약과 흐름이 거의 동일합니다.

② 다만 전세금액이 매매금액과 거의 비슷한 거금이라 선순위 근저당이 설정되어 있다면 임차인은 매우 불안한 입장에 서게 됩니다. 그 결과 중개사는 임차인이 등기부상 1순위가 되도록 선순위 근저당을 모두 말소해줘야 합니다.

근저당을 말소하는 방법으로는 중도금을 설정하여 임대인이 말소하도록 할 수도 있고, 잔금 시에 말소시키는 방법이 있습니다. 이때 주의할 점은 임대인이 말소해주겠지라고 믿고, 중도금이나 잔금을 먼저 입금해주면 안 됩니다. 임대인이 돈을 받고 말소를 차일피일 미루면 중개사가 힘들어질 수 있으므로, 대표님들께서는 근저당 채권자인 은행을 통해 확인한 지정계좌로 전세금을 입금하게 하거나, 임대인과 은행에 동행하여 대출금을 상환하는 것을 확인해야 할 것입니다.

(2) 계약서 작성법

부동산(연립주택) 전세 계약서

임대인과 임차인 쌍방은 아래 표시 부동산에 관하여 다음 계약 내용과 같이 임대차계약을 체결한다.

1. 부동산의 표시

소 재 지	서울특별시 관악구 신림동 244-170번지 제101동 제2층 제201호					
토 지	지 목	대	면 적	568.00㎡	대지권종류	소유권	대지권비율	568.00분의47.74
건 물	구 조	철근콘크리트구조			용 도	연립주택	면 적	59.59㎡
임대할부분	201호 전부					면 적	59.59㎡

2. 계약내용

제1조 [목적] 위 부동산의 임대차에 한하여 임대인과 임차인은 합의에 의하여 임차보증금 및 차임을 아래와 같이 지급하기로 한다.

보 증 금	금 삼억원정	(₩300,000,000)
계 약 금	금 일천만원정	은 계약시에 지급하고 영수함. ※영수자 (인)
1차중도금	금	은 년 월 일에 지급한다.
2차중도금	금	은 년 월 일에 지급한다.
잔 금	금 이억구천만원정	은 2024년 12월 01일에 지급한다.

제2조 [존속기간] 임대인은 위 부동산을 임대차 목적대로 사용할 수 있는 상태로 2024년12월01일 까지 임차인에게 인도하며, 임대차 기간은 인도일로부터 2026년12월01일(24개월) 까지로 한다.
제3조 [용도변경 및 전대 등] 임차인은 임대인의 동의없이 위 부동산의 용도나 구조를 변경하거나 전대, 임차권 양도 또는 담보제공을 하지 못하며 임대차 목적 이외의 용도로 사용할 수 없다.
제4조 [계약의 해지] 임차인이 제3조를 위반하였을때 임대인은 즉시 본 계약을 해지 할 수 있다.
제5조 [계약의 종료] 임대차 계약이 종료된 경우 임차인은 위 부동산을 원상으로 회복하여 임대인에게 반환한다. 이러한 경우 임대인은 보증금을 임차인에게 반환하고, 연체 임대료 또는 손해배상금이 있을 때는 이들을 제하고 그 잔액을 반환한다.
제6조 [계약의 해제] 임차인이 임대인에게 중도금(중도금이 없을때는 잔금)을 지급하기 전까지 임대인은 계약금의 배액을 상환 하고, 임차인은 계약금을 포기하고 이 계약을 해제할 수 있다.
제7조 [채무불이행과 손해배상의 예정] 임대인 또는 임차인은 본 계약상의 내용에 대하여 불이행이 있을 경우 그 상대방은 불이행 한 자에 대하여 서면으로 최고하고 계약을 해제 할 수 있다. 이 경우 계약 당사자는 계약해제에 따른 손해배상을 각각 상대방에게 청구할 수 있으며, 손해배상에 대하여 별도의 약정이 없는 한 계약금을 손해배상의 기준으로 본다.
제8조 [중개보수] 개업공인중개사는 임대인 또는 임차인의 본 계약 불이행에 대하여 책임을 지지 않는다. 또한 중개보수는 본 계약 체결에 따라 계약 당사자 쌍방이 각각 지급하며, 개업공인중개사의 고의나 과실 없이 본 계약이 무효, 취소 또는 해제 되어도 중개보수는 지급한다. 공동중개인 경우에 임대인과 임차인은 자신이 중개 의뢰한 개업공인중개사에게 각각 중개보수를 지급한다.
제9조 [중개대상물확인설명서교부 등] 개업공인중개사는 중개대상물확인설명서를 작성하고 업무보증관계증서 (공제증서 등) 사본을 첨부하여 거래당사자 쌍방에게 교부한다. (교부일자 : 2024년 10월 01일)

[특약사항] <<< 별지 특약 있음 >>>
1. 본 계약은 계약일 현재 대상 부동산의 권리 및 시설물 상태하의 주택 임대차계약임.
2. 임차인은 특약1에 관하여 직접 현장확인 및 관련공부를 열람한 후 중개대상물 확인설명서를 통해 확인설명을 받고 본 계약을 체결함.
3. 대상물의 권리 상태: 선순위 근저당권 존재/ 선순위조세채권이 존재하지 않음을 임대인이 제출한 국세 및 지방세 납입증명원을 통해 확인함.(또는 임대인을 통해 확인함)
4. 대상물의 시설물 상태: 수선 또는 교체가 필요한 사항이 없음을 당사자 쌍방이 확인하였음/ 계약시 확인한 시설 및 옵션(인덕션, 빌트인 김치냉장고, 스탠드형 에어컨)은 임차인이 계약기간 만료시까지 책임지고 사용한 후 반환하기로 한다. 단, 임차인의 책임 없는 사유로 인하여 고장난 경우에는 임대인이 수리해주기로 한다.
5. 소규모 수선의무는 임차인이 부담하기로 한다.
6. 임대인은 잔금일까지 대상부동산에 설정된 모든 선순위권리를 말소하기로 한다.

임대인	주 소	서울특별시 관악구 대학5길 36-10 (신림동)				(인)
	주민등록번호	770116-1	전화	010-2345-6789	성명	김갑동	
대리인	주 소	서울특별시 관악구 대학5길 36-10 (신림동)				(인)
	주민등록번호	790518-2	전화	010-3456-7890	성명	김을순	
임차인	주 소	서울특별시 관악구 신림로7길 26 (신림동)				(인)
	주민등록번호	791211-1	전화	010-4567-8901	성명	박병돌	
개업공인중개사	사무소소재지	서울특별시 관악구 신림로15길 4, 지층1 (신림동)				
	사무소명칭	고수공인중개사사무소		대표자명	서명및날인	(인)
	전화번호	02-875-2486	등록번호	11620-2019-00201	소속공인중개사	서명및날인	(인)

부동산(연립주택) 전세 계약서 별지

◆ 부동산의 표시

소 재 지	서울특별시 관악구 신림동 244-170번지 제101동 제2층 제201호								
토 지	지 목	대	면 적	568.00 ㎡	대지권 종류		소유권	대지권 비율	568.00 분의 47.74
건 물	구 조	철근콘크리트구조			용 도	연립주택		면 적	59.59 ㎡
임대할부분	201호 전부							면 적	59.59 ㎡

◆ 특약 사항

7. 주택임대차계약 신고는 계약체결일로부터 30일 이내 관할 주민센터를 방문 또는 국토부거래관리 시스템을 통하여 임대인과 임차인이 주택임대차계약신고서에 공동으로 서명·날인하여 신고하여야 한다.
8. 임대인은 임차인이 OO은행을 통해 전세자금대출(질권설정 방식)을 실행하는 것에 동의하며, 해당 절차 진행에 적극 협조하기로 한다.
9. 임대인이 본 주택의 매매계약을 체결할 경우에는 임차인에게 즉시 고지하여야 한다. 만약 임대인이 고지의무를 이행하지 않아 차후 임차인이 주택의 양수인으로부터 전세금을 반환 받지 못한 경우, 임대인은 이에대한 모든 손해를 배상하기로 한다.
10. 첨부서류 : 중개대상물확인·설명서, 공제증서 사본 각 1부.

① 앞에서 설명했듯이 선순위 권리를 말소시켜야 할 경우가 많다는 것을 제외하고는 계약서 작성에 큰 특색은 없습니다.

② 임차인이 전세자금대출을 받는 경우, 단순히 "임대인은 임차인이 전세자금대출을 받는 것에 동의한다"라고만 적어서는 안 됩니다.
반드시 임차인이 어떠한 금융기관을 통해 어떠한 방식의 대출을 받는 것에 동의 및 협조한다는 취지로 적어야 합니다(8번 특약 참조)

③ 9번 특약은 여러 전세사기의 유형 중 임대인이 신원이 확실하지 않은 매수인에게 갭투자 형식으로 소유권을 넘겨서, 차후 임차인이 전세금을 반환 받기 어렵게 만드는 경우를 대비하기 위한 특약입니다.
현행법 상으로 매도인은 거주 중인 임차인에게 매매진행 사실을 알릴 의무가 없기 때문에 여러가지 문제가 발생합니다.
해당 특약은 임대인에게 이러한 고지의무를 지우면서, 임차인에게 임대차를 유지할지 여부에 관한 선택의 기회를 주기 위한 목적입니다.

● 잔금시 근저당 상환 절차

① 대표님들께서는 잔금 1~3일 전 임대인에게 최종상환금액과 지정계좌를 확인해 놓으라고 통보해 놓아야 합니다. 당사자들에게 폰뱅킹 한도를 늘려 놓도록 고지하는 것은 잔금의 기본입니다.

② 잔금일에 중개사무소에 모여서, 우선 임차인이 임대인 계좌로 전세잔금을 송부합니다. 그 다음에 임대인은 미리 받아놓은 지정계좌로 대출금 상환을 하고, 근저당 말소 신청을 합니다.
절차는 순서가 맞아야 하며, 임차인이 바로 은행 지정계좌로 입금하는 것은 안 됩니다.

③ 인터넷등기소에 접속하여 '등기사건처리현황'을 클릭하여 주소를 입력하는 방법으로 등기접수 완료 여부를 확인합니다.

(3) 확인 설명서 작성법

■ 공인중개사법 시행규칙 [별지 제20호서식] <개정 2024. 7. 2.> (제1쪽)

중개대상물 확인·설명서[I] (주거용 건축물)

(주택 유형: [ ]단독주택 [√]공동주택 [ ]주거용 오피스텔)
(거래 형태: [ ]매매·교환 [√]임대)

확인·설명 자료	확인·설명 근거자료 등	[√]등기권리증 [√]등기사항증명서 [√]토지대장 [√]건축물대장 [√]지적도 [ ]임야도 [ ]토지이용계획확인서 [ ]확정일자 부여현황 [ ]전입세대확인서 [ ]국세납세증명서 [ ]지방세납세증명서 [√]그 밖의 자료 (신분증, 위임장, 인감증명서)
	대상물건의 상태에 관한 자료요구 사항	거래당사자는 위 "확인·설명 근거자료 등"에 대한 사항을 발급/열람,검색을 통해 확인하였으며, 물건의 현장답사를 통해 육안으로 확인/ 인지한 후 개업공인중개사가 작성한 아래 9~12항에 대한 설명을 통해 각 항목 기재 사항을 확인하고 내용에 동의함.

유 의 사 항

개업공인중개사의 확인·설명 의무	개업공인중개사는 중개대상물에 관한 권리를 취득하려는 중개의뢰인에게 성실·정확하게 설명하고, 토지대장 등본, 등기사항증명서 등 설명의 근거자료를 제시해야 합니다
실제거래가격 신고	「부동산 거래신고 등에 관한 법률」 제3조 및 같은 법 시행령 별표 1 제1호마목에 따른 실제 거래가격은 매수인이 매수한 부동산을 양도하는 경우 「소득세법」 제97조제1항 및 제7항과 같은 법 시행령 제163조제11항 제2호에 따라 취득 당시의 실제 거래가액으로 보아 양도차익이 계산될 수 있음을 유의하시기 바랍니다.

I.개업공인중개사 기본 확인사항

①개상물건의 표시	토지	소 재 지	서울특별시 관악구 신림동 244-170번지 제101동 제2층 제201호			
		면 적(㎡)	568.00㎡	지 목	공부상 지목	대
					실제 이용 상태	대
	건축물	전용면적(㎡)	59.59㎡	대지지분(㎡)		47.74
		준공년도 (증개축년도)	2016	용 도	건축물대장상 용도	연립주택
					실제 용도	상동
		구 조	철근콘크리트구조	방 향		남서향 (기준: 베란다 기준)
		내진설계 적용여부	해당 사항 없음	내진능력		해당 사항 없음
		건축물대장상 위반건축물 여부	[√]위반 [ ]적법	위반내용		베란다 불법확장(시정조치명령을 받았으나, 임차 기간 중에는 원상복구 할 수 없음)

② 권리관계	등기부 기재사항		소유권에 관한 사항		소유권 외의 권리사항
		토 지	성명:김갑동/생년월일:1977-01-16/주소:	토 지	(1순위 근저당권) 2016.10.12 설정 주식회사 우리은행 채권최고 100,000,000
		건축물	성명:김갑동/생년월일:1977-01-16/주소:	건축물	상동

③ 토지이용 계획, 공법상이용 제한 및 거래규제에 관한 사항 (토지)	지역·지구	용도지역	제2종일반주거지역	건폐율 상한	용적률 상한
		용도지구	학교시설보호지구	60 %	200 %
		용도구역	지구단위계획구역		
	도시·군계획 시설	해당 없음	허가·신고 구역여부	[X]토지거래허가구역	
			투기지역 여부	[X]토지투기지역 [X]주택투기지역 [X]투기과열지구	
	지구단위계획구역, 그 밖의 도시·군관리계획	해당 없음	그 밖의 이용제한 및 거래규제사항	교육환경보호구역 과밀억제권역 가축사육제한구역 대공방어혈조구역	

(제2쪽)

④ 임대차 확인사항	확정일자 부여현황 정보	[ ]임대인 자료 제출	[√]열람 동의		[√]임차인 권리 설명	
	국세 및 지방세 체납정보	[√]임대인 자료 제출	[ ]열람 동의		[√]임차인 권리 설명	
	전입세대 확인서	[ ]확인(확인서류 첨부) [√]미확인(열람·교부 신청방법 설명) [ ]해당 없음				
	최우선변제금	소액임차인범위: 10,000 만원 이하		최우선변제금액: 3,400 만원 이하		
	민간임대등록여부	등록	[ ]장기일반민간임대주택 [ ]공공지원민간임대주택 [ ]그 밖의 유형 ( )		[ ]임대보증금 보증 설명	
			임대의무기간 년	임대개시일		
		미등록 [√]				
	계약갱신 요구권 행사 여부	[ ]확인(확인서류 첨부)	[ ]미확인	[√]해당 없음		

개업공인중개사가 "④ 임대차 확인사항"을 임대인 및 임차인에게 설명하였음을 확인함	임대인	①김갑동 ②(대리인)김을순	(서명 또는 날인)
	임차인	박병돌	(서명 또는 날인)
	개업공인중개사	김고수	(서명 또는 날인)
	개업공인중개사		(서명 또는 날인)

※ 민간임대주택의 임대사업자는 「민간임대주택에 관한 특별법」 제49조에 따라 임대보증금에 대한 보증에 가입해야 합니다.
※ 임차인은 주택도시보증공사(HUG) 등이 운영하는 전세보증금반환보증에 가입할 것을 권고합니다.
※ 임대차 계약 후 「부동산 거래신고 등에 관한 법률」 제6조의2에 따라 30일 이내 신고해야 합니다(신고 시 확정일자 자동부여).
※ 최우선변제금은 근저당권 등 선순위 담보물권 설정 당시의 소액임차인범위 및 최우선변제금액을 기준으로 합니다.

⑤ 입지조건	도로와의 관계	(6m × 4m)도로에 접함 [√]포장 [ ]비포장		접근성	[√]용이함 [ ]불편함	
	대중교통	버 스	(고시촌입구)정류장,	소요시간: ([√]도보, [ ]차량) 약 10분		
		지하철	(서울대입구)역,	소요시간: ([ ]도보, [√]차량) 약 20분		
	주차장	[ ]없음 [ ]전용주차시설 [√]공동주차시설 [ ]그 밖의 주차시설 ( )				
	교육시설	초등학교	(삼성초등)학교,	소요시간: ([√]도보, [ ]차량) 약 10분		
		중 학 교	(삼성중)학교,	소요시간: ([√]도보, [ ]차량) 약 10분		
		고등학교	(삼성고등)학교,	소요시간: ([√]도보, [ ]차량) 약 10분		

⑥ 관리에 관한사항	경비실	[√]있음 [ ]없음	관리주체 [ ]위탁관리 [√]자체관리 [ ]그밖의유형
	관리비	관리비 금액: 총 70,000 원 (직전 월 부과금액) 관리비 포함 비목: [ ]전기료 [ ]수도료 [ ]가스사용료 [ ]난방비 [√]인터넷 사용료 [ ]TV 수신료 [√]그 밖의 비목(청소비, 경비원급여 등) 관리비 부과방식: [ ]임대인이 직접 부과 [√]관리규약에 따라 부과 [ ]그 밖의 부과 방식 (0)	

⑦ 비선호시설(1km이내)	[√]없음 [ ]있음 (종류 및 위치:)

⑧ 거래예정금액 등	거래예정금액		₩300,000,000
	개별공시지가 (㎡당)	13,400,000 원	건물(주택) 공시가격 340,000,000 원

⑨ 취득시 부담할 조세의 종류 및 세율	취득세	해당없음%	농어촌특별세	해당없음%	지방교육세	해당없음%
	※ 재산세와 종합부동산세는 6월 1일 기준으로 대상물건 소유자가 납세의무를 부담합니다.					

(제3쪽)

Ⅱ. 개업공인중개사 세부 확인사항

⑩ 실제권리관계 또는 공시되지 않은 물건의 권리 사항
　해당 사항 없음

⑪ 내부·외부 시설물의 상태 (건축물)	수 도	파손여부	[√]없음　[ ]있음　(위치: 당사자 쌍방이 확인함　　　　)
		용수량	[√]정상　[ ]부족함 (위치: 당사자 쌍방이 확인함　　　　)
	전 기	공급상태	[√]정상　[ ]교체필요(교체할 부분: 당사자 쌍방이 확인함　　)
	가스(취사용)	공급방식	[√]도시가스　[ ]그 밖의 방식 (　　　　)
	소 방	단독경보형감지기	[ ]없음　[√]있음(수량: 4개) ※「소방시설 설치 및 관리에 관한 법률」제10조 및 같은 법 시행령 제10조에 따른 주택용 소방시설로서 아파트(주택으로 사용하는 층수가 5개층 이상인 주택을 말합니다)를 제외한 주택의 경우만 적습니다.
	난방방식 및 연료공급	공급방식	[ ]중앙공급　[√]개별공급　[ ]지역난방　　시설작동 [√]정상 [ ]수선필요 (당사자 쌍방이 확인함) ※개별공급인 경우 사용연한 (2015　　) [ ] 확인불가
		종 류	[√]도시가스　[ ]기름　[ ]프로판가스　[ ]연탄　[ ]그밖의종류(　　)
	승강기		[√]있음 ([√]양호 [ ]불량)　[ ]없음
	배 수		[√]정상　[ ]수선필요 (당사자 쌍방이 확인함)
	그 밖의 시설물		해당 없음

⑫ 벽면·바닥면 및 도배상태	벽면	균열	[ ]없음 [√]있음 (위치: 통상적인 노후로 인한 균열 있을 수 있음)
		누수	[ ]없음 [√]있음 (위치: 통상적인 노후로 인한 누수 있을 수 있음)
	바닥면		[ ]깨끗함 [√]보통임 [ ]수리필요 (위치: 수리가 필요한 사항이 없음을 임대인이 확인함)
	도배		[ ]깨끗함 [√]보통임 [ ]도배필요

| ⑬ 환경조건 | 일조량 | [ ]풍부함 [√]보통임 [ ]불충분 (이유:　　) |
| | 소음 | [ ]아주 작음 [√]보통임 [ ]심한 편임　진동 [ ]아주 작음 [√]보통임 [ ]심한 편임 |

| ⑭ 현장안내 | 현장안내자 | [√]개업공인중개사　[ ]소속공인중개사　[ ]중개보조원(신분고지 여부: [ ]예　[ ]아니오)　[ ]해당 없음 |

※ "중개보조원"이란 공인중개사가 아닌 사람으로서 개업공인중개사에 소속되어 중개대상물에 대한 현장안내 및 일반서무 등 개업공인중개사의 중개업무와 관련된 단순한 업무를 보조하는 사람을 말합니다.
※ 중개보조원은 「공인중개사법」 제18조의4에 따라 현장안내 등 중개업무를 보조하는 경우 중개의뢰인에게 본인이 중개보조원이라는 사실을 미리 알려야 합니다.

(제4쪽)

Ⅲ. 중개보수 등에 관한 사항

⑮ 중개보수 및 실비의 금액과 산출내역	중개보수	900,000 원	<산출내역> 중개보수 : (300,000,000원) × 0.30% 실비 : ※ 중개보수는 시·도 조례로 정한 요율한도에서 중개의뢰인과 개업공인중개사가 서로 협의하여 결정하며 부가가치세는 별도로 부과될 수 있습니다.
	실비	0 원	
	계	936,000 원 (부가가치세 포함)	
	지급시기	계약시	

「공인중개사법」 제25조제3항 및 제30조제5항에 따라 거래당사자는 개업공인중개사로부터 위 중개대상물에 관한 확인·설명 및 손해배상책임의 보장에 관한 설명을 듣고, 같은 법 시행령 제21조제3항에 따른 본 확인·설명서와 같은 법 시행령 제24조제2항에 따른 손해배상책임 보장 증명서류(사본 또는 전자문서)를 수령합니다.

2024년 10월 01일

매도인 (임대인)	주 소	①서울특별시 관악구 대학5길 36-10 (신림동) ②서울특별시 관악구 대학5길 36-10 (신림동)	성 명	①김갑동 ②(대리인)김을순 서명 또는 날인
	생년월일 생년월일	①1977-01-16 ②1979-05-18	전화번호	①010-2345-6789 ②010-3456-7890
매수인 (임차인)	주 소	서울특별시 관악구 신림로7길 26 (신림동)	성 명	박병돌 서명 또는 날인
	생년월일	1979-12-11	전화번호	010-4567-8901
개업공인 중개사	등록번호	11620-2019-00201	성명(대표자)	서명 및 날인
	사무소 명칭	고수공인중개사사무소	소속공인중개사	서명 및 날인
	사무소 소재지	서울특별시 관악구 신림로15길 4, 지층1 (신림동)	전화번호	02-875-2486
개업공인 중개사	등록번호		성명(대표자)	서명 및 날인
	사무소 명칭		소속공인중개사	서명 및 날인
	사무소 소재지		전화번호	

4) 다세대주택 · 연립주택의 매매 계약

(1) 계약의 시간적 진행과정

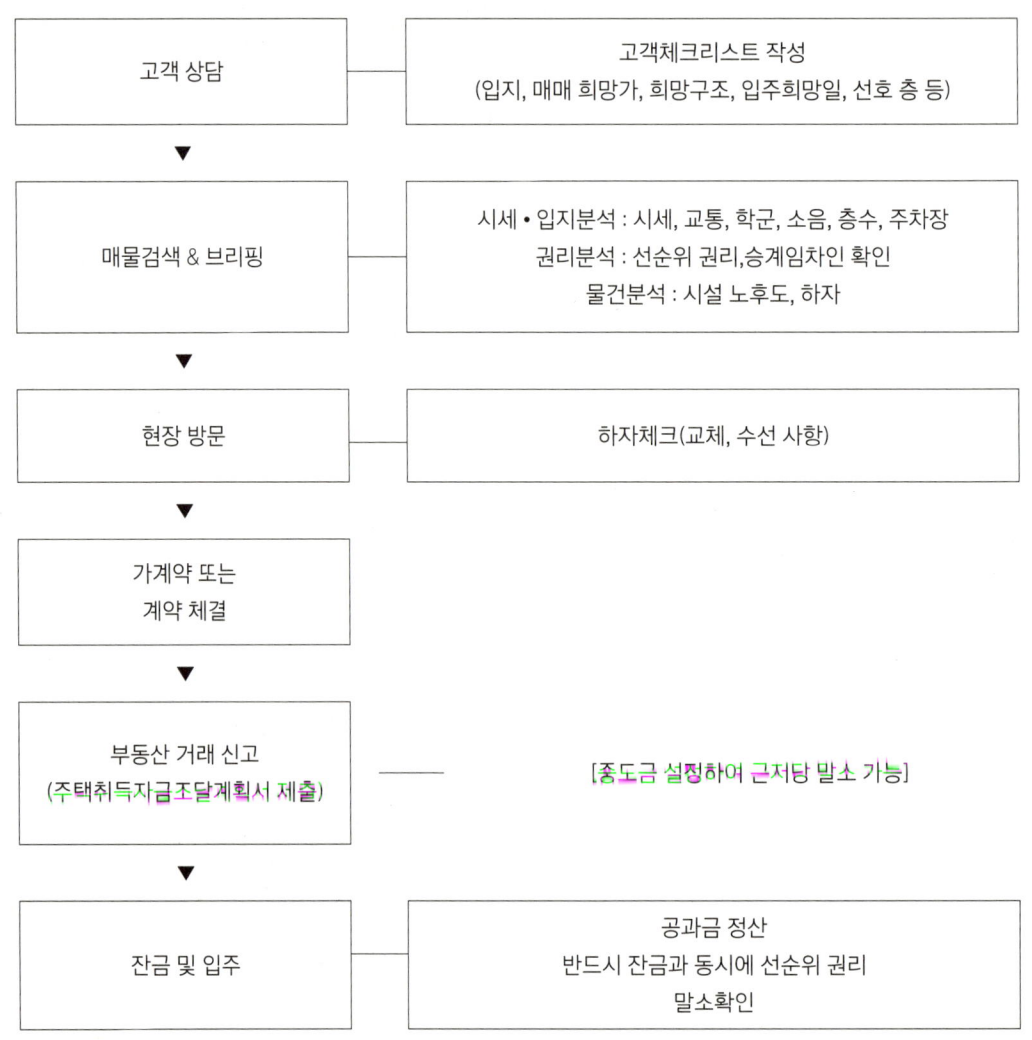

(2) 계약서 작성법

부동산(연립주택) 매매 계약서

매도인과 매수인 쌍방은 아래 표시 부동산에 관하여 다음 계약 내용과 같이 매매계약을 체결한다.

1. 부동산의 표시

소 재 지	서울특별시 관악구 신림동 244-170번지 제101동 제2층 제201호						
토 지	지 목	대	면 적	568.00 ㎡	대지권종류	소유권	대지권비율 568.00분의47.74
건 물	구 조	철근콘크리트구조			용 도	연립주택	면 적 59.59 ㎡

2. 계약내용

제1조 [목적] 위 부동산의 매매에 대하여 매도인과 매수인은 합의에 의하여 매매대금을 아래와 같이 지급하기로 한다.

매매대금	금 삼억오천만원정	(₩350,000,000)	
계약금	금 이천만원정	은 계약시에 지급하고 영수함. ※영수자	(인)
책임대보증금	금 삼억원정	은 현 상태에서 매수인이 승계함.	
1차중도금	금	은 년 월 일에 지급한다.	
2차중도금	금	은 년 월 일에 지급한다.	
잔 금	금 삼천만원정	은 2024년 11월 01일에 지급한다.	

제2조 [소유권 이전 등] 매도인은 매매대금의 잔금 수령과 동시에 매수인에게 소유권 이전등기에 필요한 모든 서류를 교부하고 등기절차에 협력하여야 하며, 위 부동산의 인도일은 2024년 11월 01일 로 한다.

제3조 [제한물권 등의 소멸] 매도인은 위 부동산에 설정된 저당권, 지상권, 임차권 등 소유권의 행사를 제한하는 사유가 있거나 제세공과금 기타 부담금의 미납이 있을 때에는 잔금 수수일까지 그 권리의 하자 및 부담 등을 제거하여 완전한 소유권을 매수인에게 이전한다. 다만, 승계하기로 합의하는 권리 및 금액은 그러하지 아니하다.

제4조 [지방세 등] 위 부동산에 관하여 발생한 수익의 귀속과 제세공과금 등의 부담은 위 부동산의 인도일을 기준으로 하되, 지방세의 납부의무 및 납부책임은 지방세법의 규정에 의한다.

제5조 [계약의 해제] 매수인이 매도인에게 중도금(중도금이 없을때에는 잔금)을 지급하기전 까지 매도인은 계약금의 배액을 상환하고, 매수인은 계약금을 포기하고 본 계약을 해제할 수 있다.

제6조 [채무불이행과 손해배상의 예정] 매도인 또는 매수인은 본 계약상의 내용에 대하여 불이행이 있을 경우, 그 상대방은 불이행한 자에 대하여 서면으로 최고하고 계약을 해제할 수 있다. 그리고 계약 당사자는 계약해제에 따른 손해배상을 각각 상대방에게 청구할 수 있으며, 손해배상에 대하여 별도의 약정이 없는 한 계약금을 손해배상의 기준으로 본다.

제7조 [중개보수] 개업공인중개사는 매도인 또는 매수인의 본 계약 불이행에 대하여 책임을 지지 않는다. 또한 중개보수는 본 계약 체결에 따라 계약 당사자 쌍방이 각각 지급하며, 개업공인중개사의 고의나 과실없이 본 계약이 무효, 취소 또는 해제 되어도 중개보수는 지급한다. 공동중개인 경우에 매도인과 매수인은 자신이 중개 의뢰한 개업공인중개사에게 각각 중개보수를 지급한다.

제8조 [중개보수 외] 매도인 또는 매수인이 본 계약 이외의 업무를 의뢰한 경우, 이에 관한 보수는 중개보수와는 별도로 지급하며 그 금액은 합의에 의한다.

제9조 [중개대상물확인설명서교부등] 개업공인중개사는 중개대상물확인설명서를 작성하고 업무보증관계증서 (공제증서 등) 사본을 첨부하여 거래당사자 쌍방에게 교부한다. (교부일자 : 2024년 10월 01일)

[특약사항]

1. 본 계약은 계약일 현재 대상 부동산의 권리 및 시설물 상태하의 주택 매매계약임.
2. 임차인은 특약1에 관하여 직접 현장확인 및 관련공부를 열람한 후 중개대상물 확인설명서를 통해 확인설명을 받고 본 계약을 체결함.
3. 대상물의 권리 상태: 대항력 있는 임차인이 존재함(임차보증금이 압류, 가압류된 사실이 없음을 매도인이 확인함)/ 그 외 소유권 행사를 제한하는 권리의 부존재를 매도인을 통해 확인함.
4. 대상물의 시설물 상태: 매도인이 고지한 사항( ) 외에는 시설물의 하자가 존재하지 않음을 확인하였으며, 부동산의 시설물 또는 부착물 중 ( )를 제외한 모든 것은 매매대상에 포함 됨.
5. 하자담보책임에 관한 사항: 잔금일 전에 발견한 하자는 매도인이 책임지고, 잔금일 이후에 발견한 하자는 매수인이 책임지기로 한다.
6. 매도인은 계약일로 부터 잔금일까지 권리 및 시설물에 변동이 생겨 매수인에게 손해를 끼친 경우, 이에 관한 모든 책임을 지기로 한다.
7. 확인설명서에 기재한 취득세율은 매수인의 진술(계약일 현재 무주택)을 바탕으로 기재하였으며, 차후 세무에 관하여 공인중개사에게 책임을 묻지 않기로 한다.

매도인	주 소	서울특별시 관악구 대학5길 36-10 (신림동)				(인)
	주민등록번호	770116-1	전화	010-2345-6789	성명 김갑동	
매수인	주 소	서울특별시 관악구 신림로7길 26 (신림동)				(인)
	주민등록번호	791211-1	전화	010-4567-8901	성명 박병돌	
개업공인중개사	사무소 소재지	서울특별시 관악구 신림로15길 4, 지층1 (신림동)				
	사무소 명칭	고수공인중개사사무소			대표자명 서명및날인	(인)
	전화번호	02-875-2486	등록번호	11620-2019-00201	소속공인중개사 서명및날인	(인)

제 4 장 | 공동주택

① 부동산의 표시

▶ 소재지 : 등기사항전부증명서 좌측 상단 주소 기재

▶ 토지 : 토지대장을 보고 기재하며 단독주택매매와 달리 대지권 비율을 기재

▶ 건물 : 건축물대장상 정보 기재하며, 면적은 전용면적 기재

② 계약 내용

▶ 매매대금 : 계약시 확인 가능한 하자를 고려하여 산정하는 것이 일반적입니다.

▶ 계약금 : 반드시 10% 일 필요는 없습니다.

▶ 현 임대보증금 : 계약 시 기존 임대차계약을 매수인이 승계할 경우 그 보증금을 잔금에서 제합니다.

▶ 중도금 : 설정할 경우 중도금지급 시 계약 이행의 시작이 인정 되어, 법정해제가 불가능하게 됩니다.

▶ 잔금

● 빌라 중개시 주의해서 볼 사항

소위 빌라로 불리는 다세대주택 또는 연립주택은 중개시 주의해야 할 많은 문제점을 가지고 있을 수 있습니다.

① 문패 바뀜
빌라 중 상당 수가 준공 당시 문패를 건축물현황도와 반대로 달아 놓은 상황인 경우가 흔하게 존재합니다.

→ 이런 세대에 입주한 임차인은 대항력 및 우선변제권을 가질 수 없습니다.
→ 공인중개사가 건축물현황도를 통하여 이러한 사실을 확인하고 설명하지 않았다면, 이는 중대한 확인설명의무 위반입니다.

② 근생 빌라
신축 빌라 1층~2층을 주택이 아닌 근린생활시설 등으로 사용승인을 받고, 사용승인 후 주택으로 개조하여 분양하는 경우가 매우 흔합니다.

→ 이러한 빌라는 위반건축물로 등재 되어 양성화 되기 전까지 철거명령 및 지속적인 이행강제금을 부과 받을 수 있습니다.
→ 이러한 빌라는 주차장을 사용할 수 없는 경우가 많습니다.
→ 매수시 주택 외의 취득세율을 적용받게 됩니다.
→ 공인중개사가 이런한 사실을 확인하고 설명하지 않았다면, 이는 중대한 확인설명의무 위반입니다.

③ 확장 빌라
일조제한에 의해 깎긴 건물의 일부를 확장하여 다른 세대와 같은 평수로 만든 빌라를 주의해야 합니다.

→ 이러한 빌라는 위반건축물로 등재 되어 양성화 되기 전까지 철거명령 및 지속적인 이행강제금을 부과 받을 수 있습니다.
→ 매수 후 적발시 추가적인 취득세를 부과받게 됩니다.
→ 공인중개사가 이런한 사실을 확인하고 설명하지 않았다면, 이는 중대한 확인설명의무 위반입니다.

④ 사도 접함
오래된 빌라들은 소유자의 행방조차 알 수 없는 사도에 접해 있는 경우가 많습니다.

→ 원칙적으로는 토지소유자와 사도 사용에 관한 약정을 해야 하지만, 현실적으로 불가능한 경우가 대부분입니다.
→ 공인중개사는 해당 중개대상물이 사도에 접해있다는 사실만 중개의뢰인에게 설명하였다면 확인설명의무 위반의 책임을 지지 않습니다.

⑤ 무갭투자
신축빌라 전세를 중개할 경우, 해당 물건이 이미 매매계약이 되어 있는지 또는 매매예정인지 확인해 볼 필요가 있습니다.
정상적인 매수인과의 매매계약이 예정되어있다면 문제 없겠지만, 악의적인 무갭투자의 대상일 수도 있습니다.

→ 분양업체에서 큰 액수의 리베이트를 제시한다면, 해당 물건은 무갭투자의 대상이며, 잔금일에 소유자가 바뀔 가능성이 매우 높습니다.
→ 현재까지 판례에서는 공인중개사에게 중개대상물이 매매계약 진행 중이라는 사실을 확인하여 중개의뢰인에게 설명할 의무는 없다고 보고 있습니다(판례가 변경 될 수도 있음)

③ 특약사항

　다른 유형의 매매계약과 같이 빌라(다세대·연립)의 매매계약에서도 가장 중요한 사안은 하자의 처리입니다. 그러므로 특약내용은 타 매매계약의 특약내용과 비슷할 수밖에 없습니다. 다만, 한두 가지 정도의 특색이 있습니다. 다만, 한두 가지 정도 특히 주의할 점이 있습니다.

- **부착물의 처리** : 다른 유형의 매매에서도 문제가 될 수 있지만 빌라·아파트와 같은 경우에는 소유자가 여러 가지 방법으로 집을 꾸미는 경우가 대부분입니다. 매도인이 무엇을 떼어 가는지 더욱더 정확히 기재하여야 할 것입니다.

- **잔금 전 리모델링** : 매수인이 잔금 일에 바로 이사를 올 경우 그 전에 리모델링을 하고 싶어 하는 경우가 있습니다. 단순하게 보면 그냥 할 수 있게 해주면 되지 않나 싶지만, 이것은 간단한 문제가 아닙니다. 무엇이 문제냐면, 매수인이 리모델링을 하던 중에 예상치 못한 하자를 발견하고 매매금액의 감액을 주장하거나 해약을 해버릴 수도 있습니다. 이에 대한 대비로 하자담보책임을 배제는 특약을 리모델링허가 특약과 함께 쓰는 것이 좋습니다. 그리고 매수인이 계약금을 포기하고 해약하는 것을 막기 위해 중도금을 설정하여 리모델링을 허용할 경우, 그 시기를 중도금 이후로 설정하면 될 것입니다.

(3) 확인 설명서 작성법

■ 공인중개사법 시행규칙 [별지 제20호서식] <개정 2024. 7. 2.> (제1쪽)

중개대상물 확인·설명서[I] (주거용 건축물)

(주택 유형: [ ]단독주택　　　　[√]공동주택　　　　[ ]주거용 오피스텔　　)
(거래 형태: [√]매매·교환　　　　[ ]임대　　　　　　　　　　　　　　　　)

확인·설명 자료	확인·설명 근거자료 등	[√]등기권리증　[√]등기사항증명서　[√]토지대장　[√]건축물대장　[√]지적도 [ ]임야도　[√]토지이용계획확인서　[ ]확정일자 부여현황　[ ]전입세대확인서 [ ]국세납세증명서　[ ]지방세납세증명서　[√]그 밖의 자료 (신분증, 건축물 현황도)
	대상물건의 상태에 관한 자료요구 사항	거래당사자는 위 "확인·설명근거자료 등"에 대한 사항을 발급/열람,검색을 통해 확인하였으며, 물건의 현장답사를 통해 육안으로 확인/인지한 후 개업공인중개사가 작성한 아래 9~12항에 대한 설명을 통해 각 항목 기재 사항을 확인하고 내용에 동의함.

유 의 사 항

개업공인중개사의 확인·설명 의무	개업공인중개사는 중개대상물에 관한 권리를 취득하려는 중개의뢰인에게 성실·정확하게 설명하고, 토지대장 등본, 등기사항증명서 등 설명의 근거자료를 제시해야 합니다
실제거래가격 신고	「부동산 거래신고 등에 관한 법률」 제3조 및 같은 법 시행령 별표 1 제1호마목에 따른 실제 거래가격은 매수인이 매수한 부동산을 양도하는 경우 「소득세법」 제97조제1항 및 제7항과 같은 법 시행령 제163조제11항 제2호에 따라 취득 당시의 실제 거래가액으로 보아 양도차익이 계산될 수 있음을 유의하시기 바랍니다.

I.개업공인중개사 기본 확인사항

①개상물건의 표시	토지	소 재 지	서울특별시 관악구 신림동 244-170번지 제101동 제2층 제201호		
		면 적(㎡)	568.00㎡	지 목	공부상 지목	대
					실제 이용 상태	대
	건축물	전용면적(㎡)	59.59㎡	대지지분(㎡)	47.74
		준공년도 (증개축년도)	2016	용 도	건축물대장상 용도	연립주택
					실제 용도	상동
		구 조	철근콘크리트구조	방 향	남서향 (기준: 배란다 기준)
		내진설계 적용여부	해당 사항 없음	내진능력	해당 사항 없음
		건축물대장상 위반건축물 여부	[√]위반　[ ]적법	위반내용	배란다를 불법확장하였으며, 원상복구시까지 이행강제금 000만원 부과 되고 있음.

② 권리관계	등기부 기재사항		소유권에 관한 사항	소유권 외의 권리사항
		토지	성명:김갑동/생년월일:1977-01-16/주소:	해당 사항 없음
				토지
		건축물	성명:김갑동/생년월일:1977-01-16/주소:	해당 사항 없음
				건축물

③ 토지이용계획, 공법상이용제한 및 거래규제에 관한 사항 (토지)	지역·지구	용도지역	제2종일반주거지역	건폐율 상한	용적률 상한
		용도지구	학교시설보호지구	60 %	200 %
		용도구역	지구단위계획구역		
	도시·군계획시설	해당 없음	허가·신고 구역여부	[X]토지거래허가구역	
			투기지역 여부	[X]토지투기지역　[X]주택투기지역　[X]투기과열지구	
	지구단위계획구역, 그 밖의 도시·군관리계획	해당 없음	그 밖의 이용제한 및 거래규제사항	교육환경보호구역 과밀억제권역 가축사육제한구역 대공방어협조구역	

제 4 장 | 공동주택　153

(제2쪽)

④ 임대차 확인사항	확정일자 부여현황 정보		[ ]임대인 자료 제출	[ ]열람 동의		[ ]임차인 권리 설명	
	국세 및 지방세 체납정보		[ ]임대인 자료 제출	[ ]열람 동의		[ ]임차인 권리 설명	
	전입세대 확인서		[ ]확인(확인서류 첨부) [ ]미확인(열람·교부 신청방법 설명) [ ]해당 없음				
	최우선변제금		소액임차인범위: 0 만원 이하		최우선변제금액: 0 만원 이하		
	민간임대 등록여부	등록	[ ]장기일반민간임대주택 [ ]공공지원민간임대주택 [ ]그 밖의 유형 ( )			[ ]임대보증금 보증 설명	
			임대의무기간 년	임대개시일			
			미등록 [√]				
	계약갱신 요구권 행사 여부		[ ]확인(확인서류 첨부) [ ]미확인 [√]해당 없음				

개업공인중개사가 "④ 임대차 확인사항"을 임대인 및 임차인에게 설명하였음을 확인함	임대인	(서명 또는 날인)
	임차인	(서명 또는 날인)
	개업공인중개사	(서명 또는 날인)
	개업공인중개사	(서명 또는 날인)

※ 민간임대주택의 임대사업자는 「민간임대주택에 관한 특별법」 제49조에 따라 임대보증금에 대한 보증에 가입해야 합니다.
※ 임차인은 주택도시보증공사(HUG) 등이 운영하는 전세보증금반환보증에 가입할 것을 권고합니다.
※ 임대차 계약 후 「부동산 거래신고 등에 관한 법률」 제6조의2에 따라 30일 이내 신고해야 합니다(신고 시 확정일자 자동부여).
※ 최우선변제금은 근저당권 등 선순위 담보물권 설정 당시의 소액임차인범위 및 최우선변제금액을 기준으로 합니다.

⑤ 입지조건	도로와의 관계	(6m × 4m)도로에 접함 [√]포장 [ ]비포장		접근성	[√]용이함 [ ]불편함	
	대중교통	버 스	(고시촌입구)정류장,	소요시간: ([√] 도보, [ ] 차량) 약 10분		
		지하철	(서울대입구)역,	소요시간: ([ ] 도보, [√] 차량) 약 20분		
	주차장	[ ]없음 [ ]전용주차시설 [√] 공동주차시설 [ ] 그 밖의 주차시설 ( )				
	교육시설	초등학교	(삼성초등)학교,	소요시간: ([√]도보, [ ]차량) 약 10분		
		중 학 교	(삼성중)학교,	소요시간: ([√]도보, [ ]차량) 약 10분		
		고등학교	(삼성고등)학교,	소요시간: ([√]도보, [ ]차량) 약 10분		

⑥ 관리에 관한사항	경비실	[√]있음 [ ] 없음	관리주체 [ ] 위탁관리 [√]자체관리 [ ] 그밖의유형
	관리비	관리비 금액: 총 원	
		관리비 포함 비목: [ ]전기료 [ ]수도료 [ ]가스사용료 [ ]난방비 [ ]인터넷 사용료 [ ]TV 수신료 [ ]그 밖의 비목( )	
		관리비 부과방식: [ ]임대인이 직접 부과 [ ]관리규약에 따라 부과 [ ]그 밖의 부과 방식 ( )	

⑦ 비선호시설(1km이내)	[√]없음 [ ]있음 (종류 및 위치:)

⑧ 거래예정금액 등	거래예정금액	₩350,000,000		
	개별공시지가 (㎡당)	13,400,000 원	건물(주택) 공시가격	340,000,000 원

⑨ 취득시 부담할 조세의 종류 및 세율	취득세	1.0%	농어촌특별세	0.2%	지방교육세	0.1 %
	※ 재산세와 종합부동산세는 6월 1일 기준으로 대상물건 소유자가 납세의무를 부담합니다.					

(제3쪽)

II. 개업공인중개사 세부 확인사항

⑩ 실제권리관계 또는 공시되지 않은 물건의 권리 사항
대항력 있는 임차인이 거주 중임(임대차계약서 첨부)

⑪ 내부·외부 시설물의 상태 (건축물)	수 도	파손여부	[√]없음 [ ]있음 (위치: 당사자 쌍방이 확인함)	
		용 수 량	[√]정상 [ ]부족함 (위치: 당사자 쌍방이 확인함)	
	전 기	공급상태	[√]정상 [ ]교체필요(교체할 부분: 당사자 쌍방이 확인함)	
	가스(취사용)	공급방식	[√]도시가스 [ ]그 밖의 방식 ( )	
	소 방	단독경보형감지기	[ ]없음 [√]있음(수량: 4 개)	※「소방시설 설치 및 관리에 관한 법률」제10조 및 같은 법 시행령 제10조에 따른 주택용 소방시설로서 아파트(주택으로 사용하는 층수가 5개층 이상인 주택을 말한다)를 제외한 주택의 경우만 적습니다.
	난방방식 및 연료공급	공급방식	[ ]중앙공급 [√]개별공급 [ ]지역난방	시설작동 [√]정상 [ ]수선필요(당사자 쌍방이 확인함) ※개별공급인 경우 사용연한 (2015) [ ] 확인불가
		종 류	[√]도시가스 [ ]기름 [ ]프로판가스 [ ]연탄 [ ]그밖의종류( )	
	승강기		[√] 있음 ([√] 양호 [ ]불량) [ ]없음	
	배 수		[√] 정상 [ ]수선필요 (당사자 쌍방이 확인함)	
	그 밖의 시설물		해당 없음	
⑫ 벽면·바닥면 및 도배상태	벽면	균열	[ ]없음 [√]있음 (위치: 통상적인 노후로 인한 균열 있을 수 있음)	
		누수	[ ]없음 [√]있음 (위치: 통상적인 노후로 인한 누수 있을 수 있음)	
	바닥면		[ ]깨끗함 [√]보통임 [ ]수리필요 (위치: 수리가 필요한 사항이 없음을 임대인이 확인함)	
	도배		[ ]깨끗함 [√]보통임 [ ]도배필요	
⑬ 환경조건	일조량		[ ]풍부함 [√]보통임 [ ]불충분 (이유:)	
	소음		[ ]아주 작음 [√]보통임 [ ]심한 편임 진 동 [ ]아주 작음 [√]보통임 [ ]심한 편임	
⑭ 현장안내	현장안내자		[√]개업공인중개사 [ ]소속공인중개사 [ ]중개보조원(신분고지 여부: [ ]예 [ ]아니오)) [ ]해당 없음	

※ "중개보조원"이란 공인중개사가 아닌 사람으로서 개업공인중개사에 소속되어 중개대상물에 대한 현장안내 및 일반서무 등 개업공인중개사의 중개업무와 관련된 단순한 업무를 보조하는 사람을 말합니다.
※ 중개보조원은 「공인중개사법」 제18조의4에 따라 현장안내 등 중개업무를 보조하는 경우 중개의뢰인에게 본인이 중개보조원이라는 사실을 미리 알려야 합니다.

(제4쪽)

Ⅲ. 중개보수 등에 관한 사항

⑮ 중개보수 및 실비의 금액과 산출내역	중개보수	1,400,000 원	<산출내역> 중개보수 : (350,000,000원) × 0.40% 실비 :
	실비	0 원	
	계	1,400,000 원	
	지급시기	잔금시	※ 중개보수는 시·도 조례로 정한 요율한도에서 중개의뢰인과 개업공인중개사가 서로 협의하여 결정하며 부가가치세는 별도로 부과될 수 있습니다.

「공인중개사법」 제25조제3항 및 제30조제5항에 따라 거래당사자는 개업공인중개사로부터 위 중개대상물에 관한 확인·설명 및 손해배상책임의 보장에 관한 설명을 듣고, 같은 법 시행령 제21조제3항에 따른 본 확인·설명서와 같은 법 시행령 제24조제2항에 따른 손해배상책임 보장 증명서류(사본 또는 전자문서)를 수령합니다.

2024년 10월 01일

매도인 (임대인)	주 소	서울특별시 관악구 대학5길 36-10 (신림동)	성 명	김갑동 서명 또는 날인
	생년월일	1977-01-16	전화번호	010-2345-6789

매수인 (임차인)	주 소	서울특별시 관악구 신림로7길 26 (신림동)	성 명	박병돌 서명 또는 날인
	생년월일	1979-12-11	전화번호	010-4567-8901

개업공인 중개사	등록번호	11620-2019-00201	성명(대표자)	서명 및 날인
	사무소 명칭	고수공인중개사사무소	소속공인중개사	서명 및 날인
	사무소 소재지	서울특별시 관악구 신림15길 4, 지층1 (신림동)	전화번호	02-875-2486

개업공인 중개사	등록번호		성명(대표자)	서명 및 날인
	사무소 명칭		소속공인중개사	서명 및 날인
	사무소 소재지		전화번호	

2 아파트

1) 아파트 월세

(1) 계약의 시간적 진행과정 - 다세대·연립과 동일

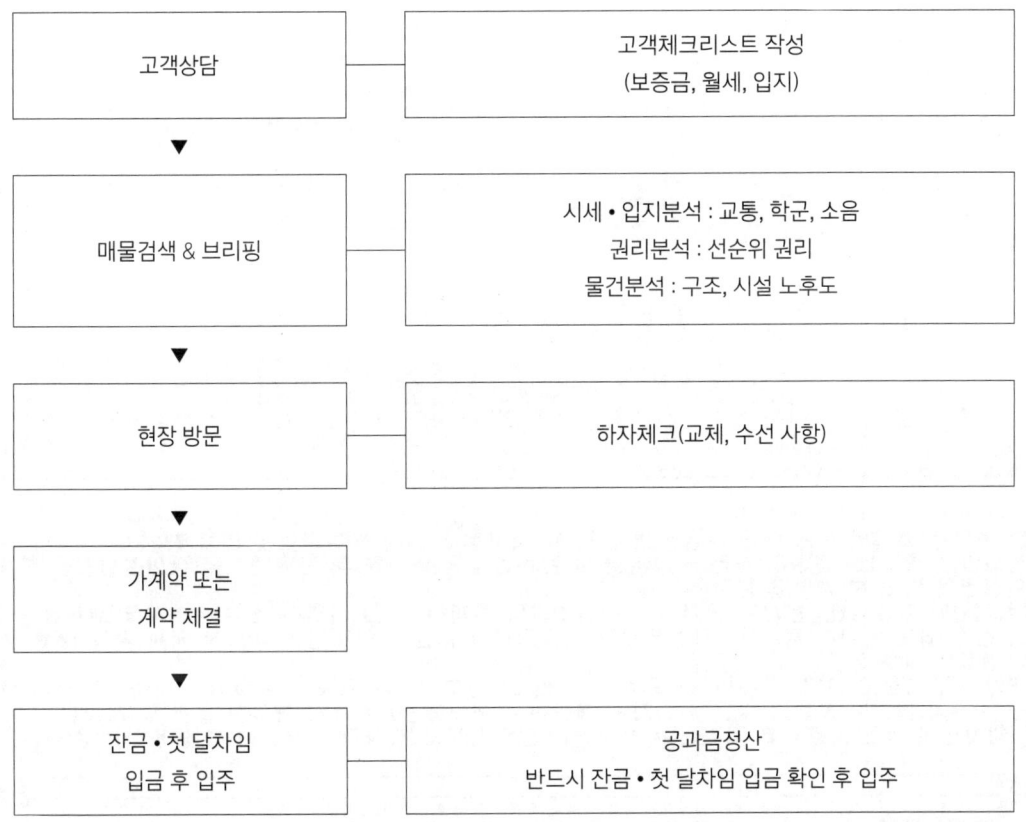

(2) 계약서 작성법

부동산(아파트) 월세 계약서

임대인과 임차인 쌍방은 아래 표시 부동산에 관하여 다음 계약 내용과 같이 임대차계약을 체결한다.

1. 부동산의 표시

소재지	서울특별시 송파구 잠실동 19 잠실엘스 제113동 제26층 제2601호						
토지	지목	대	면적	224289.1㎡	대지권종류	소유권	대지권비율 224289.1분의30.81
건물	구조	철근콘크리트구조	용도	아파트		면적	59.96㎡
임대할부분	2601호 전부					면적	59.96㎡

2. 계약내용

제1조 [목적] 위 부동산의 임대차에 한하여 임대인과 임차인은 합의에 의하여 임차보증금 및 차임을 아래와 같이 지급하기로 한다.

보증금	금 이억원정	(₩200,000,000)	
계약금	금 일천만원정	은 계약시에 지급하고 영수함. ※영수자	(인)
1차중도금	금	은 년 월 일에 지급한다.	
2차중도금	금	은 년 월 일에 지급한다.	
잔금	금 일억구천만원정	은 2025년 06월 15일에 지급한다.	
차임	금 삼백만원정	은 매월 15일(선불) 지급한다.	

제2조 [존속기간] 임대인은 위 부동산을 임대차 목적대로 사용할 수 있는 상태로 2025년06월15일 까지 임차인에게 인도하며, 임대차 기간은 인도일로부터 2027년06월15일(24개월) 까지로 한다.
제3조 [용도변경 및 전대] 임차인은 임대인의 동의없이 위 부동산의 용도나 구조를 변경하거나 전대, 임차권 양도 또는 담보제공을 하지 못하며 임대차 목적 이외의 용도로 사용할 수 없다.
제4조 [계약의 해지] 임차인의 차임 연체액이 2기의 차임액에 달하거나, 제3조를 위반 하였을 때 임대인은 즉시 본 계약을 해지 할 수 있다.
제5조 [계약의 종료] 임대차 계약이 종료된 경우 임차인은 위 부동산을 원상으로 회복하여 임대인에게 반환한다. 이러한 경우 임대인은 보증금을 임차인에게 반환하고, 연체 임대료 또는 손해배상금이 있을 때는 이들을 제하고 그 잔액을 반환한다.
제6조 [계약의 해제] 임차인이 임대인에게 중도금(중도금이 없을때는 잔금)을 지급하기 전까지 임대인은 계약금의 배액을 상환 하고, 임차인은 계약금을 포기하고 이 계약을 해제할 수 있다.
제7조 [채무불이행과 손해배상의 예정] 임대인 또는 임차인은 본 계약상의 내용에 대하여 불이행이 있을 경우 그 상대방은 불이행 한 자에 대하여 서면으로 최고하고 계약을 해제 할 수 있다. 이 경우 계약 당사자는 계약해제에 따른 손해배상을 각각 상대방에게 청구 할 수 있으며, 손해배상에 대하여 별도의 약정이 없는 한 계약금을 손해배상의 기준으로 본다.
제8조 [중개보수] 개업공인중개사는 임대인 또는 임차인의 본 계약 불이행에 대하여 책임을 지지 않는다. 또한 중개보수는 본 계약 체결에 따라 계약 당사자 쌍방이 각각 지급하며, 개업공인중개사의 고의나 과실 없이 본 계약이 무효, 취소 또는 해제 되어도 중개보수는 지급한다. 공동중개인 경우에 임대인과 임차인은 자신이 중개 의뢰한 개업공인중개사에게 각각 중개보수를 지급한다.
제9조 [중개대상물확인설명서교부 등] 개업공인중개사는 중개대상물확인설명서를 작성하고 업무보증관계증서(공제증서 등) 사본을

[특약사항] <<< 별지 특약 있음 >>>
1. 본 계약은 계약일 현재 대상 부동산의 권리 및 시설물 상태하의 아파트 임대차계약임.
2. 임차인은 특약1에 관하여 직접 현장확인 및 관련공부를 열람한 후 중개대상물 확인설명서를 통해 확인설명을 받고 본 계약을 체결함.
3. 대상물의 권리 상태: 선순위 근저당권 등기 2건이 존재하며, 그 이외에 소유권 행사를 제한하는 권리가 설정 되어 있지 않음/ 선순위조세채권이 존재하지 않음을 임대인이 제출한 국세 및 지방세 납입 증명서를 통해 확인함.
4. 대상물의 시설물 상태: 임대인은 (도배 및 장판 교체)를 잔금시까지 완료하기로 하며, 그 외 수선 또는 교체가 필요한 사항이 없음을 당사자 쌍방이 확인하였음/ 계약시 확인한 옵션 및 시설(   )은 임차인이 별도 사용료를 지불하고 계약기간 만료시까지 책임지고 사용한 후 반환하기로 한다.

본 계약을 증명하기 위하여 계약 당사자가 이의 없음을 확인하고 각각 서명 또는 기명 날인한다.   2025년 05월 09일

임대인	주소	서울특별시 송파구 올림픽로99, 113동 2601호 (잠실동, 잠실엘스)				(인)
	주민 등록 번호	601129-2	전화	010-2345-6789	성명 김을순	
공명동의인	주소	서울특별시 송파구 올림픽로99, 113동 2601호 (잠실동, 잠실엘스)				(인)
	주민 등록 번호	580929-1	전화	010-3456-7890	성명 김갑동	
임차인	주소	서울특별시 송파구 올림픽로 448, 803호				(인)
	주민 등록 번호	750116-1	전화	010-4567-8901	성명 박병들	
개업공인중개사	사무소 소재지	서울특별시 관악구 신림로30길 4, 1층 (신림동)				
	사무소 명칭	고수공인중개사사무소		대표자명	서명및날인	(인)
	전화번호	02-875-2486	등록번호	11620-2019-00205	소속공인중개사 서명및날인	(인)

158 부동산 중개 실무 123(개정2판)

부동산(아파트) 월세 계약서 별지

◆ 부동산의 표시

소재지	서울특별시 송파구 잠실동 19 잠실엘스 제113동 제26층 제2601호							
토 지	지 목	대	면 적	224289.1 ㎡	대지권 종류	소유권	대지권 비율	224289.1 분의 30.81
건 물	구 조	철근콘크리트구조			용 도	아파트	면 적	59.96 ㎡

◆ 특약 사항

5. 계약기간 중 소규모 수선의무는 임차인이 부담하기로 한다.
6. 임대인은 임차보증금 2억원을 수령하는 즉시 은행에 상환하여 근저당권의 목적이 되는 실채무액을 감소시키기로 하며, 계약만료시까지 채무액을 유지하기로 한다.
7. 임차인은 해당 아파트의 매매 또는 재임대를 위한 현장확인을 위하여 임대인의 협조요청이 있는 경우, 특별한 사정 없이 이를 거절할 수 없다.
8. 계약만료시 임차인은 임차목적물을 원상복구하여야 한다. 단, 통상의 손모는 그렇지 아니하다.
9. 본 계약은 공유자 중 1인인 김갑동의 위임 아래 공유자 김을순와 체결하는 계약임.
10. 장기수선충당금은 계약기간 동안 임차인이 납부하기로 하며, 계약 종료시 그 총액을 임대인이 반환하기로 한다.
11. 주택임대차계약 신고는 계약체결일로부터 30일 이내 관할 주민센터를 방문 또는 국토부거래관리 시스템을 통하여 임대인과 임차인이 주택임대차계약신고서에 공동으로 서명·날인하여 신고하여야 한다.
12. 임대인 금융계좌:

①아파트도 집합건물이므로, 전반적인 계약서 작성법은 빌라와 일치합니다.

②특약사항

▶ 6번 특약은 보증금 액수가 큰 월세 또는 전세계약이 아니라서 굳이 근저당권 등기를 말소시킬 필요까지 없을 때 사용하는 '선순위 근저당권의 실채무액 감소 및 유지 특약'입니다.

해당 사안에서는 임차목적물의 시세 및 근저당권 채권최고액에 비해서 보증금이 소액이므로, 해당 특약은 생략해도 될 것입니다.

▶ 7번 특약은 임차인의 '현장확인 협조 특약'입니다.

해당 특약을 넣지 않으면, 임대인이 아파트를 매도하거나 재임대를 진행하는 과정에서 매수인 또는 새로운 임차인에게 집을 보여 줄 수 없어 매우 곤란한 처지에 놓일 수 있습니다.

원칙적으로 임차인은 계약기간 중에 본인이 임차 중인 집을 보여 줄 의무가 없으므로, 사전에 반드시 임차인의 현장확인 협조 특약을 기재해 놓아야 할 것입니다.

▶ 장기수선충당금이라는 것이 아파트에는 있습니다. 한 달에 1~2만 원씩 가구당 걷어서 모아놓았다가 나중에 아파트 페인트도 칠하고 수리도 하는 개념입니다. 일단 장기수선충당금은 임대인(소유자)이 부담하여야 합니다. 부담하는 방식은 임차인이 사는 동안에 내다가 계약 만료 시 한꺼번에 받아가는 방법이 일반적입니다.

장기수선충당금의 부담을 임차인에게 지우는 특약도 당연히 가능하며, 이는 주택임대차보호법 위반이 아닙니다.

(3) 확인 설명서 작성법

■ 공인중개사법 시행규칙 [별지 제20호서식] <개정 2024. 7. 2.> (제1쪽)

중개대상물 확인·설명서[I] (주거용 건축물)

(주택 유형: [ ]단독주택 [√]공동주택 [ ]주거용 오피스텔)
(거래 형태: [ ]매매·교환 [√]임대)

확인·설명 자료	확인·설명 근거자료 등	[√]등기권리증 [√]등기사항증명서 [√]토지대장 [√]건축물대장 [√]지적도 [ ]임야도 [√]토지이용계획확인서 [ ]확정일자 부여현황 [ ]전입세대확인서 [√]국세납세증명서 [√]지방세납세증명서 [√]그 밖의 자료 (신분증, 위임장, 인감증명서)
	대상물건의 상태에 관한 자료요구 사항	거래당사자는 위 "확인·설명근거자료 등"에 대한 사항을 발급/열람,검색을 통해 확인하였으며, 물건의 현장답사를 통해 육안으로 확인/인지한 후 개업공인중개사가 작성한 아래 9~12항에 대한 설명을 통해 각 항목 기재 사항을 확인하고 내용에 동의함.

유의사항

개업공인중개사의 확인·설명 의무	개업공인중개사는 중개대상물에 관한 권리를 취득하려는 중개의뢰인에게 성실·정확하게 설명하고, 토지대장 등본, 등기사항증명서 등 설명의 근거자료를 제시해야 합니다
실제거래가격 신고	「부동산 거래신고 등에 관한 법률」 제3조 및 같은 법 시행령 별표 1 제1호마목에 따른 실제 거래가격은 매수인이 매수한 부동산을 양도하는 경우 「소득세법」 제97조제1항 및 제7항과 같은 법 시행령 제163조제11항 제2호에 따라 취득 당시의 실제 거래가액으로 보아 양도차익이 계산될 수 있음을 유의하시기 바랍니다.

I.개업공인중개사 기본 확인사항

①개상물건의 표시	토지	소재지	서울특별시 송파구 잠실동 19 잠실엘스 제113동 제26층 제2601호		
		면적(㎡)	224289.1㎡	지목	공부상 지목: 대 실제 이용 상태: 대
	건축물	전용면적(㎡)	59.96㎡	대지지분(㎡)	30.81
		준공년도 (중개년도)	2008	용도	건축물대장상 용도: 아파트 실제 용도: 아파트
		구 조	철근콘크리트구조	방 향	남동향 (기준: 발코니 기준)
		내진설계 적용여부	적용	내진능력	확인 안 됨
		건축물대장상 위반건축물 여부	[ ]위반 [√]적법	위반내용	공부상 확인되지 않는 위반사항 또는 구조변경이 없음을 임대인을 통해 확인함

② 권리관계	등기부 기재사항		소유권에 관한 사항		소유권 외의 권리사항
		토지	성명:김을순/생년월일:1960-11-29/주소:서울특별시 송파구 올림픽로99, 113동 2601호 (잠실동, 잠실엘스) 성명:김갑동/생년월일:1958-09-29/주소:서울특별시 송파구 올림픽로99, 113동 2601	토지	근저당권2011.11.17 설정, 채권자 주식회사 제일은행, 채무자 천인배, 채권최고액 180,000,000// 근저당권2020.03.27 설정, 채권자 주식회사 제일은행, 채무자 천인배, 채권최고액30,000,000
		건축물	성명:김을순/생년월일:1960-11-29/주소:서울특별시 송파구 올림픽로99, 113동 2601호 (잠실동, 잠실엘스) 성명:김갑동/생년월일:1958-09-29/주소:서울특별시 송파구 올림픽로99, 113동 2601	건축물	위와 동일

③ 토지이용계획, 공법상이용제한 및 거래규제에 관한 사항 (토지)	지역·지구	용도지역	생략(임대차)		건폐율 상한	용적률 상한
		용도지구	생략(임대차)		생략(임대차)	생략(임대차)
		용도구역	생략(임대차)			
	도시·군계획 시설		생략(임대차)	허가·신고 구역여부	[X]토지거래허가구역	
				투기지역 여부	[X]토지투기지역 [X]주택투기지역 [X]투기과열지구	
	지구단위계획구역, 그 밖의 도시·군관리계획		생략(임대차)	그 밖의 이용제한 및 거래규제사항	생략(임대차)	

(제2쪽)

④ 임대차 확인사항	확정일자 부여현황 정보	[ ]임대인 자료 제출	[√]열람 동의		[√]임차인 권리 설명	
	국세 및 지방세 체납정보	[ ]임대인 자료 제출	[ ]열람 동의		[√]임차인 권리 설명	
	전입세대 확인서	[ ]확인(확인서류 첨부) [ ]해당 없음		[√]미확인(열람·교부 신청방법 설명)		
	최우선변제금	소액임차인범위: 7,500 만원 이하		최우선변제금액: 2,500 만원 이하		
	민간임대등록여부	등록	[ ]장기일반민간임대주택 [ ]공공지원민간임대주택 [ ]그 밖의 유형 ( )		[ ]임대보증금 보증 설명	
			임대의무기간 년	임대개시일		
		미등록 [√]				
	계약갱신 요구권 행사 여부	[ ]확인(확인서류 첨부)	[ ]미확인	[ ]해당 없음		

		임대인	①김을순 ②김갑동	(서명 또는 날인)
개업공인중개사가 "④ 임대차 확인사항"을 임대인 및 임차인에게 설명하였음을 확인함		임차인	박병들	(서명 또는 날인)
		개업공인중개사	김고수	(서명 또는 날인)
		개업공인중개사		(서명 또는 날인)

※ 민간임대주택의 임대사업자는 「민간임대주택에 관한 특별법」 제49조에 따라 임대보증금에 대한 보증에 가입해야 합니다.
※ 임차인은 주택도시보증공사(HUG) 등이 운영하는 전세보증금반환보증에 가입할 것을 권고합니다.
※ 임대차 계약 후 「부동산 거래신고 등에 관한 법률」 제6조의2에 따라 30일 이내 신고해야 합니다(신고 시 확정일자 자동부여).
※ 최우선변제금은 근저당권 등 선순위 담보물권 설정 당시의 소액임차인범위 및 최우선변제금액을 기준으로 합니다.

⑤ 입지조건	도로와의 관계	(50m × 40m)도로에 접함 [√]포장 [ ]비포장		접근성	[√]용이함 [ ]불편함	
	대중교통	버 스	(잠실우체국)정류장,	소요시간: ([√]도보, [ ]차량)	약 5분	
		지하철	(잠실새내)역,	소요시간: ([√]도보, [ ]차량)	약 5분	
	주차장	[ ]없음 [ ]전용주차시설 [√]공동주차시설 [ ]그 밖의 주차시설 ( )				
	교육시설	초등학교	(잠일초등)학교,	소요시간: ([√]도보, [ ]차량)	약 5분	
		중 학 교	(잠신중)학교,	소요시간: ([√]도보, [ ]차량)	약 15분	
		고등학교	(잠일고등)학교,	소요시간: ([√]도보, [ ]차량)	약 5분	

⑥ 관리에 관한사항	경비실	[√]있음 [ ]없음	관리주체	[√]위탁관리 [ ]자체관리 [ ]그밖의유형
	관리비	관리비 금액: 총 247,823 원 (0) 관리비 포함 비목: [√]전기료 [√]수도료 [ ]가스사용료 [ ]난방비 [√]인터넷 사용료 [ ]TV 수신료 [√]그 밖의 비목(관리규약에 따른 기타 비목) 관리비 부과방식: [ ]임대인이 직접 부과 [√]관리규약에 따라 부과 [ ]그 밖의 부과 방식 (0)		

⑦ 비선호시설(1km이내)	[√]없음	[ ]있음 (종류 및 위치:)		

⑧ 거래예정금액 등	거래예정금액		₩200,000,000(₩3,000,000)	
	개별공시지가 (㎡당)	19,050,000 원	건물(주택) 공시가격	1,323,000,000 원

⑨ 취득시 부담할 조세의 종류 및 세율	취득세	해당없음 %	농어촌특별세	해당없음 %	지방교육세	해당없음 %
	※ 재산세와 종합부동산세는 6월 1일 기준으로 대상물건 소유자가 납세의무를 부담합니다.					

(제3쪽)

Ⅱ. 개업공인중개사 세부 확인사항

⑩ 실제권리관계 또는 공시되지 않은 물건의 권리 사항
해당 없음

⑪ 내부·외부 시설물의 상태 (건축물)	수 도	파손여부	[√]없음 [ ]있음 (위치: 당사자 쌍방이 확인함)
		용수량	[√]정상 [ ]부족함 (위치: 당사자 쌍방이 확인함)
	전 기	공급상태	[√]정상 [ ]교체필요(교체할 부분: 당사자 쌍방이 확인함)
	가스(취사용)	공급방식	[√]도시가스 [ ]그 밖의 방식 ( )
	소 방	단독경보형감지기	[ ]없음 [ ]있음(해당없음) ※「소방시설 설치 및 관리에 관한 법률」제10조 및 같은 법 시행령 제10조에 따른 주택용 소방시설로서 아파트(주택으로 사용하는 층수가 5개층 이상인 주택을 말한다)를 제외한 주택의 경우만 적습니다.
	난방방식 및 연료공급	공급방식	[ ]중앙공급 [√]개별공급 [ ]지역난방 / 시설작동 [√]정상 [ ]수선필요(적상 작동 됨을 임대인이 확인 ※개별공급인 경우 사용연한 (6년) [ ] 확인불가
		종 류	[√]도시가스 [ ]기름 [ ]프로판가스 [ ]연탄 [ ]그밖의종류( )
	승강기		[√] 있음 ([√] 양호 [ ]불량) [ ]없음
	배 수		[√] 정상 [ ]수선필요 (당사자 쌍방이 확인함)
	그 밖의 시설물		해당 없음

⑫ 벽면·바닥면 및 도배상태	벽면	균열	[ ]없음 [√]있음 (위치: 통상적인 노후로 인한 균열 있을 수 있음)
		누수	[ ]없음 [√]있음 (위치: 통상적인 노후로 인한 누수 있을 수 있음)
	바닥면		[ ]깨끗함 [√]보통임 [ ]수리필요 (위치: 수리가 필요한 부분이 없음을 당사자들이 확인)
	도배		[ ]깨끗함 [√]보통임 [ ]도배필요

| ⑬ 환경조건 | 일조량 | [ ]풍부함 [√]보통임 [ ]불충분 (이유:) |
| | 소 음 | [ ]아주 작음 [√]보통임 [ ]심한 편임 / 진 동 [ ]아주 작음 [√]보통임 [ ]심한 편임 |

| ⑭ 현장안내 | 현장안내자 | [ ]개업공인중개사 [√]소속공인중개사 [ ]중개보조원(신분고지 여부: [ ]예 [ ]아니오) [ ]해당 없음 |

※ "중개보조원"이란 공인중개사가 아닌 사람으로서 개업공인중개사에 소속되어 중개대상물에 대한 현장안내 및 일반서무 등 개업공인중개사의 중개업무와 관련된 단순한 업무를 보조하는 사람을 말합니다.
※ 중개보조원은 「공인중개사법」제18조의4에 따라 현장안내 등 중개업무를 보조하는 경우 중개의뢰인에게 본인이 중개보조원이라는 사실을 미리 알려야 합니다.

(제4쪽)

Ⅲ. 중개보수 등에 관한 사항

⑮ 중개보수 및 실비의 금액과 산출내역	중개보수	1,500,000 원	<산출내역> 중개보수 : (200,000,000원 + (3,000,000원 * 100)) × 0.30% 실비 : ※ 중개보수는 시·도 조례로 정한 요율한도에서 중개의뢰인과 개업공인중개사가 서로 협의하여 결정하며 부가가치세는 별도로 부과될 수 있습니다.
	실비	0 원	
	계	1,560,000 원 (부가가치세 포함)	
	지급시기	잔금시	

「공인중개사법」 제25조제3항 및 제30조제5항에 따라 거래당사자는 개업공인중개사로부터 위 중개대상물에 관한 확인·설명 및 손해배상책임의 보장에 관한 설명을 듣고, 같은 법 시행령 제21조제3항에 따른 본 확인·설명서와 같은 법 시행령 제24조제2항에 따른 손해배상책임 보장 증명서류(사본 또는 전자문서)를 수령합니다.

2025년 05월 09일

매도인 (임대인)	주 소	①서울특별시 송파구 올림픽로99, 113동 2601호 (잠실동, 잠실엘스) ②서울특별시 송파구 올림픽로99, 113동 2601호 (잠실동, 잠실엘스)	성 명	①김을순 ②김갑동 <div align="right">서명 또는 날인</div>
	생년월일 생년월일	①1960-11-29 ②1958-09-29	전화번호	①010-2345-6789 ②010-3456-7890
매수인 (임차인)	주 소	서울특별시 송파구 올림픽로 448, 803호	성 명	박병돌 <div align="right">서명 또는 날인</div>
	생년월일	1975-01-16	전화번호	010-4567-8901
개업공인 중개사	등록번호	11620-2019-00205	성명(대표자)	<div align="right">서명 및 날인</div>
	사무소 명칭	고수공인중개사사무소	소속공인중개사	<div align="right">서명 및 날인</div>
	사무소 소재지	서울특별시 관악구 신림로30길 4, 1층 (신림동)	전화번호	02-875-2486
개업공인 중개사	등록번호		성명(대표자)	<div align="right">서명 및 날인</div>
	사무소 명칭		소속공인중개사	<div align="right">서명 및 날인</div>
	사무소 소재지		전화번호	

2) 아파트 전세

(1) 계약의 시간적 진행과정 - 연립주택(빌라)과 동일

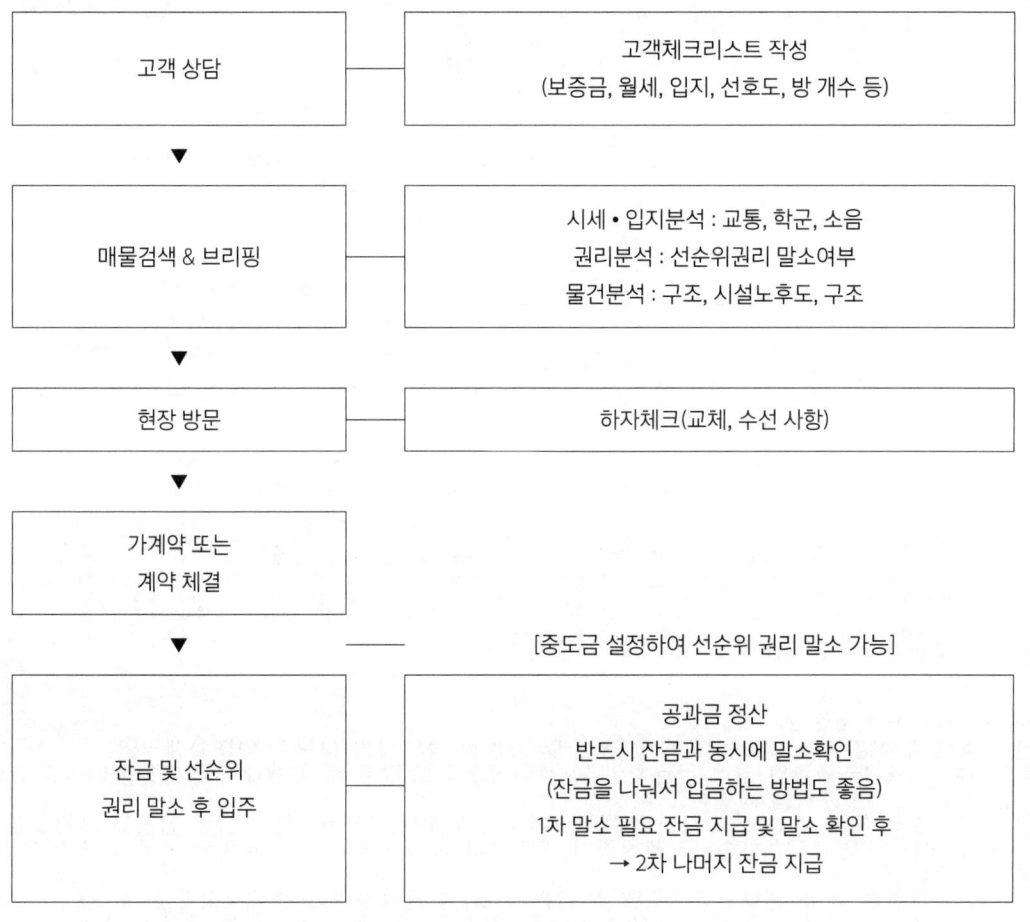

(2) 계약서 작성법

부동산(아파트) 전세 계약서

임대인과 임차인 쌍방은 아래 표시 부동산에 관하여 다음 계약 내용과 같이 임대차계약을 체결한다.

1. 부동산의 표시

소재지	서울특별시 송파구 잠실동 19 잠실엘스 제113동 제26층 제2601호					
토지	지목	대	면적	224289.1㎡	대지권종류	소유권
			대지권비율	224289.1분의30.81		
건물	구조	철근콘크리트구조	용도	아파트	면적	59.96㎡
임대할부분	2601호 전부				면적	59.96㎡

2. 계약내용

제1조 [목적] 위 부동산의 임대차에 한하여 임대인과 임차인은 합의에 의하여 임대보증금 및 차임을 아래와 같이 지급하기로 한다.

보증금	금 이십억원정	(₩2,000,000,000)
계약금	금 이억원정	은 계약시에 지급하고 영수함. ※영수자 (인)
1차중도금	금	은 년 월 일에 지급한다.
2차중도금	금	은 년 월 일에 지급한다.
잔금	금 일십팔억원정	은 2025년 07월 01일에 지급한다.

제2조 [존속기간] 임대인은 위 부동산을 임대차 목적대로 사용할 수 있는 상태로 2025년07월01일 까지 임차인에게 인도하며, 임대차 기간은 인도일로부터 2027년07월01일(24개월) 까지로 한다.

제3조 [용도변경 및 전대 등] 임차인은 임대인의 동의없이 위 부동산의 용도나 구조를 변경하거나 전대, 임차권 양도 또는 담보제공을 하지 못하며 임대차 목적 이외의 용도로 사용할 수 없다.

제4조 [계약의 해지] 임차인이 제3조를 위반하였을때 임대인은 즉시 본 계약을 해지 할 수 있다.

제5조 [계약의 종료] 임대차 계약이 종료된 경우 임차인은 위 부동산을 원상으로 회복하여 임대인에게 반환한다. 이러한 경우 임대인은 보증금을 임차인에게 반환하고, 연체 임대료 또는 손해배상금이 있을 때는 이들을 제하고 그 잔액을 반환한다.

제6조 [계약의 해제] 임차인이 임대인에게 중도금(중도금이 없을때는 잔금)을 지급하기 전까지 임대인은 계약금의 배액을 상환 하고, 임차인은 계약금을 포기하고 이 계약을 해제할 수 있다.

제7조 [채무불이행과 손해배상의 예정] 임대인 또는 임차인은 본 계약상의 내용에 대하여 불이행이 있을 경우 그 상대방은 불이행 한 자에 대하여 서면으로 최고하고 계약을 해제 할 수 있다. 이 경우 계약 당사자는 계약해제에 따른 손해배상을 각각 상대방에게 청구할 수 있으며, 손해배상에 대하여 별도의 약정이 없는 한 계약금을 손해배상의 기준으로 본다.

제8조 [중개보수] 개업공인중개사는 임대인 또는 임차인의 본 계약 불이행에 대하여 책임을 지지 않는다. 또한 중개보수는 본 계약 체결에 따라 계약 당사자 쌍방이 각각 지급하며, 개업공인중개사의 고의나 과실 없이 본 계약이 무효, 취소 또는 해제 되어도 중개보수는 지급한다. 공동중개인 경우에 임대인과 임차인은 자신이 중개 의뢰한 개업공인중개사에게 각각 중개보수를 지급한다.

제9조 [중개대상물확인설명서교부 등] 개업공인중개사는 중개대상물확인설명서를 작성하고 업무보증관계증서(공제증서 등) 사본을 첨부하여 거래당사자 쌍방에게 교부한다. (교부일자 : 2025년 05월 09일)

[특약사항] <<< 별지 특약 있음 >>>

1. 본 계약은 계약일 현재 대상 부동산의 권리 및 시설물 상태하의 아파트 임대차계약임.
2. 임차인은 특약1에 관하여 직접 현장확인 및 관련공부를 열람한 후 중개대상물 확인설명서를 통해 확인설명을 받고 본 계약을 체결함.
3. 대상물의 권리 상태: 선순위 근저당권 등기 2건이 존재하며, 그 이외에 소유권 행사를 제한하는 권리가 설정 되어 있지 않음/ 선순위조세채권이 존재하지 않음을 임대인이 제출한 국세 및 지방세 납입증명원을 통해 확인함.
4. 대상물의 시설물 상태: 임대인은 (도배 및 장판 교체)를 잔금시까지 완료하기로 하며, 그 외 수선 또는 교체가 필요한 사항이 없음을 당사자 쌍방이 확인하였음/ 계약시 확인한 옵션 및 시설( )은 임차인이 별도 사용료를 지불하고 계약기간 만료시까지 책임지고 사용한 후 반환하기로 한다.
5. 계약기간 중 소규모 수선의무는 임차인이 부담하기로 한다.

임대인	주소	서울특별시 송파구 올림픽로99, 113동 2601호 (잠실동, 잠실엘스)			(인)
	주민 등록 번호	601129-2	전화 010-2345-6789	성명 김을순	
공명동의인	주소	서울특별시 송파구 올림픽로99, 113동 2601호 (잠실동, 잠실엘스)			(인)
	주민 등록 번호	580929-1	전화 010-3456-7890	성명 김갑동	
임차인	주소	서울특별시 송파구 올림픽로 448, 803호			(인)
	주민 등록 번호	750116-1	전화 010-4567-8901	성명 박병돌	
개업공인중개사	사무소 소재지	서울특별시 관악구 신림로30길 4, 1층 (신림동)			
	사무소 명칭	고수공인중개사사무소		대표자명 서명및날인	(인)
	전화 번호	02-875-2486	등록 번호 11620-2019-00205	소속공인중개사 서명및날인	(인)

부동산(아파트) 전세 계약서 별지

◆ 부동산의 표시

소 재 지	서울특별시 송파구 잠실동 19 잠실엘스 제113동 제26층 제2601호							
토 지	지 목	대	면 적	224289.1 ㎡	대지권 종류	소유권	대지권 비율	224289.1 분의 30.81
건 물	구 조	철근콘크리트구조			용 도	아파트	면 적	59.96 ㎡

◆ 특약 사항

6. 임대인은 잔금과 동시에 근저당권 등기를 말소시키기로 하며, 잔금 익일까지 어떠한 선순위 권리도 설정하지 않기로 한다. 임대인이 이를 위반할 경우에 임차인은 계약을 단독으로 즉시 해제할 수 있으며, 임대인은 계약금의 세 배액을 위약금으로 배상하기로 한다.
7. 임차인은 해당 아파트의 매매 또는 재임대를 위한 현장확인을 위하여 임대인의 협조요청이 있는 경우, 특별한 사정 없이 이를 거절할 수 없다.
8. 계약만료시 임차인은 임차목적물을 원상복구하여야 한다. 단, 통상의 손모는 그렇지 아니하다.
9. 본 계약은 공유자 중 1인인 김갑동의 위임 아래 공유자 김을순와 체결하는 계약임.
10. 장기수선충당금은 계약기간 동안 임차인이 납부하기로 하며, 계약 종료시 그 총액을 임대인이 반환하기로 한다.
11. 주택임대차계약 신고는 계약체결일로부터 30일 이내 관할 주민센터를 방문 또는 국토부거래관리시스템을 통하여 임대인과 임차인이 주택임대차계약신고서에 공동으로 서명·날인하여 신고하여야 한다.
12. 임대인 금융계좌:

① 기본적으로 아파트의 전세계약도 임대차계약이므로 아파트 월세계약과 거의 동일하나, 월차임을 받지 않고 보증금의 액수가 크다는 특수성으로 인하여 월세계약과 조금의 차이가 발생합니다.

② 효력이 있는 가계약을 한 경우에는 계약일을 가계약일로 기재해야 하며, 이 때 확인설명서 교부일자는 실제 문서 작성일로 기재합니다. 결론적으로 계약서상의 계약일과 확인설명서 교부일은 달라지게 됨을 주의하셔야 합니다.

③ 입주 전 시설 문제를 고려해야 합니다.
    월세계약과 가장 큰 차이가 있는 부분입니다. 주인이 월차임을 받지 않기 때문에 과연 주인이 도배, 장판, 수리, 싱크대 등의 문제에 관하여 도대체 어디까지 해줘야 하는 것인지가 문제가 됩니다. 일반적으로 도배, 장판은 2년 정도 지나면 소모가 되기 때문에 임차인보고 알아서 하라고 하는 것이 보통이고, 싱크대 교체는 어차피 2년이 지나도 소유자의 것이고 교체 기간도 비교적 길기 때문에 임대인이 해주는 것이 보통입니다. 수선의무는 당연히 임대인이 부담하기 때문에 나중에라도 해줘야 하는 것은 논란의 여지가 없습니다.
하지만 다른 내용의 합의가 존재하면 합의가 우선입니다.

```
                          임차인 → 도배, 장판, 소규모 수선&교체
         상호 간의 합의 >
                          임대인 → 싱크대 교체, 필수시설 수선&교체
```

    주의할 점은 입주 전 시설에 관한 특약을 기재해 놓지 않으면 계약 이후에는 시설의 설치 또는 수선보수를 요청할 수 없는 것이 원칙이므로, 시설 설치 또는 수선보수할 사항들을 꼼꼼히 체크해야 할 것입니다.

④ 특약사항
    ▶ 특약6번은 선순위 권리말소하는 것은 물론이고, 임차인이 대항력 획득시까지 임대인의 선순위

권리 설정을 금지하는 특약입니다.

아파트 전세금은 매매금액에 육박하기 때문에 근저당의 선순위 권리말소는 임차인의 대항력 획득을 위한 필수적인 요소가 될 가능성이 높습니다.

또한 임차인의 대항력은 '점유 + 주민등록' 갖춘 날이 아니라 익일(다음 날)에 발생한다고 규정한 이상한 법으로 인하여, 임대인이 악의로 잔금을 받은 당일 대출을 받아버리면 차후 배당순위에서 임차인이 은행에 밀리는 결과가 발생함을 주의하셔야 합니다.

원칙적으로 공인중개사는 잔금 당일에만 등기부를 통해서 권리 사항 변동 여부를 확인하면 책임이 없지만, 임차인을 보호하기 위하여 해당 사안에 관한 강력한 벌칙 특약을 넣어 놓는 것도 좋은 방법입니다.

▶기타 특약 사항들은 아파트 월세계약과 별 차이가 없다는 것을 알 수 있습니다.

※전세금 사기 주요 유형
• 월세임차인이 집주인 행세를 하며 전세계약을 체결하여 전세금을 받고 잠적하는 경우
☞ 사기꾼이 위조신분증을 소지하고 있고, 물건지 측 공인중개사(혹은 중개보조원)도 한통속인 경우가 많기 때문에 당사자 권한 확인을 꼼꼼히 하지 않으면 속아 넘어가기 쉬운 사안입니다.
따라서 전세계약시 임대인이라 주장하는 자의 임대권한 확인을 신분증에만 의존해서는 안 되며, 추가적으로 임대인의 신분을 확인(직장, 이웃 탐문 또는 등기필증 확인 등)하셔야 할 것입니다.

• 임대인이 보증금(또는 전세금)을 받은 후, 나가는 임차인에게 돌려주지 않고 잠적하는 경우
☞ 이런 문제가 발생하면 기존임대차계약은 종료가 되지 않으므로, 새로 계약을 체결한 임차인은 전세금을 다 주었는데도 불구하고 입주할 수도 없고 전세금 또한 전혀 보장 받을 수 없는 황당한 상황이 되게 됩니다.
이러한 문제를 방지하기 위해서는 잔금시에 임대인과 기존임차인 그리고 신규임차인이 공인중개사 사무실에 함께 출석한 상태에서 잔금을 진행하거나, 신규임차인이 기존임차인에게 바로 입금하는 방식으로 잔금을 하는 것(잔금 중 00000만원을 기존임차인의 계좌로 입금한다는 취지의 특약 기재)을 고려할 수 있을 것입니다.

• 이중임대차
☞ 임대인이 이미 전세를 놓고 계약금까지 받은 임차목적물을 또 다시 전세를 놓는 경우, 임대인이 처음 임대차계약을 정당하게 법정해제 하면 해당 행위는 원칙적으로 사기가 아닙니다.

하지만 임대인이 처음부터 금전을 편취할 목적으로 복수의 임대차계약 체결 후 계약금 등을 받고 잠적하였다면, 사기죄가 성립될 수 있습니다.

해당 유형의 사기는 분양권상태의 임대차계약에서 자주 발생하며, 분양권 상태에서 전세계약을 체결한 경우에 분양계약서를 공인중개사가 보관하여 임대인의 이중임대를 방지하는 것이 좋습니다.

• 임차목적물이 매각되어 잔금일에 임대인이 변경되는 경우
☞ 최근에 가장 많이 이슈가 되고 있는 전세사기 유형입니다.
잔금일에 임대인이 변경되는 것 자체를 사기라고 볼 수는 없으나,
애시당초 임차목적물을 전세금 반환 의사가 없는 신원불상의 자에게 넘겨서 임차인의 전세금을 편취할 목적이 인정되는 경우에는 이를 사기의 유형으로 보고 있습니다.

• 깡통전세
☞ 위조된 등기부(갑구와 을구가 깨끗~)를 임차인에게 제시하거나, 아예 등기부를 확인 하지도 않고 공인중개사 등의 말만 믿고 전세계약을 체결하였으나, 알고 보니 해당 물건은 이미 고액의 대출 또는 선순위 전세임차인이 가득~한 깡통물건인 경우를 말합니다.

• 위임장을 이용한 전세금 사기
☞ 소유자의 위임(월세로 임대 놓을 것을 위임)을 받아 여러 오피스텔, 다가구주택 등을 관리하는 공인중개사가 해당 물건들을 소유자의 위임과는 다르게 전세로 놓고 전세금을 가지고 잠적하는 사기의 유형입니다.
이런 행위를 하는 공인중개사는 지역의 유력한 공인중개사인 경우가 많고, 위임장 자체는 존재하기 때문에 임차인측 공인중개사가 위임장의 내용을 정확히 확인하지 않은 상태에서 물건지 공인중개사를 믿고 계약을 체결한 후 낭패를 보는 사례가 많습니다.
이런 일을 방지하기 위해서는 반드시 위임장의 내용(위임하는 사항)을 정확히 확인하고, 가급적이면 소유자와 전화통화를 진행한 후 중개를 하실 것을 권합니다.

(3) 확인 설명서 작성법

■ 공인중개사법 시행규칙 [별지 제20호서식] <개정 2024. 7. 2.> (제1쪽)

중개대상물 확인·설명서[I] (주거용 건축물)

(주택 유형: [ ]단독주택　　[√]공동주택　　[ ]주거용 오피스텔)
(거래 형태: [ ]매매·교환　　[√]임대)

확인·설명 자료	확인·설명 근거자료 등	[√]등기권리증　[√]등기사항증명서　[√]토지대장　[√]건축물대장　[√]지적도 [ ]임야도　[√]토지이용계획확인서　[ ]확정일자 부여현황　[ ]전입세대확인서 [ ]국세납세증명서　[ ]지방세납세증명서　[√]그 밖의 자료 (신분증, 위임장, 인감증명서)
	대상물건의 상태에 관한 자료요구 사항	거래당사자는 위 "확인·설명근거자료 등"에 대한 사항을 발급/열람,검색을 통해 확인하였으며, 물건의 현장답사를 통해 육안으로 확인/ 인지한 후 개업공인중개사가 작성한 아래 9~12항에 대한 설명을 통해 각 항목 기재 사항을 확인하고 내용에 동의함.

유 의 사 항

개업공인중개사의 확인·설명 의무	개업공인중개사는 중개대상물에 관한 권리를 취득하려는 중개의뢰인에게 성실·정확하게 설명하고, 토지대장 등본, 등기사항증명서 등 설명의 근거자료를 제시해야 합니다.
실제거래가격 신고	「부동산 거래신고 등에 관한 법률」 제3조 및 같은 법 시행령 별표 1 제1호마목에 따른 실제 거래가격은 매수인이 매수한 부동산을 양도하는 경우 「소득세법」 제97조제1항 및 제7항과 같은 법 시행령 제163조제11항 제2호에 따라 취득 당시의 실제 거래가액으로 보아 양도차익이 계산될 수 있음을 유의하시기 바랍니다.

I. 개업공인중개사 기본 확인사항

①개상물건의 표시	토지	소재지	서울특별시 송파구 잠실동 19 잠실엘스 제113동 제26층 제2601호		
		면적(㎡)	224289.1㎡	지목	공부상 지목 / 대
					실제 이용 상태 / 대
	건축물	전용면적(㎡)	59.96㎡	대지지분(㎡)	30.81
		준공년도 (증개축년도)	2008	용도	건축물대장상 용도 / 아파트
					실제 용도 / 아파트
		구조	철근콘크리트구조	방향	남동향 (기준: 발코니 기준)
		내진설계 적용여부	적용	내진능력	확인 안됨
		건축물대장상 위반건축물 여부	[ ]위반　[√]적법	위반내용	공부상 확인되지 않는 위반사항 또는 구조변경이 없음을 임대인을 통해 확인함

② 권리관계	등기부 기재사항		소유권에 관한 사항		소유권 외의 권리사항
		토지	성명:김을순/생년월일:1960-11-29/주소:서울특별시 송파구 올림픽로99, 113동 2601호 (잠실동, 잠실엘스) 성명:김갑동/생년월일:1958-09-29/주소:서울특별시 송파구 올림픽로99, 113동 2601	토지	근저당권2011.11.17 설정, 채권자 주식회사 제일은행, 채무자 천인배, 채권최고액 180,000,000/ 근저당권2020.03.27 설정, 채권자 주식회사 제일은행, 채무자 천인배, 채권최고액30,000,000
		건축물	성명:김을순/생년월일:1960-11-29/주소:서울특별시 송파구 올림픽로99, 113동 2601호 (잠실동, 잠실엘스) 성명:김갑동/생년월일:1958-09-29/주소:서울특별시 송파구 올림픽로99, 113동 2601	건축물	위와 동일

③ 토지이용 계획, 공법상이용 제한 및 거래규제에 관한 사항 (토지)	지역·지구	용도지역	생략(임대차)		건폐율 상한	용적률 상한
		용도지구	생략(임대차)		생략(임대차)	생략(임대차)
		용도구역	생략(임대차)			
	도시·군계획 시설	생략(임대차)		허가·신고 구역여부	[X]토지거래허가구역	
				투기지역 여부	[X]토지투기지역　[X]주택투기지역　[X]투기과열지구	
	지구단위계획구역, 그 밖의 도시·군관리계획	생략(임대차)		그 밖의 이용제한 및 거래규제사항	생략(임대차)	

(제2쪽)

④ 임대차 확인사항	확정일자 부여현황 정보	[ ]임대인 자료 제출	[√]열람 동의		[√]임차인 권리 설명
	국세 및 지방세 체납정보	[ ]임대인 자료 제출	[ ]열람 동의		[√]임차인 권리 설명
	전입세대 확인서	[ ]확인(확인서류 첨부) [ ]해당 없음	[√]미확인(열람·교부 신청방법 설명)		
	최우선변제금	소액임차인범위: 7,500 만원 이하		최우선변제금액: 2,500 만원 이하	
	민간임대등록여부	등록	[ ]장기일반민간임대주택 [ ]공공지원민간임대주택 [ ]그 밖의 유형 ( )		[ ]임대보증금 보증 설명
			임대의무기간 년	임대개시일	
		미등록 [√]			
	계약갱신 요구권 행사 여부	[ ]확인(확인서류 첨부)	[ ]미확인	[√]해당 없음	

개업공인중개사가 "④ 임대차 확인사항"을 임대인 및 임차인에게 설명하였음을 확인함	임대인	①김을순 ②김갑동	(서명 또는 날인)
	임차인	박병돌	(서명 또는 날인)
	개업공인중개사	김고수	(서명 또는 날인)
	개업공인중개사		(서명 또는 날인)

※ 민간임대주택의 임대사업자는 「민간임대주택에 관한 특별법」 제49조에 따라 임대보증금에 대한 보증에 가입해야 합니다.
※ 임차인은 주택도시보증공사(HUG) 등이 운영하는 전세보증금반환보증에 가입할 것을 권고합니다.
※ 임대차 계약 후 「부동산 거래신고 등에 관한 법률」 제6조의2에 따라 30일 이내 신고해야 합니다(신고 시 확정일자 자동부여).
※ 최우선변제금은 근저당권 등 선순위 담보물권 설정 당시의 소액임차인범위 및 최우선변제금액을 기준으로 합니다.

⑤ 입지조건	도로와의 관계	(50m × 40m)도로에 접함 [√]포장 [ ]비포장		접근성	[√]용이함 [ ]불편함	
	대중교통	버 스	(잠실우체국)정류장,	소요시간: ([√] 도보, [ ] 차량) 약 5분		
		지하철	(잠실새내)역,	소요시간: ([√] 도보, [ ] 차량) 약 5분		
	주차장	[ ]없음 [ ]전용주차시설 [√] 공동주차시설 [ ]그 밖의 주차시설 ( )				
	교육시설	초등학교	(잠일초등)학교,	소요시간: ([√]도보, [ ]차량) 약 5분		
		중 학 교	(잠신중)학교,	소요시간: ([√]도보, [ ]차량) 약 15분		
		고등학교	(잠일고등)학교,	소요시간: ([√]도보, [ ]차량) 약 5분		

⑥ 관리에 관한사항	경비실	[√]있음 [ ] 없음	관리주체	[√]위탁관리 [ ]자체관리 [ ] 그밖의유형
	관리비	관리비 금액: 총 247,823 원 (최근 3개월 평균금액) 관리비 포함 비목: [√]전기료 [√]수도료 [ ]가스사용료 [ ]난방비 [ ]인터넷 사용료 [ ]TV 수신료 [√]그 밖의 비목(관리규약에 따른 기타 비목) 관리비 부과방식: [ ]임대인이 직접 부과 [√]관리규약에 따라 부과 [ ]그 밖의 부과 방식 (0)		

⑦ 비선호시설(1km이내)	[√]없음	[ ]있음 (종류 및 위치:)		

⑧ 거래예정금액 등	거래예정금액			₩2,000,000,000
	개별공시지가 (㎡당)	19,050,000 원	건물(주택) 공시가격	1,323,000,000 원

⑨ 취득시 부담할 조세의 종류 및 세율	취득세	해당없음%	농어촌특별세	해당없음%	지방교육세	해당없음%
	※ 재산세와 종합부동산세는 6월 1일 기준으로 대상물건 소유자가 납세의무를 부담합니다.					

(제3쪽)

Ⅱ. 개업공인중개사 세부 확인사항

⑩ 실제권리관계 또는 공시되지 않은 물건의 권리 사항
해당 없음

⑪ 내부·외부 시설물의 상태 (건축물)	수 도	파손여부	[√]없음 [ ]있음 (위치: 당사자 쌍방이 확인함)	
		용수량	[√]정상 [ ]부족함 (위치: 당사자 쌍방이 확인함)	
	전 기	공급상태	[√]정상 [ ]교체필요(교체할 부분: 당사자 쌍방이 확인함)	
	가스(취사용)	공급방식	[√]도시가스 [ ]그 밖의 방식 ( )	
	소 방	단독경보형감지기	[ ]없음 [ ]있음(해당없음)	※「소방시설 설치 및 관리에 관한 법률」제10조 및 같은 법 시행령 제10조에 따른 주택용 소방시설로서 아파트(주택으로 사용하는 층수가 5개층 이상인 주택을 말한다)를 제외한 주택의 경우만 적습니다.
	난방방식 및 연료공급	공급방식	[ ]중앙공급 [√]개별공급 [ ]지역난방	시설작동 [√]정상 [ ]수선필요(적상 작동 됨을 임대인이 확인) ※개별공급인 경우 사용연한 (6년) [ ] 확인불가
		종 류	[√]도시가스 [ ]기름 [ ]프로판가스 [ ]연탄 [ ]그밖의종류( )	
	승강기		[√] 있음 ([√] 양호 [ ]불량) [ ]없음	
	배 수		[√] 정상 [ ]수선필요 (당사자 쌍방이 확인함)	
	그 밖의 시설물		해당 없음	
⑫ 벽면·바닥면 및 도배상태	벽면	균열	[ ]없음 [√]있음 (위치: 통상적인 노후로 인한 균열 있을 수 있음)	
		누수	[ ]없음 [√]있음 (위치: 통상적인 노후로 인한 누수 있을 수 있음)	
	바닥면		[ ]깨끗함 [√]보통임 [ ]수리필요 (위치: 수리가 필요한 부분이 없음을 당사자들이 확인)	
	도배		[ ]깨끗함 [√]보통임 [ ]도배필요	
⑬ 환경조건	일조량		[ ]풍부함 [√]보통임 [ ]불충분 (이유:)	
	소음		[ ]아주 작음 [√]보통임 [ ]심한 편임	진동 [ ]아주 작음 [√]보통임 [ ]심한 편임
⑭ 현장안내	현장안내자		[√]개업공인중개사 [ ]소속공인중개사 [ ]중개보조원(신분고지 여부: [ ]예 [ ]아니오) [ ]해당 없음	

※ "중개보조원"이란 공인중개사가 아닌 사람으로서 개업공인중개사에 소속되어 중개대상물에 대한 현장안내 및 일반서무 등 개업공인중개사의 중개업무와 관련된 단순한 업무를 보조하는 사람을 말합니다.
※ 중개보조원은 「공인중개사법」제18조의4에 따라 현장안내 등 중개업무를 보조하는 경우 중개의뢰인에게 본인이 중개보조원이 라는 사실을 미리 알려야 합니다.

(제4쪽)

Ⅲ. 중개보수 등에 관한 사항

⑮ 중개보수 및 실비의 금액과 산출내역	중개보수	12,000,000 원	<산출내역> 중개보수: (2,000,000,000원) × 0.60% 실비: ※ 중개보수는 시·도 조례로 정한 요율한도에서 중개의뢰인과 개업공인중개사가 서로 협의하여 결정하며 부가가치세는 별도로 부과될 수 있습니다.
	실비	0 원	
	계	12,480,000 원 (부가가치세 포함)	
	지급시기	잔금시	

「공인중개사법」 제25조제3항 및 제30조제5항에 따라 거래당사자는 개업공인중개사로부터 위 중개대상물에 관한 확인·설명 및 손해배상책임의 보장에 관한 설명을 듣고, 같은 법 시행령 제21조제3항에 따른 본 확인·설명서와 같은 법 시행령 제24조제2항에 따른 손해배상책임 보장 증명서류(사본 또는 전자문서)를 수령합니다.

2025년 05월 09일

매도인 (임대인)	주 소	①서울특별시 송파구 올림픽로99, 113동 2601호 (잠실동, 잠실엘스) ②서울특별시 송파구 올림픽로99, 113동 2601호 (잠실동, 잠실엘스)	성 명	①김을순 ②김갑동 서명 또는 날인
	생년월일	①1960-11-29 ②1958-09-29	전화번호	①010-2345-6789 ②010-3456-7890
매수인 (임차인)	주 소	서울특별시 송파구 올림픽로 448, 803호	성 명	박병돌 서명 또는 날인
	생년월일	1975-01-16	전화번호	010-4567-8901
개업공인 중개사	등록번호	11620-2019-00205	성명(대표자)	서명 및 날인
	사무소 명칭	고수공인중개사사무소	소속공인중개사	서명 및 날인
	사무소 소재지	서울특별시 관악구 신림로30길 4, 1층 (신림동)	전화번호	02-875-2486
개업공인 중개사	등록번호		성명(대표자)	서명 및 날인
	사무소 명칭		소속공인중개사	서명 및 날인
	사무소 소재지		전화번호	

3) 아파트 매매

(1) 계약의 시간적 진행과정 - 연립주택(빌라)과 동일

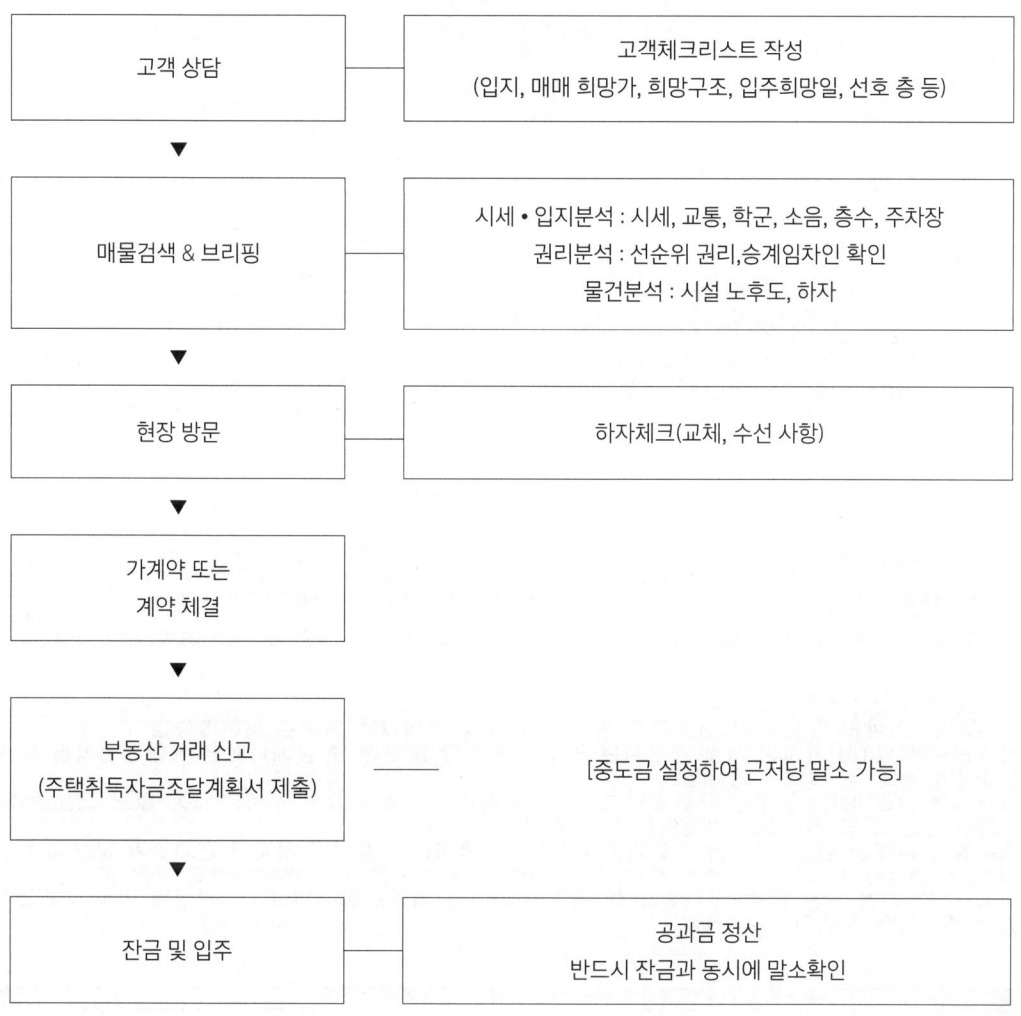

(2) 계약서 작성법

부동산(아파트) 매매 계약서

매도인과 매수인 쌍방은 아래 표시 부동산에 관하여 다음 계약 내용과 같이 매매계약을 체결한다.

1. 부동산의 표시

소재지	서울특별시 송파구 잠실동 19 잠실엘스 제113동 제26층 제2601호				
토지	지목	대	면적	224289.1 ㎡	대지권종류 소유권 대지권비율 224289.1분의30.81
건물	구조	철근콘크리트구조	용도	아파트	면적 59.96 ㎡

2. 계약내용

제1조 [목적] 위 부동산의 매매에 대하여 매도인과 매수인은 합의에 의하여 매매대금을 아래와 같이 지급하기로 한다.

매매대금	금 이십육억원정	(₩2,600,000,000)
계약금	금 이억원정	은 계약시에 지급하고 영수함. ※영수자 (인)
융자금	금 이억일천만원정	은 현 상태에서 매수인이 승계함.
1차중도금	금	은 년 월 일에 지급한다.
2차중도금	금	은 년 월 일에 지급한다.
잔금	금 이십일억구천만원정	은 2025년 08월 01일에 지급한다.

제2조 [소유권 이전 등] 매도인은 매매대금의 잔금 수령과 동시에 매수인에게 소유권 이전등기에 필요한 모든 서류를 교부하고 등기절차에 협력하여야 하며, 위 부동산의 인도일은 2025년 08월 01일 로 한다.

제3조 [제한물권 등의 소멸] 매도인은 위 부동산에 설정된 저당권, 지상권, 임차권 등 소유권의 행사를 제한하는 사유가 있거나 제세공과금 기타 부담금의 미납 등이 있을 때에는 잔금수수일까지 그 권리의 하자 및 부담 등을 제거하여 완전한 소유권을 매수인에게 이전한다. 다만, 승계하기로 합의하는 권리 및 금액은 그러하지 아니라.

제4조 [지방세 등] 위 부동산에 관하여 발생한 수익의 귀속과 제세공과금 등의 부담은 위 부동산의 인도일을 기준으로 하되, 지방세의 납부의무 및 납부책임은 지방세법의 규정에 의한다.

제5조 [계약의 해제] 매수인이 매도인에게 중도금(중도금이 없을때에는 잔금)을 지급하기전 까지 매도인은 계약금의 배액을 상환하고, 매수인은 계약금을 포기하고 본 계약을 해제할 수 있다.

제6조 [채무불이행과 손해배상의 예정] 매도인 또는 매수인은 본 계약상의 내용에 대하여 불이행이 있을 경우, 그 상대방은 불이행한 자에 대하여 서면으로 최고하고 계약을 해제할 수 있다. 그리고 계약 당사자는 계약해제에 따른 손해배상을 각각 상대방에게 청구할 수 있으며, 손해배상에 대하여 별도의 약정이 없는 한 계약금을 손해배상의 기준으로 본다.

제7조 [중개보수] 개업공인중개사는 매도인 또는 매수인의 본 계약 불이행에 대하여 책임을 지지 않는다. 또한 중개보수는 본 계약 체결에 따라 계약 당사자 쌍방이 각각 지급하며, 개업공인중개사의 고의나 과실없이 본 계약이 무효, 취소 또는 해제 되어도 중개보수는 지급한다. 공동중개인 경우에 매도인과 매수인은 자신이 중개 의뢰한 개업공인중개사에게 각각 중개보수를 지급한다.

제8조 [중개보수 외] 매도인 또는 매수인이 본 계약 이외의 업무를 의뢰한 경우, 이에 관한 보수는 중개보수와는 별도로 지급하며 그 금액은 합의에 의한.

제9조 [중개대상물확인설명서교부 등] 개업공인중개사는 중개대상물확인설명서를 작성하고 업무보증관계증서(공제증서 등) 사본을

[특약사항] <<< 별지 특약 있음 >>>
1. 본 계약은 계약일 현재 대상 부동산의 권리 및 시설물 상태하의 아파트 매매계약임.
2. 임차인은 특약1에 관하여 직접 현장확인 및 관련공부를 열람한 후 중개대상물 확인설명서를 통해 확인설명을 받고 본 계약을 체결함.
3. 대상물의 권리 상태: 공부상 근저당권 2건이 존재하며, 그 외에 공부상 확인 되지 않는 소유권 행사를 제한하는 권리의 부존재를 매도인을 통해 확인함.
4. 대상물의 시설물 상태: 매도인이 고지한 사항(   ) 외에는 시설물의 하자가 존재하지 않음을 확인하였으며, 부동산의 시설물 또는 부착물 중 (   )를 제외한 모든 것은 매매대상에 포함 됨.
5. 하자담보책임에 관한 사항: 잔금일 전에 발견한 하자는 매도인이 책임지고, 잔금일 이후에 발견한 하자는 매수인이 책임지기로 한다.

매도인	주소	서울특별시 송파구 올림픽로99, 113동 2601호 (잠실동, 잠실엘스)				(인)
	주민등록번호	601129-2	전화	010-2345-6789	성명	김을순
공동명의인	주소	서울특별시 송파구 올림픽로99, 113동 2601호 (잠실동, 잠실엘스)				(인)
	주민등록번호	580929-1	전화	010-3456-7890	성명	김갑동
매수인	주소	서울특별시 송파구 올림픽로 448, 803호				(인)
	주민등록번호	750116-1	전화	010-4567-8901	성명	박병돌
개업 공인 중개사	사무소소재지	서울특별시 관악구 신림로30길 4, 1층 (신림동)				
	사무소명칭	고수공인중개사사무소		대표자명	서명및날인	(인)
	전화번호	02-875-2486	등록번호	11620-2019-00205	소속공인중개사 서명및날인	(인)

부동산(아파트) 매매 계약서 별지

◆ 부동산의 표시

소재지	서울특별시 송파구 잠실동 19 잠실엘스 제113동 제26층 제2601호							
토 지	지 목	대	면 적	224289.1 ㎡	대지권 종류	소유권	대지권 비율	224289.1 분의 30.81
건 물	구 조	철근콘크리트구조			용 도	아파트	면 적	59.96 ㎡

◆ 특약 사항

6. 매도인은 계약일로 부터 잔금일까지 권리 및 시설물에 변동이 생겨 매수인에게 손해를 끼친 경우, 이에 관한 모든 책임을 지기로 한다.
7. 매도인(또는 매수인)은 잔금전까지 세입자를 섭외하여 전세계약(전세금 2,000,000,000원)을 체결하고, 전세금으로 근저당권을 말소하기로 하며, 잔액은 매매금액에서 공제하기로 한다.
8. 잔금일까지 전세계약이 체결되지 않아 잔금이 불가능하게 될 경우, 잔금일을 1개월 연장하기로 하며, 매수인은 매도인에게 지연손해배상금 100만원을 지급하기로 한다.
9. 확인설명서에 기재한 취득세율은 매수인의 진술(계약일 현재 무주택)을 바탕으로 기재하였으며, 차후 세무에 관하여 공인중개사에게 책임을 묻지 않기로 한다.
10. 매도인과 매수인은 당사자들의 개인정보(성명, 주소, 핸드폰번호)를 개업공인중개사가 일정한 목적(계약서 작성 및 거래신고, 광고, 고객관리)을 위해 수집 및 활용하는데 동의한다.

① 아파트도 집합건물이므로, 전반적인 계약서 작성법은 단독주택 또는 빌라 매매계약 특약과 크게 다르지 않습니다.

② 선수관리비가 존재할 수 있고, 임차인이 거주 중일 수 있다는 것을 고려해야 합니다.

 선수관리비는 아파트 최초 입주 시 소유자가 미리 예치금 형식으로 지불하는 비용으로 이를 납부해야 입주에 관련된 모든 집기(키, 카드, 각종 안내책자)를 받을 수 있습니다. 금액은 한 달 치 관리비 정도이며, 이후에 소유자가 바뀔 때마다 채권양도처럼 새로운 소유자(매수인)가 기존 소유자(매도인)에게 그 금액을 지불하고 인수하게 됩니다. 그런데 웃기게도 매도인은 매수인에게 큰 금액인 매매대금을 받고 그것에 비하면 극히 소액인 선수관리비를 다시 매수인에게 받아야 한다는 불편함이 생깁니다. 그러므로 특약에 "매매대금은 선수관리비를 미리 고려하여 정산한 금액임"이라고 기재하여 번거롭게 돈을 주고받는 것을 피할 수 있습니다.

 또한 아파트에 거주 중인 승계임차인이 존재할 경우, 해당 임대차계약의 내용(계약 존거, 특약 내용, 갱신요구권 사용 여부 등)을 꼼꼼히 확인하여 차후에 분쟁이 발생하지 않도록 하여야 할 것입니다.

③ 매수인의 자금이 부족한 경우, 대출을 실행하거나 임차인을 맞추어야 할 수도 있습니다.

④ 특약사항
- ▶ 1번~7번 특약은 모든 종류의 매매계약에 기본이 되는 특약들입니다.
- ▶ 7번~8번 특약은 매수인의 자금 부족으로 전세를 놓아야 할 경우에 삽입하는 특약입니다.

이런 경우 많은 질문을 받는 사항은 다음과 같습니다.

- 임대인을 누구로 해야 하나?
→ 원칙적으로 임대권한은 전세계약 당시 등기부상 소유자인 매도인에게 있으므로, 매도인을 임대인으로 하는 것이 맞습니다.

하지만, 편의상 매도인의 동의를 받고 매수인을 임대인으로 해도 상관은 없습니다. 이 경우에는 매매계약이 파기 되었을 때 복잡한 문제들(가장 큰 문제는 임차인이 이사를 들어올 수 없다는 점)이 발생할 수 있으므로, 매도인에게 매매대금 중 많은 부분이 넘어가서 매매계약이 파기되기 어려운 경우에만 매수인을 임대인으로 하여 전세계약을 체결하는 것이 좋습니다.

- 중개보수는 매매, 전세 각각 받을 수 있나?
→ 점유개정과 같이 동일한 당사자들 간의 매매계약과 임대차계약이 동시에 이루어지는 경우에는 매매에 따른 중개보수만 받아야 하지만, 매매 잔금을 치르기 위하여 임차인을 맞추는 경우에는 매매에 따른 중개보수와 임대차에 따른 중개보수를 각각 받을 수 있습니다.

하지만 이렇게 하면 소유자는 2번 중개보수를 내는 것이 되기 때문에 적당한 선에서 협의를 하여 받게 될 것입니다.

- 약정한 매매잔금일까지 전세를 놓지 못하면 어떻게 하나?
→ 이런 종류의 계약을 진행하면서 가장 문제가 되는 것은 잔금시까지 임차인을 맞추지 못하는 일이 발생하는 것입니다.

일단, 공인중개사는 계약시 절대 "책임지고 전세를 놓아주겠다!"는 말을 해서는 안 됩니다. 이런 말을 하게 되면 차후 공인중개사가 법적 책임까지 지는 일이 발생할 수도 있음을 유의해야 할 것입니다.

가장 좋은 방법은 특약으로 잔금을 1개월 정도 연장할 수 있게 하고 매도인에게 잔금지연에 따른 금전적 보상을 해주는 방법일 것입니다.

▶ 9번 특약은 매매에서 아주 중요한 '세무 면책특약'입니다.

▶ 10번 특약은 공인중개사가 당사자들의 개인정보를 수집 및 활용하는 것에 관하여 당사자들이 동의했다는 것을 증명하는 특약입니다.

원칙적으로 공인중개사가 일정한 목적을 위해 당사자들의 개인정보를 수집하고 활용하기 위해서는 문서로 된 동의서를 받아야 합니다.

그런데 개인정보의 수집 및 동의 여부를 문서가 아닌 계약서의 특약으로 남겨놓는 것도 적법할까요?

계약서에 수집하는 개인정보의 종류와 활용 목적을 명확하게 기재하면 따로 동의서를 받지 않아도 상관 없다고 보는 것이 통설입니다. 하지만 단순히 "당사자들은 공인중개사가 개인정보를 수집 및 활용하는데 동의한다."라고 기재하는 것으로는 불충분합니다.

(3) 확인 설명서 작성법

■ 공인중개사법 시행규칙 [별지 제20호서식] <개정 2024. 7. 2.> (제1쪽)

중개대상물 확인·설명서[I] (주거용 건축물)

(주택 유형: [ ]단독주택 [√]공동주택 [ ]주거용 오피스텔)
(거래 형태: [√]매매·교환 [ ]임대)

확인·설명 자료	확인·설명 근거자료 등	[√]등기권리증 [√]등기사항증명서 [√]토지대장 [√]건축물대장 [√]지적도 [ ]임야도 [√]토지이용계획확인서 [ ]확정일자 부여현황 [ ]전입세대확인서 [ ]국세납세증명서 [ ]지방세납세증명서 [√]그 밖의 자료 (신분증, 위임장, 인감증명서)
	대상물건의 상태에 관한 자료요구 사항	거래당사자는 위 "확인·설명근거자료 등"에 대한 사항을 발급/열람,검색을 통해 확인하였으며, 물건의 현장답사를 통해 육안으로 확인/인지한 후 개업공인중개사가 작성한 아래 9~12항에 대한 설명을 통해 각 항목 기재 사항을 확인하고 내용에 동의함.

유 의 사 항

개업공인중개사의 확인·설명 의무	개업공인중개사는 중개대상물에 관한 권리를 취득하려는 중개의뢰인에게 성실·정확하게 설명하고, 토지대장 등본, 등기사항증명서 등 설명의 근거자료를 제시해야 합니다.
실제거래가격 신고	「부동산 거래신고 등에 관한 법률」 제3조 및 같은 법 시행령 별표 1 제1호마목에 따른 실제 거래가격은 매수인이 매수한 부동산을 양도하는 경우 「소득세법」 제97조제1항 및 제7항과 같은 법 시행령 제163조제11항 제2호에 따라 취득 당시의 실제 거래가액으로 보아 양도차익이 계산될 수 있음을 유의하시기 바랍니다.

I. 개업공인중개사 기본 확인사항

① 대상물건의 표시	토지	소재지	서울특별시 송파구 잠실동 19 잠실엘스 제113동 제26층 제2601호		
		면적(㎡)	224289.1㎡	지목	공부상 지목	대
					실제 이용 상태	대
	건축물	전용면적(㎡)	59.96㎡		대지지분(㎡)	30.81
		준공년도 (증개축년도)	2008	용도	건축물대장상 용도	아파트
					실제 용도	아파트
		구 조	철근콘크리트구조		방 향	남동향 (기준: 발코니 기준)
		내진설계 적용여부	적용		내진능력	확인 안 됨
		건축물대장상 위반건축물 여부	[ ]위반 [√]적법		위반내용	공부상 확인되지 않는 위반사항 또는 구조변경이 없음을 임대인을 통해 확인함

② 권리관계	등기부 기재사항		소유권에 관한 사항	소유권 외의 권리사항
		토지	성명:김을순/생년월일:1960-11-29/주소:서울특별시 송파구 올림픽로99, 113동 2601호 (잠실동, 잠실엘스) 성명:김갑동/생년월일:1958-09-29/주소:서울특별시 송파구 올림픽로99, 113동 2601	근저당권2011.11.17 설정, 채권자 주식회사 제일은행, 채무자 천인배, 채권최고액 180,000,000/ 근저당권2020.03.27 설정, 채권자 주식회사 제일은행, 채무자 천인배, 채권최고액30,000,000
		토지		
		건축물	성명:김을순/생년월일:1960-11-29/주소:서울특별시 송파구 올림픽로99, 113동 2601호 (잠실동, 잠실엘스) 성명:김갑동/생년월일:1958-09-29/주소:서울특별시 송파구 올림픽로99, 113동 2601	위와 동일

③ 토지이용계획, 공법상이용 제한 및 거래규제에 관한 사항 (토지)	지역·지구	용도지역	제3종일반주거지역		건폐율 상한	용적률 상한
		용도지구	아파트지구		50 %	250 %
		용도구역	지구단위계획구역			
	도시·군계획 시설		도로(접함) 지하도로(접함) 건축선(3미터 건축선 지정구역) 폐기물매립시설 설치제한구역	허가·신고 구역여부	[√]토지거래허가구역	
				투기지역 여부	[X]토지투기지역 [√]주택투기지역 [√]투기과열지구	
	지구단위계획구역, 그 밖의 도시·군관리계획		대공방어협조구역	그 밖의 이용제한 및 거래규제사항	가축사육제한구역 교육환경보호구역 상대보호구역 절대보호구역 대임제권	

(제2쪽)

④ 임대차 확인사항	확정일자 부여현황 정보	[ ]임대인 자료 제출 [ ]열람 동의 [ ]임차인 권리 설명		
	국세 및 지방세 체납정보	[ ]임대인 자료 제출 [ ]열람 동의 [ ]임차인 권리 설명		
	전입세대 확인서	[ ]확인(확인서류 첨부) [ ]미확인(열람·교부 신청방법 설명) [ ]해당 없음		
	최우선변제금	소액임차인범위: 0 만원 이하	최우선변제금액: 0 만원 이하	
	민간임대등록여부	등록	[ ]장기일반민간임대주택 [ ]공공지원민간임대주택 [ ]그 밖의 유형 ( )	[ ]임대보증금 보증 설명
			임대의무기간 년 임대개시일	
		미등록 [√]		
	계약갱신 요구권 행사 여부	[ ]확인(확인서류 첨부) [ ]미확인 [√]해당 없음		

개업공인중개사가 "④ 임대차 확인사항"을 임대인 및 임차인에게 설명하였음을 확인함	임대인	해당없음	(서명 또는 날인)
	임차인	해당없음	(서명 또는 날인)
	개업공인중개사	해당없음	(서명 또는 날인)
	개업공인중개사	해당없음	(서명 또는 날인)

※ 민간임대주택의 임대사업자는 「민간임대주택에 관한 특별법」 제49조에 따라 임대보증금에 대한 보증에 가입해야 합니다.
※ 임차인은 주택도시보증공사(HUG) 등이 운영하는 전세보증금반환보증에 가입할 것을 권고합니다.
※ 임대차 계약 후 「부동산 거래신고 등에 관한 법률」 제6조의2에 따라 30일 이내 신고해야 합니다(신고 시 확정일자 자동부여).
※ 최우선변제금은 근저당권 등 선순위 담보물권 설정 당시의 소액임차인범위 및 최우선변제금액을 기준으로 합니다.

⑤ 입지조건	도로와의 관계	(50m × 40m)도로에 접함 [√]포장 [ ]비포장	접근성	[√]용이함 [ ]불편함
	대중교통	버 스 (잠실우체국)정류장, 소요시간: ([√] 도보, [ ] 차량) 약 5분		
		지하철 (잠실새내)역, 소요시간: ([√] 도보, [ ] 차량) 약 5분		
	주차장	[ ]없음 [ ]전용주차시설 [√] 공동주차시설 [ ]그 밖의 주차시설 ( )		
	교육시설	초등학교 (잠일초등)학교, 소요시간: ([√]도보, [ ]차량) 약 5분		
		중 학 교 (잠신중)학교, 소요시간: ([√]도보, [ ]차량) 약 15분		
		고등학교 (잠일고등)학교, 소요시간: ([√]도보, [ ]차량) 약 5분		

⑥ 관리에 관한사항	경비실	[√]있음 [ ] 없음	관리주체	[√]위탁관리 [ ]자체관리 [ ] 그밖의유형
	관리비	관리비 금액: 총 원		
		관리비 포함 비목: [ ]전기료 [ ]수도료 [ ]가스사용료 [ ]난방비 [ ]인터넷 사용료 [ ]TV 수신료 [ ]그 밖의 비목( )		
		관리비 부과방식: [ ]임대인이 직접 부과 [ ]관리규약에 따라 부과 [ ]그 밖의 부과 방식 ( )		

⑦ 비선호시설(1km이내)	[√]없음 [ ]있음 (종류 및 위치:)

⑧ 거래예정금액 등	거래예정금액	₩2,600,000,000	
	개별공시지가 (㎡당)	19,050,000 원	건물(주택) 공시가격	1,323,000,000 원

⑨ 취득시 부담할 조세의 종류 및 세율	취득세	3%	농어촌특별세	0%	지방교육세	0.3 %
	※ 재산세와 종합부동산세는 6월 1일 기준으로 대상물건 소유자가 납세의무를 부담합니다.					

(제3쪽)

Ⅱ. 개업공인중개사 세부 확인사항

⑩ 실제권리관계 또는 공시되지 않은 물건의 권리 사항

　해당 없음

⑪ 내부·외부 시설물의 상태 (건축물)	수 도	파손여부	[√]없음　　　[ ]있음　(위치: 당사자 쌍방이 확인함　　　　)	
		용 수 량	[√]정상　　　[ ]부족함　(위치: 당사자 쌍방이 확인함　　　　)	
	전 기	공급상태	[√]정상　　　[ ]교체필요(교체할 부분: 당사자 쌍방이 확인함　　)	
	가스(취사용)	공급방식	[√]도시가스　　[ ]그 밖의 방식 (　　　　　　　　　　　)	
	소 방	단독경보형감지기	[ ]없음 [ ]있음(해당없음)	※ 「소방시설 설치 및 관리에 관한 법률」 제10조 및 같은 법 시행령 제10조에 따른 주택용 소방시설로서 아파트(주택으로 사용하는 층수가 5개층 이상인 주택을 말한다)를 제외한 주택의 경우만 적습니다.
	난방방식 및 연료공급	공급방식	[ ] 중앙공급 [√] 개별공급 [ ] 지역난방	시설작동 [√]정상　[ ]수선필요(적상 작동 됨을 임대인이 확인 ※개별공급인 경우 사용연한 (6년　　　　) [ ] 확인불가
		종 류	[√]도시가스　　[ ]기름　　[ ]프로판가스　　[ ]연탄 [ ]그밖의종류(　　　　　　　　　　　　　　　　　)	
	승강기		[√] 있음 ([√] 양호　　[ ]불량)　　[ ]없음	
	배 수		[√] 정상　　　[ ]수선필요　(당사자 쌍방이 확인함　　　　)	
	그 밖의 시설물		해당 없음	

⑫ 벽면·바닥면 및 도배상태	벽면	균열　[ ]없음　[√]있음　(위치: 통상적인 노후로 인한 균열 있을 수 있음　)
		누수　[ ]없음　[√]있음　(위치: 통상적인 노후로 인한 누수 있을 수 있음　)
	바닥면	[ ]깨끗함　[√]보통임　[ ]수리필요 (위치: 수리가 필요한 부분이 있음을 당사자들이 확인)
	도배	[ ]깨끗함　[√]보통임　[ ]도배필요
⑬ 환경조건	일조량	[ ]풍부함　[√]보통임　[ ]불충분 (이유:　　　　　　　　　　　)
	소음	[ ]아주 작음　[√]보통임　[ ]심한 편임　진동　[ ]아주 작음　[√]보통임　[ ]심한 편임
⑭ 현장안내	현장안내자	[√]개업공인중개사　[ ]소속공인중개사　[ ]중개보조원(신분고지 여부: [ ]예　[ ]아니오) [ ]해당 없음

※ "중개보조원"이란 공인중개사가 아닌 사람으로서 개업공인중개사에 소속되어 중개대상물에 대한 현장안내 및 일반서무 등 개업공인중개사의 중개업무와 관련된 단순한 업무를 보조하는 사람을 말합니다.

※ 중개보조원은 「공인중개사법」 제18조의4에 따라 현장안내 등 중개업무를 보조하는 경우 중개의뢰인에게 본인이 중개보조원이라는 사실을 미리 알려야 합니다.

(제4쪽)

Ⅲ. 중개보수 등에 관한 사항

⑮ 중개보수 및 실비의 금액과 산출내역	중개보수	18,200,000 원	<산출내역> 중개보수 : (2,600,000,000원) × 0.70% 실비 : ※ 중개보수는 시·도 조례로 정한 요율한도에서 중개의뢰인과 개업공인중개사가 서로 협의하여 결정하며 부가가치세는 별도로 부과될 수 있습니다.
	실비	0 원	
	계	18,928,000 원 (부가가치세 포함)	
	지급시기	잔금시	

「공인중개사법」제25조제3항 및 제30조제5항에 따라 거래당사자는 개업공인중개사로부터 위 중개대상물에 관한 확인·설명 및 손해배상책임의 보장에 관한 설명을 듣고, 같은 법 시행령 제21조제3항에 따른 본 확인·설명서와 같은 법 시행령 제24조제2항에 따른 손해배상책임 보장 증명서류(사본 또는 전자문서)를 수령합니다.

2025년 05월 09일

매도인 (임대인)	주 소	①서울특별시 송파구 올림픽로99, 113동 2601호 (잠실동, 잠실엘스) ②서울특별시 송파구 올림픽로99, 113동 2601호 (잠실동, 잠실엘스)	성 명	①김을순 ②김갑동 서명 또는 날인
	생 년 월 일 생 년 월 일	①1960-11-29 ②1958-09-29	전 화 번 호	①010-2345-6789 ②010-3456-7890
매수인 (임차인)	주 소	서울특별시 송파구 올림픽로 448, 803호	성 명	박병돌 서명 또는 날인
	생 년 월 일	1975-01-16	전 화 번 호	010-4567-8901
개업공인 중개사	등 록 번 호	11620-2019-00205	성명(대표자)	서명 및 날인
	사무소 명칭	고수공인중개사사무소	소속공인중개사	서명 및 날인
	사무소 소재지	서울특별시 관악구 신림로30길 4, 1층 (신림동)	전 화 번 호	02-875-2486
개업공인 중개사	등록번호		성명(대표자)	서명 및 날인
	사무소 명칭		소속공인중개사	서명 및 날인
	사무소 소재지		전 화 번 호	

제 5 장

REAL ESTATE

상가

1 상가임대차

1) 권리금이란?

```
    임대인(甲)        →        임차인(乙) (권리양도인)
                  ②                  ↓ ①
                           신임차인(丙) (권리양수인)
```

권리금이란 그 상가의 유·무형적 가치를 말합니다.

일반적으로 '권리금 = 시설권리금 + 바닥권리금 + 영업권리금'이라고 정의합니다. 여기서 시설권리금은 말 그대로 시설비를 말하는 것이고, 바닥권리금은 그 상가 자리가 장사가 잘 되는 곳이냐를 의미하며, 영업권리금은 '현재 성업 중이냐?' 즉 '단골이 많이 있느냐?'를 의미합니다.

신축 상가일 경우에는 '이 자리에서 장사가 잘 되겠느냐?(바닥권리금)'가 중요할 것이고, 현재 영업 중이라면 '얼마나 성업 중이냐?(영업권리금)'가 중요할 것입니다.

일반적으로 권리금은 임차인과 신임차인끼리만 주고받는 것으로 생각되지만 위 표에서 ①, ②의 두 가지 측면이 존재한다는 것을 항상 염두에 두어야 합니다.

①의 측면에서 임차인과 신임차인이 주고받는 권리금의 성격은 위에서 언급한 '시설권리금 + 바닥권리금 + 영업권리금'이라고 할 수 있지만 ②의 측면에서 권리금이란 계약 기간 동안 장사 할 수 있는 권리의 금전적 가치라고 할 수 있습니다. 권리금이 ②의 측면도 있기 때문에 아래 두 가지 문제를 이해할 수 있을 것입니다.

- 임대인 甲이 상가를 신축하여 월세로 놓으려고 생각합니다. 어느 날 乙이 와서 상가에 들어오고 싶어 하는데 甲은 乙에게 바닥권리금을 달라고 합니다. 깜짝 놀란 乙은 권리금은 임차인들끼리 주고받는 것이 아니냐? 하면서 빈 상가는 무권리라고 주장을 합니다. 과연 임대인이 바닥권리금의 명목으로 권리금을 받을 수 있을까요? 결론은 가능합니다. 계약자유의 원칙 상도 그렇고 권리금의 성격을 ②의 측면에서 보면 가능합니다. 실제로도 위치 좋은 신축상가에서는 임대인이 권리금을 받아도 서로 들어가려고 하는 경우가 발생합니다. 하지만 계약 기간 만료 시 乙이 甲에게 그 금액을 돌려받는 것은 어렵습니다. 다음 사례는 임차인이 계약 기간을 못 채웠을 경우의 문제입니다.

- 甲이 자신의 소유 상가건물을 일부 증축하여 상가를 만들어 乙에게 권리금을 받고 임대를 주었습니다. 그런데 알고 보니 상가 부분이 불법 증축된 경우로 주위 다른 상인들의 신고로 더 이상 영업을 할 수 없게 되었습니다. 이에 乙은 계약 기간 2년 중 6개월밖에 장사를 못 해서 손해를 보았으니 자신이 지급한 권리금 중 3/4을 돌려달라고 했습니다. 하지만 甲은 권리금이라는 것은 임차인들끼리 주고받는 것이라는 이유로 반환을 거부했습니다.

과연 甲의 말이 옳을까요?

판례에서도 권리금의 성질을 계약 기간 동안 임차인이 영업을 하면서 회수하여야 하는 재산적 가치 또는 이용의 대가로 보면서, 임차인이 자신의 책임 없는 사유로 이를 회수할 수 없게 된 경우에는 임대인은 그 권리금의 전부 또는 일부의 반환의무를 진다고 판시하고 있습니다. 즉, 甲은 乙과 협의를 하여 권리금의 전부 또는 일부를 지급하여야 할 것입니다. 이때의 권리금은 순수한 의미의 권리금이 아니라 손해배상의 성격을 가집니다.

▶ 권리금의 산정

상가를 내놓은 사람이나 구하는 분들 모두 가장 궁금해하시고 질문하는 내용이 권리금을 얼마로 정해야 하냐는 것입니다.

중개업을 오래 하신 분들도 이런 질문을 받으면 확신을 가지고 대답하기가 힘든 문제입니다.

권리금 액수는 ①성업 여부 ②시설물 상태 ③기타 개인 사정에 의해 결정되는 것이 대부분 보통 장사가 그런대로 되는 상가의 권리금은 월 순수익×12로 계산하고 개인 사정을 참작하여 증감시킵니다. (영업권리금 위주)

또한, 장사가 어중간하게 되는 곳은 시설비만 건지고 나가려고 하기 때문에 현임차인이 투자한 시설비에 사용연수와 개인 사정을 고려하여 감액을 시키는 것이 보통입니다. (시설권리금 위주)

문제는 신축상가입니다. 장사를 누가 하던 자리가 아니니 매출이 있을 리도 없고, 시설도 없을 겁니다. 그렇다면 신축상가의 소유자는 권리금을 얼마를 받을 수 있을까요? 정답은 소유자 마음입니다. 중개사는 단지 주위의 바닥권리금 시세를 알려주고 조언을 할 수밖에 없습니다. 대부분은 그 상권의 바닥권리금 시세를 고려하여 임대인과 임차인 간의 협의로 결정됩니다.

2) 상가임대차 보호법 주요 내용

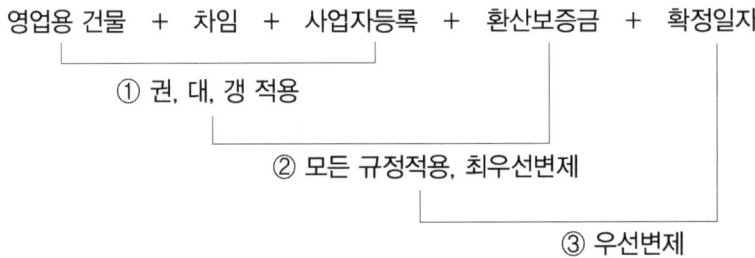

(1) 적용대상

① 주된 부분이 영업용인 건물의 전부 또는 일부의 임대차일 것

- ▶ 영업용 건물의 임대차일 것(대장상 용도가 아닌 실제 사용 용도로 판단)
- ▶ 전세 또는 차임이 있는 임대차일 것(사용대차에는 적용X)
- ▶ 일시적 임대차가 아닐 것
- ▶ 사업자 등록이 안 되어 있어도 일부 규정은 적용(권리금보호O, 갱신청구권 적용O)
- ▶ 공장이라도 부분적으로 영업활동을 겸하고 있으면 상임법 적용

    (대부분의 중소공장이 해당될 가능성이 높음)

▶ 전대차의 경우에도 일부 규정 적용됨

> ※ 상가일부에 관한 전대차
>
> 민법 제629조~민법 제632조에서는 전대차에 관하여 규정을 하고 있으며, 상가임대차보호법 제13조에서는 상가임대차보호법의 일정 규정(계약갱신요구권/ 차임증감청구권/ 3기연체시 해지)은 전대차에도 적용이 된다고 규정하고 있습니다.
>
> ① 민법 제629조에서는 원칙적으로 전대차의 경우 임대인의 동의를 요구하고 있으며, 이를 위반할 경우 임대인은 계약을 해지할 수 있다고 규정하고 있습니다. 그런데 민법 제632조에서는 상가의 소부분을 타인에게 전대하는 경우에는 임대인의 동의가 필요 없다고 규정하고 있습니다.
>
> 그렇다면 문제되는 것이 법에서 규정하는 "소부분"이라는 것이 도대체 얼마 정도의 면적이냐 하는 것입니다. 학설에서는 전체 임대면적의 20% 내외 정도를 임대인의 동의 없이 전대 가능한 소부분으로 보고 있습니다. 따라서 임차인은 자신의 상가 면적을 고려하여 임대인의 동의여부를 결정하면 될 듯합니다.
>
> ② 상가임대차보호법 제13조 제2항에서는 전차인도 임차인을 대위하여 임대인에게 계약갱신요구권을 청구할 수 있다고 규정하고 있습니다.
>
> ③ 권리금회수규정은 준용되지 않습니다. 따라서 전차인은 전대차 종료 시에 전대인에게 다른 전차인과의 계약을 요구할 수 없습니다.

> ※ 주의할 점은 위의 요건을 갖추고 사업자등록을 완료하면 환산보증금이 법 적용 범위를 초과하더라도 권리금보호, 대항력, 갱신청구권 규정은 적용된다는 것입니다.

② 환산보증금이 법 적용대상 금액의 범위 이내일 것

> 환산보증금 = 보증금 + 월차임(관리비, 부가세 포함?) × 100

환산보증금을 산정할 때 문제가 되는 것이 관리비와 부가세입니다.

```
● 관리비 ┬─ 판례 : 환산보증금 산정에 포함 × (하급심)
        ├─ 행정청 유권해석 : 없음
        └─ 다수의견 : 환산보증금 산정에 포함 ×

● 부가세 ┬─ 판례 : 환산보증금 산정에 포함 × (하급심)
        ├─ 행정청 유권해석 : 포함 ○
        └─ 다수의견 : 포함 ×
```

③ 확정일자를 받으면 우선변제적 효력이 발생합니다.

▶ 그런데 주의할 점은 상가건물 임대차보호법은 법 적용대상의 기준이 되는 보증금 금액과 최우선변제 대상(사례)이 되는 보증금 금액을 이원화하고 있습니다.

▶ 주택과 달리 상가의 확정일자는 세무서에서 받아야 합니다.

예를 들어 서울 소재의 상가를 보증금 1억, 월세 100만 원에 계약하였다면 환산보증금은 2억(1억 + 100만 × 100)이므로 법 적용(환산 9억 원 이하)대상에 해당하지만 최우선변제 대상(보증금 6,500만 원 이하)에서는 제외됩니다.

여기서 최우선변제 대상이 되는 소액임차인의 판단 기준은 순수보증금이 아니라 환산보증금이라는 사실에 주의해야 합니다.

▶ 환산보증금 초과 세입자의 경우 우선변제권이 없으므로, 특약을 통하여 전세권설정등기 또는 근저당설정등기와 같은 안전장치를 마련해 주어야 할 것입니다.

상가건물 임대차보호법 금액 적용표

법령시행일	지역	환산보증금(이하)	소액보증금범위(이하)	최우선변제금액
2010.07.26. ~2013.12.31	서울특별시	30,000만원	5,000만원	1,500만원
	과밀억제권역(서울외)	25,000만원	4,500만원	1,350만원
	광역시(군지역외) 안산,용인,김포,광주시	18,000만원	3,000만원	900만원
	그 밖의 지역	15,000만원	2,500만원	750만원
2014.01.01. ~2018.01.25	서울특별시	40,000만원	6,500만원	2,200만원
	과밀억제권역(서울외)	30,000만원	5,500만원	1,900만원
	광역시(군지역외) 안산,용인,김포,광주시	24,000만원	3,800만원	1,300만원
	그 밖의 지역	18,000만원	3,000만원	1,000만원
2018.01.26. ~2019.04.01	서울특별시	61,000만원	6,500만원	2,200만원
	과밀억제권역(서울외)	50,000만원	5,500만원	1,900만원
	부산광역시(기장군외)	50,000만원	3,800만원	1,300만원
	부산광역시(기장군)	50,000만원	3,000만원	1,000만원
	광역시(군지역외) 안산,용인,김포,광주시	39,000만원	3,800만원	1,300만원
	세종,파주,화성시	39,000만원	3,000만원	1,000만원
	그 밖의 지역	27,000만원	3,000만원	1,000만원
2019.04.02. ~	서울특별시	90,000만원	6,500만원	2,200만원
	과밀억제권역(서울외)	69,000만원	5,500만원	1,900만원
	부산광역시(기장군외)	69,000만원	3,800만원	1,300만원
	부산광역시(기장군)	69,000만원	3,000만원	1,000만원
	광역시(군지역외) 안산,용인,김포,광주시	54,000만원	3,800만원	1,300만원
	세종,파주,화성시	54,000만원	3,000만원	1,000만원
	그 밖의 지역	37,000만원	3,000만원	1,000만원

*이전 기준시점은 대법원 인터넷등기소[소액임차인의 범위 안내]참조

(2) 계약 기간

- **최단 존속기간은 1년입니다(주택임대차보호법은 2년 보장)**
  1년 미만으로 정하였을 경우, 임차인은 그 기간을 주장할 수 있으나 임대인은 1년 미만 주장 불가능묵시적으로 갱신된 경우, 그 보장 기간은 1년입니다.(주택의 경우 2년)

- **최장 존속기간은 10년입니다**
  2018.10.16. 이후 최초계약 또는 갱신된 계약에 적용됩니다.
  법이 적용되는 시점과 관련하여 협회에 문의가 상당히 많은 실정입니다. 아래 예에서 알기 쉽게 설명해 보겠습니다.

- **계약갱신 요구권**
  임차인이 별다른 사고를 안내고(차임 3기 연체 등) 잘 지냈다면 1년마다 계약 갱신을 요구할 수 있습니다. 즉, 1년 계약을 했다면 9번 계약 갱신을 요구하여 최대 10년까지 장사를 할 수 있습니다.
  법 적용 범위를 초과하는 보증금액의 임대차에도 적용 ○
  → 차임 3기 연체의 의미 : 계약 해지가 가능한 3기 연체와는 조금 의미가 다르다는 것에 주의해야 합니다. 예를 들어 설명하겠습니다.

사례

2013.11.16.부터 고기집을 운영 중인 임차인 乙은 임대인 甲과 재계약으로 계약을 연장하던 중 2018.11.15. 계약이 만료 예정이나 상호 별 다른 얘기가 없이 만료일이 경과되어 계약이 묵시적인 갱신상태로 현재(2019.06.15.)까지 이르고 있습니다.
그러던 중 임대인 甲이 "자신의 아들이 실직자가 되어서 그곳에 커피숍을 차려줄 생각이니 묵시적 갱신기간이 만료되는 데로 상가를 정리하라"라고 하였습니다. 이때 乙은 자신만만한 웃음을 띠며 "사장님께서 개정된 법을 잘 모르시나 본데요. 2018.10.16. 이후로 계약이 갱신된 경우, 임차인은 총 10년간 장사할 수 있다고 하네요. 저는 아직 4년 더 남았습니다"
라고 말하였습니다. 임대인은 그 말을 듣고 깜짝 놀라서 친한 중개사에게 임차인이 한 말이 사실인지 물어 보았습니다.
과연 여러분이 이 질문을 받은 중개사라면 어떻게 답변을 하시겠습니까?

이 사례는 "2018.10.16.이후에 갱신된 계약"의 해석과 관련된 것이라 할 수 있으며, 계약이 아직 5년이 경과하지 않은 때 묵시적 갱신이 된 경우에도 같은 문제가 발생할 수 있습니다. 이와 관련하여 협회의 법률상담란에도 많은 질문이 올라오고 있는 사안입니다. 과연 "묵시적 갱신"도 개정법에서 말하는 "갱신"이라고 할 수 있을까요?

이와 관하여 각종 의견이 분분한 상황입니다.

일단 협회에서는 이 법에서 말하는 "갱신"에는 "묵시적 갱신"은 해당되지 않는다고 답변을 하고 있습니다. 그 이유로 재계약이나 계약갱신청구권을 요구하지 않은 임차인이 보장기간 10년을 주장하는 것은 "신의칙"에 맞지 않다는 이유입니다. 즉, 위의 사례에서 임대인은 임차인이 재계약을 요구하지 않아서 "이제는 나가려나 보다"라고 생각했는데 갑자기 임차인이 10년을 주장하는 것은 말이 안 된다는 설명입니다.

개인적인 생각으로는 법개정 시점 전에 임차인이 이미 그 당시 법으로 보장 되는 횟수의 갱신 요구권을 모두 사용하여 5년의 계약기간을 보장 받았으므로, 개정법에 의한 10년을 주장할 수 없다고 보아야 할 것입니다.

사례

임차인 乙은 임대인 甲의 건물 지하에서 PC방을 운영하고 있습니다. 그런데 PC방 사업이 사양길에 접어들어 3개월 치 월세를 못 내고 있는 중 더 이상 월세가 밀리면 계약을 해지하겠다는 주인의 말을 들었습니다. 자신이 권리금을 한 푼도 못 건지고 계약을 해지 당할까 두려워진 乙은 우선 한 달치를 냈습니다. ①그러던 중 계약이 만기가 되었는데 아직 인수자를 찾지 못한 乙은 甲에게 계약 갱신을 요구하였습니다. ②그런데 주인은 맘이 변하여 밀린 월세 3개월 치를 다 안 냈으니 계약을 해지하겠다고 했습니다.

사례가 ①의 방향으로 흘렀을 경우 甲은 계약갱신을 거부할 수 있을까?

→ 계약갱신 요구권에서 3기 연체는 범죄자들의 '전과'라 생각하면 됩니다. 이미 3기 연체라는 범죄를 저질렀기 때문에 그 후에 한 달 치라도 내서 연체액을 2기로 만들었어도 계약갱신 요구권

을 행사할 수 없게 됩니다.

사례가 ②의 방향으로 흘렀을 경우에는 甲은 계약해지를 할 수 있을까?
→ 계약해지가 가능한 3기 연체는 '전과'가 아니라 계약을 해지하려는 당시에 차임 연체 총액이 3기에 달하였는지로 판단합니다. 즉, 10만 원이라도 보내서 누적연체 총액이 3기가 되는 것을 막으면 甲은 계약해지가 불가능합니다.

- **관리비 연체**
  횟수에 상관없이 연체하여도 계약갱신요구에 영향을 미치지 않고, 계약해지도 불가능합니다. 특약을 넣어서 관리를 할 필요가 있는 사항입니다. 예를 들어 '관리비 5회 연체 시 계약해지가 가능하다' 같은 특약을 넣더라도 상임법 위반이 아닙니다.

- **부가세 연체**
  부가세 연체 : 관리비 연체와 같은 논리가 적용됩니다.

(3) 권리금의 보호

상임법상의 권리금 보호 규정(10조의4)은 쉽게 말해서 "임차인이 계약 시 임대인에게 건물의 재건축 계획, 대규모 수선 계획 등의 말을 듣지 못했고, 계약기간 동안 월세를 잘 내면서 장사했다면, 계약 종료 6개월 전부터는 임대인에게 새로운 세입자를 데리고 가서 계약을 요구하여 권리금을 회수할 수 있다"는 것입니다.

① 업종불문

계약 기간이 6개월 넘게 남았을 경우에는 주인이 업종을 가려서 받겠다고 해도 임차인은 속만 상하지 어떻게 할 수 없습니다. 하지만, 6개월 이내부터는 미용실 하던 자리에 보신탕을 하겠다는 사람을 데려가도 주인은 계약체결을 거부할 수 없습니다.

② 주인이 직접 장사를 하겠다?

가끔씩 소유자가 직접 장사를 할 것이라고 새로운 세입자와의 계약 체결을 거부하는 경우가 있습니다. 이 부분은 의견이 나누어지는데, 이것을 임대인이 계약을 거부할 수 있는 정당한 사유라고 볼 수 있을까요? 다수의견은 법의 취지에 맞지 않고 악용될 소지가 있으므로 정당한 사유로 볼 수 없다고 합니다. 즉, 임대인 자신이 장사를 한다고 계약을 거부하면 손해배상을 하여야 할 것입니다.

③ 상임법에서 보장하는 최대 보장기간 10년을 다 채우고 계약이 만료예정인 임차인에게도 권리금 보호규정이 적용되는가?

즉, 10년간 장사한 임차인이 계약 만료 6개월 전에 새로운 임차인을 데리고 온 경우에 임대인은 정당한 이유 없이 이를 거절할 수 없는가 하는 문제입니다.

여기에 관하여 다수설은 이 경우에도 법을 적용하면 임대인에게 너무 불리하다고 하여 부정하는 입장입니다. 하지만 판례는 권리금보호규정은 최대보장기간규정과 관련이 없다고 하여 이를 긍정하고 있습니다.

상식적으로는 판례의 태도보다는 다수설 입장이 맞다는 생각을 해봅니다. 추가 판례를 기다려 봅니다.

④ 백화점, 복합 쇼핑몰 등 대규모(면적 3,000이상)인 점포 또는 준 대규모 점포는 예외적으로 권리금 보호규정이 적용되지 않습니다.

하지만, 전통시장은 개정법을 통해 대규모 점포에서 제외되어 권리금보호규정이 적용되게 되었습니다.

(4) 차임증감청구

차임증감이라고 되어 있지만, 실제로는 주인이 월세를 얼마나 올릴 수 있냐는 문제입니다.

① 연 5%까지 증액청구 가능

여기서 5%는 보증금, 월세 중 하나만 골라서 올려야 하는 것일까요? 의견이 나누어지는 부분입니다 다만, 보증금, 월세 양쪽 모두 5%를 올릴 수 있다고 합니다.

② 이 규정은 보증금이 상임법에서 규정한 금액 이상인 경우에는 적용하지 않습니다.

즉, 환산보증금이 9억 1천만 원인 서울지역 상가라면 임차인이 갱신요구는 할 수 있으나 임대인이 마음대로 월세를 올릴 수 있습니다. 그리하여 임대인은 어차피 갱신을 원하지 않으면 월세를 많이 올릴 것이므로 갱신요구가 무의미해질 수 있습니다.

③ 법무부에서는 점차적으로 환산보증금제도를 폐지할 예정이므로, 앞으로는 모든 사업자에게 5% 제한 규정이 적용될 듯 합니다.

3) 상가임대차 계약의 시간적 진행과정

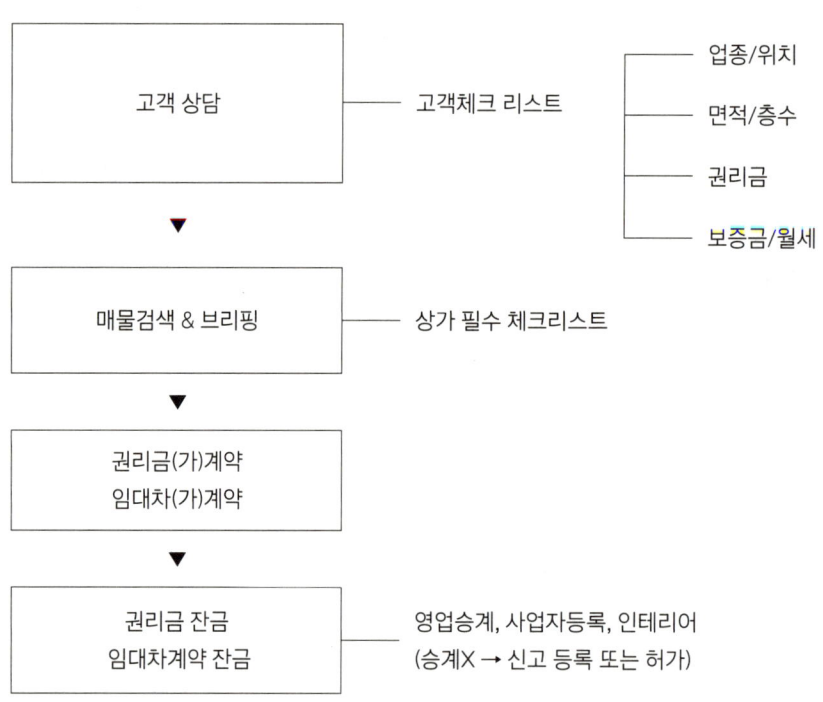

(1) 계약 전 고려사항(상가 필수 체크리스트)

- **기존 상가** - 업종, 시설(시설승계 및 재사용 가능 여부), 계약 상황(기간, 보증금 및 월세, 관리비)

- **행정적 적합**(승계 인수일 경우 * 표시된 사항만 고려)
  - 업종 적합성
    - 업종구별(허가, 신고, 등록, 자유 업종) 확인
    - 업종의 용도분류(1종근생, 2종근생 등) 확인
    - 바닥면적 제한 확인
    - 동일 건물 내 업종별 면적 제한
    - 안전시설완비증명서 필요 여부(다중시설 여부) *
    - 교육환경보호구역에 의한 입지규제 확인
    - 기존 임차인 폐업 여부(또는 지위 승계 가능 여부)
    - 개별법령에 따른 제한
  - 시설 적합성
    - 정화조(용량 적격, 추가시설 필요 여부)
    - 도시가스(용량 적격, 추가시설 필요 여부)
    - 전기(용량 적격, 추가시설 필요 여부)
    - 법령에 따른 추가시설
  - 불법 건축물 유무*
  - 행정 처분 유무*
  - 하수도원인자부담금 발생 여부 및 예상금액
    상가관리단규약 확인

  <승계인수일 경우 *표시된 사항만 고려함>

- **입지 적합** - 유동인구(정적유동인구, 동적유동인구), 인근 유사업종 여부, 주변 상가 업종(일몰 후 주변 밝기)

- **건물주(또는 현 임차인) 희망 계약 내용** - 권리금, 보증금, 월세, 관리비, 부가가치세, 상가 재건축 및 리모델링 계획

위 항목들에 대해 자세히 살펴보면 다음과 같습니다.

① 업종 : 빈 점포이거나 현임차인의 계약 기간이 만료 시까지 6개월 이상 남았다면 임대인이 어떤 업종이 들어오는 것을 기피하는지 확인해야 합니다. 중개사가 혼자만의 생각으로 이 업종도 주겠지 ~하고 생각해서 권리금(가)계약을 체결하면 나중에 임대인이 임대차계약 체결을 거부해서 난감한 상황이 될 수 있습니다.

반드시 임대인이 그 업종도 상관없다는 의사를 녹음, 메시지, 메신저 등으로 남겨놓아야 합니다.

② 시설 : 빈 점포가 아닐 경우 기존 시설이나 물품들이 새로운 임차인에게는 필요가 없는 경우가 있습니다. 어떤 것을 철거, 수거하고 어떤 것을 그대로 두고, 가져가는지 반드시 체크해야 합니다.

특히, 폐업된 상가인데도 기존 임차인이 시설을 철거하지 않고 도망간 경우가 많은데, 이 경우에 기존시설 철거를 임대인에게 요청해야 합니다. 그렇지 않으면 임차인에게 알아서 철거하라고 하는 임대인이 있어 중개인이 난처한 상황에 놓이게 됩니다. 이 경우 임차인이 인테리어 하면서 철거를 하는 대신에 월세를 감액하도록 임대인을 설득하는 것도 좋은 방법입니다.

③ 계약상황
▶ 기간 : 계약 기간이 6개월도 남지 않았다면 임대인이 업종선택 불가
▶ 보증금/월세 : 현재 임차인이 보증금 3천만 원에 월세 1백만 원으로 장사하고 있다고 해서 임대인이 새로운 임차인에게도 그렇게 줄 것이라고 판단해서는 절대 안 됩니다. 반드시 임대인의 요구사항을 묻고 녹음, 메시지, 메신저 등으로 남겨 놓아야 합니다.
▶관리비: 관리비는 임차인이 계약 체결을 결정하는데 영향을 미치는 중요한 요소 중 하나로 간주하므로, 공인중개사는 반드시 관리비에 관하여 확인하여 설명해야 합니다.

※관리비 관련 질문 유형

• 공인중개사는 관리비의 액수 및 연체 여부에 관한 확인설명 의무가 있는가?
☞ 공인중개사는 상가, 오피스텔 등을 중개할 경우에 관리비의 액수 및 연체 여부에 관하여 확인설명 의무가 있다고 보는 것이 다수설이며 협회의 의견이기도 합니다.
따라서 중개시 관리비에 대한 확인을 소홀히 해서는 안 될 것입니다.

• 관리비 연체를 이유로 임대인은 계약을 해지할 수 있는가?
☞ 임차인이 관리비를 일정 기간 동안 연체하였다는 이유만으로 임대인이 계약을 해지할 수는 없습니다.
하지만 계약서에 관리비를 일정 횟수 연체를 하면 계약을 해지할 수 있다는 특약을 기입한 경우, 이 특약은 유효합니다.

• 상가 관리비에 포함된 장기수선충당금을 차후에 반환 받을 수 있는가?
☞ 과거(2021년2월5일 전) 집합건물 상가의 경우에는 주택과 달리 임차인이 계약만료시 임대인에게 장기수선충당금의 반환을 청구할 수 있는 법적 근거가 없었습니다.
하지만 현재는 집합건물법 제17조의2과 시행령 제5조의4에 근거하여 상가임차인도 주택임차인처럼 계약만료시 임대인에게 장기수선충당금의 반환을 청구할 수 있게 되었습니다.

• 전 임차인이 연체하고 나간 관리비는 어떻게 해결해야 하나?
☞ 전임차인이 연체한 관리비는 당연히 소유자인 임대인이 해결해야 합니다. 따라서 임대차계약시에 연체된 관리비의 유무를 반드시 확인하여, 연체 관리비 존재시 임대인이 잔금 전까지 해결하도록 하는 특약을 기재해 놓는 것이 좋습니다.

> **사례**
>
> 중개사 甲은 월세 1백만 원 정도짜리 상가를 원하는 고객에게 딱 맞는 상가를 찾았습니다. 현재 영업 중인 임차인으로부터 자신이 월세 1백만 원에 계약을 하고 있으며, 주인이 그 조건 그대로 계약을 해 줄 것이라는 말을 들었습니다. 그래도 甲은 임대인 乙에게 전화를 걸어서 현재 임차인과 같은 조건에 계약을 해주겠냐는 답을 재차 확인하고 권리금 계약을 진행하였습니다. 며칠 후 임대인과 만나서 고객과 임대차계약을 체결하려고 하는데, 임대인이 자기가 말한 월세와 다르다고 계약 체결을 거부합니다. 중개사 甲은 그 때 통화로 월세 1백만 원에 주기로 하지 않았냐고 따지자 임대인은 누가 몇 년 전 월세로 주느냐 그런 말 한 적 없다고 합니다.

참 화나고, 황당한 상황이지만 이런 임대인이 생각보다 많습니다. 반드시 증거를 남겨서 임대인의 황당한 오리발 때문에 계약이 깨지는 일이 없도록 해야겠습니다.

④ 업종구별 확인

업종에는 허가업종, 신고업종, 등록업종, 자유업종이 있습니다.

▶ 허가업종이란 규제를 받지 아니하고 영업을 하게 되면 공익을 해칠 우려가 있는 경우에 이것을 배제할 목적으로 공공의 안전, 질서유지 등 공익을 위한 최소한의 방법으로 지도, 감독하는 허가제(허가권자의 허가를 받아야 영업 가능)로 규정한 업종입니다.

허가업종의 예로는 시군구청장의 허가를 얻는 단란주점업, 게임업, 제조담배업(지정업종), 영유아보육업(인가업종), 시도지사의 허가를 얻는 병원업, 세무서장의 허가를 얻는 주류판매업(면허업종)이 있습니다.

▶ 신고업종이란 특정 사실 또는 법률관계의 존부에 관하여 행정관청에 알리는 것이 필요하고 또는 일정한 영업을 함에 있어서 행정관청에 협조를 구해야 하는 경우는 신고제로 규정하고 이에 해당하는 업종을 말합니다. 예로는 일반음식점, 휴게음식점, 즉석판매, 제조가공업, 숙박업 및 목욕탕, 동물병원, 한의원은 시군구청장에게, 과외교습소는 교육감에게 신고하면 됩니다.

▶ 등록업종은 일정한 법률사실이나 법률관계가 공적으로 표시, 증명될 필요가 있는 경우 또는 일정한 영업에 있어 인허가가 단순히 업무의 개시요건에 불과하거나 인허가의 여부에 관하여 처분요건이 없고 행정관청의 재량의 여지가 전혀 없는 경우에 등록제로 규정하여, 영업과 관련된 일정 사실이 기록된 등록신청서를 해당 관청에 제출 시 해당 장부가 등재되면 법률관계 존재가 공시 또는 증명되는 업종을 말합니다. 노래방, 안경업, 약국, 체육시설, 부동산중개업, 직업소개소는 시군구청장에게, 학원업은 교육감에게, 여행업은 시도지사 또는 시군구청장에게 신청서를 제출하면 됩니다.

▶ 자유업종은 완제품을 판매하는 소매점 대부분이 이에 해당되며 별도의 영업신고가 필요 없습니다. 따라서 세무서에 사업자등록만 하면 되므로 위반건축물 해당 여부가 문제되지 않습니다. 흔히 볼 수 있는 대표적인 자유업종은 다음과 같습니다.

> 편의점이나 마트, 사무실, 의류매장, 휴대폰 판매점, 문구점, 화장품, 꽃집

관련법규	허가	등록	신고
식품위생법 시행령	단란주점영업, 유흥주점영업, 식품 첨가물 제조업/ 식품 조사 처리업 (식품의약품안전청)		휴게음식점영업 일반음식점영업 제과점영업 위탁급식영업 기타 식품제조가공업 등 수입판매업(식품의약품안전청)
공중위생 관리법			공중위생영업 (숙박업, 목욕장, 이미용업, 세탁업, 위생관리용역업)
게임 산업진흥에 관한법률	일반게임제공업	게임제작업, 배급업, 청소년게임 제공업, 인터넷 컴퓨터 게임 시설제공업	복합유통게임제공업

음악 산업진흥에 관한법률		노래연습장	음반. 음악영상물 제작업 음반. 음악영상물 배급업
영화 및 비디오물의 진흥에 관한법률	비디오물시청제공업 (감상실, 소극장업)	비디오물 제작업(시도) 비디오물 배급업(시도)	영화업자(영진위)
학원의 설립운영 및 과외교습에 관한법률		학원, 독서실(교육감) 병설숙박시설(지도)	교습소(교육감) 개인과외교습자(교육감)
체육시설의 설치이용에 관한법률		골프장업(시도) 스키장업(시도) 자동차 경주장업(시도)	요트장업, 조정장업, 당구장업 카누장업, 빙상장업, 승마장업 종합체육시설업, 수영장업 체력단련장업, 썰매장업, 무도학원업, 무도장업
기타	의약품 제조업 화장품 제조업 생물 제조업 의료용구/ 위생용품제조업 고압가스판매업 용역경비업 소방용 기계 기구제조업 유료노인복지시설 유료직업소개소업 석유판매업	부동산중개업 안경업소 약국 창고업 전기용품 제조업 공해방지시설업 출판인쇄업 다단계판매 농약판매업 여행업 전문서비스업 축산물판매업	장난감제조업 세척제제조업 건설기계매매업 무역업, 무역대리업 샘물수처리제 및 용기수입업 기술 관련 서비스업 결혼상담업 동물병원 만화대여업 옥외광고업 장례식장업 체육시설업 혼인예식장업

⑤ 업종의 용도 분류 확인

건축물대장을 통해 입점하려는 상가의 용도를 의뢰인에게 확인 및 설명하는 것은 상가중개에서 가장 중요한 요소입니다.

● 상가임대차 중개시 공인중개사의 확인설명 의무(참여마당 신문고 유권해석)

(질문) 개업공인중개사가 식당의 임대차계약을 중개함에 있어 임차인의 식당 인허가 관련 사항을 확인하여 의뢰인에게 설명할 의무가 있는지 여부

(답변) 공인중개사법 제25조 및 동법 시행령 제21조의 규정에 따라 중개업자가 중개대상물의 확인설명 사항에 대하여 확인 및 설명을 하도록 되어 있으며, 동법 시행령 제21조 제1항의 규정에 따르면 중개업자는 중개대상물의 용도에 대해 확인 및 설명 하도록 되어있는바, 이 경우 건축물 용도는 건축물대장에 기재된 용도에 대해서 확인 및 설명할 의무가 있다고 보아야 할 것이며, 해당 음식점 영업이 가능한지 여부까지 중개업자가 확인 및 설명할 의무는 없다고 봅니다.

▶ 건축물 용도별 분류

하위시설군에서 상위시설군으로 변경하는 경우는 허가대상, 상위시설군에서 하위시설군으로 변경하는 경우는 신고대상이며 동일한 시설군 내에서 용도 변경하는 경우는 건축물대장의 기재사항 변경신청 대상입니다.

시설군	용도군
1. 자동차 관련 시설군	자동차 관련 시설
2. 산업 등 시설군	운수시설 / 창고시설 / 공장 / 위험물 저장 및 처리시설 / 분뇨 및 쓰레기 처리시설 / 묘지 관련 시설 / 장례식장
3. 전기통신시설군	방송통신시설 / 발전시설
4. 문화집회시설군	문화 및 집회시설 / 종교시설 / 위락시설 / 관광 휴게시설
5. 영업시설군	판매시설 / 운동시설 / 숙박시설 / 제2종 근린 생활시설 중 다중생활시설(구 고시원)
6. 교육 및 복지시설군	의료시설 / 교육연구시설 / 노유자시설 / 수련시설
7. 근린생활시설군	제1종 근린 생활시설 / 제2종 근린 생활 시설
8. 주거업무시설군	단독주택 / 공동주택 / 업무시설 / 교정 및 군사시설
9. 그 밖의 시설군	동물 및 식물 관련 시설

▶ 건축물 용도별 업종 분류

• 식품접객업

종류	내용	용도지역	건축물용도	법규정	절차
휴게음식업	다류, 아이스크림류 등을 조리, 판매하거나 패스트푸드점, 분식점 형태로 음식류를 조리, 판매하는 영업으로 음주 행위가 허용되지 않는다. 배달업종이 많고 편의점, 슈퍼 등과 같은 장소에서 컵라면, 1회용 등 그 밖의 음식에 뜨거운 물을 부어주는 경우는 제외된다.	전용주거지역만 제외	영업장 바닥면적이 300㎡ 미만인 경우는 1종근린생활시설에, 300㎡ 이상은 2종 근린 생활시설에 입점 가능	식품위생법	신고업종
일반음식업	음식류를 조리, 판매하는 영업으로서 식사와 함께 부수적으로 음주 행위가 허용된다. 주로 탕반류, 분식류, 고기류 등의 음식을 취급하면서 부수적으로 주류를 판매하는 영업이다.	전용주거지역만 제외	영업장 바닥면적의 제한이 없다. 2종 근린 생활시설에 입점 가능	식품위생법	신고업종
단란주점	주류를 조리, 판매하는 영업으로 손님이 노래를 부르는 행위가 허용된다. (노래연습장은 주류판매가 되지 않으므로 주의)	상업지역만 허용	영업장 바닥면적이 150㎡ 미만인 경우는 2종 근린 생활시설에, 150㎡ 이상은 위락시설에 입점 가능	식품위생법	허가업종
유흥주점	주류를 조리, 판매하는 영업으로 유흥종사자를 두거나 유흥시설을 설치할 수 있고 손님이 노래를 부르거나 춤을 추는 행위가 허용된다. 디스코, 캬바레, 룸살롱 형태가 있다.	상업지역만 허용	영업장 바닥면적의 제한이 없다. 위락시설에만 입점 가능	식품위생법	허가업종
제과점	빵, 떡, 과자 등을 제조, 판매하는 영업으로 음주 행위가 허용되지 않는다. 2005년 7월 28일 이전에는 휴게음식점으로 분류되어 왔으나 식품위생법시행령의 개정으로 휴게음식점에서 분리되었다.	전용주거지역만 제외	영업장 바닥면적이 300㎡ 미만인 경우는 1종 근린 생활시설에, 300㎡ 이상은 2종 근린 생활시설에 입점 가능	식품위생법	신고업종

• 공중위생관련업

종류	내용	용도지역	건축물용도	법규정	절차
이용업	머리카락 또는 수염을 깎거나 다듬는 등의 방법으로 용모를 단정하게 하는 영업이다.	전용주거지역만 제외	1종 근린 생활시설에 입점가능	공중위생관리법	신고업종
미용업	얼굴, 머리, 피부 등을 손질하여 외모를 아름답게 꾸미는 영업으로 네일아트, 마사지샵 등도 미용업에 포함된다.	전용주거지역만 제외	1종 근린 생활시설에 입점가능	공중위생관리법	신고업종
목욕장업	물로 목욕할 수 있는 시설 및 설비 등의 서비스나 맥반석, 황토, 옥 등을 직접 또는 간접 가열하여 발생되는 열기 또는 원적외선을 이용하여 땀을 낼 수 있는 시설 및 설비 등의 서비스를 제공하는 영업을 말한다.	전용주거지역만 제외	1종 근린 생활시설에 입점가능	공중위생관리법	신고업종
세탁업	의류 기타 섬유제품이나 피혁제품 등을 세탁하는 영업을 말한다.	전용주거지역만 제외	공장시설 여부에 따라 1종 근린 생활시설과 2종 근린 생활시설에 입점가능	공중위생관리법	신고업종
숙박업	잠을 자고 머무를 수 있도록 시설 및 설비 등의 서비스를 제공하는 영업을 말한다. 농어촌 소재 민박 등 대통령령이 정하는 경우는 제외된다.	상업지역 또는 준공업지역	숙박시설에 입점가능	공중위생관리법	신고업종

• 유통관련업

종류	내용	용도지역	건축물용도	법규정	절차
비디오물 감상실업 (DVD방)	다수의 구획된 시청실과 비디오물 시청 기자재를 갖추고 비디오물을 공중의 시청에 제공하는 영업을 말한다.	전용주거지역만 제외	영업장 바닥면적 500㎡ 미만은 2종 근린 생활시설, 500㎡ 이상은 문화 및 집회시설에 입점 가능	영화 및 비디오물의 진흥에 관한 법률	등록업종
청소년 게임 제공업 (청소년 오락실)	게임 산업진흥에 관한 법률 제21조의 규정에 따라 등급 분류된 게임물 중 전체 이용가 게임물만을 설치하여 공중의 이용에 제공하는 영업을 말한다.	전용주거지역만 제외	영업장 바닥면적 500㎡ 미만은 2종 근린 생활시설, 500㎡ 이상은 판매시설에 입점 가능	게임 산업진흥에 관한법률	등록업종

종류	내용	용도지역	건축물용도	법규정	절차
일반게임 제공업 (일반 오락실)	게임 산업진흥에 관한 법률 제21조의 규정에 따라 등급 분류된 게임물 중 청소년이용 불가 게임물과 전체 이용가 게임물을 설치하여 공중의 이용에 제공하는 영업을 말한다.	원칙적 상업지역에만 입점 가능, 조례가 조건부로 허용하는 경우는 일반 주거지역에도 입점 가능	판매시설	게임 산업진흥에 관한법률	허가 업종
인터넷 컴퓨터 게임 설비 제공업 (PC방)	컴퓨터 등 필요한 기자재를 갖추고 공중이 게임물을 이용하거나 부수적으로 그 밖의 정보 제공물을 이용할 수 있도록 하는 영업을 말한다.	전용주거 지역만 제외	영업장 바닥면적 500㎡ 미만은 2종 근린 생활시설, 500㎡ 이상은 판매시설에 입점 가능	게임 산업진흥에 관한법률	등록 업종
노래 연습장업 (노래 연습장)	연주자를 두지 않고 반주에 맞추어 노래를 부를 수 있도록 하는 영상 또는 무영상 반주장치 등의 시설을 갖추고 공중의 이용에 제공하는 영업을 말한다. 주류 판매 및 유흥접객원은 허용되지 않는다.	전용주거 지역만 제외	바닥면적 제한이 없다. 2종 근린 생활 시설에 입점 가능	음악 산업진흥에 관한법률	등록 업종

• 체육시설업

종류	내용	용도지역	건축물용도	법규정	절차
탁구장/체육도장 (태권도, 권투, 유도, 합기도, 검도 등)			영업장 바닥면적 500㎡ 미만은 1종 근린 생활시설, 500㎡ 이상은 운동시설에 입점 가능	체육시설 설치이용에 관한법률	신고 업종
당구장/ 골프연습장 (스크린골프장)/ 체력단련장 (피트니스, 헬스장)	당구장 : 당구대 1대당 최소 면적 16㎡ 이상이어야 하고 당구대를 3대 이상 설치하여 영업하는 장소	당구장, 스크린골프장은 전용 주거지역 제외	영업장 바닥면적 500㎡ 미만은 2종 근린 생활시설, 500㎡ 이상은 운동시설에 입점 가능	체육시설의 설치이용에 관한법률	신고 업종

무도장(콜라텍)/ 무도학원 (스포츠댄스 등)	무도장 : 입장료 등을 받고 국제표준댄스(볼룸댄스)를 할 수 있는 장소를 제공한다. 술을 판매해서는 안 된다. 무도학원 : 수강료 등을 받고 국제표준댄스(볼룸댄스) 과정을 교습하는 장소로서 학원 설립운영 및 과외교습에 관한 법률에 따른 학원은 제외한다.	상업지역만 가능	위락시설에만 입점가능	체육시설의 설치이용에 관한법률	신고 업종
에어로빅장/ 볼링장		전용주거 지역만 제외	영업장 바닥면적 500㎡ 미만은 2종 근린 생활시설, 500㎡ 이상은 운동시설에 입점 가능	체육시설의 설치이용에 관한법률	자유 업종

• 교육, 의료, 자동차 관련업

	종류	건축물용도	절차
교육관련업	유치원	교육연구시설	등록업종
	어린이집	노유자시설	신고업종
	학원	2종 근린 생활시설 교육연구시설	등록업종
	독서실	2종 근린 생활시설	등록업종
	교습소	2종 근린 생활시설 교육연구시설	신고업종
의료관련업	병원	의료시설	등록업종
	의원	1종 근린 생활시설	신고업종
	약국	1종 근린 생활시설	등록업종
	산후조리원	1종 근린 생활시설	신고업종
	노인요양시설	노유자시설	신고업종
	안경점	1종 근린 생활시설	등록업종
자동차관련업	카센터	2종 근린 생활시설 자동차관련시설	등록업종
	자동차용품점	1종 근린 생활시설 판매시설	자유업종
	자동차판매점	2종 근린 생활시설 판매시설	자유업종
	주유소	위험물 저장 및 처리시설	등록업종
	세차장	자동차관련시설	신고업종
기타	여행사	1종 근린 생활시설	등록업종
	소매점	1종 근린 생활시설 판매시설	자유업종
	부동산	2종 근린 생활시설 업무시설	등록업종
	안마시술소	2종 근린 생활시설	신고업종
	고시원	2종 근린 생활시설	신고업종

⑥ 바닥면적 제한 확인

건축물의 용도를 변경할 경우 업종별 바닥면적 제한이 있으므로 이에 대한 확인이 필요하고, 기준면적을 초과할 경우 반드시 용도변경을 하여야 입점 가능하므로 이에 대한 숙지가 필요합니다. 이에 대해 표로 정리하면 다음과 같습니다.

▶ 건축물 용도 변경 시 업종별 면적제한(바닥면적)에 따른 기준면적(전용+공용면적)
   (150㎡, 300㎡, 500㎡, 1000㎡ 꼭 기억할 것)

기준면적	150㎡		300㎡		500㎡		1000㎡
업종	단란주점		휴게음식점/제과점/커피전문점/분식집 등		이 표에서 언급한 것을 제외한 나머지 업종		소매점/슈퍼마켓/편의점/1종 판매점/자동차영업소/서점/그 외 자유업종
변경사항	150㎡ 미만은 2종 근린 생활시설	150㎡ 초과는 위락 시설로 변경	300㎡ 미만은 1종 근린 생활시설	300㎡ 초과는 2종 근린 생활시설로 변경	500㎡ 미만은 2종 근린 생활시설	500㎡ 초과는 그 외 시설 군으로 변경	1,000㎡ 초과 여부에 따라 시설군 확인

▶ 이 중 실제 많이 거래되는 기준면적 500㎡를 살펴보겠습니다.

업종	당구장/볼링장/에어로빅장/골프연습장/체력단련장 등		PC방/청소년오락실		부동산중개업소/사무소/은행	
변경사항	500㎡ 미만은 1종 또는 2종 근린 생활시설	500㎡ 초과는 운동시설로 변경	500㎡ 미만은 2종 근린 생활시설	500㎡ 초과는 판매시설로 변경	500㎡ 미만은 2종 근린 생활시설	500㎡ 초과는 업무시설로 변경

업종	학원		교회/성당/기도원/사당		고시원		DVD방/영화관	
변경사항	500㎡ 미만은 2종 근린 생활시설	500㎡ 초과는 교육연구 시설로 변경	500㎡ 미만은 2종 근린 생활시설	500㎡ 초과는 종교 시설로 변경	500㎡ 미만은 2종 근린 생활시설	500㎡ 초과는 숙박 시설로 변경	500㎡ 미만은 2종 근린 생활시설	500㎡ 초과는 문화 및 집회 시설로 변경

▶ 서민창업이 많은 판매, 체육, 문화, 업무시설(제2종 근린생활시설)은 업종 변경이 자유롭도록 최대허용면적이 500㎡로 단일화되었습니다.

▶ 업종별 면적제한(바닥면적)이 없는 업종

업종	일반음식점 (갈비집, 삼계탕집, 설렁탕집 등)	의원/치과의원/ 한의원/산후 조리원/세탁소 (세탁공장 제외)	동물병원	독서실/ 사진관/기원	노래연습장
변경사항	2종 근린 생활 시설에만 입점 가능	1종 근린 생활 시설에만 입점가능	2종 근린 생활 시설에만 입점가능	2종 근린 생활 시설에만 입점가능	2종 근린 생활 시설에만 입점가능

이와 같은 바닥면적 제한은 건축법에서 규정하고 있는데 그 중 건축법 제3조의5 관련 별표1에서 용도별 건축물의 종류와 업종별 바닥면적 제한을 열거하고 있습니다.

건축법시행령 제3조의5 별표1의 내용 중 주로 중개의 대상이 되는 제 1종 근린생활시설과 제 2종 근린생활시설을 살펴보면 다음과 같습니다.

제1종 근린생활시설

- 식품·잡화·의류·완구·서적·건축자재·의약품·의료기기 등 일용품을 판매하는 소매점으로서 같은 건축물(하나의 대지에 두 동 이상의 건축물이 있는 경우에는 이를 같은 건축물로 본다. 이하 같다)에 해당 용도로 쓰는 바닥면적의 합계가 1천 제곱미터 미만인 것
- 휴게음식점, 제과점 등 음료·차(茶)·음식·빵·떡·과자 등을 조리하거나 제조하여 판매하는 시설(제4호 너목 또는 제17호에 해당하는 것은 제외한다)로서 같은 건축물에 해당 용도로 쓰는 바닥면적의 합계가 300제곱미터 미만인 것
- 이용원, 미용원, 목욕장, 세탁소 등 사람의 위생관리나 의류 등을 세탁·수선하는 시설(세탁소의 경우 공장에 부설되는 것과 「대기환경보전법」, 「수질 및 수생태계 보전에 관한 법률」 또는 「소음·진동관리법」에 따른 배출시설의 설치 허가 또는 신고의 대상인 것은 제외한다)
- 의원, 치과의원, 한의원, 침술원, 접골원(接骨院), 조산원, 안마원, 산후조리원 등 주민의 진료·치료 등을 위한 시설

- 탁구장, 체육도장으로서 같은 건축물에 해당 용도로 쓰는 바닥면적의 합계가 500제곱미터 미만인 것
- 지역자치센터, 파출소, 지구대, 소방서, 우체국, 방송국, 보건소, 공공도서관, 건강보험공단 사무소 등 공공업무시설로서 같은 건축물에 해당 용도로 쓰는 바닥면적의 합계가 1천 제곱미터 미만인 것
- 마을회관, 마을 공동작업소, 마을 공동구판장, 공중화장실, 대피소, 지역 아동센터(단독주택과 공동주택에 해당하는 것은 제외한다) 등 주민이 공동으로 이용하는 시설
- 변전소, 도시가스배관시설, 통신용 시설(해당 용도로 쓰는 바닥면적의 합계가 1천 제곱미터 미만인 것에 한정한다), 정수장, 양수장 등 주민의 생활에 필요한 에너지공급·통신서비스제공이나 급수·배수와 관련된 시설
- 금융업소, 사무소, 부동산중개사무소, 결혼상담소 등 소개업소, 출판사 등 일반업무시설로서 같은 건축물에 해당 용도로 쓰는 바닥면적의 합계가 30제곱미터 미만인 것

제2종 근린생활시설

- 공연장(극장, 영화관, 연예장, 음악당, 서커스장, 비디오물 감상실, 비디오물 소극장, 그 밖에 이와 비슷한 것을 말한다. 이하 같다)으로서 같은 건축물에 해당 용도로 쓰는 바닥면적의 합계가 500제곱미터 미만인 것
- 종교집회장(교회, 성당, 사찰, 기도원, 수도원, 수녀원, 제실(祭室), 사당, 그 밖에 이와 비슷한 것을 말한다. 이하 같다)으로서 같은 건축물에 해당 용도로 쓰는 바닥면적의 합계가 500제곱미터 미만인 것
- 자동차영업소로서 같은 건축물에 해당 용도로 쓰는 바닥면적의 합계가 1천 제곱미터 미만인 것
- 서점(제1종 근린생활시설에 해당하지 않는 것)
- 총포판매소
- 사진관, 표구점
- 청소년게임제공업소, 복합유통게임제공업소, 인터넷 컴퓨터게임시설제공업소, 그 밖에 이와 비슷한 게임 관련 시설로서 같은 건축물에 해당 용도로 쓰는 바닥면적의 합계가 500제곱미터 미만인 것
- 휴게음식점, 제과점 등 음료·차(茶)·음식·빵·떡·과자 등을 조리하거나 제조하여 판매하는 시설(너목 또는 제17호에 해당하는 것은 제외한다)로서 같은 건축물에 해당 용도로 쓰는 바닥면적의 합계가 300제곱미터 이상인 것
- 일반음식점
- 장의사, 동물병원, 동물미용실, 그 밖에 이와 유사한 것
- 학원(자동차학원·무도학원 및 정보통신기술을 활용하여 원격으로 교습하는 것은 제외한다), 교습소(자동차교습·무도교습 및 정보통신기술을 활용하여 원격으로 교습하는 것은 제외한다), 직업훈련소(운전·정비 관련 직업훈련소는 제외한다)로서 같은 건축물에 해당 용도로 쓰는 바닥면

적의 합계가 500제곱미터 미만인 것
- 독서실, 기원
- 테니스장, 체력단련장, 에어로빅장, 볼링장, 당구장, 실내낚시터, 골프연습장, 놀이형 시설(「관광진흥법」에 따른 기타유원시설업의 시설을 말한다. 이하 같다) 등 주민의 체육 활동을 위한 시설(제3호 마목의 시설은 제외한다)로서 같은 건축물에 해당 용도로 쓰는 바닥면적의 합계가 500제곱미터 미만인 것
- 금융업소, 사무소, 부동산중개사무소, 결혼상담소 등 소개업소, 출판사 등 일반업무시설로서 같은 건축물에 해당 용도로 쓰는 바닥면적의 합계가 500제곱미터 미만인 것(제1종 근린생활시설에 해당하는 것은 제외한다)
- 다중생활시설(「다중이용업소의 안전관리에 관한 특별법」에 따른 다중이용업 중 고시원업의 시설로서 국토교통부 장관이 고시하는 기준에 적합한 것을 말한다. 이하 같다)로서 같은 건축물에 해당 용도로 쓰는 바닥면적의 합계가 500제곱미터 미만인 것
- 제조업소, 수리점 등 물품의 제조·가공·수리 등을 위한 시설로서 같은 건축물에 해당 용도로 쓰는 바닥면적의 합계가 500제곱미터 미만이고, 다음 요건 중 어느 하나에 해당하는 것
  - 「대기환경보전법」, 「수질 및 수생태계 보전에 관한 법률」 또는 「소음·진동관리법」에 따른 배출시설의 설치 허가 또는 신고의 대상이 아닌 것
  - 「대기환경보전법」, 「수질 및 수생태계 보전에 관한 법률」 또는 「소음·진동관리법」에 따른 배출시설의 설치 허가 또는 신고의 대상 시설이나 귀금속·장신구 및 관련 제품 제조시설로서 발생되는 폐수를 전량 위탁 처리하는 것
- 단란주점으로서 같은 건축물에 해당 용도로 쓰는 바닥면적의 합계가 150제곱미터 미만인 것
- 안마시술소, 노래연습장

위 규정에 따르면 업종에 따라 바닥면적제한(전용면적과 공용면적을 합한 건축물대장상 면적)이 있는 업종도 있고 그렇지 않은 업종도 있습니다. 휴게음식점의 경우는 바닥면적이 300㎡ 미만인 경우는 제1종 근린생활시설에, 300㎡ 이상이면 제2종 근린생활시설에 입점 가능합니다. 현재 근린생활시설군 간 용도변경절차가 생략되고 있어서 결과적으로 용도변경은 필요하지 않습니다. 그러나 학원의 경우는 좀 다릅니다. 바닥면적이 500㎡ 미만인 경우는 제2종 근린생활시설에 입점 가능하지만 500㎡ 이상이면 교육연구시설로 용도변경을 해야만 입점 가능합니다.

⑦ 동일건축물 내 업종별 면적제한

▶ 동일건축물 내의 바닥면적 제한이 2014년부터 기존의 소유자별 합산에서 임차인별 합산으로 변경이 되었습니다.

예를 들어 아래 건물에 스크린 골프연습장을 입점을 하려는 경우.

| 4층 치과 |
| 3층 음식점 |
| 2층 스크린 골프연습장 |
| 1층 공실 |

→ 각층 면적 400㎡

예전의 바닥면적 소유자별 합산방식으로는 이미 건물에 골프연습장(바닥면적 제한 500㎡)이 바닥면적을 400㎡을 차지하고 있으므로 신규 입주자는 동일 업종을 운영하기 위해서는 1층 상가 중 100㎡미만만 사용할 수밖에 없었으나, 개정된 임차인별 합산방식으로는 2층 임차인이 너무 골프장이 잘 되어 1층까지 스크린 골프연습장을 넓히는 건 불가능해도 신규 임차인이 1층에 스크린 골프연습장을 신규 창업하는 것은 가능합니다.

⑧ 안전시설완비증명서 필요 여부

'다중이용업소의 안전관리에 관한 특별법 시행령' 제2조에 따라 다중이용업소의 경우는 안전시설(소방시설)완비증명서를 확인해야 합니다. 아래 표에서 "당구장"은 다중이용업소에 포함되지 않는다는 것을 주의해야 합니다. 당구장처럼 넓은 공간을 차지하는 업종이 왜 다중이용업소에 포함되지 않느냐고 의아해 하실 수 있지만, 당구장의 대부분은 당구대 같은 시설들이 차지하고 있기 때문에 그런 듯 합니다.

업종	내용	관계법
휴게음식업/ 제과점업/ 일반음식점업	영업장으로 사용하는 바닥면적의 합계가 100㎡ 이상(지하층인 경우 66㎡ 이상)인 것. 단, 지상 1층 또는 지상과 직접 접하는 층이고 주된 출입구가 건축물의 외부 지면과 직접 연결되면 제외	식품위생법시행령 제21조 제8호 식품접객업
단란주점업/ 유흥주점업		
영화상영관/ 비디오물감상실업/비디오물소극장업/ 복합영상물 제공업		영화 및 비디오물의 진흥에 관한 법률 제2조 제20호, 같은 조 제16호 가목, 나목 및 라목
학원	- 수용 인원이 300명 이상인 것. - 수용 인원이 100명 이상 300명 미만(단, 학원으로 사용하는 부분과 다른용도로 사용하는 부분이 건축법시행령 제46조에 따른 방화구획으로 나누어진 경우는 제외)인 경우는 하나의 건축물에 학원과 기숙사가 함께 있는 학원, 하나의 건축물에 학원이 둘 이상 있는 경우로서 학원의 수용 인원이 300명 이상인 학원, 하나의 건축물에 제1호, 제2호, 제4호부터 제7호까지, 제7호의2부터 제7호의5까지 및 제8호의 다중이용업 중 어느 하나 이상의 다중이용업과 학원이 함께 있는 경우	학원의 설립, 운영 및 과외교습에 관한 법률 제2조 제1호
목욕장업	- 하나의 영업장에서 공중위생관리법 제2조제1항 제3호 가목에 따른 목욕장업 중 맥반석이나 대리석 등을 가열하여 발생하는 열기나 원적외선 등을 이용하여 땀을 배출하게 할 수 있는 시설을 갖춘 것으로서 수용 인원(물로 목욕을 할 수 있는 시설 부분의 수용 인원은 제외) 100명 이상인 것 - 공중위생관리법 제2조 제1항 제3호 나목의 시설을 갖춘 목욕장업	공중위생관리법 제2조 제1항 제3호
게임제공업/인터넷 컴퓨터게임시설 제공업	영업장(내부계단으로 연결된 복층 구조의 영업장은 제외)이 지상 1층 또는 지상과 직접 접하는 층에 설치되고 그 영업장의 주된 출입구가 건축물 외부의 지면과 직접 연결된 구조에 해당하는 경우는 제외	게임산업진흥에 관한 법률 제2조 제6호, 제6호의2, 제7호 및 제8호
복합유통게임 제공업		
노래연습장		음악산업 진흥에 관한 법률 제2조 제13호
산후조리업		모자보건법 제2조, 제12호
고시원업		

권총사격장업	실내사격장에 한정. 같은 조 제1항에 따른 종합사격장에 설치된 경우를 포함	사격 및 사격장 안전관리에 관한 법률 시행령 제2조 제1항 및 별표1
골프연습장	실내에 1개 이상의 별도의 구획된 실을 만들어 스크린과 영사기 등의 시설을 갖추고 골프를 연습할 수 있도록 공중의 이용에 제공하는 영업에 한정	체육시설의 설치, 이용에 관한 법률 제10조 제1항 제2호
안마시술소		의료법 제82조 제4항

⑨ 교육환경보호구역에 의한 입지규제 확인

교육환경보호에 관한 법률 제8조(교육환경보호구역의 설정)에 따라 학생의 보건, 위생, 안전, 학습과 교육환경보호를 위하여 학교경계 또는 학교설립예정지 경계(이하 '학교경계')로부터 직선거리 200m의 범위 안의 지역을 교육환경보호구역으로 정하고 이 범위 내에서는 일정한 업종을 제한하고 있습니다. 설정범위는 학교출입문으로부터 직선거리로 50m까지인 지역(학교설립예정지의 경우 학교경계로부터 직선거리 50m까지인 지역)인 절대보호구역과 학교경계등으로부터 직선거리로 200m까지인 지역 중 절대보호구역을 제외한 지역인 상대보호구역이 있습니다. 여기서 주의할 점은 상대보호구역은 말 그대로 입점의 가능 여부가 상대적이라는 것입니다.

예를 들어 설명해 보겠습니다.

사례

A와 B가 모두 학교 근처에서 청소년유해업소를 창업하고 싶어 합니다.
그런데 A와 B가 정한 장소가 모두 학교에서 200m 거리 이내였는데, A는 허가가 나지 않았으나 B는 허가가 났습니다. 왜 이런 일이 생겼을까요?

그 이유는 두 사람이 정한 상가 위치를 보니, B가 정한 곳은 비록 학교에서 200m 이내였지만 학교에서 큰 도로를 건너가는 상가밀집지역에 위치해 있었기 때문에 구청에서 허가를 준 것이었습니다.

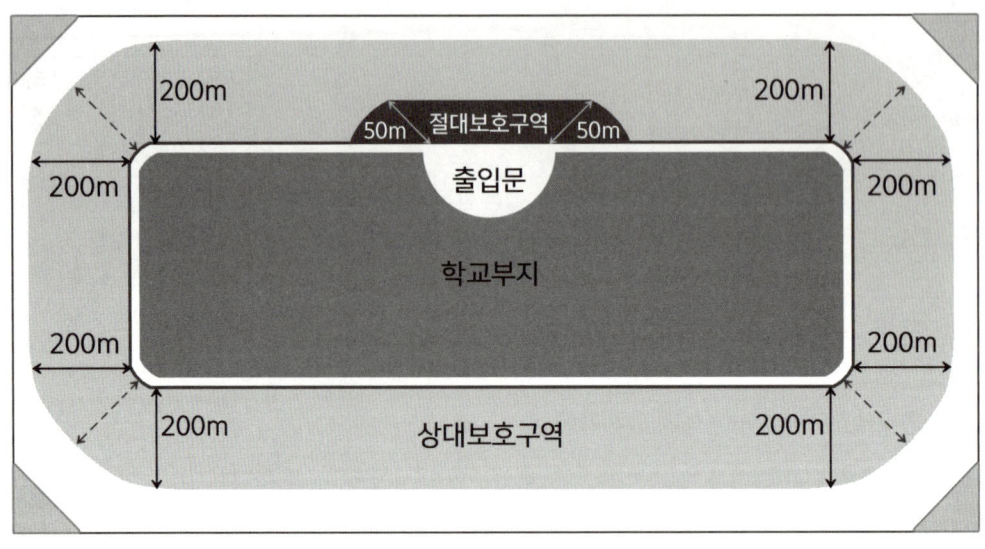

▶ 설정대상

구분	대상
학교	유아교육법 제2조 제2호에 따른 유치원
	초, 중등교육법 제2조에 따른 초등학교, 중학교, 고등학교, 특수학교, 각종학교, 고등기술학교, 공민학교, 고등공민학교
	고등교육법 제2조에 따른 대학, 산업대학, 교육대학, 전문대학, 기술대학, 각종학교, 원격대학(방송대학, 통신대학, 방송통신대학, 사이버대학)
학교설립 예정지	국토의 계획 및 이용에 관한 법률 제30조에 따라 도시, 군 관리 계획으로 결정되어 고시된 학교용지
	유아교육법 제2조 제2호에 따른 유치원을 설립하려는 자가 확보한 유치원 용지(사립유치원을 설립하는 경우에는 특별시, 광역시, 특별자치시도 또는 특별자치도 교육감의 설립인가를 받은 용지)
	초, 중등교육법 제2조 제4호에 따른 특수학교를 설립하려는 자가 확보한 특수학교 용지(사립특수학교를 설립하는 경우에는 교육감의 설립인가를 받은 용지)
	초, 중등교육법 제60조의3에 따른 대안학교를 설립하려는 자가 확보한 대안학교 용지(사립대안학교를 설립하는 경우에는 교육감의 설립인가를 받은 용지)

▶ 교육환경보호구역 내 금지행위 시설의 종류

교육환경법 제9조, 교육환경법 시행령 제22조에 따른 금지시설은 다음과 같습니다. 다만 제14호부터 제29호에 규정된 시설, 행위 중 교육감이나 교육감이 위임한 자가 지역위원회의 심의를 거쳐 학습과 교육환경에 나쁜 영향을 주지 아니한다고 인정하는 행위 및 시설은 상대보호구역에서는 제외합니다.

호	금지시설업종	유치원	초, 중등	대학(원)	관련 법령
1	대기오염물질	×	×	×	대기환경 보전법 제16조 제1항에 따른 배출허용기준을 초과하여 대기오염물질을 배출하는 시설
2	수질오염물질 배출시설과 폐수종말처리시설	×	×	×	수질 및 수생태계 보전에 관한 법률 제32조 제1항에 따른 배출허용기준을 초과하여 수질오염물질을 배출하는 시설과 제48조에 따른 폐수종말처리시설
3	가축분뇨 배출시설, 처리시설 및 공공처리시설	×	×	×	가축분뇨의 관리 및 이용에 관한 법률 제11조에 따른 배출시설, 제12조에 따른 처리시설 및 제24조에 따른 공공처리시설
4	분뇨처리시설	×	×	×	하수도법 제2조 제11호에 따른 분뇨처리시설
5	악취 배출시설	×	×	×	악취방지법 제7조에 따른 배출허용기준을 초과하여 악취를 배출하는 시설
6	소음, 진동 배출시설	×	×	×	소음, 진동관리법 제7조 및 제21조에 따른 배출허용기준을 초과하여 소음, 진동을 배출하는 시설
7	폐기물 처리시설	×	×	×	폐기물관리법 제2조 제8호에 따른 폐기물처리시설
8	가축 사체, 오염물건 및 수입금지 물건의 소각, 매몰지	×	×	×	가축전염병 예방법 제11조 제1항, 제20조 제1항에 따른 가축 사체, 제23조 제1항에 따른 오염물건 및 제33조 제1항에 따른 수입금지물건의 소각, 매몰지
9	화장시설 및 봉안시설	×	×	×	장사 등에 관한 법률 제2조 제8호에 따른 화장시설 및 제9호에 따른 봉안시설
10	도축업 시설	×	×	×	축산물 위생관련법 제21조 제1항 제1호에 따른 도축업시설
11	가축시장	×	×	×	축산법 제34조 제1항에 따른 가축시장
12	제한상영관	×	×	×	영화 및 비디오물의 진흥에 관한 법률 제2조 제11호의 제한 상영관

13	청소년유해업소 (여성가족부 장관 고시)	×	×	×	청소년 보호법 제2조 제5호 가목7에 해당하는 업소와 같은 호 가목8, 가목9, 및 나목7에 따라 여성가족부 장관이 고시한 영업에 해당하는 업소
14	고압가스, 도시가스 또는 액화석유가스의 제조, 충전 및 저장하는 시설	×	×	×	고압가스 안전관리법 제2조에 따른 고압가스, 도시가스사업법 제2조 제1호에 따른 도시가스 또는 액화석유가스의 안전관리 및 사업법 제2조 제1호에 따른 액화석유가스의 제조, 충전 및 저장하는 시설(규모, 용도 및 학습과 학교보건위생에 대한 영향 등을 고려하여 대통령령으로 정하는 시설의 전부 또는 일부는 제외)
15	폐기물 수집, 보관, 처분 장소	×	×	×	폐기물관리법 제2조 제1호에 따른 폐기물을 수집, 보관, 처분하는 장소(규모, 용도, 기간 및 학습과 학교보건위생에 대한 영향 등을 고려하여 대통령령으로 정하는 장소는 제외)
16	총포 또는 화약류의 제조소 및 저장소	×	×	×	총포, 도검, 화약류 등의 안전관리에 관한 법률 제2조에 따른 총포 또는 화약류의 제조소 및 저장소
17	감염병 격리소, 요양소 또는 진료소	×	×	×	감염병의 예방 및 관리에 관한 법률 제37조 제1항 제2호에 따른 격리소, 요양소, 진료소
18	담배 소매인, 담배 자동판매기	○	×	○	담배사업법에 따른 지정소매인, 그 밖에 담배를 판매하는 자가 설치하는 담배자판기(유아교육법 제2조 제2호에 따른 유치원 및 고등교육법 제2조 각 호에 따른 학교의 교육환경보호구역은 제외)
19	게임제공업, 인터넷 컴퓨터게임시설 제공업 및 복합 유통게임제공업	○	×	○	게임산업진흥에 관한 법률 제2조 제6호, 제7호 또는 제8호에 따른 게임제공업, 인터넷 컴퓨터게임시설 제공업 및 복합유통게임제공업(유아교육법 제2조 제2호에 따른 유치원 및 고등교육법 제2조 각 호에 따른 학교의 교육환경보호구역은 제외)
20	게임물 시설	×	×	○	게임산업진흥에 관한 법률 제2조 제6호 다목에 따라 제공되는 게임물 시설(고등교육법 제2조 각 호에 따른 학교의 교육환경보호구역은 제외)
21	당구장, 무도학원 및 무도장	○	초등	○	체육시설의 설치, 이용에 관한 법률 제3조에 따른 체육시설 중 당구장, 무도학원 및 무도장(유아교육법 제2조 제2호에 따른 유치원, 초중등교육법 제2조 제1호에 따른 초등학교, 초중등교육법 제60조의3에 따라 초등학교 과정만을 운영하는 대안학교 및 고등교육법 제2조 각 호에 따른 학교의 교육환경보호구역은 제외)
22	경마장 및 장외발매소, 경륜, 경정의 경주장 및 장외매장	×	×	×	한국마사회법 제4조에 따른 경마장 및 제6조 제2항에 따른 장외발매소, 경륜, 경정법 제5조에 따른 경주장 및 제9조 제2항에 따른 장외매장

23	사행행위 영업	×	×	×	사행행위 등 규제 및 처벌 특례법 제2조 제1항 제2호에 따른 사행행위영업
24	노래연습장업	○	×	○	음악산업 진흥에 관한 법률 제2조 제13호에 따른 노래연습장업 (유아교육법 제2조 제2호에 따른 유치원 및 고등교육법 제2조 각 호에 따른 학교의 교육환경보호구역은 제외)
25	비디오물 감상실업 및 복합영상물 제공업의 시설	○	×	○	영화 및 비디오물의 진흥에 관한 법률 제2조 제16호 가목 및 라목에 해당하는 비디오물 감상실업 및 복합영상물 제공업의 시설(유아교육법 제2조 제2호에 따른 유치원 및 고등교육법 제2조 각 호에 따른 학교의 교육환경보호구역은 제외)
26	단란주점 및 유흥주점	×	×	×	식품위생법 제36조 제1항 제3호에 따른 식품접객업 중 단란주점영업 및 유흥주점영업
27	숙박업 및 호텔업	×	×	×	공중위생 관리법 제2조 제2호에 따른 숙박업 및 관광진흥법 제3조 제1항 제2호 가목에 따른 호텔업(국제회의산업 육성에 관한 법률 제2조 제3호에 따른 국제회의시설에 부속된 숙박시설은 제외)
28	만화대여업	○	×	○	청소년보호법 제2조 제5호 나목6에 해당하는 업소(유아교육법 제2조 제2호에 따른 유치원 및 고등교육법 제2조 각 호에 따른 학교의 교육환경보호구역은 제외)
29	화학물질(사고대비물질) 취급시설	×	×	×	화학물질관리법 제39조에 따른 사고대비물질의 취급시설 중 대통령령으로 정하는 수량 이상으로 취급하는 시설

▶ 당구장과 만화대여업은 2022년 개정된 법에 의해 교육환경보호구역내의 금지업종이 아닙니다.

⑩ 기존임차인 폐업 여부(또는 지위승계 가능 여부)

▶ 빈 상가일 경우 - 전 임차인 폐업 여부 확인

앞의 조건이 모두 맞더라도 전 임차인이 폐업을 제대로 완료하지 않고 나갔다면 현 임차인은 영업신고 등을 할 수 없게 되어 개업도 할 수 없게 됩니다. 빈 상가 중개 시 전 임차인의 폐업 여부에 관하여는 전 임차인의 말이나 집주인의 말도 믿으면 안 됩니다. 반드시 중개사 또는 임차인이 구청 관할 부서에 꼭 확인해야 할 것입니다.

특히, 일반음식점의 경우 폐업절차가 이원화(구청위생과 + 세무서)되어 있어서 큰 혼란을 야기하고 있습니다. 일반적으로 사업자들은 세무서에 폐업신고를 하면 폐업 절차가 끝나는 줄 알기 때문에, 전 임차인에게 폐업해달라고 말하면 자신은 폐업을 분명히 했다고 우기는 경우가 비일비재합니다. 이에 대해 절차개선의 얘기가 몇 해 전부터 나왔으나 아직 이루어지지 않고 있습니다. 그리고 강제폐업절차는 3개월가량 소요되기 때문에 임차인은 막대한 손해가 발생하므로, 반드시 전 임차인을 찾아서 잘 설득해 폐업절차에 협조하도록 유도해야 할 것입니다.

사례

필자가 중개사 초보시절에 무한리필 삼겹살집을 중개한 일이 있었습니다. 의뢰인이 원하는 조건에 맞는 무권리 빈 상가를 찾아서 소유자에게 폐업이 된 상태인지 확인을 하니 소유자는 당연히 폐업되어있으니 걱정하지 말라 했습니다. 그 말만 믿고 계약을 진행했는데, 잔금을 치룬 후 임차인에게 전 임차인이 폐업을 안 해서 구청에 영업신고를 할 수 없다는 다급한 연락을 받았습니다. 놀라서 전 임차인을 찾기 시작했는데, 소유자는 전 임차인이 나간 지 1년이 지나서 연락처를 알 수 없다고 했습니다. 다행히 그때 상가를 중개한 중개사의 연락처를 알 수 있어 전 임차인에게 연락하여 협조를 구했습니다. 그런데 문제는 전 임차인이 하는 말이 자신은 거기서 3억이나 손해 보고 나와서 그 상가 얘기만 나와도 치가 떨린다면서 협조할 생각이 없다고 했습니다.

결론적으로는 좋게 마무리되었지만 폐업 여부를 구청에 확인하지 않은 이유로 이러한 황당한 상황까지 갈 수 있다는 것을 주의해야 할 것입니다.

▶ 영업 중인 상가에 다른 업종을 할 경우 - 폐업시키고 영업 신고 등을 행함.

결과적으로 A와 같은 결과가 됩니다. 영업승계가 필요 없으니 전 임차인이 반드시 폐업하도록 하면 될 것입니다.

▶ 영업 중인 업종을 그대로 승계할 경우 - 구청 관련 부서에서 영업승계 절차 밟음

일반적으로 기존 임차인이 영업허가, 등록, 신고증이 있고 업종이 같다면 거의 모든 업종이 승계가 가능하지만 아래와 같이 무조건 신규로 입점해야 하는 경우도 있다는 것에 주의해야 합니다.

- **대인등록업** : 사람에게 주는 업종은 승계되지 않고, 신규로 입점해야 합니다. 학원, 의원, 중개업이 그 예입니다.

  신규 창업으로 보기 때문에 현행법을 100% 적용받습니다만, 그 사람에게 관련된 행정처분이 새로운 임차인에게 영향을 미치지는 않습니다.

- **대물등록업** : 대상 영업장에 등록증을 주는 것으로 승계가 가능합니다.

  관련 법규 중 다중이용 업소에 관한 규정만 적용을 받고 행정처분이 새로운 임차인에게 영향을 미치게 됩니다.

▶ 영업승계 가능 업종

식품위생법상 식품접객업	공중위생 관리법상 공중위생업	음악산업 진흥에 관한 법률상 업종	게임산업 진흥에 관한 법률상 업종	체육시설의 설치 이용에 관한 법률상 업종	영화 및 비디오물 진흥에 관한 법률상 업종
유흥주점 단란주점 일반음식점 휴게음식점 제과점	숙박업 목욕장업 이용업 미용업 세탁업	노래연습장업	오락실 PC방	당구장 골프연습장 체력단련장 무도장	DVD방

영업승계에 필요한 관련서류(지원승계신고서, 위임장)는 시, 구청 민원사이트에서 받아 보실 수 있습니다. 그렇다면 상가 중 가장 큰 비율을 차지하는 식품접객업의 영업승계에 관하여 살펴보겠습니다.

▶ 식품접객업의 종류

```
        + 술       + 노래      + 접객원
   휴게음식점  →  일반음식점  →  단란주점  →  유흥주점
```

업종	기준면적	건축법상 용도	시설기준	절차	식품위생법상 정의
일반 음식점	제한 없음	2종 근린 생활시설	객실설치 가능	신고	음식과 술 판매
휴게 음식점	300㎡	1종/2종 근린 생활시설	객실설치 불가	신고	음식 판매
제과점	300㎡	1종/2종 근린 생활시설		신고	빵, 떡, 과자 판매
단란주점	150㎡	2종 근린 생활 시설/위락시설	바닥면적의 1/2을 초과 하여 객실설치 불가	허가	술 판매, 노래
유흥주점	제한 없음	위락시설	전체 객실 가능	허가	술 판매, 노래+유흥접객원

휴게음식점의 경우 350㎡라면 건축법상 용도가 2종 근린생활시설이 되어야 하고 만약 건축물대장 상 1종 근린생활시설이면 2종 근린생활시설로 용도변경을 해야 합니다.

또 커피숍을 인수하여 식당을 운영한다고 할 때 술을 팔지 않는다고 한다면 일반음식점으로 업종 변경을 하지 않아도 무방합니다.

간혹 건축물대장상 위법건축물로 등재되어 있는 경우, 기존 영업장을 승계하는 때에는 별문제가 없지만 비어 있다가 새로이 영업신고를 하는 경우에는 건축물대장 상의 위법요소를 해소하여야만 영업신고증이 나오니 이점 유의해야 합니다. 따라서 위법 건축물주는 기존 임차인이 나간다고 하면 영업승계를 받아놓아야 합니다.

▶ 일반(휴게)음식점 영업승계

승계할 사람과 승계받을 사람이 구비서류(승계할 사람 : 영업신고증, 신분증, 도장/승계받을 사람 : 보건증, 위생교육수료증, 신분증, 도장, 화재배상책임보험가입증서(1층은 필요치 않고 2층 이상은 100㎡ 이상, 지하는 66㎡ 이상인 경우 필요)를 지참하여 같이 시, 구청 환경위생과에서 식품영업자 지위승계서 서식을 작성 후 신고하면 당일 바로 영업신고증이 발부됩니다. 만약 승계받을 사람 혼자서 신고해야 할 경우는 위 구비서류와 승계할 사람의 신분증 앞, 뒤 복사한 사본에 자필 사인 및 도장 날인하고 위임장을 지참하면 됩니다.

영업신고증 발급 후 임대차계약서를 지참하고 세무서에서 사업자등록을 하면 됩니다. 이때 기존

사업자의 폐업신고가 되어있어야 등록할 수 있으니 이 점 유의해야 합니다.

⑪ 동일 건물에 입점이 법령에 의하여 제한되는 경우

쉽게 얘기해서 서로 궁합이 맞지 않는 업종은 한 건물에 같이 있을 수 없다고 할 수 있습니다.

가장 많이 예로 드는 학원에 관하여 예를 들어 보겠습니다.

> **사례**
>
> 10층 건물(연면적 1650㎡ 이상)이 있는데 맨 위층에 "학원"이 입점하여 있는 경우, 3층에….
> ① 당구장/ 만화방/ PC방을 입점 시킬 수 있을까요?
> ② 그 외의 유해업종(비디오감상실, 노래연습장, 유흥주점 등)을 입점시킬 수 있을까요?
> ③ 호프집을 입점시킬 수 있을까요?
>
> 위의 질문에 관한 해답은 "학원의 설립운영 및 과외교습에 관한 법률"에 명시되어 있습니다. 일단 학원은 유해업종과 궁합이 맞지 않아서 같은 건물에 있을 수 없습니다. 즉, 둘 중 하나가 먼저 입점해 있으면 다른 업종은 못 들어간다는 것이죠. 하지만 예외적으로 허용된 경우도 있습니다.
> ①의 경우에는 유해업종 중에 예외적으로 학원과 같이 입점하는 것이 허용된 업종입니다. 그러므로 입점에 문제가 없습니다.
> ②의 경우에는 원칙적으로는 안 되는 업종입니다. 하지만 법에서는 건물의 바닥면적이 1650㎡이상인 대형건물의 경우, 두 업종 간의 수평거리가 20미터 이내 또는 6미터 이내(층이 다른 경우)만 아니면 서로 입점이 가능하다고 합니다. 쉽게 말해서 서로 층이 멀리 떨어져 있으면 입점이 가능하다는 것이죠. 그러므로 ②사안의 경우에는 유해업종의 입점이 가능할 가능성이 높습니다.
> ③의 경우에는 수평거리 또는 층과 관련 없이 입점이 가능합니다. 단순 호프집은 유해업종으로 보지 않기 때문입니다.
> 이처럼 학원을 중개하실 경우, 동일건물에 유해업소가 없는지 꼭 확인하셔야 하겠습니다.

⑫ 정화조

　　상가중개 시 정화조 용량을 확인하지 않아 임차인이 큰 금액을 들여서 직접 정화조를 파묻고 그 책임을 중개사에게 묻는 경우가 많이 발생합니다. 직관 방식(분류식 하수도)을 사용하지 않는 중소도시의 오래된 건물의 상가중개 시에 특히 주의가 필요합니다. 일반적으로 하수 형태는 건축물대장을 통하여 방식과 용량을 알 수 있으나, 오래된 건물은 그 기재조차 빠진 경우가 빈번합니다. 그러므로 사전에 반드시 구청에 문의하여 보는 것이 가장 좋은 방법입니다. 상가중개 시 중개사가 알아야 하는 정화조에 관한 사항을 정리하면 아래와 같습니다.

- **직관방식(분류식 하수도)** : 용량계산 불필요, 하수도원인자부담금 발생
- **단독정화조(합류식 하수도)** : 용량계산 필요, 하수도원인자부담금 없음
- **오수처리시설(합류식 하수도)** : 용량계산 필요, 하수도원인자부담금 없음

▶ 분류식 하수도 : 건축물대장 2쪽 오수정화시설란에 형식, 용량이 공란으로 비어 있으면 이 건물은 분류식하수관거로 오수와 하수를 각각 구분하여 하수종말처리장으로 보내버리는 관거로서 건물 중개 시 정화조 용량문제는 발생하지 않음. 분류식은 초기 사업비가 많이 드는 반면 악취방지와 센터로의 토사유입이 적고 폐쇄가 가능하다는 장점이 있음.

▶ 합류식 하수도 : 분류식 하수관거 외의 건물에는 반드시 정화조를 설치하여야 영업허가를 받을 수 있다. 건축물대상상 (**)용, (*)㎡로 나타나는 것(대장상 00㎡로 표기되어 있는 것을 0.2로 나누면 **인용이 나온다)은 합류식관거로 건물에 단독정화조 또는 오수처리시설이 있다는 뜻이다. 단독정화조, 오수처리시설 구분은 1일 오수 발생량 2㎥(2톤) 기준으로 2㎥(2톤) 이하면 단독정화조, 2㎥(2톤) 이상은 오수처리시설로 구분된다. 합류식 하수도의 경우는 중개사가 상가 입점시킬 때 반드시 건축물 사용 용도별 인원산정을 계산해야 한다. 합류식은 우수와 오수를 단일 관로로 이송하는 만큼 사업비는 저렴하고 분류식에 비해 유지관리가 용이한 반면 물재생센터로 토사유입이 많고 정화조 폐쇄가 곤란하다는 단점이 있음.

▶ 정화조 용량 계산법 : 업종별 오염계수(N) × 바닥면적(A) = 정화조 용량

건축물 용도		오수 발생량			정화조 처리대상 인원
		1일 오수 발생량	BOD 농도	비고	인원산정식
음료, 차, 음식, 빵, 떡, 과자 등을 조리하거나 제조하여 판매하는 시설	식품 즉석 제조 판매점	30ℓ/㎡	130		N=0.150A
	휴게음식점	35ℓ/㎡	100	일반음식점의 메뉴를 판매한다면 일반음식점 용도 적용	N=0.175A
음식점	일반음식점	70ℓ/㎡	150	서양식	N=0.175A
			200	일식/호프/주점/뷔페	
			330	한식/분식	
			550	중식	
	부대급식시설	30ℓ/인	330	한식 농도 적용	N=0.175A
위생을 관리하거나 의류 등을 세탁, 수선하는 시설	이용원, 미용원, 동물미용원	15ℓ/㎡	100		N=0.075A
	세탁소	15ℓ/㎡	250	영업용 세탁 오수를 오수처리시설에 연계 처리할 경우는 시설별 설치용량을 1일 오수발생량에 추가	N=0.075A
	목욕장	46ℓ/㎡	100		N=0.230A

예를 들어 30인용 정화조가 있는 건물이 있다고 가정해 봅니다.

예1) 1층 단층건물 바닥면적이 100㎡이고 일반음식점을 입점시키고자 하는 경우 정화조 용량 계산법은 다음과 같습니다.

(일반음식점 오염계수) 0.175A × (바닥면적) 100㎡ = (정화조 용량) 17.5인용

따라서 문제없이 입점 가능합니다.

예2) 각 층 바닥면적이 100㎡인 2층 건물에 2층에는 이미 목욕탕이 입점해 있는 경우 1층에 일반

음식점이 입점한다고 가정했을 경우 정화조 용량 계산법은 다음과 같습니다.

(일반음식점 오염계수) 0.175A × (바닥면적) 100㎡ = (정화조 용량) 17.5인용

(목욕탕 오염계수) 0.230A × (바닥면적) 100㎡ = (정화조 용량) 23인용

이 경우 일반음식점은 입점 불가입니다. 땅에 묻혀 있는 정화조는 교체에 큰 비용이 들어가므로 상가 중개 시 반드시 점검하여야 합니다.

해당 지자체 하수과에 전화하여 해당 지번과 현재 영업하는 업종을 알려주고 당해 건물의 정화조 용량에 문제가 없는지 확인하는 것도 한 방법이 되겠습니다.

위와 같이 용량을 초과하는 경우에 정화조 청소 이행 서약서를 제출하고 입점하는 방법도 있으니 알아두기 바랍니다.

내용	방법
건축물대장의 용량이 변경 후의 용량보다 같거나 큰 경우	1년에 1회 정화조 청소
건축물대장의 용량이 변경 후의 용량보다 적을 경우(+30% 이내)	9개월에 1회 정화조 청소
건축물대장의 용량보다 변경 후의 용량이 30%이상~200% 이내일 경우	1년에 2회 정화조 청소
건축물대장의 용량보다 변경 후의 용량이 200%가 넘는 경우	실무에서는 추가된 일부분 용량만 추가적으로 정화조 공사 시행

이와 같은 상황 발생 시 기존 입점 사업주들, 건물주, 임차인에게 반드시 설명하고 정화조 청소비용을 누가 부담하는지에 대한 사항을 계약서 작성 시 특약사항에 기재하여 차후 발생하는 분쟁을 방지하여야 합니다.

정화조 청소 이행 서약서						
소재지						
건물주 (대표자)		주민등록번호		연락처		
내용							
용도변경 (증축 기타)		변경 전		변경 후	

하수도법 제35조의 규정에 의거 정화조의 내부 청소를 6개월마다 1회 이상 실시할 것을 서약합니다.

* 미이행 시에는 하수도법 제80조의 규정에 의거 100만 원 이하의 과태료 처분을 받게 됨을 유념하시기 바랍니다.

20 . . .
서약자   (인)

⑫ 도시가스

상가중개 시에 당연히 도시가스가 들어오겠지 또는 요금만 내면 얼마든지 공급되겠지 하고 생각하면 안 됩니다. 특히 오래된 건물 또는 한 건물에 음식점이 많이 입점해 있는 곳에 고깃집 같은 가스 소모량이 많은 업종을 입점시킬 때는 매우 주의해야 합니다. 도시가스가 들어오는 것만 확인하고 서둘러 계약을 진행했는데, 가스 조리기 몇 대 가동하니 불이 약해지는 일이 발생한다면 매우 난감해질 것입니다.

최악의 경우 임차인이 자신의 비용으로 땅을 파야 할 경우도 발생하게 됩니다. 이와 같이 입점하려는 상가에 가스공급이 원활하지 않은 이유는 해당 건물에 들어오는 가스공급량의 한도에 비하여 다른 상가들이 가스를 많이 쓰기 때문입니다. 가스공급량이 부족한 원인과 해결방법은 아래와 같으나 어느 경우든 임차인의 손해는 피할 수가 없습니다.

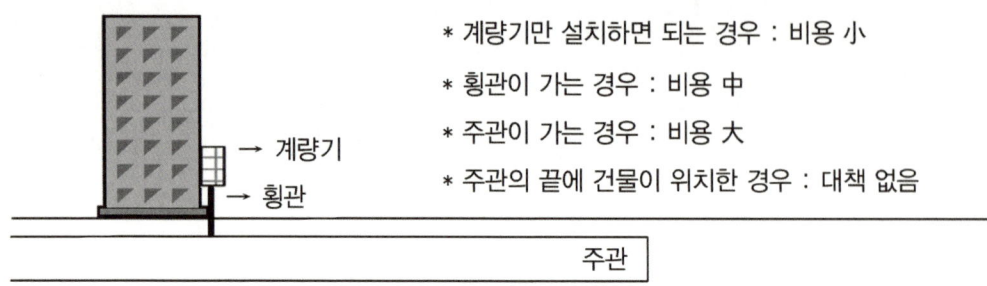

동 건물에 음식점이 많이 입점해 있다면 사전에 가스업체에 의뢰하여 도시가스 공급량이 부족하지 않은지 알아보고, 만약 부족하다면 시설설치비용을 임대인 임차인 간 어떻게 부담할지 중재를 해야 합니다. 대부분의 임대인은 다른 업종이 들어왔다면 이런 일이 안 생긴다면서 전혀 비용부담을 하지 않을 것입니다. 그래도 임차인이 입점을 희망한다면 어쩔 수 없지만, 공사비용이 크기 때문에 다른 상가를 찾아보는 것이 현명할 것입니다.

⑬ 전기

가스 문제와 비교해서는 전기 문제는 별로 문제의 소지가 없습니다. 전기가 안 들어오는 상가는 없으며, 큰 비용이 안 들고 원하는 만큼 승압이 가능하기 때문입니다. 승압이 된 상태면 좋겠지만 그렇지 않으면 필요한 만큼 임차인이 승압을 하면 됩니다.

승압에 필요한 비용은 1kw당 12만 원 정도가 듭니다. 예를 들어 5kw가 들어오는 상가에 15kw를 소모하는 업종을 차리려면 10kw × 12만 = 120만 원 정도가 든다는 결과가 나옵니다.

결론적으로 입점할 업종에 필요한 만큼 승압이 되어 있다면 비용을 절약할 수 있겠지만 그렇지 않다고 입점이 불가능한 경우는 없습니다.

⑭ 법령에 따른 추가시설

▶ 직통 계단

직통 계단이란 여러가지 재난상황을 대비하여 건물에 있는 사람들이 피난층 또는 지상으로 빠른 시간 내에 대피할 수 있도록 만들어 놓은 계단을 말하며, 상가 중개시 가장 중개분쟁이 많이 발생하는 사안 중 하나 입니다.

설치 기준을 정리하면 다음과 같으며, 화재에 취약한 업종과 사람들이 많이 모이는 업종 일수록 그 기준이 엄격하다는 사실을 알 수 있습니다.

[직통계단 설치 기준]

대상 용도	거실면적 기준	해당층
1. 제2종근린생활시설중 공연장·종교집회장 (일반음식점 해당 없음)	300제곱미터 이상	-
1. 문화 및 집회시설(전시장 및 동·식물원은 제외한다) 2. 종교시설 3. 위락시설 중 주점영업 4. 장례식장	200제곱미터 이상	-
1. 제2종근린생활시설중 컴퓨터게임시설제공업소	300제곱미터 이상	3층 이상
1. 단독주택 중 다중주택·다가구주택 2. 제2종근린생활시설중 학원·독서실, (일반음식점 해당 없음) 3. 제1종근린생활시설중 정신과의원(입원실이 있는 경우로 한정한다) 4. 판매시설 5. 운수시설(여객용 시설만 해당한다) 6. 의료시설(입원실이 없는 치과병원은 제외한다) 7. 교육연구시설중 학원 8. 노유자 시설중 아동관련 시설·노인복지시설·장애인거주지설·장애인 의료재활시설 9. 수련시설 중 유스호스텔 10. 숙박시설	200제곱미터 이상	3층 이상
1. 공동주택(층당 4세대 이하인 것은 제외한다) 2. 업무시설 중 오피스텔	300제곱미터 이상	-
위에 해당되지 않는 모든 용도(일반음식점 해당)	400제곱미터 이상	3층 이상
용도 상관없음	200제곱미터 이상	지하층

1. 제2종근린생활시설 중 공연장·단란주점·당구장·노래연습장 2. 문화 및 집회시설 중 예식장·공연장 3. 수련시설 중 생활권수련시설·자연권수련시설 4. 숙박시설 중 여관·여인숙 5. 위락시설 중 단란주점·유흥주점 6. 「다중이용업소의 안전관리에 관한 특별법 시행령」제2조에 따른 다중이용업소(전화방/ 수면방/ 콜라텍)	50제곱미터 이상	지하층

♠ 위 표에서 알 수 있듯이 "일반음식점"은 400제곱미터 이상의 면적이고 3층 이상에 있을 경우에만 직통계단 2개소 이상이 필요합니다.

♠ 하지만 지하층에 위치하고 다중이용시설에 해당된다면 거의 모든 업종의 입점에 직통계단이 필요합니다.

즉, 피난층 또는 지상으로 직접 연결된 계단이 2개소 이상인지 확인을 해야 할 것입니다.

	건물 현황
3층	공실[기존 사무소] : 150㎡
2층	미지음악학원면적 : 200㎡
1층	미지보습학원면적 : 200㎡
지하	일반음식점 : 200㎡

♠ 3층은 어떤 업종이 들어와도 직통계단 필요 없음(200㎡ 이상 아니므로)

♠ 2층 음악학원은 직통계단 필요 없음(200㎡ 이상이지만 3층 이상 아니므로)

♠ 1층 보습학원은 직통계단 필요 없음(피난층이므로)

♠ 지하 음식점은 직통계단 필요(지하에 위치한 200㎡ 이상의 상가이므로)

▶ 비상탈출구 및 환기통

입점할 상가가 지하층(바닥에서 지표면까지의 높이가 해당 층의 1/2이상인 경우)에 위치하고 거실의 바닥면적의 합계가 50평방미터 이상인 경우, "건축법(제2조 제1항 5호/제53조)" 또는 "건축물의 피난, 방화구조에 관한 규칙 제25조"에서는 해당 층에 비상탈출구 또는 환기통을 설치해야 한다고 규정하고 있습니다.

지하에 위치한 상가 대부분이 이에 해당할 것이므로, 반드시 사전에 의뢰인에게 이와 같은 시설이 없다면 추가 비용이 들어 갈 수 있음을 주지시켜야 할 것입니다.

특히 지하층이 원래 주택이었는데 상가로 용도변경을 할 경우에는 더욱 더 유의해야 할 것입니다.

▶ 부설주차장

"주차장법"에서는 자동차교통의 원활함과 공중의 편의를 도모할 목적으로 일정한 시설물에 부설주차장을 설치하도록 하고 있으며, 그 세부 사항을 각 지자체조례에서 규정하고 있습니다.

입점할 상가가 지자체조례에서 규정한 기준에 적합한지 여부를 판단하기 위해서는 일단 "자치법규정보시스템(ELIS)"에 접속하셔서 해당 지자체조례의 내용을 확인하시면 됩니다. 용인시를 검색하시면 다음과 같습니다.

시설물	설치기준
1. 위락시설	▶ 시설면적 67㎡당 1대(시설면적/67㎡)
2. 문화 및 집회시설(관람장은 제외한다). 종교시설, 판매시설, 운수시설, 의료시설(정신병원·요양병원 및 격리병원은 제외한다). 운동시설(골프장·골프연습장 및 옥외수영장은 제외한다). 업무시설(외국공관 및 오피스텔은 제외한다). 방송통신시설 중 방송국. 장례시설	▶ 시설면적 100㎡당 1대(시설면적/100㎡)
3. 제1종 근린생활시설(「건축법 시행령」 별표 1 제3호 바목 및 사목(공중화장실, 대피소, 지역아동센터는 제외한다)을 제외한다). 제2종 근린생활시설. 숙박시설	▶ 시설면적 132㎡당 1대(시설면적/132㎡)

4. 단독주택(다가국주택을 제외한다)	▶ 시설면적 50㎡초과 150㎡이하 : 1대 ▶ 시설면적 150㎡초과 : 1대에 150㎡를 초과하는 100㎡당 1대를 더한 대수 [1+[(시설면적-150㎡)/100㎡]]
5. 다가구주택·공동주택(기숙사를 제외한다)·업무시설 중 오피스텔	▶ 「주택건설기준 등에 관한 규정」 제27조 제1항에 따라 산정된 주차대수로 하되, 세대당 주차대수가 1대 이상이 되도록 한다. 이 경우 오피스텔의 전용면적은 공동주택의 전용면적 산정방법에 따른다.

사례

개업공인중개사A가 용인시에 위치한 6층 건물 중 1층에 의뢰인B의 일반음식점을 입점 시키려고 하는 경우에 추가 주차장 확보가 필요한지 보겠습니다.

건축물의 현재 상황은 다음과 같습니다.

- 박스 형태의 단순한 구조
- 각 층 면적(공용면적 포함)은 150평방미터
- 건물 내 주차장은 현재 10면

  6층 -----> 모텔(숙박시설)

  5층 -----> 모텔(숙박시설)

  4층 -----> 모텔(숙박시설)

  3층 -----> 노래방

  2층 -----> 일반음식점

  1층 -----> 일반음식점

사례에서 모든 층의 업종은 132평방미터 당 1대의 주차장을 확보해야 하는 업종이라는 것을 알 수 있습니다. 그러므로 기존의 업종에서 총6매(모텔4+노래방1+일반음식점1)의 주차장을 소모하여도 4매의 주차장이 여유가 있습니다. 결론적으로 중개사A는 의뢰인B에게 1층을 일반음식점으로 중개하여도 별 문제가 없을 것입니다.

그런데 실제 상가실무에서는 주차장문제로 영업허가 등이 나오지 않는 것이 드물며, 간혹 용도변경 시에만 주차장 문제가 발생합니다. 또한 주차장이 확보되어 있지 않더라도 이행강제금을 내면서 영업이 가능합니다.

⑮ 위반건축물 유무

대장상 적합 건물이라고 기재되어 있더라도, 실제 사용현황 상 위반건축물 내용이 있다면 영업신고증이 발급되지 않을 수 있습니다.

반드시 특약으로 위반 사항이 없다는 임대인의 확인을 받아야 할 것입니다.

입점한 건물의 위반건축물이 입점한 상가에 영향을 미치는 것인지 여부는 그 건물이 소유자가 한 명인 상가 건물인지 또는 소유자가 여러 명으로 각자의 상가를 소유한 구분상가 인지에 따라 다르게 보아야 합니다.

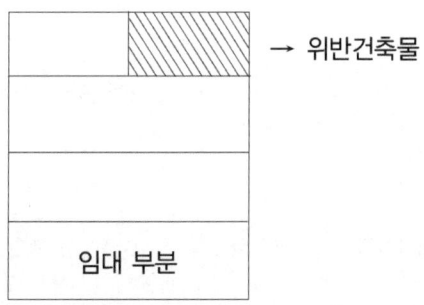

▶ 임대 대상이 단독주택인 상가 건물인 경우 - 위반건축물이 임대할 상가에 영향 있음
▶ 임대 대상이 구분 상가인 경우 - 위반건축물이 임대할 상가에 영향 없음

결론적으로 소유권이 분리되어져 있는 구분상가일 경우 그 건물의 다른 부분에 위반사항이 있어도 임대할 부분에는 영향을 미치지 않습니다.

⑯ 행정처분 유무

승계 인수일 경우 행정 처분의 유무는 승계할 임차인에게도 영향을 미치게 되므로 반드시 확인해야 합니다.

이에 관하여는 '새올' 사이트에 방문하셔서 행정공개 → 행정처분공개 → 해당 사업장 검색 순으로 들어가셔서 확인하시면 됩니다.

⑰ 하수도원인자부담금

하수도원인자부담금이란 건축물 신, 증축 또는 용도변경 및 재개발, 재건축으로 인해 1일 오수 발생량이 10㎥ 이상 발생하는 경우에 건물주 또는 사업시행자에 부과하는 부담금입니다(하수도법 제61조 제1항). 그러나 실제로는 임차인이 이를 부담하는 경우가 대부분입니다.

▶ 하수도원인자부담금 계산방법 = 1일 오수량 × 해당 건축물 바닥면적 × 지자체별 톤당 부과금액

건축물 용도		오수발생량			정화조 처리대상인원
		1일 오수 발생량	BOD 농도	비고	인원산정식
음료, 차, 음식, 빵, 떡, 과자 등을 조리하거나 제조하여 판매하는 시설	식품즉석 제조 판매점	30ℓ/㎡	130		N=0.150A
	휴게음식점	35ℓ/㎡	100	일반음식점의 메뉴를 판매한다면 일반음식점 용도 적용	N=0.175A
음식점	일반음식점	70ℓ/㎡	150	서양식	N=0.175A
			200	일식/호프/주점/뷔페	
			330	한식/분식	
			550	중식	
	부대급식시설	30ℓ/인	330	한식 농도 적용	N=0.175A

위생을 관리하거나 의류 등을 세탁, 수선하는 시설	이용원, 미용원, 동물미용원	15ℓ/㎡	100		N=0.075A
	세탁소	15ℓ/㎡	250	영업용 세탁 오수를 오수처리시설에 연계 처리할 경우는 시설별 설치용량을 1일 오수 발생량에 추가	N=0.075A
	목욕장	46ℓ/㎡	100		N=0.230A

지자체별 톤당 금액은 해당 지자체 하수도사용조례를 참조하면 알 수 있습니다.

▶ 하수도원인자부담금 부과기준

하수도원인자부담금은 모든 경우에 부과되는 것이 아니라 아래 기준에 따라 부과 여부가 결정되어 부과됩니다.

오수 발생량 기준	부과 여부
신축 또는 신, 증축 및 용도변경 등으로 오수 발생량이 10톤 미만인 경우	미부과
수 회에 걸쳐 신, 증축 및 용도변경 등으로 오수증가량이 10톤 이상인 경우	초과량만 부과
각각의 신, 증축 및 용도변경 등으로 오수증가량이 10톤 이상인 경우	오수 발생량(증가량) 전체 부과

그러면 전주시를 예로 들어 설명하겠습니다.

전주시는 2017년 하수도원인자부담금 단위 단가를 1,065,800원/㎡로 공고하였다.

예1) 전주시에서 건물을 신축하여 바닥면적 165㎡를 휴게음식점으로 사용하는 경우 하수도원인자부담금은 (휴게음식점 1일 오수량) 35ℓ/㎡ × (바닥면적) 165㎡ × (전주시의 하수도원인자부담금 단위 단가) 1,065,800원/㎡으로 계산하면 되는데, 이 경우 35 × 165 = 5,775ℓ = 5.775톤으로 오수 발생량이 10톤 미만이 되어 부과되지 않으므로 더 이상 계산할 필요가 없다.

예2) 전주시에서 건물을 신축하여 바닥면적 165㎡를 일반음식점으로 사용하는 경우 하수도원인자부담금은 (일반음식점 1일 오수량) 70ℓ/㎡ × (바닥면적) 165㎡ × (전주시의 하수도원인자부담금 단위 단가) 1,065,800원/㎡으로 계산하면, 이 경우 70 × 165 = 11,550ℓ = 11.55톤으로 10톤을 넘기 때문에 11.55톤 전부에 대해서 하수도원인자부담금이 부과된다. 계산하면 11.55톤 × 1,065,800원 =12,309,990원이 된다.

이 경우 바닥면적을 조금 줄이면 어떨까? 165㎡에서 132㎡로 바닥면적으로 조금 줄이면 70ℓ/㎡ × 132㎡ = 9,240ℓ = 9.24톤으로 10톤 미만이므로 하수도원인자부담금을 절약할 수 있다.

⑱ 상가관리단규약(동일업종 제한여부)

집합건물 내의 상가(아파트 단지 상가, 오피스텔 단지 상가, 주상복합 단지 상가 등)를 중개할 경우 고려해야 하는 사항입니다.

구분상가에 대한 업종제한은 두 가지 방법으로 행하여 질 수 있습니다.

첫째, 분양 당시에 이미 시행사와 수분양자 사이의 계약에서 지정업종에 대한 부분이 명시되어 업종이 제한되는 경우입니다. 이러한 경우 판례에서는 "지정업종으로 분양하는 것은 합법이다"라고 판시하고 있습니다.

둘째, 집합건물의 경우 구분건물의 소유자들이 관리를 용이하게 하기 위하여 관리단을 구성하고 관리규약을 만들게 되는데, 관리규약에서 업종을 제한할 수 있습니다.

이와 같이 구분상가에 분양 시 또는 관리단의 규약에 의하여 업종제한이 존재하게 되면, 차후에 수분양자의 지위를 양수한 자는 물론이고 그 점포를 임차한 자도 최초의 분양자가 받는 업종제한에 관하여 묵시적으로 수인하기로 동의한 것으로 보게 됩니다. 그러므로 집합건물 내의 상가중개 시에는 반드시 이러한 업종제한이 존재하는지 살펴보아야 하겠습니다.

⑲ 승계 인수일 경우

모든 법을 적용받는 신규입점과는 다르게 기존에 영업 중인 상가를 승계 인수할 경우에는 세 가지만 고려하시면 됩니다.

- 행정처분 여부
- 다중이용 업소이고 내부시설을 변경한 경우 안전시설완비증명서 발급 필요
- 위반건축물 신축 여부

즉, 전 임차인이 계약할 당시에 없었던 위반 건축물이 생겼거나 관련 법규가 개정되었다 해도 이것은 상가를 인수하는 데 아무런 영향을 미치지 못합니다. 하지만 전 임차인이 받은 행정처분은 그대로 인수인에게 넘어옵니다. 또한 다중이용시설인 상가 내부를 인테리어나 수선을 위해 조금이라도 손을 댔다면 안전시설완비증명서 등을 다시 발급받아야 영업 신고가 가능합니다.

주의하실 점은, 과거에는 전 임차인이 계약할 당시에 없었던 위반 건축물이 생겼었다 해 도 이것은 상가를 인수하는 데 아무런 영향을 미치지 못 하였으나, 최근에는 이러한 경우에도 신고, 등록, 허가가 거부될 수 있습니다.

(2) 권리금(가)계약과 임대차(가)계약

① 권리금계약과 임대차계약의 진행순서

- **인수인의 계약 의사 확인 즉시 임대인과 현 임차인을 불러서 바로 권리금계약서와 임대차계약서를 쓰는 방법** : 가장 편하겠지만 이렇게 되는 경우가 별로 없습니다.

- **권리금 가계약을 하고 그 후에 날짜를 정해서 모두 모여 권리금계약과 임대차계약을 체결하는 방법** : 가장 보편적인 방법이지만 임대인이 임대차체결을 거부할 경우에 어떻게 할지를 특약으로 정해놓아야 합니다.

- **권리금계약을 체결하고 그 후에 임대차계약을 체결하는 방법** : 자주 쓰는 방법이지만 위와 같은 문제가 발생합니다.

② 권리금계약과 임대차계약의 관계

권리금(가)계약 후 어떠한 이유로든 임대차계약이 성립되지 못하였다면, 권리금계약은 성립될 수가 없습니다. 특약에 정한 바에 따라서 책임의 문제만 남을 뿐입니다. 일반적으로는 임대차계약 불성립 시 권리금(가)계약 시 주고받은 금전을 원상회복 시키는 경우가 대부분입니다.

이런 일이 발생하지 않도록 첫번째 방법을 사용할 수 없다면 어떠한 형식으로든지 권리금 가계약과 임대차 가계약을 같이 체결해서 후에 임대차계약이 불성립되는 것을 막아야 할 것입니다.

권리금계약과 임대차계약의 관계에 관한 대법원의 입장은 "이들은 원칙적으로 별개의 계약이지만, 서로 불가분의 연관성이 있다."는 의견입니다.

> **판례 : 권리계약과 임대차계약의 관계(대법원 2013.05.09.선고, 2012다115120판결)**
>
> 영업용 건물의 임대차에 수반되어 행하여지는 권리금의 지급은 임대차계약의 내용을 이루는 것이 아니고….권리금계약은 임대차계약이나 임차권양도계약 등에 수반되어 체결되지만 임대차계약 등과는 별개의 계약이다.
>
> 여러 개의 계약이 체결된 경우에 그 계약 전부가 하나의 계약인 것과 같은 불가분의 관계에 있는 것인지는 계약체결의 경위와 목적 및 당사자의 의사 등을 종합적으로 고려하여야 하고….그 하나가 다른 하나의 조건이 되어 어느 하나의 존재 없이는 당사자가 다른 하나를 의욕하지 않았을 것으로 보이는 경우 등에는….법률행위 일부 취소의 법리에 따라 전체 계약에 대한 취소의 효력이 있다.

4) 상가임대차 계약서 작성법/확인 설명서 작성법

부동산(상가) 월세 계약서

임대인과 임차인 쌍방은 아래 표시 부동산에 관하여 다음 계약 내용과 같이 임대차계약을 체결한다.

1. 부동산의 표시

소 재 지	서울특별시 관악구 신림동 1523-1 일성트루엘 제1층 제상가1001호						
토 지	지 목	대	면 적	3026.7㎡	대지권종류	소유권	대지권비율 3026.7분의8.6681
건 물	구 조	철근콘크리트구조	용 도	업무시설 외2		면 적	35.14(전용)㎡
임대할부분	상가1001호 전부					면 적	35.14(전용)㎡

2. 계약내용

제1조 [목적] 위 부동산의 임대차에 한하여 임대인과 임차인은 합의에 의하여 임차보증금 및 차임을 아래와 같이 지급하기로 한다.

보 증 금	금 오천만원정	(₩50,000,000)
계 약 금	금 삼백만원정	은 계약시에 지급하고 영수함. ※영수자 (인)
1차중도금	금	은 년 월 일에 지급한다.
2차중도금	금	은 년 월 일에 지급한다.
잔 금	금 사천칠백만원정	은 2024년 10월 26일에 지급한다.
차 임	금 일백오십만원정	은 매월 26일(후불) 지급한다. 부가세(별도)

제2조 [존속기간] 임대인은 위 부동산을 임대차 목적대로 사용할 수 있는 상태로 2024년10월26일 까지 임차인에게 인도하며, 임대차 기간은 인도일로부터 2026년10월26일(24개월) 까지로 한다.
제3조 [용도변경 및 전대 등] 임차인은 임대인의 동의없이 위 부동산의 용도나 구조를 변경하거나 전대, 임차권 양도 또는 담보제공을 하지 못하며 임대차 목적 이외의 용도로 사용할 수 없다.
제4조 [계약의 해지] 임차인의 차임 연체액이 3기의 차임액에 달하거나, 제3조를 위반 하였을 때 임대인은 즉시 본 계약을 해지 할 수 있다.
제5조 [계약의 종료] 임대차 계약이 종료된 경우 임차인은 위 부동산을 원상으로 회복하여 임대인에게 반환한다. 이러한 경우 임대인은 보증금을 임차인에게 반환하고, 연체 임대료 또는 손해배상금이 있을 때는 이들을 제하고 그 잔액을 반환한다.
제6조 [계약의 해제] 임차인이 임대인에게 중도금(중도금이 없을때는 잔금)을 지불하기 전까지 임대인은 계약금의 배액을 상환 하고, 임차인은 계약금을 포기하고 이 계약을 해제할 수 있다.
제7조 [채무불이행과 손해배상의 예정] 임대인 또는 임차인은 본 계약상의 내용에 대하여 불이행이 있을 경우 그 상대방은 불이행 한 자에 대하여 서면으로 최고하고 계약을 해제 할 수 있다. 이 경우 계약 당사자는 계약해제에 따른 손해배상을 각각 상대방에게 청구할 수 있으며, 손해배상에 대하여 별도의 약정이 없는 한 계약금을 손해배상의 기준으로 본다.
제8조 [중개보수] 개업공인중개사는 임대인 또는 임차인의 본 계약 불이행에 대하여 책임을 지지 않는다. 또한 중개보수는 본 계약 체결에 따라 계약 당사자 쌍방이 각각 지불하며, 개업공인중개사의 고의나 과실 없이 본 계약이 무효, 취소 또는 해제 되어도 중개보수는 지급한다. 공동중개인 경우에 임대인과 임차인은 자신이 중개 의뢰한 개업공인중개사에게 각각 중개보수를 지급한다.
제9조 [중개대상물확인설명서교부 등] 개업공인중개사는 중개대상물확인설명서를 작성하고 업무보증관계증서(공제증서 등) 사본을 첨부하여 계약체결과 쌍방에게 교부한다. (교부일자 : 2024년 10월 01일)

[특약사항] <<< 별지 특약 있음 >>>
1. 본 계약은 계약일 현재 대상 부동산의 권리 및 시설물 상태하의 상가임대차 계약임.
2. 임차인은 특약1에 관하여 직접 현장확인 및 관련 공부를 열람한 후, 확인설명서를 통해 확인설명을 받고 계약을 체결함.
3. 대상 부동산의 권리 상태: 계약일 현재 공부상 소유권 행사를 제한하는 권리가 설정되어 있지 않음.
4. 대상 부동산의 시설물 상태: 수리수선이 필요한 사항이 없음을 당사자들 쌍방이 확인함.
5. 해당 업종의 영업신고(등록)/허가)를 위한 행정적 적합성 여부의 판단 및 필요절차 이행은 임차인 자신의 책임과 비용으로 한다.(단, 영업신고 등을 위하여 용도변경이 필요할 경우에는 임대인이 적극 협조해 주기로 한다)
6. 해당 업종의 영업신고(등록)/허가)가 불가능할 경우, 임차인은 계약일로부터 0일 이내까지 계약을 취소할 수 있다.
7. 상가규약에 의하여 임차인의 영업이 불가능할 경우, 계약은 무효로 한다.
8. 해당 업종의 영업을 위한 시설 적합성 판단 및 필요절차 이행은 임차인 자신의 책임과 비용으로 한다.
9. 임차인은 위반건축물을 설치해서는 안되며, 이를 위반할 경우 모든 법적책임은 임차인이 지기로 한다.(계약일 현재 공부상 확인되지 않은 위반 사항이 없음을 임대인을 통해 확인함)
10. 관리비: 7만원/ 공과금 별도 부과/ 월차임에 대한 부가세 발생시, 부가세는 임차인이 별도로 부담.
11. 본 계약으로 인해 발생하는 부담금 중 (   )는 임차인 부담으로 한다.
12. 임대인은 임차인에 대하여 어떠한 권리금도 인정하지 않는다.

임대인	주 소	서울특별시 관악구 관악로 140-16, 301호(봉천동)			(인)
	주민 등록 번호	470828-	전화 010-1234-5678	성명 김갑봉	
임차인	주 소	서울시 관악구 신림로15길 5(신림동)			(인)
	주민 등록 번호	123456-	전화 010-2345-6789	성명 김을순	
개업공인중개사	사무소 소재지	서울특별시 관악구 대무길6, 동성빌딩4층			
	사무소 명칭	고수공인중개사사무소		대표자명 서명및날인	(인)
	전화 번호	02-875-2486	등록번호 11620201600084	소속공인중개사 서명및날인	(인)

부동산(상가) 월세 계약서 별지

◆ 부동산의 표시

소재지	서울특별시 관악구 신림동 1523-1 일성트루엘 제1층 제상가1001호								
토 지	지 목	대	면 적	3026.7 ㎡	대지권 종류	소유권	대지권 비율	3026.7 분의 8.6681	
건 물	구 조	철근콘크리트구조			용 도	업무시설 외2	면 적	85.14(전용)	㎡

◆ 특약 사항

13. 임차인이 계약 만료 후 명도를 지연할 경우, 약정된 월차임의 3배액을 명도지연에 대한 위약금으로 하기로 한다.
14. 임대인은 잔금일 전까지 아래에 약정한 시설의 공사를 완료한다. 아래 이외의 영업을 위한 필요시설은 임차인의 비용으로 완비한다.
   ＊천정 정리 및 조명시설
   ＊벽면 페인트
   ＊바닥 타일
15. 임차인은 영업신고(등록/ 허가) 가능여부가 확정되기 전에는 인테리어공사를 진행할 수 없다.
16. 첫 월차임은 2024.11.26부터 지급하기로 한다.(인테리어기간 부여)
17. 임대인 계좌:

(1) 상가 임대차계약서 작성 시 가장 유의해야 할 점은,

첫째, 다른 유형의 계약들과 마찬가지로 확인설명 특약(1번~4번)을 잘 기재해야 합니다.

확인설명 특약의 구성은 다른 임대차계약서들과 크게 다르지 않습니다만, 주택과 다르게 상가는 하자가 더 문제가 될 수 있으므로 특약4에서 "수리수선이 필요한 사항이 없음을 당사자 쌍방이 확인했다."고 기재를 하였습니다.

둘째, 중개사는 어떠한 경우에도 책임을 지는 결과가 발생하는 것을 피할 수 있어야 한다는 것 입니다. 다른 유형의 계약도 마찬가지겠지만, 상가계약의 경우에는 특히 행정적인 요소가 많이 개입되기 때문에 아무리 프로중개사라고 하더라도 미처 생각하지 못한 상황이 발생할 수가 있습니다. 그러므로 계약서 특약 5~6번에서 행정적 적합성에 관한 확인 책임을 임차인에게 지우고 있고, 특약 8번에서는 해당 업종의 영업을 위한 시설이 적합한 지에 관한 확인 책임을 임차인에게 돌리고 있습니다. 대표님들께서는 임차인에게 "저도 구청 등을 통해서 알아는 보겠지만, 최종적으로 임차인께서 한 번 더 확인해 보십시오."라고 말해야 합니다.

또한 해당 상가가 대형 단지 내의 상가이고 상가규약이 존재한다면, 반드시 상가규약을 확인하여 중개 하려는 업종의 입점 제한 유무를 확인하여야 합니다. 그리고 만약을 대비해서 특약 7번을 남겨 놓는 것이 좋습니다.

(2) 영업신고 전에는 절대 인테리어 등의 공사는 할 수 없게 해야 합니다.

만약 계약서를 쓰고 임대인의 양의를 얻어서 미리 인테리어에 들어갔는데, 결국 영업신고가 불가능하다면 매우 골치 아픈 문제가 발생하게 됩니다.

반드시 임차인에게 특약 7을 숙지시켜서 큰 손해를 미연에 방지해야 할 것입니다.

(3) 위반건축물은 항상 조심해야 할 사항 중 1순위입니다.

임차대상 건물에 위반 건축물이 존재한다면 건축물대장 상으로는 위반이라고 표시되어 있지 않지만 실제로는 위반건축물이 존재할 수도 있습니다. 이 경우 임대인은 대부분 이 사실을 알고 있습니다. 임대인조차도 몰랐다 하더라고 만약 임대인에게 위반건축물이 없다고 확인을 받았다면, 후에 임대인에게 시정을 요구할 수 있을 것입니다. 반드시 특약 9를 넣어서 임차인이 예상치 못한 손해를 보는 일이 없도록 하여야 하겠습니다.

또한 임차인이 영업 기간 중에 임대인의 동의 없이 위반건축물을 설치한 경우에 상식적으로 임차인이 책임지는 것이 맞다고 생각할 것입니다. 하지만 구청에서는 소유자에게 철거를 하라고 하고, 불응 시 소유자에게 이행강제금을 부과 합니다. 그러므로 계약 시 당연하다고 생각하지 말고 위반건축물로 인한 모든 법적 책임은 임차인이 진다고 특약 9번을 명시해 주는 것이 좋습니다.

(4) 계약서 작성 시 면적을 적게 되는데, 계약 후에 임차인이 계약서상의 면적에 실제 면적이 못 미친다고 따지는 경우를 종종 보게 됩니다.

이는 임차인이 계약서상의 면적이 전용면적이라고 생각하고 영업을 준비했기 때문에 발생 하는 문제입니다.

그러므로 임대할 부분의 면적을 기재할 때 반드시 '전용'이라고 기재하여 이런 오해가 발생하여 중개사가 식은땀을 빼는 일이 없도록 하여야 할 것입니다. 심지어 실제 면적이 계약서상의 면적에 못 미치더라도, 상가는 보통 객관적으로 보기에 구획이 명확하게 되어 있기 때문에 계약의 효력에는 아무 문제가 없습니다.

(5) 상가임대차에서 가장 질문을 많이 받는 것이 부가세입니다.

일반인들은 물론 중개사들조차 임대인이 일반사업자면 부가세를 받을 수 있고, 간이 사업자 면 부가세를 못 받는다고 생각하고 있습니다.

하지만 엄밀히 따지면 이는 정확한 표현이 아닙니다. 간이 사업자 중에서도 부가세를 국가에 내는 사람들이 있습니다. 다만 따로 징수를 할 수 없기 때문에 부가세를 월세에 포함해서 징수할 수밖에 없을 뿐입니다.

결론적으로는 겉보기에 모든 간이 사업자인 임대인은 부가세를 징수하지 않는 것처럼 보일 뿐입니다. 그래서 임대인들 중에 나는 국가에 부가세를 내는데 징수는 못해서 억울하다는 분들이 계십니다. 그때는 "그럼 월세를 조금 더 올려서 받으세요."라고 말해 드리면 됩니다.

그리고 임대인이 일반사업자일 경우에는 반드시 부가세는 별도라는 특약을 넣어 주어야 합니다. 만약 이를 넣어 주지 않으면 임대인이 일반사업자인데도 간이 사업자들처럼 월세에 부가세가 포함된 것으로 국가에서는 간주합니다. 받을 돈을 못 받게 되니 임대인의 원망이 어떨지는 짐작이 가실 것입니다.

또한, 상가에 보통 존재하는 관리비에도 부가세가 발생합니다. 계약서 양식에 따라서는 관리비를 기재하는 란과 관리비에 대한 부가세 포함 여부를 체크하는 란이 있는 경우도 있습니다. 위의 계약서 양식에는 관리비에 대한 부가세를 체크하는 란이 없으므로 '월차임 및 관리비에 대한 부가세는 별도(또는 포함)로 한다.'라고 적어 주는 것이 좋을 것입니다. 하지만 실제로는 관리비에 대한 부과세를 따로 징수하는 경우는 거의 없습니다. 월세에 비해서는 매우 소액이므로 임대인들이 따로 지불하라고 문제 삼지를 않습니다.

(6) 입점하는 건물의 오수처리방식이 직관방식이면, 입점 시에 하수도원인자부담금이라는 것이 나올 수도 있습니다.

상가 필수 체크리스트에서 하수도원인자부담금이 발생한다고 체크 하였다면, 특약으로 누가 이것을 부담할 것인지 정해 놓아야 나중에 분쟁의 소지를 없앨 수 있습니다. 대부분의 경우에는 임차인이 부담하게 될 것입니다. 임대인의 입장에서는 '임차인이 그런 장사를 하기 때문에 부담금이 나왔다'고 생각할 것이기 때문에 자신이 그것을 내줄 가능성은 없을 것입니다. 그런데 공인중개사가 부과될 수 있는 하수도원인자부담금의 구체적인 액수까지 확인설명을 해주어야 하냐는 의문이 생길 수 있습니다. 협회에도 이런 질문이 올라온 적이 있는데, 상담 위원께서는 그렇게 해야 한다고 답

글을 다셨습니다.

하지만 하수도원인자부담금은 건물주에게 부과되는 세금의 성격이라고 판례에서 말하고 있습니다. 원칙적으로 확인설명 대상인 임차인과는 관련이 없다는 말이죠. 따라서 공인중개사에게 하수도원인자부담금에 관하여 확인설명할 의무는 없다고 보아야 한다는 것이 저의 의견입니다.

특약11번은 하수도원인자부담금, 보차도점용사용료 등으로 인해 발생할 수 있는 분쟁을 방지하기 위하여 미리 책임자를 지정한다는 의미의 특약입니다.

(7) 특약 12번은 임대인들이 아주 좋아들 하시는 대표적인 특약입니다. 가장 질문을 많이 받는 것이 부가세입니다.

일단은 문장이 "임대인은 권리금을 인정하지 않는다."로 끝나기 때문에 임대인들은 좋아할 수밖에 없습니다. 하지만 임대인이 신경을 써야 하는 권리금이라는 것이 존재는 하는 것일까요? 앞에서 살펴본 바와 같이 일반적으로 권리금이란 임차인들 상호 간에 주고받는 것이고 임대인과는 상관이 없으며, 예외적으로 임차인이 계약 기간 동안 영업할 수 있는 권리를 침해당 하였을 때에 임대인에게 손해배상의 성격을 가지는 권리금을 청구할 수 있다고 하였습니다. 그렇다면 이 특약은 임차인의 임대인에 대한 손해배상청구권에 관한 배제특약으로 볼 수 있습니다. 그럼 장래에 임차인이 보장된 계약 기간 동안 영업을 할 수 없게 되어 손해를 입은 경우, 임대인에게 청구 가능한 손해배상청구 적인 성격의 권리금 반환 청구를 배제시키는 특 약의 효력이 문제가 됩니다. 사견으로는 이 특약은 효력이 없다고 생각합니다. 임대인이 악용 할 소지가 있기 때문입니다.

또한, 상임법의 권리금보호규정에 따라 임차인들끼리 주고받는 권리금을 임대인이 인정하
고 안 하고 할 수 없습니다.

결론적으로 이 특약은 임대인들이 가장 좋아하시고 꼭 넣어 달라고는 하시지만, 실제로는 효용성이 없다고 보아야 합니다

(8) 특약 13번은 임대인 임차인 상호 간의 아름다운 이별을 위해서 매우 중요한 조항입 니다.

경매의 꽃이 명도라고 하는데, 상가임대의 꽃도 명도라고 얘기하고 싶을 정도입니다. 누구 든지 자기가 장사하면 다 잘 될 것 같습니다. 하지만 막상 해보면 임차료 내기도 힘들어지는 경우가 많습 니다. 결국, 지속적인 차임연체는 임대인의 계약해지로 이어지게 됩니다. 대한민 국은 자영업자들 또한 너무 많아서 앞으로 이런 추세는 더욱더 심해질 듯합니다.

그런데 문제는 임대인이 차임연체로 내용증명 등을 통해서 계약해지를 했음에도 불구하고 상인들이 명도를 해주지 않는다는 것입니다. 장사에 잔뼈가 굵은 장사꾼들은 명도를 거부했 을 경우 일어날 일에 대해서 너무 잘 알기 때문에 더더욱 버티기 모드에 들어가는 경우가 많 습니다.

임대인 입장에서는 소송을 걸어 봐야 보통 6개월 가까이 걸리는 소송에서 속을 태워 가며 이기더라도 손해배상으로 받는 금액이 원래 받아야 할 임대료와 크게 차이가 나지 않습니다. 그리고 보통 소송도 끝까지 가지 않고 조정으로 중간에 끝나는 경우가 대부분입니다.

즉 임차인의 의도는 '너 한번 골탕 먹어 봐라'하고 버티다가 어느 정도 골탕을 먹이고는 쓰 윽 조정을 하자고 나오겠다는 것입니다. 이런 일을 사전에 막기 위해 계약종료로 인한 명도지 연에 따른 위약금을 좀 독하게 설정할 필요가 있습니다. 만약 계약 시에 임차인이 "이건 너무 임차인에게 가혹하고 불리한 조항이 아니냐?"고 말한다면, 중개사님들은 이렇게 한 마디 해주세요. "왜요? 월세 잘 못 내실 것 같으세요?" 이렇게 말하면 대박 날 것인데 그럴리가 있냐면서 넣어도 상관없다고 할 것입니다.

※임차인의 원상회복의무
• 임차인의 원상회복 범위는?
☞ 원칙적 특별한 약정이 없는 한 임차인은 본인이 임차목적물을 임차한 당시의 상태에 준하는 정도로 원상복구를 해놓으면 된다는 것이 기존 판례의 태도입니다. 즉, 임대인이 직접 설치해 놓은 시설물 또는 종전 임차인이 설치해 놓은 시설물에 대하여는 원상회복의무가 없다는 것입니다.
하지만 최근 판례에서는 종전 임차인의 권리를 양수한 임차인은 종전 임차인의 원상회복의무까지 승계한다고 판시하고 있습니다.

> 여기서 법원이 말하는 '종전 임차인의 권리를 양수한 임차인'의 의미 해석에 관하여 학설이 나누어지고 있습니다.
> 일부 학설은 임차인이 종전임차인의 권리의무를 포괄적으로 승계한 것이 아니라, 권리금을 주고 받은 후 단순히 상호만 변경하고 동일업종의 영업을 하는 경우에는 기존의 판례를 적용해야 한다고 해석하고 있습니다.
> 하지만 이 해석에 반하는 의견도 있으며, 저 또한 이 해석에 찬성하지는 않습니다.
> 따라서 애시당초 이런 분쟁이 발생하지 않도록 원상복구의 범위에 관하여 명확히 특약으로 남겨놓는 것이 좋겠습니다.
> • 원상회복 분쟁을 사전에 방지하기 위한 방법은?
> ☞ 계약시 임차목적물 내에 시설물들이 존재하는 경우, 임대인과 원상회복 범위에 관하여 명확히 협의하여 특약으로 남겨놓아야 할 것입니다.
> 특약 예시: 임차인은 종전임차인의 완전원상회복의무를 승계하기로 한다. 단, 계약 당시의 시설물 중 ( )는 원상회복의 대상에서 제외하기로 한다.

(9) 특약14번은 입점 전 시설에 관한 책임의 범위를 정해 놓는 의미의 특약입니다.

"현 시설물 상태의 임대차계약임"이라고 기입한 특약의 효력 때문에 계약일 이후로 임차인은 계약시 확인할 수 있었던 하자들에 관하여 차후 임대인에게 수리수선을 요구할 수 없는 것이 원칙입니다.

따라서 임차대상물에 손봐야 할 사항들이 있으면, 임차인이 잔금을 치르고 입점하기 전에 임대인이 어디까지 해줄 것인지에 관하여 협의하여 특약으로 남겨놓아야 할 것입니다.

(10) 영업신고 전에는 절대 인테리어 등의 공사는 할 수 없게 해야 합니다.

만약 계약서를 쓰고 임대인의 양의를 얻어서 미 인테리어 공사에 들어갔는데, 결국 영업신고가 불가능하다면 매우 골치 아픈 문제가 발생하게 됩니다. 여기에 보태서 임차인이 프랜차이즈 가맹계약까지 했다면 더욱 더 골치 아픈 문제가 발생할 것입니다.

반드시 임차인에게 특약 16번을 숙지시켜서 큰 분쟁을 미연에 방지해야 할 것입니다.

(11) 특약16번은 인테리어 기간(프리렌탈)에 관한 특약입니다.

　상가임대차의 경우 임차인이 영업을 시작할 수 있는 시간적 여유를 주기 위하여 1~2달(경제사정에 따라 그 이상)의 프리렌탈 기간을 부여하는 것이 관례입니다.
　하지만 이 기간을 부여할지 여부에 관하여 결정하는 것은 임대인의 마음입니다. 장사가 잘 되서 임차인들이 줄을 서는 지역들은 아예 이 기간을 주지 않는 경우도 많습니다.
　최근에는 경제사정이 좋지 않아서 임차인이 계약기간을 채우지 못 하고 사업장을 넘기는 경우가 많은데, 이 경우에 임대인은 손해배상으로 프리렌탈 기간 동안의 차임을 청구할 수 있냐가 논란이 되고 있습니다. 개인적인 생각으로는 임대인이 조금 억울하겠지만 프리렌탈 기간 동안의 차임은 청구할 수 없다고 봐야 할 것입니다.

(12) 승계창업일 경우

　승계창업일 경우 계약서 작성법에서의 핵심은 승계 가능 여부라는 점에서 공실일 때의 일반적인 상가임대차계약서 작성법과 차이를 보이게 됩니다. 그 이외 사항들은 동일합니다.
　계약서 작성법은 아래와 같습니다.

부동산(상가) 월세 계약서

임대인과 임차인 쌍방은 아래 표시 부동산에 관하여 다음 계약 내용과 같이 임대차계약을 체결한다.

1. 부동산의 표시

소 재 지	서울특별시 관악구 신림동 1523-1 일성트루엘 제1층 제상가1001호						
토 지	지 목	대	면 적	3026.7 ㎡	대지권종류	소유권	대지권비율 3026.7분의8.6681
건 물	구 조	철근콘크리트구조	용 도	업무시설 외2		면 적	35.14(전용) ㎡
임대할부분	상가1001호 전부					면 적	35.14(전용) ㎡

2. 계약내용

제1조 [목적] 위 부동산의 임대차에 한하여 임대인과 임차인은 합의에 의하여 임차보증금 및 차임을 아래와 같이 지급하기로 한다.

보 증 금	금 오천만원정	(₩50,000,000)	
계 약 금	금 삼백만원정	은 계약시에 지급하고 영수함. ※영수자	(인)
1차중도금	금	은 년 월 일에 지급한다.	
2차중도금	금	은 년 월 일에 지급한다.	
잔 금	금 사천칠백만원정	은 2024년 10월 26일에 지급한다.	
차 임	금 일백오십만원정	은 매월 26일 (후불) 지급한다.	부가세(별도)

제2조 [존속기간] 임대인은 위 부동산을 임대차 목적대로 사용할 수 있는 상태로 2024년10월26일 까지 임차인에게 인도하며, 임대차 기간은 인도일로부터 2026년10월26일(24개월) 까지로 한다.

제3조 [용도변경 및 전대 등] 임차인은 임대인의 동의없이 위 부동산의 용도나 구조를 변경하거나 전대, 임차권 양도 또는 담보제공을 하지 못하며 임대차 목적 이외의 용도로 사용할 수 없다.

제4조 [계약의 해지] 임차인의 차임 연체액이 3기의 차임액에 달하거나, 제3조를 위반 하였을 때 임대인은 즉시 본 계약을 해지 할 수 있다.

제5조 [계약의 종료] 임대차 계약이 종료된 경우 임차인은 위 부동산을 원상으로 회복하여 임대인에게 반환한다. 이러한 경우 임대인은 보증금을 임차인에게 반환하고, 연체 임대료 또는 손해배상금이 있을 때는 이를 제하고 그 잔액을 반환한다.

제6조 [계약의 해제] 임차인이 임대인에게 중도금(중도금이 없을때는 잔금)을 지불하기 전까지 임대인은 계약금의 배액을 상환 하고, 임차인은 계약금을 포기하고 이 계약을 해제할 수 있다.

제7조 [채무불이행과 손해배상의 예정] 임대인 또는 임차인은 본 계약상의 내용에 대하여 불이행이 있을 경우 그 상대방은 불이행 한 자에 대하여 서면으로 최고하고 계약을 해제 할 수 있다. 이 경우 계약당사자는 계약해제에 따른 손해배상을 각각 상대방에게 청구할 수 있으며, 손해배상에 대하여 별도의 약정이 없는 한 계약금을 손해배상의 기준으로 본다.

제8조 [중개보수] 개업공인중개사는 임대인 또는 임차인의 본 계약 불이행에 대하여 책임을 지지 않는다. 또한 중개보수는 본 계약 체결에 따라 계약 당사자 쌍방이 각각 지불하며, 개업공인중개사의 고의나 과실 없이 본 계약이 무효, 취소 또는 해제 되어도 중개보수는 지급한다. 공동중개인 경우에 임대인과 임차인은 자신이 중개 의뢰한 개업공인중개사에게 각각 중개보수를 지급한다.

제9조 [중개대상물확인설명서교부 등] 개업공인중개사는 중개대상물확인설명서를 작성하고 업무보증관계증서(공제증서 등) 사본을 첨부하여 거래당사자 쌍방에게 교부한다. (교부일자 : 2024년 10월 01일)

[특약사항]

1. 본 계약은 계약일 현재 대상 부동산의 권리 및 시설물 상태하의 상가임대차 계약임.
2. 임차인은 특약1에 관하여 직접 현장확인 및 관련 공부를 열람한 후, 확인설명서를 통해 확인설명을 받고 계약을 체결함.
3. 대상 부동산의 권리 상태: 계약일 현재 공부상 소유권 행사를 제한하는 권리가 설정되어 있지 않음.
4. 대상 부동산의 시설물 상태: 수리수선이 필요한 사항이 없음을 당사자들 쌍방이 확인함.
5. 해당 업종의 영업신고(등록/허가) 또는 영업승계를 위한 행정적 적합성 여부의 판단 및 필요절차 이행은 임차인 자신의 책임과 비용으로 한다.
6. 해당 업종의 영업신고(등록/허가)가 불가능할 경우 또는 임차인의 책임 없는 사유로 인하여 기존 임차인으로 부터의 영업승계가 불가능할 경우, 임차인은 계약일로부터 0일 이내까지 계약을 취소할 수 있다.
7. 해당 업종의 영업을 위한 시설 적합성 판단 및 필요절차 이행은 임차인 자신의 책임과 비용으로 한다.
8. 임차인은 위반건축물을 설치해서는 안되며, 이를 위반할 경우 모든 법적책임은 임차인이 지기로 한다.(계약일 현재 공부상 확인되지 않은 위반 사항이 없음을 임대인을 통해 확인함)
9. 관리비: 7만원/ 공과금 별도 부과
10. 임대인은 임차인에 대하여 어떠한 권리금도 인정하지 않는다.
11. 본 계약은 임대인과 기존 임차인 간의 임대차계약이 합의 해지된 후 체결하는 새로운 계약임.

임대인	주 소					(인)
	주민 등록 번호	470828-	전화	010-1234-5678	성명	김갑봉
임차인	주 소	서울시 관악구 신림로15길 5(신림동)				(인)
	주민 등록 번호	123456-	전화	010-2345-6789	성명	김을순
개업 공인 중개사	사무소 소재지	서울특별시 관악구 대학길6, 동성빌딩4층				
	사무소 명칭	고수공인중개사사무소			대 표 자 명 서명및날인	(인)
	전 화 번 호	02-875-2486	등록 번호	11620201600084	소속공인중개사 서명및날인	(인)

① 확인설명 기본 특약인 특약 1번~4번은 공실 상가 임대차계약서와 동일합니다.

② 특약5번~6번은 승계계약서 작성법에서 가장 핵심적인 사항입니다.

　이 특약의 내용은 신규 임차인에게 영업승계 가능성 여부에 대한 판단 책임을 부여하고, 행정적인 요건에 부합하지 않아서 영업승계가 불가능할 경우에 계약을 포기할 것인지 또는 신규 창업의 형식으로 신고등록 절차를 처음부터 다시 이행할 것인지에 관한 선택권을 준다는 것입니다.

③ 승계계약의 경우, 원칙적으로 신규임차인이 기존 임차인의 계약기간도 승계하게 됩니다.

　이것의 의미는 기존 임차인이 이미 그 자리에서 4년간 영업을 했다면, 신규 임차인은 차후에 6년의 계약기간 밖에 보장을 받을 수 없다는 의미입니다.

　때에 따라서는 이것이 미래에 큰 분쟁의 원인이 될 수도 있습니다.

　따라서 특약11번처럼 "임대차기간은 승계하지 않는다"는 취지의 내용을 계약서에 명시하여 신규 임차인이 다시 10년을 보장받을 수 있게 하여야 합니다.

■ 공인중개사법 시행규칙[별지 제20호의2서식] <개정 2021. 12. 31.> (제1쪽)

중개대상물 확인·설명서[Ⅱ] (비주거용 건축물)

([ ] 업무용 [√] 상업용 [ ] 공업용 [ ] 매매·교환 [√] 임대 [ ] 그 밖의 경우)

확인·설명 자료	확인·설명 근거자료 등	[√] 등기권리증 [√] 등기사항증명서 [√] 토지대장 [√] 건축물대장 [√] 지적도 [ ] 임야도 [√] 토지이용계획확인서 [ ] 그 밖의 자료 (당사자 신분증, 건축물현황도)
	대상물건의 상태에 관한 자료요구 사항	거래당사자는 위 "확인·설명근거자료 등"에 대한 사항을 발급/열람·검색을 통해 확인하였으며, 물건의현장답사를 통해 육안으로 확인·인지한 후 개업공인중개사가 작성한 아래 8~10항에 대한 설명을 통해 각 항목 기재 사항을 확인하고 내용에 동의함.(등기권리증 미제출)

유 의 사 항

개업공인중개사의 확인·설명 의무	개업공인중개사는 중개대상물에 관한 권리를 취득하려는 중개의뢰인에게 성실·정확하게 설명하고, 토지대장등본, 등기사항증명서 등 설명의 근거자료를 제시하여야 합니다.
실제거래가격 신고	"부동산 거래신고 등에 관한 법률 제3조 및 같은 법 시행령 별표 1 제1호마목에 따른 실제 거래가격은 매수인이 매수한 부동산을 양도하는 경우 「소득세법」 제97조제1항 및 제7항과 같은 법 시행령 제163조제11항제2호에 따라 취득 당시의 실제거래가액으로 보아 양도차익이 계산될 수 있음을 유의하시기 바랍니다.

Ⅰ. 개업공인중개사 기본 확인사항

① 대상물건의 표시	토지	소재지	서울특별시 관악구 신림동 1523-1 일성트루엘 제1층 제상가1001호			
		면 적(㎡)	3026.7㎡	지 목	공부상 지목	대
					실제이용 상태	대
	건축물	전용면적(㎡)	35.14(전용)㎡		대지지분(㎡)	3026.7분의8.6681
		준공년도 (증개축년도)	2013	용 도	건축물대장상 용도	업무시설 외2
					실제 용도	상동
		구 조	철근콘크리트구조	방 향	북서 (기준: 주출입구)	
		내진설계 적용여부	해당 없음	내진능력	해당없음	
		건축물대장상 위반건축물 여부	[ ] 위반 [√] 적법	위반내용	해당없음	

② 권리관계	등기부 기재사항	토 지	성명:김갑봉/생년월일:47-08-28/주소:서울특별시 관악구 관악로 140-16, 301호(봉천동)	토 지	소유권 외의 권리사항 해당 사항 없음
					소유권에 관한 사항
		건축물	성명:김갑봉/생년월일:47-08-28/주소:서울특별시 관악구 관악로 140-16, 301호(봉천동)	건축물	상동
	민간 임대 등록 여부	등록	[ ] 장기일반민간임대주택 [ ] 공공지원민간임대주택 [ ] 그 밖의 유형(0)		
			임대의무기간 년	임대개시일	
		미등록	[√] 해당 사항 없음		
	계약갱신 요구권 행사 여부		[ ] 확인(확인서류 첨부) [ ] 미확인 [√] 해당없음		

③ 토지이용 계획, 공법상이용 제한 및 거래규제에 관한 사항 (토지)	지역·지구	용도지역	준주거지역		건폐율상한	용적률상한
		용도지구	해당없음		50 %	250 %
		용도구역	지구단위계획구역			
	도시·군계획 시설	해당없음		허가·신고 구역 여부	[ ] 토지거래허가구역	
				투기지역여부	[ ] 토지투기지역 [ ] 주택투기지역 [√] 투기과열지구	
	지구단위계획구역, 그 밖의 도시·군관리계획	제1종지구단위계획구역		그 밖의 이용제한 및 거래규제사항	교육환경보호구역 과밀억제권역, 중점경관관리구역 가축사육제한구역 대공방어협조구역	

(제2쪽)

④ 입지조건	도로와의 관계	(6m × 6m)도로에 접함 [√]포장 [ ]비포장		접근성	[√]용이함 [ ]불편함
	대중교통	버스	(농협앞)정류장, 소요시간: ([√] 도보, [ ] 차량) 약 3분		
		지하철	(서울대입구)역, 소요시간: ([ ] 도보, [√] 차량) 약 10분		
	주차장	[ ]없음 [ ]전용주차시설 [√] 공동주차시설 [ ] 그 밖의 주차시설 ( )			
⑤ 관리에 관한사항	경비실	[√] 있음 [ ] 없음	관리주체	[ ] 위탁관리 [√] 자체관리 [ ] 그밖의유형	
⑥ 거래예정금액 등	거래예정금액			₩50,000,000(₩1,500,000)	
	개별공시지가(㎡당)	7,267,000 원	건물(주택)공시가격	150,000,000 원	
⑦ 취득시 부담할 조세의 종류 및 세율	취득세	해당없음%	농어촌특별세 해당없음%	지방교육세	해당없음%
	※ 재산세와 종합부동산세는 6월 1일 기준 대상물건 소유자가 납세의무를 부담				

II. 개업공인중개사 세부 확인사항

⑧ 실제권리관계 또는 공시되지 않은 물건의 권리 사항

해당 없음

⑨ 내부·외부 시설물의 상태 (건축물)	수 도	파손여부	[√]없음 [ ]있음 (위치: 당사자 쌍방이 확인함)		
		용수량	[√]정상 [ ]부족함 (위치: 당사자 쌍방이 확인함)		
	전 기	공급상태	[√]정상 [ ]교체필요(교체할 부분: 당사자 쌍방이 확인함)		
	가스(취사용)	공급방식	[√]도시가스 [ ]그 밖의방식 ( )		
	소 방	소화전	[ ]없음 [√]있음 (위치: 출입구)		
		비상벨	[ ]없음 [√]있음 (위치: 출입구)		
	난방공급 및 연료공급	공급방식	[ ]중앙공급 [√]개별공급	시설작동	[√]정상 [ ]수선필요( ) ※개별공급인 경우 사용연한 ( ) [√] 확인불가
		종 류	[ ]도시가스 [ ]기름 [ ]프로판가스 [ ]연탄 [√]그 밖의종류(전열기)		
	승강기	[√]있음 ([√]양호 [ ]불량) [ ]없음			
	배 수	[√]정상 [ ]수선필요(수선이 필요한 사항이 없음을 임대인이)			
	그 밖의 시설물	해당 사항 없음			
⑩ 벽면 및 바닥면	벽 면	균 열	[ ]없음 [√]있음(위치: 통상적인 노후로 인한 미세한 균열 있음)		
		누 수	[ ]없음 [√]있음(위치: 통상적인 노후로 인한 미세한 균열 있음)		
	바닥면	[ ]깨끗함 [√]보통임 [ ]수리 필요 (위치: 당사자 쌍방이 확인함)			

(제3쪽)

III. 중개보수 등에 관한 사항

⑪ 중개보수 및 실비의 금액과 산출내역	중개보수	1,800,000 원	<산출내역> 중개보수 : (50,000,000원 + (1,500,000원 * 100)) × 0.90% 실비 :
	실 비	0 원	
	계	1,980,000 원 (부가세(180,000) 포함)	
	지급시기	계약시	

「공인중개사법」 제25조제3항 및 제30조제5항에 따라 거래당사자는 개업공인중개사로부터 위 중개대상물에 관한 확인·설명 및 손해배상책임의 보장에 관한 설명을 듣고, 같은 법 시행령 제21조제3항에 따른 본 확인·설명서와 같은 법 시행령 제24조제2항에 따른 손해배상책임 보장 증명서류(사본 또는 전자문서)를 수령합니다.

2024년 10월 01일

매도인 (임대인)	주 소	서울특별시 관악구 관악로 140-16, 301호(봉천동)	성 명	김갑봉	서명 또는 날인
	생년월일	47-08-28	전화번호	010-1234-5678	
매수인 (임차인)	주 소	서울시 관악구 신림로15길 5(신림동)	성 명	김을순	서명 또는 날인
	생년월일	12-34-56	전화번호	010-2345-6789	
개업공인 중개사	등록번호	11620201600084	성명 (대표자)		서명 및 날인
	사무소 명칭	고수공인중개사사무소	소속 공인중개사		서명 및 날인
	사무소 소재지	서울특별시 관악구 대학길6, 동성빌딩4층	전화번호	02-875-2486	
개업공인 중개사	등록번호		성명 (대표자)		서명 및 날인
	사무소 명칭		소속 공인중개사		서명 및 날인
	사무소 소재지		전화번호		

5) 상가임대차 권리금 계약서 작성법

상가건물 임대차 권리금계약서

임차인(김갑동)과 신규임차인이 되려는 자(김을순)는 아래와 같이 권리금 계약을 체결한다.
※ 임차인은 권리금을 지급받는 사람을, 신규임차인이 되려는 자(이하 「신규임차인」이라한다)는 권리금을 지급하는 사람을 의미한다.

[임대차목적물인 상가건물의 표시]

소재지	서울시 관악구 신림동 1523-1 일성트루엘 제1층 제상가1001호			
상 호	카페도츠	임대면적	35.14 ㎡	전용면적 35.14 ㎡
업 종	휴게음식점	허가(신고)번호	1321324343	

[임차인의 임대차계약 현황]

임대차관계	임차보증금 金 오천만원정 (₩50,000,000)	월차임 金 일백오십만원정
	관 리 비 金 칠만원정 (₩70,000)	부가가치세 별도 [√] 포함 [ ]
	계약기간 2020년 11월 05일 부터 2022년 11월 04일까지 (24개월)	

[계약내용]
제1조(권리금의 지급) 신규임차인은 임차인에게 다음과 같이 권리금을 지급한다.

총권리금	金 삼천만원정 (₩30,000,000)	
계 약 금	金 삼백만원정	은 계약시에 지급하고 영수함. ■영수자 (인)
중 도 금	金	
잔 금	金 이천칠백만원정	은 2023년 06월 26일에 지급한다.

※ 잔금지급일까지 임대인과 신규임차인 사이에 임대차계약이 체결되지 않는 경우 임대차계약체결일을 잔금지급일로 본다.

제2조(임차인의 의무) ① 임차인은 신규임차인을 임대인에게 주선하여야 하며, 임대인과 신규임차인 간에 임대차계약이 체결될 수 있도록 협력하여야 한다.
② 임차인은 신규임차인이 정상적인 영업을 개시할 수 있도록 전화가입권의 이전, 사업등록의 폐지 등에 협력하여야 한다.
③ 임차인은 신규임차인이 잔금을 지급할 때까지 권리금의 대가로 아래 유형·무형의 재산적 가치를 이전한다.

유형의 재산적 가치	모든 시설 및 설비(양도물품 목록표 및 주요물품 사진 첨부)
무형의 재산적 가치	거래처 및 매물정보 일체

※ 필요한 경우 이전 대상 목록을 별지로 첨부할 수 있다.
④ 임차인은 신규임차인에게 제3항의 재산적 가치를 이전할 때까지 선량한 관리자로서의 주의의무를 다하여 제3항의 재산적 가치를 유지·관리하여야 한다.
⑤ 임차인은 본 계약체결 후 신규임차인이 잔금을 지급할 때까지 임차목적물상 권리관계, 보증금, 월차임 등 임대차계약 내용이 변경된 경우 또는 영업정지 및 취소, 임차목적물에 대한 철거명령 등 영업을 지속할 수 없는 사유가 발생한 경우 이를 즉시 신규임차인과 개업공인중개사에게 고지하여야 한다.

제3조(임대차계약과의 관계) 임대인의 계약거절, 무리한 임대조건 변경, 목적물의 훼손 등 임차인과 신규임차인의 책임 없는 사유로 임대차 계약이 체결되지 못하는 경우 본 계약은 무효로 하며, 임차인은 지급받은 계약금 등을 신규임차인에게 즉시 반환하여야 한다.

제4조(계약의 해제 및 손해배상) ① 신규임차인이 중도금(중도금 약정이 없을 때는 잔금)을 지급하기 전까지 임차인은 계약금의 2배를 배상하고, 신규임차인은 계약금을 포기하고 본 계약을 해제할 수 있다.
② 임차인 또는 신규임차인이 본 계약상의 내용을 이행하지 않는 경우 그 상대방은 계약상의 채무를 이행하지 않은 자에 대해서 서면으로 최고 하고 계약을 해제할 수 있다.
③ 본 계약체결 이후 임차인의 영업기간 중 발생한 사유로 인한 영업정지 및 취소, 임차목적물에 대한 철거명령 등으로 인하여 신규임차인이 영업을 개시하지 못하거나 영업을 지속할 수 없는 중대한 하자가 발생한 경우에는 신규임차인은 계약을 해제하거나 임차인에게 손해배상을 청구할 수 있다. 계약을 해제하는 경우에도 손해배상을 청구할 수 있다.
④ 계약의 해제 및 손해배상에 관하여는 이 계약서에 정함이 없는 경우 「민법」의 규정에 따른다.

제5조(보수) ① 임차인과 신규임차인은 본 계약의 체결에 따라 개업공인중개사에 대하여 각각 보수를 지급하여야 하며, 그 보수는 약정에 의한다. (보수 : 2,100,000 원)
② 개업공인중개사가 본 계약과 관련하여 본 계약의 체결과 동시에 임대인과 신규임차인 간에 임대차계약, 임차인과 신규임차인간의 임차권 양도·전대차 계약 등을 중개하는 경우 그 보수는 위 1항과는 별개로 지급하며 공인중개사법의 규정에 의한다.
③ 개업공인중개사의 고의나 과실 없이 계약 당사자간의 사정으로 계약이 무효, 취소, 해제되어도 위1항과 2항의 보수는 지급한다. 단, 본 계약서 제3조에 따라 계약이 해제되는 경우에는 그러하지 아니한다.

---

1. 현 시설 상태에서의 권리양도, 양수 계약임.
2. 양도인은 계약일 현재 영업과 관련하여 관공서로 부터 행정처분 또는 형사처분을 받지 않았음을 확인함.
3. 양도인(양도인의 직계존비속 포함)은 현 사업장이 위치한 관악구 대학동 내에서 권리양도일로 부터 2년간 부동산중개업(창업, 취업 및 일체의 영업활동)을 하지 않기로 한다.
4. 권리금(3천만원)은 부가세를 포함한 금액에서 권리양수인이 원천징수 및 납부 하여야 하는 금액을 공제한 금액임.
5. (권리금수수료는 권리금의 7%이며 권리양도인이 부담한다.)
6. 잔금 시까지의 각종 공과금은 양도인 부담으로 한다.
7. 권리양수인은 권리양도인으로부터 대상임차물의 완전원상회복의무를 승계한다.
8. 권리양수인의 책임 없는 사유로 인한 임대차계약 불성립시 권리금계약은 무효로 한다.

임차인	주 소	서울특별시 관악구 대학길1				(인)
	주민등록번호	534234-1	전화	010-1234-5678	성명 김갑동	
신규임차인	주 소	서울특별시 관악구 대학길2				(인)
	주민등록번호	676454-2	전화	010-2345-6789	성명 김을순	
개업공인중개업자	사무소 소재지	서울특별시 관악구 대학길6, 동성빌딩4층				
	사무소 명칭	고수공인중개사사무소		대표자명 서명및날인	김고수	(인)
	전화번호	02-875-2489	등록번호	20161120010	소속공인중개사 서명및날인	(인)

(1) 현임차인의 차임연체 여부를 반드시 확인하자!

　권리금계약 전에 반드시 현임차인의 차임연체가 있는지 여부와 연체금액을 확인하여야 합니다. 실무에서는 종종 현임차인(양도인)이 차임연체로 인하여 보증금을 다 까먹고 임대인에게 더 지불할 차임을 남겨놓은 상태에서 양수인에게 권리금계약금만 받고 잠적하는 일이 있습니다. 권리금계약금을 입금하기 전에 반드시 임대인에게 차임연체 여부를 확인하여야겠습니다.

(2) 임대인의 업종제한, 임대조건 변경을 확인하자!

　현임차인이 계약 기간 종료까지 6개월 이내로 남은 시점에서 권리를 양도한다면, 상가임대차보호법에 의하여 임대인은 양수인의 업종제한을 할 수 없습니다. 하지만 현임차인의 계약 기간이 그 이상 남았다면 양수인의 업종을 트집 잡아 본 계약(임대차계약)체결을 거부할 수 있습니다. 반드시 권리금계약 전에 임대인에게 업종제한 여부를 문의하여 녹음, 문자메시지, 카톡 등으로 남겨서 나중에 임대인이 딴소리를 못 하게 하여야 할 것입니다. 앞에서 언급한 바와 같이 임대조건 또한 변동 여부를 위와 같이 기록으로 남겨 놓아야 할 것입니다.

(3) 양도인이 행정처분 또는 형사처분을 받지 않았는지 확인하자!

　상가를 승계한 양수인은 양도인이 영업 중에 받았던 행정처분 및 형사처분을 승계 받을 수도 있음에 유의해야 합니다.
　따라서 대표님들께서는 미리 구청 또는 경찰서에 문의를 해보시거나, 특약2번과 같이 해당 사실의 부존재에 관하여 양도인에게 확인하였다고 남겨놓아야 할 것입니다.

(4) 양도인이 일정 구역에서 영업활동을 하지 못 하게 하자!

　현업을 하다 보면 권리금을 받고 사무실을 넘겨놓고는 바로 근처에 창업을 하거나, 기존의 핸드폰 번호로 몰래 영업을 하는 양심 없는 분들을 자주 보게 됩니다.

이러한 일이 발생하면 대표님들께서는 경제적인 손실 뿐만 아니라, 심각한 스트레스를 받게 됩니다. 따라서 권리금계약서를 작성하실 때 미리 이런한 문제들을 고려하여, 권리양도인과 그 일족들이 사무실 근처에서 창업 또는 취업을 포함한 일체의 영업활동을 하지 못하도록 특약3번을 기재하시는 것이 좋습니다. 경업금지 특약을 기재하지 않았다고 하더라도 상법41조의 적용은 받으나, 상법41조만으로는 권리양도인의 취업 및 배우자와 직계존비속의 창업을 막을 수가 없습니다.

(5) 권리금의 부가가치세를 꼭 짚고 넘어가자!

'권리금에도 부가세가 붙나?'하고 의아해하시는 분들이 계실 것입니다.

모르셔도 이상한 것이 없는 것이, 실무에서는 양도인과 양수인이 권리금을 주고받은 것을 당사자들과 중개사 외에는 알 수가 없기 때문에 그냥 서로 권리금을 주고받고 영수증을 끊어 주는 선에서 마무리하는 경우가 많기 때문입니다.

하지만 원칙적으로는 권리금을 300만 원 이상 수수하게 되면 양도인은 부가세를 원천징수 하여 80%의 필요경비를 공제하고 나머지 20%는 다음 연도의 종합소득세에 합산하여 신고해 야 하고, 양수인은 지급한 권리금에서 필요경비 80%를 공제한 20%의 과표에 대하여 22%를 원천징수하고 다음 달 10일까지 신고 납부를 하여야 합니다.

물론 중개사가 부가세에 관하여 이렇게까지 자세히 설명할 필요는 없지만, 권리금도 기타 소득으로 부가세가 발생할 수 있으니 세무사의 도움을 받으라는 정도만 설명하시면 됩니다. 하지만 특약 3번과 같이 기재하여 이를 설명해 준다면 당사자 간의 분쟁도 막을 수 있고, 더 욱더 경쟁력 있는 중개사가 될 수 있을 것입니다.

사례를 하나 보시면 이해하시기 쉬우실 것입니다.

사례

양도인(기존임차인) A는 양수인(신규임차인) B와 권리금 1억 원에 카페를 양도 양수하는 권리금계약을 체결하였습니다. 권리금계약을 체결하면서 중개사 C는 권리금에 대한 부가세에 관하여 언급하지 않았습니다. 그런데 권리금에 대한 잔금을 모두 마치고 얼마 후 갑자기 A가 부가세를 신고하고 납부하겠다면서 B에게 1천만 원을 요구하였습니다. B는 당황하여 중개사 C에게 이게 무슨 일인지 다급하게 문의하였습니다. C는 A에게 전화를 걸어서 우리만 입을 닫고 있으면 아무도 권리금을 주고받은 것을 모르는데 왜 쓸데없이 부가세를 납부하겠다고 하느냐고 물었습니다. A는 국민이 세금을 성실히 내겠다는데 무슨 문제냐고 하였지만, 아마도 양도양수 과정에서 권리금액수에 불만을 품고 심술을 부린다는 것을 C는 알 수 있었습니다. C는 A를 설득하려고 당신이 부가세를 받을 수는 있지만 반대로 B도 권리금의 4.4%를 당신에게 요구해서 세금을 낸다고 말 할 수도 있으니 서로 좋게 끝내는 것이 어떠냐고 하였습니다.

하지만 A는 나는 어쨌든 부가세를 신고할 것이니, 그럼 내가 받을 돈이 1천만 원이니까 B가 요구할 수 있는 금액 440만 원을 빼고 560만 원을 보내라고 합니다.

C는 설득이 불가능하자 B에게 황당하겠지만, A에게 560만 원을 줘야겠다고 하자, B는 당신이 부가세를 언급하지 않아서 이런 일이 생겼으니 책임을 지라며 사무실에서 난동을 피웁니다. C는 부가세에 관하여는 중개사가 설명의무가 없다고 B에게 말했지만, 매일 수십 통의 전화가 오고 수시로 찾아와서 괴롭히는 마당에 어쩔 수 없이 중개수수료를 포기할 테니 더 이상 문제 삼지 말자고 하였습니다.

실무에서는 드물겠지만, 위의 사례와 같은 일이 발생할 수 있기 때문에 특약 3을 기입하여 권리금 1억이 이미 양도인 양수인이 주고받을 세금을 모두 고려한 금액이라는 것을 명시하여 양도인이 악의로 부가세를 신고하겠다고 하는 일을 막도록 하여야겠습니다.

실무에서는 드물겠지만, 위의 사례와 같은 일이 발생할 수 있기 때문에 특약 3을 기입하여 권리금 1억이 이미 양도인 양수인이 주고받을 세금을 모두 고려한 금액이라는 것을 명시하여 양도인이 악의로 부가세를 신고하겠다고 하는 일을 막도록 하여야겠습니다.

> **사례**
>
> 마트를 운영하던 A는 주변의 대형마트로 인하여 매출이 급감하자 상가를 권리금 1억에 내놓았습니다. 얼마 후 한 프랜차이즈 편의점 업체에서 상가를 인수하겠다고 하여 권리금 1억만 주면 언제든지 상가를 빼주겠다고 하였습니다.
> 인수인계하기로 한 날짜에 권리금이 모두 입금되었다고 하여 A가 계좌를 확인해 보니 계약 시에 받은 권리금에 대한 계약금 1,000만 원 이외에 잔금으로 9,560만 원이 입금되어 있었습니다. A는 깜짝 놀라며 역시 대기업이라 다르다면서, 권리금을 1억만 달라고 했는데 560만 원을 더 줬다면서 기뻐하였습니다.

위의 사례는 대기업이라 통이 큰 것이 아니고, 양도인이 부가세를 신고할 것이라고 보고, 미리 자신들이 원천징수할 금액을 제외한 부가세를 양도인에게 지급한 것입니다^^;

(6) 권리금 수수료를 받을 때 주의하자!

최근에 비록 하급심 판례지만 공인중개사에게는 매우 의미가 있는 판결이 있었습니다. 그것은 공인중개사의 권리금계약서 작성행위가 행정사법 위반이라는 판결인데요, 이 판결로 인하여 대표님들께서 향후 권리금계약서를 작성하기 어렵게 되었을 뿐만 아니라 권리금수수료도 사실상 받을 수 없게 되었습니다. 참으로 어이가 없는 판결이라는 생각이 들지만, 후속 판례가 나오기 전까지는 이에 대비를 하셔야 할 것입니다.

이에 대한 대책으로는 공인중개사의 명판이 들어가지 않은 권리금계약서를 작성하고, 컨설팅계약서를 통해 수수료를 받는 방법이 가장 좋을 것으로 생각됩니다.

(7) 승계 시설, 물품 목록표를 꼼꼼히 작성하자!

상가의 신규창업일 경우에는 빈 상가일 경우에는 임차인이 업종에 맞는 시설을 하고 영업에 필요한 물품 등을 채워 넣을 것이고, 기존에 영업하던 업종이 있지만, 승계를 하지 않을 때 에는 기존 시설의 철거문제만 남게 됩니다.

하지만 승계창업일 경우에는 반드시 인수할 시설이나 물품 등에 관하여 목록표 작성 또는 사진촬영 등으로 기록을 남겨 놓아야 합니다.

재미있는 예로, 제가 예전에 상가 중개를 하면서 목록표에는 분명히 "TV 1대"라고 기록을 했는데 바빠서 사진은 안 찍어 둔 일이 있었습니다. 그런데 잔금일에 보니, 계약시에는 분명히 새것같은 벽걸이TV였는데 어디서 본적도 없는 낡은 TV가 놓여져 있었습니다. 물론 권리양도인은 원래 그 TV였다고 하였습니다;; 저는 그때부터는 고가품의 경우에는 목록표에 기재할 뿐 만 아니라 반드시 사진까지 찍어서 증거로 보관하고 있습니다.

(8) 승계창업일 경우 완전원상회복의무 승계특약을 꼭 넣어주자!

승계창업인데 내부 인테리어를 거의 다 뜯고 다시 하는 경우, 철거에 소요된 비용을 누가 부담하느냐를 두고 다투는 사례를 많이 보았습니다.

별도의 약정이 없는한 원상회복의무는 기존의 임차인인 권리양도인에게 있습니다만, 권리를 넘기고 간 양도인이 철거비용을 부담할 가능성은 현실적으로 희박합니다.

몇 년전에 이와 관련된 판례(권리금계약이 있었다면 양수인에게 완전원상회복의무가 있다고 해석될 수 있는 판례)가 나오기는 했습니다만, 이 판례에 관한 해석이 완전히 일치하는 것은 아닙니다.

따라서 사후에 양도인 양수인 간의 협의를 이끌어 내는 것은 매우 힘들기 때문에 특약으로 원상회복의무는 양도인이 승계한다고 명시해 주면 좋을 것입니다.

(9) 임대차계약의 불성립에 대비하자!

권리금계약을 체결하고 보니 임대인이 말하는 임차조건이 권리양도인 혹은 공인중개사가 말한 조건과 다르거나, 임대차계약 자체에 하자가 있어 계약이 불성립하는 경우가 있을 수 있습니다. 이렇게 되면 권리양수인은 영업할 권리는 인수하였는데 해당 상가를 사용할 권리는 없는 이상한 상황이 됩니다.

판례에서는 권리금계약과 임대차계약은 별개의 계약이라고 하면서도, 임대차계약이 성립되지 않았다면 권리금계약을 체결하지 않았을 것이라는 사실이 인정되면 권리금계약을 취소할 수 있다고 말하고 있습니다.

하지만 이런 판례까지 당사자들이 알 가능성이 희박하므로, 특약8번을 기재해 주는 것이 좋습니다.

- 공인중개사가 권리금계약서를 작성하는 행위는 행정사법 위반인가?
☞ 공인중개사가 상가임대차를 중개하는 과정에서 권리금계약서를 작성하는 행위가 행정사법 위반이라는 하급심 판례로 인하여 현업에서 혼란이 발생하고 있습니다.
현재 해당 판례는 많은 비판을 받고 있으며 향후 변경된 판례가 나오길 기대합니다.

- 새로운 방침 또는 판례가 나올때까지 취할 수 있는 방법은?
☞ 현업에서는 권리금계약서 작성을 행정사에게 보수를 주고 의뢰하는 경우도 있으나, 공인중개사가 자신의 명판이 들어가지 않은 권리금계약서와 컨설팅계약서를 함께 작성하는 방법이 가장 좋습니다.
즉, 공인중개사는 당사자들이 권리계약을 맺는 것에 관하여 자문 컨설팅만 하였으며, 이에 대한 보수를 받겠다는 의미가 됩니다.

2 상가주택매매

1) 상가주택이란?

말 그대로 한 건물에 상가 부분과 주택 부분이 공존하는 건물입니다.

주의할 점은 상가 부분과 주택 부분을 결정하는 기준이 건축물대장상이 아닌 실제 사용용도라는 것입니다.

> **사례**
>
> 대학가 주변에서 많이 볼 수 있는 원룸건물들에 대한 건축물대장을 보시면 한 층 또는 두 층 정도를 제외하고는 모두 근생으로 용도가 설정되어 있는 것을 볼 수 있습니다. 연구시설, 독서실, 근린생활시설 등으로 표현되어 있다는 뜻입니다. 그렇다면 이런 원룸건물들은 모두 이번 장에서 다루는 상가주택일까요? 그렇지 않다는 것입니다. 용도가 근생이더라도 실제 사용 용도가 주택이기 때문에 그냥 전체가 하나의 주택으로 다루어지는 것입니다.

즉, 상가주택이란 실제로 상가로 이용 중인 부분을 포함하고 있는 주택이라고 할 수 있겠습니다.

계약서 작성의 측면에서 보자면, 상가주택 계약서는 계약서의 종합예술이라 할 수 있습니다. 주택의 성격과 상가의 성격이 공존하기 때문에 거의 모든 매매관련 특약이 다 들어갈 수 있기 때문입니다.

2) 상가주택의 특징

(1) 세금 계산 시 특수성

상가주택에 관한 세금 계산 시 취득세의 경우에는 주택 부분의 면적과 상가 부분의 면적 중 어떤 부분이 더 크냐에 상관없이 주택 부분은 주택에 관한 취득세율이 적용되고, 상가 부분에는 상가에 관한 취득세율이 적용됩니다.

▶ 상가주택 취득시 취득세 부과 기준

구분	주택 취득세	상가 취득세	비고
주거 > 상가	주택과 상가 면적에 관계없이 주택은 주택대로 상가는 상가대로 각각의 세율 적용하되 안분으로 계산		면적에 관계없이 주택, 상가 각각 세율 적용
주거 = 상가			
주거 < 상가			

취득세와 달리 양도소득세 산정 시에는 주택면적이 조금이라도 상가면적보다 넓은 경우 모두 주택으로 보아 양도소득세를 부과합니다.

이때 역시 용도의 판단 기준은 건축물대장상의 용도가 아니라 실제 사용용도를 보고 판단을 하게 됩니다. 따라서 1세대가 이 건물을 2년 이상 보유하고 거주하였다면 상가 부분에 대하여만 양도소득세를 내면 됩니다.

▶ 상가주택 양도소득세 부과 기준

구분	주택 취득세	상가 취득세	비고
주거 > 상가	전체를 주택에 준해서 납부	해당없음	전체를 주택으로 봄 (12억↑ 별도 부과)

주거 = 상가	주택 50%	상가 50%	주택 상가 각각 적용
주거 < 상가	주거부분 주택에 준해서 납부	상가부분 상가에 준해서 납부	

위와 같은 이유 때문에 건물주들은 조금이라도 주택면적이 상가면적보다 넓게 만들기 위해서 몇 가지 방법을 사용합니다.

- 애초에 신축 시 주택면적을 50% 초과해서 건축하는 방법
- 주택 부분을 증축하여 상가 부분보다 크게 하는 방법
- 계단, 복도 등을 조정해서 주택용도로 사용하는 방법

(2) 두 가지 지위가 이전되는 계약이다

상가주택의 매매계약 시 매도인에게서 매수인으로 이전되는 것은 그 건물에 대한 소유권 이외에 상가 부분에 관하여 사업자라는 지위가 이전된다는 것에 주의하여야 합니다.

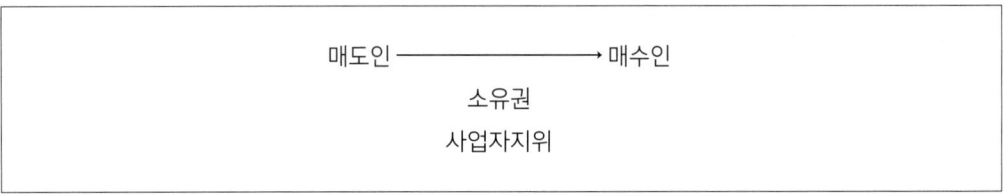

상가건물이 아니라 주택매매라도 매도인이 주택임대사업자로 등록하고 있다면 같은 문제가 발생할 수 있습니다.

이로 인하여 매매계약 시 부가세를 주고받아야 하는 번거로움을 피하기 위해 사업자지위를 변동 없이 그대로 넘겨주는 포괄양도양수계약이 같이 이루어지는 경우가 발생하게 됩니다.

하지만 포괄양수도가 항상 일어나는 것은 아니며, 하고 싶다고 할 수 있는 것도 아닙니다. 아래 표를 보며 설명해 드리겠습니다.

▶ 포괄양수도 도표

양도인	양수인	부가세 발생	부가세 환급	포괄 양수도
일반 과세자	일반 과세자	○	○	○
	간이 과세자	○	△	○
	개인	○	X	X
간이 과세자	일반 과세자	△	X	○
	간이 과세자	△	X	○
	개인	△	X	X
개인	일반 과세자	X	X	X
	간이 과세자	X	X	X
	개인	X	X	X

위의 표에서 볼 수 있듯이, 포괄양수도가 가능하기 위해서는 일반과세자 또는 간이과세자인 양도인이 역시 일반과세자나 간이과세자인 양수인에게 소유권을 넘겼을 때 발생하게 됩니다.

하지만 양당사자가 일반과세자나 간이과세자이더라도 포괄양수도가 가능하기 위해서는 다음과 같은 요건이 더 요구됩니다.

① **사업 전체를 양도 양수해야 합니다.**
예를 들어 오피스텔 3가구(101호, 102호, 103호)를 소유하고 있는 사람이 101호만 매매로 넘기면서 매수인과 포괄양수도 계약을 할 수는 없습니다.

② **경영주체를 제외한 모든 조건이 불변해야 합니다.**
어떤 분식집을 인수하는 사람이 시설 등을 전혀 손대지 않고 자신은 메뉴로 주류만 더 추가할 계획이라 하더라도 이는 업종 자체가 휴게음식점에서 일반음식점으로 바뀌는 것이므로 포괄양수도가 불가능합니다.

표에서 양도인이 간이과세자일 경우에는 간이과세자라도 부가세는 발생하지만, 매수인에게 원천징수가 불가능하므로 ▲표시를 해두었습니다. 물론 이 경우에는 양수인 역시 원천징수 당한 부가세가 없으므로 부가세의 환급이라는 문제 자체가 발생하지 않게 됩니다.

그리고 양도인이 일반과세자인데 양수인이 간이과세자인 경우, 매수인이 부가세를 환급받기 위해서는 일반과세자로 전환하여야 하기 때문에 ▲표시를 해두었습니다.

그런데 포괄양수도가 성립되면 세무서에서는 친절하게도 사업자등록 시 양수인을 일반과세자로 자동으로 변경시켜 줍니다. 또한, 매수인이나 매도인이 임대사업 중인데도 사업자등록을 하지 않았을 경우에 적발되면 무거운 가산세를 부과받게 되므로, 중개인은 이를 꼭 설명해 주어야 하겠습니다.

가장 중요한 것은 포괄양수도계약 시에 부가세 문제를 어떻게 처리하냐는 것입니다. 부가세를 매매대금에 포함시킬지 여부의 문제인데, 의견이 나누어지는 부분입니다. 저의 소견으로는 두 가지의 경우를 구별해서 살펴봐야 할 듯 합니다.

첫 번째로, 포괄양수도계약이 가능한 경우입니다. 독자분들 중에서는 포괄양수도가 가능한데 부가세 문제를 논할 필요가 있냐고 생각하시는 분들도 계실 것입니다. 하지만 포괄양수도계약이 가능하냐와 포괄양수도가 이루어졌냐는 것은 별개의 문제입니다. 즉, 포괄양수도계약을 체결한 이후 매수인이 면세사업자로 등록하는 등의 사유가 발생하면 포괄양수도는 실행이 될 수 없게 되어 부가세가 부과될 수 있습니다. 그러므로 포괄양수도계약이 가능할 경우에도 부가세는 별도로 한다는 특약이 필요합니다.

두 번째로, 포괄양수도계약이 불가능한 경우입니다. 개인적인 생각으로는 매매계약에서 가장 중요한 것은 잔금 후에 양 당사자가 다시 만나거나 통화할 일이 없게 만드는 것이라고 봅니다. 그러므로 특약에 '부가가치세 발생 시 포괄양수도가 불가능한 경우, 부가가치세는 매매대금에 포함된다.'라고 기재하는 것이 좋을 듯합니다. 매달 부가세를 징수하는 상가임대차와는 다르게 상가매매의 경우에는 계약 시에 부가세 문제를 끝내 버리는 것이 좋기 때문입니다.

※ **상가건물 매매 시의 상가부분 부가가치세 계산법**
상가주택건물의 실제 매매가가 3억일 경우, 만약 계약서에 3억 중 토지의 매매가와 건물의 매매가를 따로 표기하지 않았다면 아래와 같이 부가세를 계산하게 됩니다.

실제 매매가 : 3억
토지의 공시지가 : 7천만원
상가부분의 건물기준시가 : 1억원
토지가액=3억×1억7천만/7천만 = 12,300만원
건물가액=3억×1억7천만/1억 = 17,700만원
이 거래로 부과되는 부가세 = 건물가격(17,700만원)×10프로=1770만원

만약 계약서에 이 계약에서 토지분 매매가는 1억이고 건물분 매매가는 2억라고 표기했다면, 국세청에서 보기에 자신들이 알고 있는 토지,건물의 가치와 큰 차이가 없다면 부가세는 2천만원이 부가될 것입니다.
하지만 토지가격 3억 건물가격 0원처럼 기재를 한다면, 부가세가 계약서 데로 0원이 나오는 것이 아니라 국세청에서 생각하는 합리적인 건물가격을 산정하여 부가세를 부과할 것입니다.

3) 상가주택 매매계약서 작성법/확인설명서 작성법

부동산(상가주택) 매매 계약서

매도인과 매수인 쌍방은 아래 표시 부동산에 관하여 다음 계약 내용과 같이 매매계약을 체결한다.

1. 부동산의 표시

소 재 지	서울특별시 관악구 신림동 250-27			
토 지	지 목	대	면 적	103.00 ㎡
건 물	구 조	철근콘크리트구조 용 도 근린생활시설 및 주택	면 적	294.75 ㎡

2. 계약내용

제1조 [목적] 위 부동산의 매매에 대하여 매도인과 매수인은 합의에 의하여 매매대금을 아래와 같이 지급하기로 한다.

매매대금	금 일십억팔천만원정	(₩1,080,000,000)
계 약 금	금 일억원정	은 계약시에 지급하고 영수함. ※영수자 (인)
융 자 금	금 오억일천육백만원정	은 매도인이 잔금지급일까지 말소한다.
현임대보증금	금 일억삼천육백만원정	은 현 상태에서 매수인이 승계함.
1차중도금	금 사억원정	은 2024년 10월 01일에 지급한다.
2차중도금	금	은 년 월 일에 지급한다.
잔 금	금 사억사천사백만원정	은 2025년 01월 01일에 지급한다.

제2조 [소유권 이전 등] 매도인은 매매대금의 잔금 수령과 동시에 매수인에게 소유권 이전등기에 필요한 모든 서류를 교부하고 등기절차에 협력 하여야 하며, 위 부동산의 인도일은 2025년 01월 01일 로 한다.

제3조 [제한물권 등의 소멸] 매도인은 위 부동산에 설정된 저당권, 지상권, 임차권 등 소유권의 행사를 제한하는 사유가 있거나 제세공과금 기타 부담금의 미납 등이 있을 때에는 잔금 수수일까지 그 권리의 하자 및 부담 등을 제거하여 완전한 소유권을 매수인에게 이전하기로 한다. 다만, 승계하기로 합의하는 권리 및 금액은 그러하지 아니하다.

제4조 [지방세 등] 위 부동산에 관하여 발생한 수익의 귀속과 제세공과금 등의 부담은 위 부동산의 인도일을 기준으로 하되, 지방세의 납부의무 및 납부책임은 지방세법의 규정에 의한다.

제5조 [계약의 해제] 매수인이 매도인에게 중도금(중도금이 없을때에는 잔금)을 지불하기전 까지 매도인은 계약금의 배액을 상환하고, 매수인은 계약금을 포기하고 본 계약을 해제할 수 있다.

제6조 [채무불이행과 손해배상의 예정] 매도인 또는 매수인은 본 계약상의 내용에 대하여 불이행이 있을 경우, 그 상대방은 불이행 한 자에 대하여 서면으로 최고하고 계약을 해제할 수 있다. 그리고 계약 당사자는 계약해제에 따른 손해배상을 각각 상대방에게 청구 할 수 있으며, 손해배상에 대하여 별도의 약정이 없는 한 계약금을 손해배상의 기준으로 본다.

제7조 [중개보수] 개업공인중개사는 매도인 또는 매수인의 본 계약 불이행에 대하여 책임을 지지 않는다. 또한 중개보수는 본 계약 체결과 동시에 계약 당사자 쌍방이 각각 지불하며, 개업공인중개사의 고의나 과실없이 본 계약이 무효, 취소 또는 해제 되어도 중개보수는 지급한다. 공동중개인 경우에 매도인과 매수인은 자신이 중개 의뢰한 개업공인중개사에게 각각 중개보수를 지급한다.

제8조 [중개보수 외] 매도인 또는 매수인이 본 계약 이외의 업무를 의뢰한 경우, 이에 관한 보수는 중개보수와는 별도로 지급하며 그

[특약사항] <<< 별지 특약 있음 >>>
1. 본 계약은 계약일 현재 대상 부동산의 권리 및 시설물 상태하의 상가주택 매매계약임.
2. 매수인은 특약1에 관하여 직접 현장확인 및 관련 공부를 열람한 후, 확인설명서를 통해 확인설명을 받고 계약을 체결함.
3. 대상 부동산의 권리 상태: 근저당권 등기 존재/ 매도인은 임대차보증금에 관하여 압류, 가압류 및 권리질권이 설정된 사실이 없음을 확인함/ 임차권이 있는 상태의 계약임(임대 현황서 별지 첨부)
4. 대상 부동산의 시설물 상태: 매도인은 확인설명서에 명시한 사항 외에 위반건축물이 없음을 확인함.
5. 본 계약의 매매대금은 토지 대금 (   )과 건물 대금 (   )의 합으로 함.
6. 부동산 부착되어 있는 종물 및 부착물 중 (   )를 제외한 모든 물품은 매매가에 포함된다.
7. 본 계약은 계약일 현재 기준으로 확인 가능한 모든 하자를 고려한 금액임.
8. 매도인의 하자담보책임에 관한 사항: 매매대금에 모두 반영되었으며, 매수인은 계약일 이후 어떠한 하자담보책임도 주장하지 않을 것을 합의함.
9. 매도인은 권리 및 시설물에 관하여 계약 당시와 변동이 있어 매수인에게 손해를 끼친 경우 이에 관한 모든 책임을 진다.

매도인	주 소	서울특별시 관악구 대학길20길 27, 102동 1001호 (신림동, 현대아파트)	(인)
	주민 등록 번호	581109-	전화 010-1234-5678	성명 김갑동
매수인	주 소	서울특별시 관악구 신림로50	(인)
	주민 등록 번호	740518-	전화 010-2345-6789	성명 김을순
개 업 공 인 중 개 사	사무소 소재지	서울특별시 관악구 신림로15길 4 ,지층1 (신림동)	
	사무소 명칭	고수공인중개사사무소	대 표 자 명 서명및날인 (인)
	전 화 번 호	02-875-2486 등록번호 11620-2019-00205	소속공인중개사 서명및날인 (인)

부동산(상가주택) 매매 계약서 별지

◆ 부동산의 표시

소 재 지	서울특별시 관악구 신림동 250-27				
토 지	지 목	대		면 적	103.00 ㎡

◆ 특약 사항
10. 확인설명서에 기재한 취득세율은 공부, 당사자들의 진술 및 구청에 문의한 내용을 바탕으로 기재하였으며, 차후 세무에 관하여 공인중개사에게 책임을 묻지 않기로 한다.
11. 매도인은 잔금일 전까지 모든 제세공과금을 완납한 후, 이에 관한 증명서류를 제시해야 한다.
12. 부가가치세법 제6조 제6항에 의한 포괄양도양수계약에 의거하여, 매수인은 매도인으로부터 본 건 사업에 관한 권리와 의무를 포괄적으로 승계한다.(단, 포괄양도양수 불가시 또는 포괄양도양수계약의 실행 불가시 부가가치세는 별도로 부과한다)
13. 매도인과 매수인은 포괄양도양수가 원활히 이루어 지도록 상호 협력하기로 하며, 일방 당사자의 과실로 인하여 포괄양도양수가 불가능하게 된 경우, 유책당사자가 이로 인해 발생한 모든 손해에 관하여 책임 지기로 한다.
14. 해당 건물의 주택 부분 공시가격은 147,000,000원이며, 주택 외 건물 부분 시가표준액은 98,172,000원임.

① 특약1번~특약9번까지는 주택매매에 관한 기본 특약이 그대로 사용되었다는 것을 알 수 있습니다. 상가주택의 주택으로서의 성격 때문입니다.

특약5번 처럼 건물거래액과 토지거래액을 당사자 합의로 정하는 것은 계약자유의 원칙상 당연히 가능합니다. 하지만, 세금을 절약하기 위하여 건물분의 금액을 극단적으로 낮게 잡는 특약은 효력이 인정되지 않을 수도 있습니다.

② 특약12번은 매도인과 매수인이 사업자 지위에 따른 권리의무를 포괄적으로 승계하기로 합의하고, 부가가치세법 상의 포괄양수도가 불가능하거나 불성립하게 될 경우에 부가세는 별도로 지급하기로 한다는 내용의 특약입니다.

또한 특약13번에서 당사자들은 원활한 포괄양수도 절차의 진행을 위하여 상호 협력하기로 한다고 기재하였는데, 여기서 가장 중요한 요소는 매수인의 사업자등록일 것입니다. 매수인이 잔금 전까지 사업자등록을 하지 않으면 포괄양수도 자체가 불가능할 수도 있기 때문입니다.

■ 공인중개사법 시행규칙 [별지 제20호서식] <개정 2024. 7. 2.>   (제1쪽)

중개대상물 확인·설명서[I] (주거용 건축물)

(주택 유형: [ ]단독주택   [ ]공동주택   [ ]주거용 오피스텔)
(거래 형태: [√]매매·교환   [ ]임대)

확인·설명 자료	확인·설명 근거자료 등	[√]등기권리증 [√]등기사항증명서 [√]토지대장 [√]건축물대장 [√]지적도 [ ]임야도 [√]토지이용계획확인서 [√]확정일자 부여현황 [√]전입세대확인서 [√]국세납세증명서 [√]지방세납세증명서 [√]그 밖의 자료 (임대 현황서)
	대상물건의 상태에 관한 자료요구 사항	거래당사자는 위 "확인·설명근거자료 등"에 대한 사항을 말음/열람,검색을 통해 확인하였으며, 물건의 현장답사를 통해 육안으로 확인/인지한 후 개업공인중개사가 작성한 아래 9~12항에 대한 설명을 통해 각 항목 기재 사항을 확인하고 내용에 동의함.

유의사항

개업공인중개사의 확인·설명 의무	개업공인중개사는 중개대상물에 관한 권리를 취득하려는 중개의뢰인에게 성실·정확하게 설명하고, 토지대장 등본, 등기사항증명서 등 설명의 근거자료를 제시해야 합니다.
실제거래가격 신고	「부동산 거래신고 등에 관한 법률」 제3조 및 같은 법 시행령 별표 1 제1호마목에 따른 실제 거래가격은 매수인이 매수한 부동산을 양도하는 경우 「소득세법」 제97조제1항 및 제7항과 같은 법 시행령 제163조제11항 제2호에 따라 취득 당시의 실제 거래가액으로 보아 양도차익이 계산될 수 있음을 유의하시기 바랍니다.

I. 개업공인중개사 기본 확인사항

① 대상물건의 표시	토지	소 재 지	서울특별시 관악구 신림동 250-27			
		면 적(㎡)	103.00㎡	지 목	공부상 지목	대
					실제 이용 상태	대
	건축물	전용면적(㎡)	294.75㎡		대지지분(㎡)	해당 없음
		준공년도 (증개축년도)	1981	용 도	건축물대장상 용도	근린생활시설 및 주택
					실제 용도	상동
		구 조	철근콘크리트구조	방 향	남향	(기준: 현관 기준)
		내진설계 적용여부	해당 없음	내진능력	해당 없음	
		건축물대장상 위반건축물 여부	[ ]위반 [√]적법	위반내용	해당 없음	

② 권리관계	등기부 기재사항		소유권에 관한 사항	소유권 외의 권리사항
		토지	성명:김갑동/생년월일:58-11-09/주소:서울특별시 관악구 대학길20길 27, 102동 1001호 (신림동, 현대아파트)	(근저당권) 채권자: 주식회사 우리은행 채무자: 정광옥 채권최고액: 516,000,000 설정일: 2018.05.17
		건축물	성명:김갑동/생년월일:58-11-09/주소:서울특별시 관악구 대학길20길 27, 102동 1001호 (신림동, 현대아파트)	상동

③ 토지이용계획, 공법상이용제한 및 거래규제에 관한 사항 (토지)	지역·지구	용도지역	제2종일반주거지역	건폐율 상한	용적률 상한
		용도지구	해당없음	60 %	200 %
		용도구역	해당없음		
	도시·군계획 시설	해당 없음	허가·신고 구역여부	[X]토지거래허가구역	
			투기지역 여부	[X]토지투기지역 [X]주택투기지역 [X]투기과열지구	
	지구단위계획구역, 그 밖의 도시·군관리계획	해당 없음	그 밖의 이용제한 및 거래규제사항	가축사육제한구역 대공방어협조구역 과밀억제권역 중점경관관리구역	

(제2쪽)

④ 임대차 확인사항	확정일자 부여현황 정보	[ ]임대인 자료 제출	[ ]열람 동의		[ ]임차인 권리 설명	
	국세 및 지방세 체납정보	[ ]임대인 자료 제출	[ ]열람 동의		[ ]임차인 권리 설명	
	전입세대 확인서	[ ]확인(확인서류 첨부) [ ]해당 없음		[ ]미확인(열람·교부 신청방법 설명)		
	최우선변제금	소액임차인범위:	0 만원 이하		최우선변제금액:	0 만원 이하
	민간임대등록여부 / 등록	[ ]장기일반민간임대주택 [ ]공공지원민간임대주택 [ ]그 밖의 유형 ( )			[ ]임대보증금 보증 설명	
		임대의무기간	년	임대개시일		
		미등록 [√]				
	계약갱신 요구권 행사 여부	[√]확인(확인서류 첨부)	[ ]미확인	[ ]해당 없음		

개업공인중개사가 "④ 임대차 확인사항"을 임대인 및 임차인에게 설명하였음을 확인함	임대인	(서명 또는 날인)
	임차인	(서명 또는 날인)
	개업공인중개사	(서명 또는 날인)
	개업공인중개사	(서명 또는 날인)

※ 민간임대주택의 임대사업자는 「민간임대주택에 관한 특별법」 제49조에 따라 임대보증금에 대한 보증에 가입해야 합니다.
※ 임차인은 주택도시보증공사(HUG) 등이 운영하는 전세보증금반환보증에 가입할 것을 권고합니다.
※ 임대차 계약 후 「부동산 거래신고 등에 관한 법률」 제6조의2에 따라 30일 이내 신고해야 합니다(신고 시 확정일자 자동부여).
※ 최우선변제금은 근저당권 등 선순위 담보물권 설정 당시의 소액임차인범위 및 최우선변제금액을 기준으로 합니다.

⑤ 입지조건	도로와의 관계	(6m × 4m)도로에 접함 [√]포장 [ ]비포장		접근성	[√]용이함	[ ]불편함
	대중교통	버 스	(우리은행)정류장,	소요시간: ([√] 도보, [ ] 차량) 약 5분		
		지하철	(서울대입구)역,	소요시간: ([ ] 도보, [√] 차량) 약 15분		
	주차장	[ ]없음 [ ]전용주차시설 [√] 공동주차시설 [ ] 그 밖의 주차시설 ( )				
	교육시설	초등학교	(삼성초)학교,	소요시간: ([√]도보, [ ]차량) 약 5분		
		중 학 교	(삼성중)학교,	소요시간: ([√]도보, [ ]차량) 약 15분		
		고등학교	(삼성고)학교,	소요시간: ([√]도보, [ ]차량) 약 15분		

⑥ 관리에 관한사항	경비실	[ ]있음 [√] 없음	관리주체 [ ] 위탁관리 [√]자체관리 [ ] 그밖의유형
	관리비	관리비 금액: 총 원	
		관리비 포함 비목: [ ]전기료 [ ]수도료 [ ]가스사용료 [ ]난방비 [ ]인터넷 사용료 [ ]TV 수신료 [ ]그 밖의 비목( )	
		관리비 부과방식: [ ]임대인이 직접 부과 [ ]관리규약에 따라 부과 [ ]그 밖의 부과 방식 ( )	

⑦ 비선호시설(1km이내)	[√]없음	[ ]있음 (종류 및 위치:)

⑧ 거래예정금액 등	거래예정금액		₩1,080,000,000
	개별공시지가 (㎡당)	5,288,000 원	건물(주택) 공시가격 147,000,000 원

⑨ 취득시 부담할 조세의 종류 및 세율	취득세	주1상4%	농어촌특별세	주0상0.2%	지방교육세	주0.1상0.4%
	※ 재산세와 종합부동산세는 6월 1일 기준으로 대상물건 소유자가 납세의무를 부담합니다.					

(제3쪽)

Ⅱ. 개업공인중개사 세부 확인사항

⑩ 실제권리관계 또는 공시되지 않은 물건의 권리 사항
　승계임차인 존재(임대 현황서 첨부)

⑪ 내부·외부 시설물의 상태 (건축물)	수 도	파손여부	[√]없음　　[ ]있음　(위치: 당사자 쌍방이 확인함　　　　　　)
		용수량	[√]정상　　[ ]부족함 (위치: 당사자 쌍방이 확인함　　　　　　)
	전 기	공급상태	[√]정상　　[ ]교체필요(교체할 부분: 당사자 쌍방이 확인함　　)
	가스(취사용)	공급방식	[√]도시가스　[ ]그 밖의 방식 (　　　　　　　　　)
	소 방	단독경보형감지기	[√]없음　[ ]있음(수량: 0 개)　※「소방시설 설치 및 관리에 관한 법률」제10조 및 같은 법 시행령 제10조에 따른 주택용 소방시설로서 아파트(주택으로 사용하는 층수가 5개층 이상인 주택을 말한다)를 제외한 주택의 경우만 적습니다.
	난방방식 및 연료공급	공급방식	[ ]중앙공급　[√]개별공급　[ ]지역난방　　시설작동 [√]정상 [ ]수선필요(당사자 쌍방이 확인함)　※개별공급인 경우 사용연한 (　　　) [√] 확인불가
		종 류	[√]도시가스　[ ]기름　[ ]프로판가스　[ ]연탄　[ ]그밖의종류(　　　)
	승강기		[√] 있음 ([√] 양호　[ ]불량)　[ ]없음
	배 수		[√] 정상　　[ ]수선필요　(　당사자 쌍방이 확인함　　　　　)
	그 밖의 시설물		해당 사항 없음
⑫ 벽면·바닥면 및 도배상태	벽면	균열	[ ]없음　[√]있음 (위치: 통상적인 노후로 인한 미세한 균열　　)
		누수	[ ]없음　[√]있음 (위치: 통상적인 노후로 인한 미세한 누수　　)
	바닥면		[ ]깨끗함　[√]보통임　[ ]수리필요 (위치: 수선필요 사항이 없음을 매도인을 통해 확인)
	도배		[ ]깨끗함　[√]보통임　[ ]도배필요
⑬ 환경조건	일조량		[ ]풍부함　[√]보통임　[ ]불충분 (이유:　　　　　　　　　)
	소음		[ ]아주 작음　[√]보통임　[ ]심한 편임　　진동　[ ]아주 작음 [√]보통임　[ ]심한 편임
⑭ 현장안내	현장안내자		[√]개업공인중개사　[ ]소속공인중개사　[ ]중개보조원(신분고지 여부: [ ]예　[ ]아니오)　[ ]해당 없음

※ "중개보조원"이란 공인중개사가 아닌 사람으로서 개업공인중개사에 소속되어 중개대상물에 대한 현장안내 및 일반서무 등 개업공인중개사의 중개업무와 관련된 단순한 업무를 보조하는 사람을 말합니다.
※ 중개보조원은 「공인중개사법」 제18조의4에 따라 현장안내 등 중개업무를 보조하는 경우 중개의뢰인에게 본인이 중개보조원이라는 사실을 미리 알려야 합니다.

(제4쪽)

Ⅲ. 중개보수 등에 관한 사항

⑮ 중개보수 및 실비의 금액과 산출내역	중개보수	5,400,000 원	<산출내역> 중개보수 : (1,080,000,000원) × 0.50% 실비 : ※ 중개보수는 시·도 조례로 정한 요율한도에서 중개의뢰인과 개업공인중개사가 서로 협의하여 결정하며 부가가치세는 별도로 부과될 수 있습니다.
	실비	0 원	
	계	5,940,000 원 (부가세(540,000) 포함)	
	지급시기	계약시	

「공인중개사법」 제25조제3항 및 제30조제5항에 따라 거래당사자는 개업공인중개사로부터 위 중개대상물에 관한 확인·설명 및 손해배상책임의 보장에 관한 설명을 듣고, 같은 법 시행령 제21조제3항에 따른 본 확인·설명서와 같은 법 시행령 제24조제2항에 따른 손해배상책임 보장 증명서류(사본 또는 전자문서)를 수령합니다.

2024년 10월 01일

매도인 (임대인)	주 소	서울특별시 관악구 대학길20길 27, 102동 1001호 (신림동, 현대아파트)	성 명	김갑동 서명 또는 날인
	생 년 월 일	58-11-09	전 화 번 호	010-1234-5678

매수인 (임차인)	주 소	서울특별시 관악구 신림로50	성 명	김을순 서명 또는 날인
	생 년 월 일	74-05-18	전 화 번 호	010-2345-6789

개업공인 중개사	등 록 번 호	11620-2019-00205	성명(대표자)	서명 및 날인
	사무소 명칭	고수공인중개사사무소	소속공인중개사	서명 및 날인
	사무소 소재지	서울특별시 관악구 신림로15길 4, 지층1 (신림동)	전 화 번 호	02-875-2486

개업공인 중개사	등 록 번 호		성명(대표자)	서명 및 날인
	사무소 명칭		소속공인중개사	서명 및 날인
	사무소 소재지		전 화 번 호	

확인설명서 작성시 약간의 주의가 필요합니다

① 상가주택의 확인설명서를 선택할 때는 공부를 기준으로 해서 주택부분과 상가부분 중 면적이 넓은 부분에 해당하는 확인설명서를 사용해야 합니다.

> ● 주택면적 70평방미터 < 상가면적 80평방미터 → 비주거용 확인설명서 사용

그런데 이런 경우, 주거용 확인설명서를 사용하면 처벌을 받을까요?

개인적인 생각으로는 처벌이 어렵다고 봅니다. 왜냐하면 주거용이 비주거용에 비해 확인설명사항들을 더 자세히 기재하도록 되어 있으므로, 더 확인설명을 상세히 하였다는 이유로 공인중개사를 처벌한다는 것은 말도 안 되기 때문입니다.

② 확인설명서 8번 항목(취득시 부담할 조세의 종류 및 세율)을 기재하실 때 매우 주의를 하셔야 합니다.

대한민국 공인중개사분들 99%는 아마도 해당 사항을 기재 하실 때 주택요율 또는 상가요율 하나만 기재하실 것입니다.

하지만, 상가주택의 취득세를 기재할 때는 주택부분과 상가부분을 구별해서 모두 기재 해야만 취득세에 관한 확인설명의무를 다했다고 보게 됩니다.

기재하는 방식은 교재에 기재한 방식(주1/상4)처럼 하셔도 되고, 계약서에 특약(상가부분의 취득세율은 00%이다)으로 따로 기재하셔도 상관없습니다.

3 상가 매매

1) 상가 매매의 의의 및 특징

여기서 말하는 상가 매매는 집합건물에 속하는 구분 상가 매매를 말합니다. 즉 아파트처럼 등기부상에 고유의 번호가 있고, 소유자가 구분되어 있는 상가라는 의미입니다.

상가 매매라고 별로 큰 특징이 없습니다. 앞에서 다룬 상가주택의 매매와 소유권과 사업자지위가 넘어간다는 점에서 거의 동일합니다. 그로 인해서 계약서를 쓰는 방식이나 특약도 거의 같습니다.

단, 주의할 점은 대규모의 건물에 속해 있는 상가의 경우 그 수가 매우 많습니다. 하지만 아파트처럼 문 앞에 일일이 "여기는 몇 호입니다"하고 호실이 적혀있지 않습니다.

그러므로 반드시 등기부뿐만 아니라 도면도 꼼꼼히 확인하여 계약서에 기재한 상가의 호실과 실제로 거래하려고 한 상가의 호실이 달라지는 일이 없도록 하여야 할 것입니다.

소유권과 사업자 지위가 같이 넘어간다는 것에 공통점이 있는 유형의 계약들은 계약서 작성 방식도 거의 동일합니다.

> 상가주택 = 구분상가 = 오피스텔 = 아파트형 공장

2) 상가 매매계약서 작성법/확인 설명서 작성법

보시면 알 수 있듯이 상가주택매매계약서와 거의 같으며 설명할 것이 없습니다. 한번 읽어 보시기 바랍니다.

부동산(상가) 매매 계약서

매도인과 매수인 쌍방은 아래 표시 부동산에 관하여 다음 계약 내용과 같이 매매계약을 체결한다.

1. 부동산의 표시

소 재 지	서울특별시 관악구 신림동 1523-1 일성트루엘 제1층 제상가1001호						
토 지	지 목	대	면 적	3026.7 ㎡	대지권종류	소유권	대지권비율 3026.7분의8.6681
건 물	구 조	철근콘크리트구조	용 도	업무시설 외2		면 적	35.14(전용) ㎡

2. 계약내용

제1조 [목적] 위 부동산의 매매에 대하여 매도인과 매수인은 합의에 의하여 매매대금을 아래와 같이 지급하기로 한다.

매매대금	금 삼억원정	(₩300,000,000)				
계 약 금	금 삼천만원정	은 계약시에 지급하고 영수함. ※영수자				(인)
책임대보증금	금 오천만원정	은 현 상태에서 매수인이 승계함.				
1차중도금	금	은	년	월	일에 지급한다.	
2차중도금	금	은	년	월	일에 지급한다.	
잔 금	금 이억이천만원정	은 2024년 11월 01일에 지급한다.				

제2조 [소유권 이전 등] 매도인은 매매대금의 잔금 수령과 동시에 매수인에게 소유권 이전등기에 필요한 모든 서류를 교부하고 등기절차에 협력 하여야 하며, 위 부동산의 인도일은 **2024년 11월 01일** 로 한다.

제3조 [제한물권 등의 소멸] 매도인은 위 부동산에 설정된 저당권, 지상권, 임차권 등 소유권의 행사를 제한하는 사유가 있거나 제세공과금 기타 부담금의 미납 등이 있을 때에는 잔금 수수일까지 그 권리의 하자 및 부담 등을 제거하여 완전한 소유권을 매수인에게 이전한다. 다만, 승계하기로 합의하는 권리 및 금액은 그러하지 아니하다.

제4조 [지방세 등] 위 부동산에 관하여 발생한 수익의 귀속과 제세공과금 등의 부담은 위 부동산의 인도일을 기준으로 하되, 지방세의 납부의무 및 납부책임은 지방세법의 규정에 의한다.

제5조 [계약의 해제] 매수인이 매도인에게 중도금(중도금이 없을때에는 잔금)을 지불하기전 까지 매도인은 계약금의 배액을 상환하고, 매수인은 계약금을 포기하고 본 계약을 해제할 수 있다.

제6조 [채무불이행과 손해배상의 예정] 매도인 또는 매수인은 본 계약상의 내용에 대하여 불이행이 있을 경우, 그 상대방은 불이행한 자에 대하여 서면으로 최고하고 계약을 해제할 수 있다. 그리고 계약 당사자는 계약해제에 따른 손해배상을 각각 상대방에게 청구할 수 있으며, 손해배상에 대하여 별도의 약정이 없는 한 계약금을 손해배상의 기준으로 본다.

제7조 [중개보수] 개업공인중개사는 매도인 또는 매수인의 본 계약 불이행에 대하여 책임을 지지 않는다. 또한 중개보수는 본 계약 체결에 따라 계약 당사자 쌍방이 각각 지불하며, 개업공인중개사의 고의나 과실없이 본 계약이 무효, 취소 또는 해제 되어도 중개보수는 지급한다. 공동중개인 경우에 매도인과 매수인은 자신이 중개 의뢰한 개업공인중개사에게 각각 중개보수를 지급한다.

제8조 [중개보수 외] 매도인 또는 매수인이 본 계약 이외의 업무를 의뢰한 경우, 이에 관한 보수는 중개보수와는 별도로 지급하며 그 금액은 합의에 의한다.

제9조 [중개대상물확인설명서교부 등] 개업공인중개사는 중개대상물확인설명서를 작성하고 업무보증관계증서(공제증서 등) 사본을 첨부하여 거래당사자 쌍방에게 교부한다.(교부일자 : 2024년 10월 01일)

[특약사항]

1. 본 계약은 계약일 현재 대상 부동산의 권리 및 시설물 상태하의 상가 매매계약임.
2. 매수인은 특약1에 관하여 직접 현장확인 및 관련 공부를 열람한 후, 확인설명서를 통해 확인설명을 받고 계약을 체결함.
3. 대상 부동산의 권리상태: 소유권행사를 제한하는 권리의 부존재를 매도인이 확인함.
4. 대상 부동산의 시설물 상태: 매도인은 고지한 사항( )외에는 시설물의 하자가 존재하지 않음을 확인하였으며, 부동산의 시설물 중 ( )를 제외한 모든 것은 매매대상에 포함 됨.(인수인계 물품 목록표 첨부)
5. 매도인의 하자담보책임에 관한 사항: 매매대상물의 물리적 하자는 매매대금에 모두 반영되었으며, 매수인은 계약일 이후로 어떠한 하자담보책임도 주장하지 않을 것을 합의함.
6. 매도인은 잔금 이전에 권리 및 시설물에 관하여 계약 당시와 변동이 생겨 매수인에게 손해를 끼친 경우, 이에 관한 모든 책임을 지기로 함.
7. 부가가치세법 제6조 제6항에 의한 포괄양도양수계약에 의거하여, 매수인은 매도인으로부터 본 건 사업에 관한 권리와 의무를 포괄적으로 승계한다.(단, 포괄양도양수 불가시 또는 포괄양도양수계약의 실행 불가시 부가가치세는 별도로 부과한다.
8. 매도인과 매수인은 포괄양도양수가 원활히 이루어 지도록 상호 협력하기로 하며, 일방 당사자의 과실로 인하여 포괄양도양수가 불가능하게 된 경우, 유책당사자가 이로 인해 발생한 모든 손해에 관하여 책임 지기로 한다.

도인	주 소	서울특별시 관악구 관악로 140-16, 301호(봉천동)				(인)
	주민 등록 번호	470828-	전화	010-1234-5678	성명 김갑봉	
매수인	주 소	서울시 관악구 신림로15길 5(신림동)				(인)
	주민 등록 번호	123456-	전화	010-2345-6789	성명 김을순	
개업공인중개사	사무소 소재지	서울특별시 관악구 대학길6, 등성빌딩4층				
	사 무 소 명 칭	고수공인중개사사무소		대 표 자 명	서명및날인	(인)
	전 화 번 호	02-875-2486	등록 번호	11620201600084	소속공인중개사 서명및날인	(인)

■ 공인중개사법 시행규칙[별지 제20호의2서식] <개정 2021. 12. 31.> (제1쪽)

중개대상물 확인·설명서[Ⅱ] (비주거용 건축물)

([ ] 업무용 [√] 상업용 [ ] 공업용 [√] 매매·교환 [ ] 임대 [ ] 그 밖의 경우)

확인·설명 자료	확인·설명 근거자료 등	[√] 등기권리증 [√] 등기사항증명서 [√] 토지대장 [√] 건축물대장 [√] 지적도 [ ] 임야도 [√] 토지이용계획확인서 [√] 그 밖의 자료 (신분증, 승계임차인계약서)
	대상물건의 상태에 관한 자료요구 사항	거래당사자는 위 "확인·설명근거자료 등"에 대한 사항을 발급/열람,검색을 통해 확인하였으며, 물건의현장답사를 통해 육안으로 확인/ 인지한 후 개업공인중개사가 작성한 아래 8~10항에 대한 설명을 통해 각 항목 기재 사항을 확인하고 내용에 동의함.

유 의 사 항

개업공인중개사의 확인·설명 의무	개업공인중개사는 중개대상물에 관한 권리를 취득하려는 중개의뢰인에게 성실·정확하게 설명하고, 토지대장등본, 등기사항증명서 등 설명의 근거자료를 제시하여야 합니다.
실제거래가격 신고	「부동산 거래신고 등에 관한 법률」 제3조 및 같은 법 시행령 별표 1 제1호마목에 따른 실제 거래가격은 매수인이 매수한 부동산을 양도하는 경우 「소득세법」 제97조제1항 및 제7항과 같은 법 시행령 제163조제11항제2호에 따라 취득 당시의 실제거래가액으로 보아 양도차익이 계산될 수 있음을 유의하시기 바랍니다.

Ⅰ. 개업공인중개사 기본 확인사항

① 대상물건의 표시	토지	소재지	서울특별시 관악구 신림동 1523-1 일성트루엘 제1층 제상가1001호			
		면 적(㎡)	3026.7㎡	지 목	공부상 지목	대
					실제이용 상태	대
	건축물	전용면적(㎡)	35.14(전용)㎡		대지지분(㎡)	3026.7분의8.6681
		준공년도 (증개축년도)	2013	용 도	건축물대장상 용도	업무시설 외2
					실제 용도	상동
		구 조	철근콘크리트구조	방 향	북향 (기준: 출입구)	
		내진설계 적용여부	해당 없음	내진능력	해당없음	
		건축물대장상 위반건축물 여부	[ ] 위반 [√] 적법	위반내용	해당없음	

② 권리관계	등기부 기재사항		소유권에 관한 사항		소유권 외의 권리사항
		토 지	성명:김갑봉/생년월일:47-08-28/주소:서울 특별시 관악구 관악로 140-16, 301호(봉천 동)	토 지	없음
		건축물	성명:김갑봉/생년월일:47-08-28/주소:서울 특별시 관악구 관악로 140-16, 301호(봉천 동)	건축물	상동
	민간 임대 등록 여부	[ ] 장기일반민간임대주택 [ ] 공공지원민간임대주택 [ ] 그 밖의 유형( )			
		임대의무기간	년	임대개시일	
	미등록	[√] 해당 사항 없음			
	계약갱신 요구권 행사 여부	[ ] 확인(확인서류 첨부) [√] 미확인 [ ] 해당없음			

③ 토지이용 계획, 공법상이용 제한 및 거래규제에 관한 사항 (토지)	지역·지구	용도지역	준주거지역		건폐율상한	용적률상한
		용도지구	해당없음		50 %	250 %
		용도구역	지구단위계획구역			
	도시·군계획 시설	해당없음	허가·신고 구역 여부	[ ] 토지거래허가구역		
			투기지역여부	[ ] 토지투기지역 [ ] 주택투기지역 [ ] 투기과열지구		
	지구단위계획구역, 그 밖의 도시·군관리계획	제1종지구단위계획구역	그 밖의 이용제한 및 거래규제사항	교육환경보호구역 과밀억제권역, 중점경관관리구역 가축사육제한구역 대공방어협조구역		

(제2쪽)

④ 입지조건	도로와의 관계	(6m × 6m)도로에 접함 [√] 포장 [ ] 비포장			접근성	[√] 용이함 [ ] 불편함		
	대중교통	버 스	(농협앞)정류장, 소요시간: ([√] 도보, [ ] 차량) 약 10분)					
		지하철	(서울대입구)역, 소요시간: ([ ] 도보, [√] 차량) 약 15분)					
	주차장	[ ]없음 [ ]전용주차시설 [√] 공동주차시설 [ ] 그 밖의 주차시설 ( )						
⑤ 관리에 관한사항	경비실	[√] 있음 [ ] 없음		관리주체	[ ] 위탁관리 [√] 자체관리 [ ] 그밖의유형			
⑥ 거래예정금액 등	거래예정금액					₩300,000,000		
	개별공시지가(㎡당)	7,267,000 원		건물(주택)공시가격		150,000,000 원		
⑦ 취득시 부담할 조세의 종류 및 세율	취득세	해당없음%	농어촌특별세	해당없음 %	지방교육세	해당없음 %		
	※ 재산세와 종합부동산세는 6월 1일 기준 대상물건 소유자가 납세의무를 부담							

Ⅱ. 개업공인중개사 세부 확인사항

⑧ 실제권리관계 또는 공시되지 않은 물건의 권리 사항

승계임차인 존재함(승계임차인 계약서 첨부)

⑨ 내부·외부 시설물의 상태 (건축물)	수 도	파손여부	[√]없음 [ ]있음 (위치: 당사자 쌍방이 확인함)
		용수량	[√]정상 [ ]부족함 (위치: 당사자 쌍방이 확인함)
	전 기	공급상태	[√]정상 [ ]교체필요(교체할 부분: 당사자 쌍방이 확인함)
	가스(취사용)	공급방식	[√]도시가스 [ ]그 밖의방식 ( )
	소 방	소화전	[ ]없음 [√]있음 (위치: 주출입구)
		비상벨	[ ]없음 [√]있음 (위치: 주출입구)
	난방공급 및 연료공급	공급방식	[ ]중앙공급 [√]개별공급 시설작동 [√]정상 [ ]수선필요( ) ※개별공급인 경우 사용연한 ( ) [√] 확인불가
		종 류	[√]도시가스 [ ]기름 [ ]프로판가스 [ ]연탄 [ ]그 밖의종류( )
	승강기	[√] 있음 ([√]양호 [ ]불량) [ ] 없음	
	배 수	[√] 정상 [ ] 수선필요(당사자 쌍방이 확인함)	
	그 밖의 시설물	해당 사항 없음	
⑩ 벽면 및 바닥면	벽 면	균열	[ ] 없음 [√] 있음(위치: 통상적인 노후로 인한 미세한 균열)
		누수	[ ] 없음 [√] 있음(위치: 통상적인 노후로 인한 미세한 누수)
	바닥면	[ ] 깨끗함 [√] 보통임 [ ] 수리 필요 (위치: 하자 없음을 당사자들이 확인함)	

(제3쪽)

Ⅲ. 중개보수 등에 관한 사항

⑪ 중개보수 및 실비의 금액과 산출내역	중개보수	2,700,000 원	<산출내역> 중개보수 : (300,000,000원) × 0.90% 실비 :
	실 비	0 원	
	계	2,808,000 원 (부가세(108,000) 포함)	
	지급시기	계약시	

「공인중개사법」 제25조제3항 및 제30조제5항에 따라 거래당사자는 개업공인중개사로부터 위 중개대상물에 관한 확인·설명 및 손해배상책임의 보장에 관한 설명을 듣고, 같은 법 시행령 제21조제3항에 따른 본 확인·설명서와 같은 법 시행령 제24조제2항에 따른 손해배상책임 보장 증명서류(사본 또는 전자문서)를 수령합니다.

2024년 10월 01일

매도인 (임대인)	주 소	서울특별시 관악구 관악로 140-16, 301호(봉천동)	성 명	김갑봉	서명 또는 날인
	생년월일	47-08-28	전화번호	010-1234-5678	
매수인 (임차인)	주 소	서울시 관악구 신림로15길 5(신림동)	성 명	김을순	서명 또는 날인
	생년월일	12-34-56	전화번호	010-2345-6789	
개업공인 중개사	등록번호	11620201600084	성명 (대표자)		서명 및 날인
	사무소 명칭	고수공인중개사사무소	소속 공인중개사		서명 및 날인
	사무소 소재지	서울특별시 관악구 대학길6, 동성빌딩4층	전화번호	02-875-2486	
개업공인 중개사	등록번호		성명 (대표자)		서명 및 날인
	사무소 명칭		소속 공인중개사		서명 및 날인
	사무소 소재지		전화번호		

제 6 장

REAL ESTATE

오피스텔

1 오피스텔의 의미

오피스텔의 사전적 의미는 주 용도가 업무시설이며 업무공간이 50% 이상이고 주거공간이 50% 미만인 건축법 적용을 받는 건축물을 말합니다. 쉽게 말해서 숙식을 해결하면서 일할 수 있는 공간을 말하는 것으로 주택법의 적용을 받는 주택이 아니라는 것입니다.

하지만 어디서 어디까지가 업무용으로 쓰는 공간인지 또는 주거용으로 쓰는 공간인지는 실제로 구별하는 것이 거의 불가능합니다.

그 결과 업무용 오피스텔과 주거용 오피스텔의 구별은 실제 사용 현황, 전입신고 유무 등에 따라 판단할 수밖에 없는 것입니다.

2 업무용 오피스텔, 주거용 오피스텔

1) 구별 기준

내부시설(주방, 화장실, 목욕시설 등), 임차인의 전입신고 여부, 소유자의 사업자등록 여부, 재산세 납부상황, 세금계산서 발급 상황 등 여러 가지 구별 기준이 있습니다.

하지만 내부시설로는 구별하는 것이 거의 힘들고, 임차인의 전입 여부 또는 소유자의 재산세 납부상황이나 세금계산서 발급 상황도 알기가 힘들 가능성이 높습니다.

결과적으로 일단은 소유자의 사업자등록 여부로 판단할 수밖에 없을 것입니다.

2) 구별의 실익

(1) 세금

	취득세	부가세	양도세
주거용	4.6%	비과세	주택으로 간주
업무용	4.6%	과세	상가로 간주

표에서 보는 것과 같이 주거용 오피스텔의 경우 취득세에 관해서는 주택이 아니라고 보고 세금을 부과하면서 양도세의 경우에는 주택으로 간주하는 조금은 모순되는 일이 발생하고 있습니다.

이에 관하여 오피스텔 95% 이상이 주거용으로 사용되는 현실에서 유독 취득세만 상가로 대우하는 것에 대해 국회에서는 많은 청원이 이루어지고 있는 실정입니다. 개정 여부는 앞으로 지켜봐야 할 듯합니다.

부가세의 경우 최초 분양 시 업무용으로 등록하였다면 과세가 되고, 국민주택규모 미만이고 주거용으로 등록하였다면 비과세 됩니다.(단, 분양한 자가 부동산매매업자 또는 주택건설 신축업자가 아닌 경우는 제외)

하지만 업무용으로 분양받은 경우에는 부가세를 환급받을 수 있습니다.(반대로 안 받을 수도 있습니다)

그런데 일단 환급을 받았을 경우에는 나중에 주거용으로 사용 중이다가 적발되었을 경우 환급받은 부가세에 가산세를 붙여서 추징당할 수 있다는 것을 명심해야 할 것입니다.

실무를 하다 보면 오피스텔을 주거용으로 임대하면서 임차인이 전입신고를 절대 못 하게 하는 경우가 있는데, 이것은 임대인이 부가세를 이미 환급받았다는 것으로 볼 수 있습니다. 중개사 입장에서 전입신고는 절대 안 된다는 임대인과 왜 못 하게 하냐는 임차인 사이에 껴서 난감한 경우가 있을 수 있습니다. 아무래도 임대인과는 오래 볼 관계이니 전입신고를 안 하겠다는 임차인을 구해 주는 수밖에 방법이 없을 듯합니다.

양도세에 관하여 주거용 오피스텔의 경우 주택으로 간주한다고 하였으므로 1가구 1주택 비과세 규정도 역시 적용이 됩니다. 반면에 이상하게도 아파트청약 시에는 주택으로 간주하지 않습니다.

> ※ **전입신고금지 특약**
> 임대인들께서 전임신고를 안 하겠다는 임차인들의 말을 믿을 수 없다며 계약서에 전입신고금지 특약을 넣어 달라는 경우가 있습니다.
> 법률적으로는 이 특약은 효력이 없습니다.
> 따라서 공인중개사는 직접적인 전입신고금지 특약이 아닌 우회적인 표현의 특약(임차인은 해당 오피스텔을 주거용으로 사용하지 못하며, 이를 위반하여 임대인에게 손해를 끼친 경우에는 손해배상 책임을 진다)을 사용하여야 할 것입니다.

(2) 중개보수

전용 85㎡ 이하이고 주거용 시설을 갖춘 경우 0.5%(매매, 교환), 04%(임대차)가 적용되고, 그 이외의 경우에는 매매, 임대 구별 없이 0.9%가 적용됩니다.

여기서 주의할 점은 업무용 오피스텔이라고 무조건 0.9%가 적용되는 것이 아니라, 업무용이라고 하더라도 주거용 시설을 갖춘 경우에는 0.5% 또는 0.4%가 적용된다는 것입니다.

하지만 현업에서는 업무용이면 시설에 상관 없이 0.9%를 적용하는 것이 대부분입니다.

(3) 임대사업자

> 업무용 오피스텔의 경우에는 일반임대사업자로 등록하여야 하며, → 강제
> 주거용 오피스텔일 경우에는 주택임대사업자로 등록이 가능합니다. → 비강제

여기서 차이점은 임대 시 임차인에게 부가세를 받을 수 있는지 여부입니다.

물론 주택임대사업자로 등록하였을 경우에는 임차인에게 부가세를 받을 수 없습니다.

● 오피스텔 중개시 주의점

① 신탁 사기

신축 오피스텔의 경우 담보신탁 되어 있는 경우가 많습니다.

문제는 위탁자가 물건을 내놓고 자신과 계약을 진행하자고 하는 경우인데요, 심지어 위탁자가 신탁원부와 수탁자인 신탁회사의 동의서까지 지참하여 오는 경우도 있습니다.

이때 주의하실 점은 절대 위탁자 말만 믿고 계약을 진행해서는 안 된다는 점입니다. 현업을 하다보면 위탁자가 위조된 신탁원부와 동의서를 가지고 다니는 경우도 많음을 명심하셔야 합니다.

이런 물건을 중개하실 경우에는 반드시 수탁자(신탁회사)에 전화하셔서 임대동의 여부를 확인하시고, 수탁자(신탁회사) 및 우선수익자(금융기관)가 지정하는 계좌에 계약금, 잔금 및 차임 등을 입금하셔야 합니다.

② 복층 구조

오피스텔을 중개하면서 보면, 아무래도 일반적인 오피스텔 보다는 복층 구조의 오피스텔이 인기가 많음을 알 수 있습니다.

복층 구조라고 무조건 위반건축물은 아니며, 다락의 요건을 갖춘 합법적인 구조일 수도 있습니다.

복층 구조의 오피스텔 매매를 중개하실 경우, 건축물대장상으로는 해당 오피스텔이 복층 구조가 아니라면, 복층 구조의 건축법 위반 여부를 떠나서 반드시 매수인에게 해당 사실을 설명하고 확인설명서에 기재해야 합니다.

③ 전입 신고

오피스텔이라는 것이 형식적으로는 주거용과 업무용으로 나누어지지만, 실제로는 업무용도 주거용으로 사용되는 것이 현실입니다.

하지만 그렇다고 업무용 오피스텔의 임차인이 전입신고를 한다면, 임대인 입장에서는 여러 세무적인 불이익을 당하게 될 것입니다.

따라서 임대인들 중에는 처음부터 공인중개사에게 사업자를 낼 임차인을 구해달라고 요청하는 경우도 많습니다.

만약 임차인이 사업자를 내지 않는다면, 실제로 주거로 사용할 것인지에 상관 없이 "임차인은 해당 오피스텔을 주거용으로 사용할 수 없다"라는 취지의 특약을 남겨 놓아야 합니다.

현업에서 보면 이런 경우 '전입신고 금지특약'을 기재하시는 대표님들이 계십니다만, 직접적으로 임차인의 전입신고를 금지시키는 특약은 효력이 없음에 유의하셔야 합니다.

3) 오피스텔 임대차계약서/확인 설명서 작성법

아래에서 보는 바와 같이 부가세에 관한 특약을 제외하고는 원룸과 같은 주택 임대차계약서와 거의 동일합니다. 물론, 주거용으로 등록된 오피스텔은 부가세가 발생하지 않습니다.

확인설명서는 공부상 용도 기준(비주거용)으로 작성하는 것이 원칙입니다.

부동산(오피스텔) 월세 계약서

임대인과 임차인 쌍방은 아래 표시 부동산에 관하여 다음 계약 내용과 같이 임대차계약을 체결한다.

1. 부동산의 표시

소 재 지	서울특별시 관악구 신림동 1523-1 일성트루엘 제6층 제601호					
토 지	지 목	대	면 적	3026.7㎡	대지권종류 소유권	대지권비율 3026.7분의6.86
건 물	구 조	철근콘크리트구조	용 도	업무시설	면 적	27.81(전용)㎡
임대할부분	상가1001호 전부				면 적	27.81(전용)㎡

2. 계약내용

제1조 [목적] 위 부동산의 임대차에 한하여 임대인과 임차인은 합의에 의하여 임차보증금 및 차임을 아래와 같이 지급하기로 한다.

보 증 금	금 이천만원정	(₩20,000,000)	
계 약 금	금 일백만원정	은 계약시에 지급하고 영수함. ※영수자	(인)
1차중도금	금	은 년 월 일에 지급한다.	
2차중도금	금	은 년 월 일에 지급한다.	
잔 금	금 일천구백만원정	은 2023년 07월 24일에 지급한다.	
차 임	금 팔십만원정	은 매월 24일(선불) 지급한다.	부가세(별도)

제2조 [존속기간] 임대인은 위 부동산을 임대차 목적대로 사용할 수 있는 상태로 2024년11월01일 까지 임차인에게 인도하며, 임대차 기간은 인도일로부터 2026년11월01일(24개월) 까지로 한다.

제3조 [용도변경 및 전대 등] 임차인은 임대인의 동의없이 위 부동산의 용도나 구조를 변경하거나 전대, 임차권 양도 또는 담보제공을 하지 못하며 임대차 목적 이외의 용도로 사용할 수 없다.

제4조 [계약의 해지] 임차인의 차임 연체액이 2기의 차임액에 달하거나, 제3조를 위반 하였을 때 임대인은 즉시 본 계약을 해지 할 수 있다.

제5조 [계약의 종료] 임대차 계약이 종료된 경우 임차인은 위 부동산을 원상으로 회복하여 임대인에게 반환한다. 이러한 경우 임대인은 보증금을 임차인에게 반환하고, 연체 임대료 또는 손해배상금이 있을 때는 이를 제하고 그 잔액을 반환한다.

제6조 [계약의 해제] 임차인이 임대인에게 중도금(중도금이 없을때는 잔금)을 지불하기 전까지 임대인은 계약금의 배액을 상환 하고, 임차인은 계약금을 포기하고 이 계약을 해제할 수 있다.

제7조 [채무불이행과 손해배상의 예정] 임대인 또는 임차인은 본 계약상의 내용에 대하여 불이행이 있을 경우 그 상대방은 불이행한 자에 대하여 서면으로 최고하고 계약을 해제 할 수 있다. 이 경우 계약 당사자는 계약해제에 따른 손해배상을 각각 상대방에게 청구할 수 있으며, 손해배상에 대하여 별도의 약정이 없는 한 계약금을 손해배상의 기준으로 본다.

제8조 [중개보수] 개업공인중개사는 임대인 또는 임차인의 본 계약 불이행에 대하여 책임을 지지 않는다. 또한 중개보수는 본 계약 체결에 따라 계약 당사자 쌍방이 각각 지불하며, 개업공인중개사의 고의나 과실없이 본 계약이 무효, 취소 또는 해제 되어도 중개보수는 지급한다. 공동중개인 경우에 임대인과 임차인은 자신이 중개 의뢰한 개업공인중개사에게 각각 중개보수를 지급한다.

제9조 [중개대상물확인설명서교부 등] 개업공인중개사는 중개대상물확인설명서를 작성하고 업무보증관계증서 (공제증서 등) 사본을 첨부하여 거래당사자 쌍방에게 교부한다. (교부일자 : 2024년 10월 01일)

[특약사항]
1. 본 계약은 계약일 현재 대상 부동산의 권리 및 시설물 상태하의 오피스텔 임대차계약임.
2. 임차인은 특약1에 관하여 직접 현장확인 및 관련 공부를 열람한 후, 확인설명서를 통해 확인설명을 받고 계약을 체결함.
3. 대상 부동산의 권리 상태: 공부상 선순위 권리는 존재하지 않으며, 체납세금이 없음을 임대인이 확인함
4. 대상 부동산의 시설물 상태: 풀옵션(침대, 책상세트, 전자랜지, 인덕션) 상태의 계약이며, 계약 당시 수선교체가 필요한 사항이 없음을 임차인이 직접 확인하였음.
5. 임차인은 해당 오피스텔을 주거용으로 사용하지 못하며, 이를 위반하여 임대인에게 손해를 끼친 경우 손해배상책임을 진다.
6. 임대인은 임차인이 전세권을 설정하는 것에 적극 협조하기로 하며, 그 비용은 임차인이 부담하기로 한다.
7. 월차임에 대한 부가세 발생시, 임차인이 별도로 부담하기로 한다.
8. 애완동물 사육은 금하며, 흡연도 금함./1인 1실 계약임.
9. 관리비 8만원/ 공과금 중 전기세,가스세 별도 부과/ 퇴실시 청소비 7만원
10. 기타 사항은 민법 임대차보호법, 부동산임대차 계약 일반 관례 및 오피스텔 관리규약에 따르기로 한다.
11. 임차인 비상연락처:
12. 임대인 계좌:

임대인	주민등록번호	620413-	전화	010-1234-5678	성명	차정화	(인)
임차인	주 소	서울시 관악구 신림로15길 5(신림동)					
	주민등록번호	987654-	전화	010-2345-6789	성명	김을순	(인)
개업 공인 중개사	사무소 소재지	서울특별시 관악구 대학길6, 등성빌딩4층					
	사무소 명칭	고수공인중개사사무소		대표자명	서명및날인		(인)
	전화번호	02-875-2486	등록번호	11620201600084	소속공인중개사	서명및날인	(인)

■ 공인중개사법 시행규칙[별지 제20호의2서식] <개정 2021. 12. 31.> (제1쪽)

중개대상물 확인·설명서[Ⅱ] (비주거용 건축물)

([ ]업무용 [√]상업용 [ ]공업용 [ ]매매·교환 [√]임대 [ ]그 밖의 경우)

확인·설명 자료	확인·설명 근거자료 등	[√] 등기권리증 [√] 등기사항증명서 [√] 토지대장 [√] 건축물대장 [√] 지적도 [ ] 임야도 [ ] 토지이용계획확인서 [√] 그 밖의 자료 (신분증, 임대사업자등록증)
	대상물건의 상태에 관한 자료요구 사항	거래당사자는 위 "확인·설명근거자료 등"에 대한 사항을 발급/열람,검색을 통해 확인하였으며, 물건의현장답사를 통해 육안으로 확인/인지한 후 개업공인중개사가 작성한 아래 8~10항에 대한 설명을 통해 각 항목 기재 사항을 확인하고 내용에 동의함.(등기권리증 미제출)

유 의 사 항

개업공인중개사의 확인·설명 의무	개업공인중개사는 중개대상물에 관한 권리를 취득하려는 중개의뢰인에게 성실·정확하게 설명하고, 토지대장등본, 등기사항증명서 등 설명의 근거자료를 제시하여야 합니다.
실제거래가격 신고	「부동산 거래신고 등에 관한 법률」 제3조 및 같은 법 시행령 별표 1 제1호마목에 따른 실제 거래가격은 매수인이 매수한 부동산을 양도하는 경우 「소득세법」 제97조제1항 및 제7항과 같은 법 시행령 제163조제11항제2호에 따라 취득 당시의 실제거래가액으로 보아 양도차익이 계산될 수 있음을 유의하시기 바랍니다.

Ⅰ. 개업공인중개사 기본 확인사항

① 대상물건의 표시	토지	소재지	서울특별시 관악구 신림동 1523-1 일성트루엘 제6층 제601호		
		면적(㎡)	3026.7㎡	지 목	공부상 지목	대
					실제이용 상태	대
	건축물	전용면적(㎡)	27.81(전용)㎡		대지지분(㎡)	3026.7분의6.86
		준공년도 (증개축년도)	2013	용 도	건축물대장상 용도	업무시설
					실제 용도	상동
		구 조	철근콘크리트구조		방 향	북서 (기준: 출입구)
		내진설계 적용여부	해당 없음		내진능력	해당없음
		건축물대장상 위반건축물 여부	[ ] 위반 [√] 적법	위반내용		해당없음

② 권리관계	등기부 기재사항	토지	소유권에 관한 사항	소유권 외의 권리사항
			성명:차정화/생년월일:62-04-13/주소:광주광역시 북구 북문대로169번길 20, 102동 1302호(운암동, 나산아파트)	해당 사항 없음
		건축물	성명:차정화/생년월일:62-04-13/주소:광주광역시 북구 북문대로169번길 20, 102동 1302호(운암동, 나산아파트)	상동
	민간 임대 등록 여부	[ ] 장기일반민간임대주택 [ ] 공공지원민간임대주택 [ ] 그 밖의 유형( )		
		임대의무기간	년	임대개시일	
	미등록	[√] 해당 사항 없음		
	계약갱신 요구권 행사 여부	[ ] 확인(확인서류 첨부) [ ] 미확인 [√] 해당없음		

③ 토지이용 계획, 공법상이용 제한 및 거래규제에 관한 사항 (토지)	지역·지구	용도지역	준주거지역		건폐율상한	용적률상한
		용도지구	해당없음		50 %	250 %
		용도구역	제1종지구단위계획구역			
	도시·군계획 시설	해당 없음	허가·신고 구역 여부	[ ] 토지거래허가구역		
			투기지역여부	[ ] 토지투기지역 [ ] 주택투기지역 [ ] 투기과열지구		
	지구단위계획구역, 그 밖의 도시·군관리계획	해당 없음	그 밖의 이용제한 및 거래규제사항	교육환경보호구역 과밀억제권역,중점경관관리구역 가축사육제한구역 대공방어협조구역		

(제2쪽)

④ 입지조건	도로와의 관계	(6m × 6m)도로에 접함 [√]포장 [ ]비포장			접근성	[√]용이함 [ ]불편함	
	대중교통	버 스	(농협앞)정류장, 소요시간: ([√] 도보, [ ] 차량) 약 10분)				
		지하철	(서울대입구)역, 소요시간: ([ ] 도보, [√] 차량) 약 15분)				
	주차장	[ ]없음 [ ]전용주차시설 [√]공동주차시설 [ ]그 밖의 주차시설 ( )					
⑤ 관리에 관한사항	경비실	[√] 있음	[ ] 없음	관리주체	[ ] 위탁관리	[√] 자체관리	[ ] 그밖의유형
⑥ 거래예정금액 등	거래예정금액				₩20,000,000(₩800,000)		
	개별공시지가(㎡당)		7,267,000 원	건물(주택)공시가격		129,955,750 원	
⑦ 취득시 부담할 조세의 종류 및 세율	취득세	해당없음%	농어촌특별세	해당없음%	지방교육세		해당없음%
	※ 재산세와 종합부동산세는 6월 1일 기준 대상물건 소유자가 납세의무를 부담						

Ⅱ. 개업공인중개사 세부 확인사항

⑧ 실제권리관계 또는 공시되지 않은 물건의 권리 사항

  해당 사항 없음

		수 도	파손여부	[√]없음 [ ]있음 (위치: 당사자 쌍방이 확인함)			
			용수량	[√]정상 [ ]부족함 (위치: 당사자 쌍방이 확인함)			
		전 기	공급상태	[√]정상 [ ]교체필요(교체할 부분: 당사자 쌍방이 확인함)			
		가스(취사용)	공급방식	[√]도시가스 [ ]그 밖의방식 ( )			
⑨ 내부·외부 시설물의 상태 (건축물)		소 방	소화전	[ ]없음 [√]있음 (위치: 현관 출입구)			
			비상벨	[√]없음 [ ]있음 (위치:)			
		난방공급 및 연료공급	공급방식	[ ]중앙공급 [√]개별공급	시설작동	[√]정상 [ ]수선필요(당사자 쌍방이)확인함 ※개별공급인 경우 사용연한 ( ) [ ] 확인불가	
			종 류	[√]도시가스 [ ]기름 [ ]프로판가스 [ ]연탄 [ ]그 밖의종류( )			
		승강기	[√] 있음 ([√]양호 [ ]불량) [ ] 없음				
		배 수	[√] 정상 [ ] 수선필요(당사자 쌍방이 확인함)				
		그 밖의 시설물	해당 사항 없음				
⑩ 벽면 및 바닥면		벽 면	균 열	[ ]없음 [√]있음(위치: 통상적인 노후로 인한 미세한 균열)			
			누 수	[√]없음 [ ]있음(위치: 임대인을 통해 확인함)			
		바닥면	[ ]깨끗함 [√]보통임 [ ]수리 필요 (위치: 당사자 쌍방이 확인함)				

(제3쪽)

Ⅲ. 중개보수 등에 관한 사항

⑪ 중개보수 및 실비의 금액과 산출내역	중개보수	400,000 원	<산출내역> 중개보수: (20,000,000원 + (800,000원 * 100)) × 0.40% 실비:
	실 비	0 원	
	계	440,000 원 (부가세(40,000) 포함)	
	지급시기	계약시	

「공인중개사법」 제25조제3항 및 제30조제5항에 따라 거래당사자는 개업공인중개사로부터 위 중개대상물에 관한 확인·설명 및 손해배상책임의 보장에 관한 설명을 듣고, 같은 법 시행령 제21조제3항에 따른 본 확인·설명서와 같은 법 시행령 제24조제2항에 따른 손해배상책임 보장 증명서류(사본 또는 전자문서)를 수령합니다.

2024년 10월 01일

매도인 (임대인)	주 소	광주광역시 북구 북문대로169번길 20, 102동 1302호(운암동, 나산아파트)	성 명	차정화	서명 또는 날인
	생 년 월 일	62-04-13	전 화 번 호	010-1234-5678	
매수인 (임차인)	주 소	서울시 관악구 신림로15길 5(신림동)	성 명	김을순	서명 또는 날인
	생 년 월 일	98-76-54	전 화 번 호	010-2345-6789	
개업공인 중개사	등 록 번 호	11620201600084	성명 (대표자)		서명 및 날인
	사무소 명칭	고수공인중개사사무소	소속 공인중개사		서명 및 날인
	사무소 소재지	서울특별시 관악구 대학길6, 동성빌딩4층	전화번호	02-875-2486	
개업공인 중개사	등 록 번 호		성명 (대표자)		서명 및 날인
	사무소 명칭		소속 공인중개사		서명 및 날인
	사무소 소재지		전 화 번 호		

4) 오피스텔 매매계약서/확인 설명서 작성법

오피스텔은 그 근본 성격이 일반 상가와 다를 바가 없으므로, 계약서 작성법 및 확인설명서 작성법이 상가 매매와 흡사할 수밖에 없습니다.

즉, 소유권 이전과 사업자 지위에 따른 권리의무 이전이 계약의 목적이 될 것입니다.

부동산(오피스텔) 매매 계약서

매도인과 매수인 쌍방은 아래 표시 부동산에 관하여 다음 계약 내용과 같이 매매계약을 체결한다.

1. 부동산의 표시

소재지	서울특별시 관악구 신림동 1523-1 일성트루엘 제6층 제601호					
토지	지목	대	면적	3026.7㎡	대지권종류	소유권
					대지권비율	3026.7분의6.86
건물	구조	철근콘크리트구조	용도	업무시설	면적	27.81(전용)㎡

2. 계약내용

제1조 [목적] 위 부동산의 매매에 대하여 매도인과 매수인은 합의에 의하여 매매대금을 아래와 같이 지급하기로 한다.

매매대금	금 삼억원정	(₩300,000,000)	
계약금	금 이천만원정	은 계약시에 지급하고 영수함. ※영수자	(인)
융자금승계금	금 오천만원정	은 현 상태에서 매수인이 승계함.	
1차중도금	금	은 년 월 일에 지급한다.	
2차중도금	금	은 년 월 일에 지급한다.	
잔금	금 이억삼천만원정	은 2024년 11월 01일에 지급한다.	

제2조 [소유권 이전 등] 매도인은 매매대금의 잔금 수령과 동시에 매수인에게 소유권 이전등기에 필요한 모든 서류를 교부하고 등기절차에 협력하여야 하며, 위 부동산의 인도일은 2024년 11월 01일 로 한다.

제3조 [제한물권 등의 소멸] 매도인은 위 부동산에 설정된 저당권, 지상권, 임차권 등 소유권의 행사를 제한하는 사유가 있거나 제세공과금 기타 부담금의 미납 등이 있을 때에는 잔금 수수일까지 그 권리의 하자 및 부담 등을 제거하여 완전한 소유권을 매수인에게 이전한다. 다만, 승계하기로 합의하는 권리 및 금액은 그러하지 아니하다.

제4조 [지방세등] 위 부동산에 관하여 발생한 수익의 귀속과 제세공과금 등의 부담은 위 부동산의 인도일을 기준으로 하되, 지방세의 납부의무 및 납부책임은 지방세법의 규정에 의한다.

제5조 [계약의 해제] 매수인이 매도인에게 중도금(중도금이 없을때에는 잔금)을 지불하기전 까지 매도인은 계약금의 배액을 상환하고, 매수인은 계약금을 포기하고 본 계약을 해제할 수 있다.

제6조 [채무불이행과 손해배상의 예정] 매도인 또는 매수인은 본 계약상의 내용에 대하여 불이행이 있을 경우, 그 상대방은 불이행한 자에 대하여 서면으로 최고하고 계약을 해제할 수 있다. 그리고 계약 당사자는 계약해제에 따른 손해배상을 각각 상대방에게 청구할 수 있으며, 손해배상에 대하여 별도의 약정이 없는 한 계약금을 손해배상의 기준으로 본다.

제7조 [중개보수] 개업공인중개사는 매도인 또는 매수인의 본 계약 불이행에 대하여 책임을 지지 않는다. 또한 중개보수는 본 계약 체결에 따라 계약 당사자 쌍방이 각각 지불하며, 개업공인중개사의 고의나 과실없이 본 계약이 무효, 취소 또는 해제 되어도 중개보수는 지급한다. 공동중개인 경우에 매도인과 매수인은 자신이 중개 의뢰한 개업공인중개사에게 각각 중개보수를 지급한다.

제8조 [중개보수 외] 매도인 또는 매수인이 본 계약 이외의 업무를 의뢰한 경우, 이에 관한 보수는 중개보수와는 별도로 지급하며 그 금액은 합의에 의한다.

제9조 [중개대상물확인설명서교부 등] 개업공인중개사는 중개대상물확인설명서를 작성하고 업무보증관계증서 (공제증서 등) 사본을 첨부하여 거래당사자 쌍방에게 교부한다. (교부일자 : 2024년 10월 01일)

[특약사항] <<< 별지 특약 있음 >>>
1. 본 계약은 계약일 현재 대상 부동산의 권리 및 시설물 상태하의 오피스텔 매매계약임.
2. 매수인은 특약1에 관하여 직접 현장확인 및 관련 공부를 열람한 후, 확인설명서를 통해 확인설명을 받고 계약을 체결함.
3. 대상 부동산의 권리 상태: 매도인은 임대차보증금에 관하여 압류, 가압류 또는 권리질권이 설정된 사실이 없음을 확인함 / 임차권이 있는 상태의 계약임.
4. 대상 부동산의 시설물 상태: 매도인은 확인설명서에 명시한 사항 외에 위반건축물이 없음을 확인함.
5. 매수인은 약정된 계약금 중 300만원을 계약시 지급하였으며, 계약금 잔액을 3일 이내로 지급하기로 함.
6. 매수인이 약정된 기간 내에 계약금 잔액의 지급을 완료하지 못 할 경우, 매도인은 즉시 계약을 해제할 수 있으며, 이미 지급된 계약금은 매도인이 몰취하기로 한다.
7. 부동산 부착되어 있는 종물 및 부착물 중 (   )를 제외한 모든 물품은 매매가에 포함된다.
8. (본 계약의 매매대금은 계약일 현재 기준으로 확인 가능한 모든 하자를 고려한 금액임.)
9. 매도인의 하자담보책임에 관한 사항: 매매대금에 모두 반영되었으며, 매수인은 계약일 이후 어떠한 하자담보책임도 주장하지 않을 것을 합의함.
10. 매도인은 권리 및 시설물에 관하여 계약 당시와 변동이 있어 매수인에게 손해를 끼친 경우 이에 관한 모든 책임을 진다.

매도인	주소						(인)
	주민 등록 번호	620413-	전화	010-1234-5678	성명	차정화	
매수인	주소	서울시 관악구 신림로15길 5(신림동)					(인)
	주민 등록 번호	123456-	전화	010-2345-6789	성명	김을순	
개업공인중개사	사무소 소재지	서울특별시 관악구 대학길6, 동성빌딩4층					
	사무소 명칭	고수공인중개사사무소			대표자명	서명및날인	(인)
	전화번호	02-875-2486	등록번호	11620201600084	소속공인중개사	서명및날인	(인)

부동산(오피스텔) 매매 계약서 별지

◆ 부동산의 표시

소재지	서울특별시 관악구 신림동 1523-1 일성트루엘 제6층 제601호								
토 지	지 목	대	면 적	3026.7 ㎡	대지권 종류	소유권	대지권 비율	3026.7 분의 6.86
건 물	구 조	철근콘크리트구조			용 도	업무시설		면 적	27.81(전용) ㎡

◆ 특약 사항
11. 매도인은 잔금일 전까지 모든 제세공과금을 완납한 후, 이에 관한 증명서류를 제시해야 한다.
12. 부가가치세법 제6조6항에 의한 포괄양수도계약에 의거하여 매수인은 본 건 사업에 관한 권리와 의무를 포괄적으로 승계한다.(단, 포괄양도양수 불가시 또는 포괄양도양수계약의 실행불가시 부가가치세는 별도로 부과한다.)
13. 매도인 계좌:

■ 공인중개사법 시행규칙[별지 제20호의2서식] <개정 2021. 12. 31.> (제1쪽)

중개대상물 확인·설명서[II] (비주거용 건축물)

([ ] 업무용 [√] 상업용 [ ] 공업용 [√] 매매·교환 [ ] 임대 [ ] 그 밖의 경우)

확인·설명 자료	확인·설명 근거자료 등	[√] 등기권리증 [√] 등기사항증명서 [√] 토지대장 [√] 건축물대장 [√] 지적도 [ ] 임야도 [√] 토지이용계획확인서 [ ] 그 밖의 자료(승계임차인 계약서)
	대상물건의 상태에 관한 자료요구 사항	거래당사자는 위 "확인·설명근거자료 등"에 대한 사항을 발급/열람,검색을 통해 확인하였으며, 물건의현장답사를 통해 육안으로 확인/ 인지한 후 개업공인중개사가 작성한 아래 8~10항에 대한 설명을 통해 각 항목 기재 사항을 확인하고 내용에 동의함.(등기권리증 미제출)

유 의 사 항

개업공인중개사의 확인·설명 의무	개업공인중개사는 중개대상물에 관한 권리를 취득하려는 중개의뢰인에게 성실·정확하게 설명하고, 토지대장등본, 등기사항증명서 등 설명의 근거자료를 제시하여야 합니다.
실제거래가격 신고	「부동산 거래신고 등에 관한 법률 제3조 및 같은 법 시행령 별표 1 제1호마목에 따른 실제 거래가격은 매수인이 매수한 부동산을 양도하는 경우 「소득세법」 제97조제1항 및 제7항과 같은 법 시행령 제163조제11항제2호에 따라 취득 당시의 실제거래가액으로 보아 양도차익이 계산될 수 있음을 유의하시기 바랍니다.

Ⅰ. 개업공인중개사 기본 확인사항

① 대상물건의 표시	토 지	소재지	서울특별시 관악구 신림동 1523-1 일성트루엘 제6층 제601호		
		면적(㎡)	3026.7㎡	지목	공부상 지목	대
					실제이용 상태	대
	건축물	전용면적(㎡)	27.81(전용)㎡	대지지분(㎡)	3026.7분의6.86
		준공년도 (증개축년도)	2013	용 도	건축물대장상 용도	업무시설
					실제 용도	주거용오피스텔
		구 조	철근콘크리트구조	방 향	북서 (기준: 출입구)
		내진설계 적용여부	해당 없음	내진능력	해당 없음
		건축물대장상 위반건축물 여부	[ ] 위반 [√] 적법	위반내용	해당없음

② 권리관계	등기부 기재사항		소유권에 관한 사항		소유권 외의 권리사항
		토 지	성명:차정화/생년월일:62-04-13/주소:광주광역시 북구 북문대로169번길 20, 102동 1302호(운암동, 나산아파트)	토 지	해당 사항 없음
		건축물	성명:차정화/생년월일:62-04-13/주소:광주광역시 북구 북문대로169번길 20, 102동 1302호(운암동, 나산아파트)	건축물	해당 사항 없음
	민간 임대 등록 여부	등록	[ ] 장기일반민간임대주택 [ ] 공공지원민간임대주택 [ ] 그 밖의 유형( )		
			임대의무기간 년	임대개시일	
		미등록	[√] 해당 사항 없음		
	계약갱신 요구권 행사 여부		[ ] 확인(확인서류 첨부) [√] 미확인 [ ] 해당없음		

③ 토지이용계획, 공법상이용제한 및 거래규제에 관한 사항 (토지)	지역·지구	용도지역	준주거지역		건폐율상한	용적률상한
		용도지구	해당없음		50 %	250 %
		용도구역	제1종지구단위계획구역			
	도시·군계획시설	해당 사항 없음		허가·신고 구역 여부	[ ] 토지거래허가구역	
				투기지역여부	[ ] 토지투기지역 [ ] 주택투기지역 [ ] 투기과열지구	
	지구단위계획구역, 그 밖의 도시·군관리계획	해당 사항 없음		그 밖의 이용제한 및 거래규제사항	교육환경보호구역 과밀억제권역, 중점경관관리구역 가축사육제한구역 대공방어협조구역	

(제2쪽)

④ 입지조건	도로와의 관계	(6m × 6m)도로에 접함 [√] 포장 [ ] 비포장			접근성	[√] 용이함 [ ] 불편함
	대중교통	버 스	(농협앞)정류장, 소요시간: ([√] 도보, [ ] 차량) 약 3분)			
		지하철	(서울대입구)역, 소요시간: ([ ] 도보, [√] 차량) 약 10분)			
	주차장	[ ]없음 [ ]전용주차시설 [√] 공동주차시설 [ ] 그 밖의 주차시설 ( )				
⑤ 관리에 관한사항	경비실	[√] 있음 [ ] 없음		관리주체	[ ] 위탁관리 [√] 자체관리 [ ] 그밖의유형	
⑥ 거래예정금액 등	거래예정금액					₩300,000,000
	개별공시지가(㎡당)		7,267,000 원	건물(주택)공시가격		129,955,750 원
⑦ 취득시 부담할 조세의 종류 및 세율	취득세	4.0%	농어촌특별세	0.2%	지방교육세	0.4%
	※ 재산세와 종합부동산세는 6월 1일 기준 대상물건 소유자가 납세의무를 부담					

Ⅱ. 개업공인중개사 세부 확인사항

⑧ 실제권리관계 또는 공시되지 않은 물건의 권리 사항

임차인 존재(보증금 50,000,000원)

⑨ 내부·외부 시설물의 상태 (건축물)	수 도	파손여부	[√] 없음 [ ] 있음 (위치: 당사자 쌍방이 확인함)
		용수량	[√] 정상 [ ] 부족함 (위치: 당사자 쌍방이 확인함)
	전 기	공급상태	[√] 정상 [ ] 교체필요(교체할 부분: 당사자 쌍방이 확인함)
	가스(취사용)	공급방식	[√] 도시가스 [ ] 그 의방식 ( )
	소 방	소화전	[ ] 없음 [√] 있음 (위치: 출입구)
		비상벨	[ ] 없음 [√] 있음 (위치: 출입구)
	난방공급 및 연료공급	공급방식	[ ] 중앙공급 [√] 개별공급 시설작동 [√] 정상 [ ] 수선필요(당사자 쌍방이)확인함 ※개별공급인 경우 사용연한 ( ) [ ] 확인불가
		종 류	[√] 도시가스 [ ] 기름 [ ] 프로판가스 [ ] 연탄 [ ] 그 밖의종류( )
	승강기	[√] 있음 ([√] 양호 [ ] 불량) [ ] 없음	
	배 수	[√] 정상 [ ] 수선필요(당사자 쌍방이 확인함)	
	그 밖의 시설물	해당 사항 없음	
⑩ 벽면 및 바닥면	벽 면	균 열	[ ] 없음 [√] 있음(위치: 통상적인 노후로 인한 미세한 균열)
		누 수	[√] 없음 [ ] 있음(위치: 누수가 없음을 매도인이 확인함)
	바닥면	[ ] 깨끗함 [√] 보통임 [ ] 수리 필요 (위치: 수리가 필요한 부분 없음을 확인)	

(제3쪽)

III. 중개보수 등에 관한 사항

⑪ 중개보수 및 실비의 금액과 산출내역	중개보수	1,500,000 원	<산출내역> 중개보수 : (300,000,000원) × 0.50% 실비 :
	실 비	0 원	
	계	1,650,000 원 (부가세(150,000) 포함)	
	지급시기	계약시	

「공인중개사법」 제25조제3항 및 제30조제5항에 따라 거래당사자는 개업공인중개사로부터 위 중개대상물에 관한 확인·설명 및 손해배상책임의 보장에 관한 설명을 듣고, 같은 법 시행령 제21조제3항에 따른 본 확인·설명서와 같은 법 시행령 제24조제2항에 따른 손해배상책임 보장 증명서류(사본 또는 전자문서)를 수령합니다.

2024년 10월 01일

매도인 (임대인)	주 소	광주광역시 북구 북문대로169번길 20, 102동 1302호(운암동, 나산아파트)	성 명	차정화	서명 또는 날인
	생년월일	62-04-13	전화번호	010-1234-5678	

매수인 (임차인)	주 소	서울시 관악구 신림로15길 5(신림동)	성 명	김을순	서명 또는 날인
	생년월일	12-34-56	전화번호	010-2345-6789	

개업공인 중개사	등록번호	11620201600084	성명 (대표자)		서명 및 날인
	사무소 명칭	고수공인중개사사무소	소속 공인중개사		서명 및 날인
	사무소 소재지	서울특별시 관악구 대학길6, 동성빌딩4층	전화번호	02-875-2486	

개업공인 중개사	등록번호		성명 (대표자)		서명 및 날인
	사무소 명칭		소속 공인중개사		서명 및 날인
	사무소 소재지		전화번호		

제 7 장

REAL ESTATE

분양권

1 분양권 매매

1) 분양권 매매계약서, 확인설명서 작성법에 관한 기본 지식

① 분양권 매매 제한이 있는 지역인지 사전에 고려하여 이에 관한 특약을 기재해야 합니다.

② 실체가 없는 권리(수분양자 지위)에 관한 매매이므로, 중개대상물의 물리적 하자가 존재하지 않습니다.

③ 사기 방지를 위하여 분양계약서를 꼼꼼하게 확인해야 합니다.

④ 매도인이 대출을 받았을 가능성이 높으므로, 대출실행 금액과 이자 연체여부를 확인해야 합니다.

⑤ 등기부와 건축물대장 등의 공부가 아직 만들어지지 않았을 가능성이 있습니다.

2) 분양권 매매계약서 작성법

분양권(아파트) 매매 계약서

1. 매매 물건의 표시

소 재 지	서울특별시 용산구 한남동 808 대림아르빌아파트 제101동 제5층 제508호(표본)					
분양면적	110.34 ㎡	전용면적	84.64 ㎡	(대지권의 목적인)토지의 표시면적	3743 ㎡	TYPE B

2. 분양금액과 중도금 등 납부내역

분 양 금 액	금 오억사천만원정 (₩540,000,000)
납부한금액	금 일억이천만원정 (₩120,000,000)
납부할금액	금 사억이천만원정 (₩420,000,000)

제1조 잔금 지불과 동시에 매매물건(분양계약서 당첨권 등)을 교부하고, 인감증명 등 서류제출이 필요시에는 변경된 경우에도 즉시 제출해 주기로 한다.
제2조 본 계약을 매도자가 위반한 경우, 계약금액의 배액을 배상해 주어야 하며, 매수자가 본 계약을 위반한 경우, 계약금은 매도자에게 귀속된다. 본 계약서에 기재되지 않은 사항은 관련법과 일반관례에 따른다. 또한, 지정 기일중 중도금을 납부하지 않음으로서 발생한 이자등은 잔금일을 기준으로 계산한다.
제3조 중개보수는 본 계약의 체결에 따라 당사자 쌍방이 각각 지불하며, 개업공인중개사의 고의나 과실없이 거래당사자 사정으로 본 계약이 해약되어도 중개보수는 지급한다.
제4조 본 계약은 쌍방합의에 의하여 계약을 체결하는 것으로 매도자에게 지불할 금액은 다음과 같으며 쌍방 확인 후 기명 날인한다.
제5조 (중개대상물확인·설명서교부 등)개업공인중개사는 중개대상물확인·설명서를 작성하고 업무보증관계증서(공제증서 등) 사본을 첨부하여 거래당사자 쌍방에게 교부한다. (교부일자 : 2024년 10월 01일)

3. 총매매금액(분양금액+프리미엄금액)

프 리 미 엄	금 일억원정 (₩100,000,000)
총매매금액	금 육억사천만원정 (₩640,000,000)

4. 정산금액(납부한금액+프리미엄금액)

정산 지불금	금 이억이천만원정 (₩220,000,000)		
융 자 금	금		
계 약 금	금 이천만원정	은 계약시에 지불하고 영수함 ※영수자	(인)
중 도 금	금		
잔 금	금 이억원정	은 2024년 11월 01일에 지불한다	

[특약사항]
1. 본 계약은 계약일 현재 권리 상태 하의 분양권 매매계약임.
2. 매수인은 특약1에 관하여 분양계약서 원본과 대출 관련 서류 및 관련공부 등을 열람한 후, 확인설명서를 통해 확인설명을 받고 계약을 체결함.
3. 권리 상태: 분양권 행사를 제한하는 권리(가압류, 가처분)가 존재하지 않음을 시행사 및 매도인을 통해 확인함.
---
4. 매수인은 매도인에게 정산금액 0000만원과 잔금일까지 추가로 납부한 금액을 지급하고, 잔금과 동시에 매도인의 수분양자로서의 권리 및 의무(후불이자 지급의무 포함)를 포괄승계 하기로 한다.
5. 잔금일 이전에 분양권의 양도가 불가능한 사유가 발생한 경우, 본 계약은 무효로 하며 유책당사자가 모든 책임을 진다.
6. (양도소득세는 매수인이 부담하기로 한다.)
7. 매도인 계좌:

매도인	주 소	서울특별시 용산구 바른길25				(인)
	주민등록번호	654321-	전화	010-1234-5678	성명 김갑동	
매수인	주 소	서울시 용산구 대박길77				(인)
	주민등록번호	770116-	전화	010-2345-6789	성명 김을순	
개업공인중개사	사무소 소재지	서울특별시 관악구 신림로15길 4 ,지층1 (신림동)				
	사무소 명칭	고수공인중개사사무소		대표자명 서명및날인		(인)
	전화번호	02-875-2486	등록번호	11620-2019-00205	소속공인중개사 서명및날인	(인)

(1) 매매물건의 표시

① 분양계약서 원본을 바탕으로 작성
② 소재지 → 사용승인 후 건축물대장이 생성되었다면, 분양계약서 상의 소재지와 건축물대장 상의 소재지가 다를 수 있음(건축물대장을 기준으로 기재)

(2) 분양금액과 중도금 등 납부내역/ 총매매금액/ 정산금액

① 분양금액 → 분양금액 + 확장비용 + 옵션비용 + (부가세)
② 납부한 금액 → 분양계약금 + 납부한 중도금 + 납부한 확장비용 + 납부한 옵션비용 (납부영수증, 대출은행 및 시행사에서 확인)
③ 납부할 금액 → 분양금액 – 납부한 금액 (미납액 및 연체된 금액을 시행사 및 대출은행에서 확인)

(3) 총매매금액(분양금액 + 프리미엄)

① 프리미엄 → 마이너스 프리미엄이 붙을 수도 있음/ 양수인이 양도세를 부담할 경우, 프리미엄을 올려주는 방법으로 처리하는 것이 좋음
② 실거래가 신고 및 취득세의 과세표준이 됨

(4) 정산금액

① 매도인이 본인의 자금으로 시행사에 납부한 금전(계약금 + 옵션비용 + 확장비용 + 중도금) + 프리미엄
② 계약 후 잔금일까지 매도인이 추가적으로 납부한 금전은 잔금시 정산해야 함

(5) 특약사항

① 1번~3번 특약은 확인설명 기본 특약입니다.

분양권 매매에서 가장 중요한 사항은 매도인의 처분권한 확인입니다.

아직 등기부가 만들어지기 전일 가능성이 높기 때문에 매도인의 처분권한을 확인할 수 있는 자료가 제한적입니다.

따라서 매도인이 소지하고 있는 분양계약서의 진위여부를 시행사 등을 통해 확인하는 것은 매우 중요합니다.

사례를 한 번 보겠습니다.

> **사례**
>
> 이 사례는 위조된 분양계약서를 사용한 전형적인 경우입니다.
>
> 2021년 부산지역에서 A라는 사기꾼이 오후5시에 위조된 신분증과 분양계약서의 사진을 여러 중개사무소에 전송을 하며, 시세보다 낮은 금액에 전세를 급하게 놓는다고 전화를 하였습니다.
>
> 당시 그 지역은 전세가 귀하고 인기가 많은 곳이라, 이미 여러 의뢰인들이 대기를 하고 있던 상황이였기 때문에 다수의 중개사무소에서 앞다투어 A가 알려준 계좌로 의뢰인들이 계약금을 입금하도록 유도하였습니다.
>
> 결국 A는 여러 중개사무소를 통해 계약금을 편취한 후 잠적을 해버렸고, 7곳 이상의 중개사무소는 이에 대한 법적 책임을 지게 되었습니다.
>
> 이 사건에서 주목해야 할 점은 사기꾼들은 개업한지 얼마 되지 않아 계약이 간절한 초보 중개사를 주로 노린다는 사실과 4시가 넘은 시점에 사기를 친다는 것입니다.
>
> 그럼 도대체 왜 4시일까요?
>
> 그 이유는 바로 공인중개사가 분양계약서의 진위여부를 시행사 또는 분양사무소에 전화하여 알아보지 못하게 하기 위함입니다.

분양권은 물리적 실체가 존재하지 않기 때문에 물리적 하자는 존재할 수 없지만, 권리 하자(분양권에 설정된 가압류, 가처분)는 존재할 수 있음에 주의하여야 합니다.

따라서 공인중개사는 계약시 반드시 권리 하자의 유무를 매도인과 시행사를 통해 확인한 후 의뢰인에게 설명하여야 할 것입니다.

② 4번 특약은 매도인이 받아 가야 하는 돈에 대한 정산 + 수분양자 지위에 의한 권리 및 의무를 매수인이 매도인으로부터 포괄승계 한다는 사실을 명시한 특약입니다.

이때 대출금에 관한 이자 지불방식이 후불이자 방식인 경우, 이미 발생한 이자에 관해서도 차후 매수인에게 지불의무가 있다는 사실을 명시해 놓는 것이 좋습니다.

③ 5번 특약은 어떠한 사유로 인하여 분양권 양도가 불가능할 경우에 계약 자체를 무효로 하고, 주고받은 금전은 원상회복 시킨다는 특약입니다.

④ 6번 특약은 양수인이 양도인의 양도세를 대납하게 될 경우에 삽입할 수 있을 것입니다.

이러한 특약은 양도인이 받은 양도세분을 프리미엄과 합산하여 신고할 경우에 유효합니다.

⑤ 기타 대출승계가 불가능할 경우, 계약을 무효로 하거나 임차인이 책임진다는 특약의 추가도 고려해 볼 수 있겠습니다.

3) 분양권 매매계약 확인설명서 작성법

- 분양권 매매계약 확인설명서 작성의 원칙
  ① 분양계약서와 확인 가능한 공부 및 자료들을 바탕으로 최대한 많이 기재합니다.
  ② 기재할 내용이 없다고 공란을 두어서는 않되고, "해당 없음" 또는 "확인 안 됨"이라고 기재합니다.

■ 공인중개사법 시행규칙 [별지 제20호서식] <개정 2024. 7. 2.> (제1쪽)

중개대상물 확인·설명서[I] (주거용 건축물)

(주택 유형: [ ]단독주택 [√]공동주택 [ ]주거용 오피스텔)
(거래 형태: [√]매매·교환 [ ]임대)

확인·설명자료	확인·설명 근거자료 등	[ ]등기권리증 [√]등기사항증명서 [√]토지대장 [ ]건축물대장 [√]지적도 [ ]임야도 [√]토지이용계획확인서 [ ]확정일자 부여현황 [ ]전입세대확인서 [ ]국세납세증명서 [ ]지방세납세증명서 [ ]그 밖의 자료 (신분증, 분양계약서 원본)
	대상물건의 상태에 관한 자료요구 사항	거래당사자는 위 "확인·설명근거자료 등"에 대한 사항을 발급/열람을 통해 확인하였으며, 물건의 현장답사를 통해 육안으로 확인/인지한 후 개업공인중개사가 작성한 아래 9~12항에 대한 설명을 통해 각 항목 기재 사항을 확인하고 내용에 동의함.

유 의 사 항

개업공인중개사의 확인·설명 의무	개업공인중개사는 중개대상물에 관한 권리를 취득하려는 중개의뢰인에게 성실·정확하게 설명하고, 토지대장 등본, 등기사항증명서 등 설명의 근거자료를 제시해야 합니다.
실제거래가격 신고	「부동산 거래신고 등에 관한 법률」 제3조 및 같은 법 시행령 별표 1 제1호마목에 따른 실제 거래가격은 매수인이 매수한 부동산을 양도하는 경우 「소득세법」 제97조제1항 및 제7항과 같은 법 시행령 제163조제11항 제2호에 따라 취득 당시의 실제 거래가액으로 보아 양도차익이 계산될 수 있음을 유의하시기 바랍니다.

I. 개업공인중개사 기본 확인사항

① 대상물건의 표시	토지	소 재 지	서울특별시 용산구 한남동 808 대림아르빌아파트 제101동 제5층 제508호(표본)		
		면 적(㎡)	3743㎡	공부상 지목	대
				실제 이용 상태	대
	건축물	전용면적(㎡)	84.64㎡	대지지분(㎡)	51.97
		준공년도 (증개축년도)	준공 전임	건축물대장상 용도	아파트
				실제 용도	아파트
		구 조	철근콘크리트구조	방 향	북동향 (기준: 발코니 기준)
		내진설계 적용여부	해당 없음	내진능력	해당 없음
		건축물대장상 위반건축물 여부	[ ]위반 [√]적법	위반내용	해당 없음

② 권리관계	등기부 기재사항		소유권에 관한 사항		소유권 외의 권리사항
		토지	성명:김갑동/생년월일:65-43-21/주소:서울특별시 용산구 바른길25	토지	해당 없음
		건축물	성명:김갑동/생년월일:65-43-21/주소:서울특별시 용산구 바른길25	건축물	해당 없음

③ 토지이용계획, 공법상이용제한 및 거래규제에 관한 사항 (토지)	지역·지구	용도지역	제2종일반주거지역	건폐율 상한	용적률 상한
		용도지구	재정비촉진지구	60 %	200 %
		용도구역	중점경관관리구역		
	도시·군계획시설	해당 없음	허가·신고 구역여부	[X]토지거래허가구역	
			투기지역 여부	[X]토지투기지역 [X]주택투기지역 [√]투기과열지구	
	지구단위계획구역, 그 밖의 도시·군관리계획	해당 없음	그 밖의 이용제한 및 거래규제사항	해당 없음	

(제2쪽)

④ 임대차 확인사항	확정일자 부여현황 정보	[ ]임대인 자료 제출	[ ]열람 동의	[ ]임차인 권리 설명
	국세 및 지방세 체납정보	[ ]임대인 자료 제출	[ ]열람 동의	[ ]임차인 권리 설명
	전입세대 확인서	[ ]확인(확인서류 첨부) [ ]해당 없음	[ ]미확인(열람·교부 신청방법 설명)	
	최우선변제금	소액임차범위: 0 만원 이하	최우선변제금액: 0 만원 이하	
	민간임대등록여부 / 등록	[ ]장기일반민간임대주택 [ ]공공지원민간임대주택 [ ]그 밖의 유형 ( )		[ ]임대보증금 보증 설명
		임대의무기간 년	임대개시일	
		미등록 [√]		
	계약갱신 요구권 행사 여부	[ ]확인(확인서류 첨부)	[ ]미확인	[√]해당 없음

개업공인중개사가 "④ 임대차 확인사항"을 임대인 및 임차인에게 설명하였음을 확인함	임대인	(서명 또는 날인)
	임차인	(서명 또는 날인)
	개업공인중개사	(서명 또는 날인)
	개업공인중개사	(서명 또는 날인)

※ 민간임대주택의 임대사업자는 「민간임대주택에 관한 특별법」 제49조에 따라 임대보증금에 대한 보증에 가입해야 합니다.
※ 임차인은 주택도시보증공사(HUG) 등이 운영하는 전세보증금반환보증에 가입할 것을 권고합니다.
※ 임대차 계약 후 「부동산 거래신고 등에 관한 법률」 제6조의2에 따라 30일 이내 신고해야 합니다(신고 시 확정일자 자동부여).
※ 최우선변제금은 근저당권 등 선순위 담보물권 설정 당시의 소액임차범위 및 최우선변제금액을 기준으로 합니다.

⑤ 입지조건	도로와의 관계	(4m × 4m)도로에 접함 [√]포장 [ ]비포장	접근성	[√]용이함 [ ]불편함
	대중교통	버 스 (한남동)정류장, 소요시간: ([√]도보, [ ]차량) 약 5분		
		지하철 (이태원)역, 소요시간: ([√]도보, [ ]차량) 약 10분		
	주차장	[ ]없음 [ ]전용주차시설 [√]공동주차시설 [ ]그 밖의 주차시설 ( )		
	교육시설	초등학교 (한남초등)학교, 소요시간: ([√]도보, [ ]차량) 약 10분		
		중 학 교 (오산중)학교, 소요시간: ([√]도보, [ ]차량) 약 20분		
		고등학교 (오산고등)학교, 소요시간: ([√]도보, [ ]차량) 약 20분		

⑥ 관리에 관한사항	경비실	[ ]있음 [√]없음	관리주체	[√]위탁관리 [ ]자체관리 [ ]그밖의유형
	관리비	관리비 금액: 총 원		
		관리비 포함 비목: [ ]전기료 [ ]수도료 [ ]가스사용료 [ ]난방비 [ ]인터넷 사용료 [ ]TV 수신료 [ ]그 밖의 비목( )		
		관리비 부과방식: [ ]임대인이 직접 부과 [ ]관리규약에 따라 부과 [ ]그 밖의 부과 방식 ( )		

⑦ 비선호시설(1km이내)	[√]없음 [ ]있음 (종류 및 위치:)

⑧ 거래예정금액 등	거래예정금액	₩220,000,000		
	개별공시지가 (㎡당)	7,391,000 원	건물(주택) 공시가격	해당없음

⑨ 취득시 부담할 조세의 종류 및 세율	취득세	1%	농어촌특별세	해당 없음%	지방교육세	0.1 %
	※ 재산세와 종합부동산세는 6월 1일 기준으로 대상물건 소유자가 납세의무를 부담합니다.					

(제3쪽)

Ⅱ. 개업공인중개사 세부 확인사항

⑩ 실제권리관계 또는 공시되지 않은 물건의 권리 사항

해당 없음

⑪ 내부·외부 시설물의 상태 (건축물)	수 도	파손여부	[√]없음 [ ]있음 (위치: 미준공 상태임)
		용수량	[√]정상 [ ]부족함 (위치: 미준공 상태임)
	전 기	공급상태	[√]정상 [ ]교체필요(교체할 부분: 미준공 상태임)
	가스(취사용)	공급방식	[√]도시가스 [ ]그 밖의 방식 ( )
	소 방	단독경보형감지기	[ ]없음 [ ]있음(해당없음) ※「소방시설 설치 및 관리에 관한 법률」제10조 및 같은 법 시행령 제10조에 따른 주택용 소방시설로서 아파트(주택으로 사용하는 층수가 5개층 이상인 주택을 말한다)를 제외한 주택의 경우만 적습니다.
	난방방식 및 연료공급	공급방식	[ ]중앙공급 [√]개별공급 [ ]지역난방 시설작동 [√]정상 [ ]수선필요( ) [ ]확인불가 ※개별공급인 경우 사용연한 ( )
		종 류	[√]도시가스 [ ]기름 [ ]프로판가스 [ ]연탄 [ ]그밖의종류( )
	승강기		[√]있음 ([√]양호 [ ]불량) [ ]없음
	배 수		[√]정상 [ ]수선필요 (미준공 상태임)
	그 밖의 시설물		미준공 상태임
⑫ 벽면·바닥면 및 도배상태	벽면	균열	[√]없음 [ ]있음 (위치: 미준공 상태임)
		누수	[√]없음 [ ]있음 (위치: 미준공 상태임)
	바닥면		[ ]깨끗함 [ ]보통임 [ ]수리필요 (위치: 미준공 상태임)
	도배		[ ]깨끗함 [√]보통임 [ ]도배필요
⑬ 환경조건	일조량		[ ]풍부함 [√]보통임 [ ]불충분 (이유:)
	소음		[ ]아주 작음 [√]보통임 [ ]심한 편임 진동 [ ]아주 작음 [√]보통임 [ ]심한 편임
⑭ 현장안내	현장안내자		[√]개업공인중개사 [ ]소속공인중개사 [ ]중개보조원(신분고지 여부: [ ]예 [ ]아니오) [ ]해당 없음

※ "중개보조원"이란 공인중개사가 아닌 사람으로서 개업공인중개사에 소속되어 중개대상물에 대한 현장안내 및 일반서무 등 개업공인중개사의 중개업무와 관련된 단순한 업무를 보조하는 사람을 말합니다.

※ 중개보조원은 「공인중개사법」 제18조의4에 따라 현장안내 등 중개업무를 보조하는 경우 중개의뢰인에게 본인이 중개보조원이라는 사실을 미리 알려야 합니다.

(제4쪽)

III. 중개보수 등에 관한 사항

⑮ 중개보수 및 실비의 금액과 산출내역	중개보수	880,000 원	<산출내역> 중개보수 : (220,000,000원) × 0.40% 실비 : ※ 중개보수는 시·도 조례로 정한 요율한도에서 중개의뢰인과 개업공인중개사가 서로 협의하여 결정하며 부가가치세는 별도로 부과될 수 있습니다.
	실비	0 원	
	계	968,000 원 (부가세(88,000) 포함)	
	지급시기	잔금시	

「공인중개사법」 제25조제3항 및 제30조제5항에 따라 거래당사자는 개업공인중개사로부터 위 중개대상물에 관한 확인·설명 및 손해배상책임의 보장에 관한 설명을 듣고, 같은 법 시행령 제21조제3항에 따른 본 확인·설명서와 같은 법 시행령 제24조제2항에 따른 손해배상책임 보장 증명서류(사본 또는 전자문서)를 수령합니다.

2024년 10월 01일

매도인 (임대인)	주 소	서울특별시 용산구 바른길25	성 명	김갑동 서명 또는 날인
	생년월일	65-43-21	전화번호	010-1234-5678

매수인 (임차인)	주 소	서울시 용산구 대박길77	성 명	김을순 서명 또는 날인
	생년월일	77-01-16	전화번호	010-2345-6789

개업공인 중개사	등록번호	11620-2019-00205	성명(대표자)	서명 및 날인
	사무소 명칭	고수공인중개사사무소	소속공인중개사	서명 및 날인
	사무소 소재지	서울특별시 관악구 신림로15길 4 ,지층1 (신림동)	전화번호	02-875-2486

개업공인 중개사	등록번호		성명(대표자)	서명 및 날인
	사무소 명칭		소속공인중개사	서명 및 날인
	사무소 소재지		전화번호	

① 확인설명 근거재료 등 → 확인 가능한 자료를 체크합니다.

② 그 밖의 자료 → 분양계약서, 옵션계약서, 확장계약서, 대출관련 서류 등을 기재합니다.

③ 소유권에 관한 사항 → 수분양자의 인적사항을 기재합니다(보존등기가 되어서 신탁사가 소유자로 되어 있다면, 그 내용을 기재합니다)

④ 중개보수

▶ 원칙대로 계산(정산금액 X 법정요율)하면 너무 적게 나옵니다.

▶ 주변 중개사무소에서 받는 통상적인 액수에 맞추어서 법정보수 초과분은 컨설팅비용으로 처리하는 것이 좋습니다.

4) 계약 및 잔금 진행 과정

① 서류 준비

● 매도인 준비서류

분양권 매매계약서
분양계약서 원본
기타 계약서(확장계약서, 옵션계약서)
신분증
주민등록등본 1통
인감
매도용 인감증명서(매수인 인적사항 기재) 1통
인감증명서 1통

● 매수인 준비서류

분양권 매매계약서
신분증
주민등록초본 1통(주소 변동 기재)
주민등록등본 1통
인감

▶ 매수인이 융자를 받아야 할 경우, 금융기관에 제출할 서류들을 여유 있게 준비하도록 매수인에게 고지하도록 합니다.

▶ 필요서류에 관한 안내 문자를 미리 만들어놓고 필요할 때마다 사용하시면 좋습니다.

② 부동산 거래신고

▶ 국토부 "부동산거래관리시스템"에 접속하셔서 지시하는 절차에 따라 진행하시면 됩니다.

▶ 매수인이 계약시에 인지세를 납부해야 함을 고지해 주도록 합시다.

③ 은행 방문

▶ 절차가 당일에 마무리되지 않을 수 있으니, 이러한 사정을 미리 당사자에게 고지해 놓는 것이 좋습니다.

④ 분양사무소 방문

▶ 분양권 명의변경절차를 아무 날에나 처리해 주는 것이 아니므로, 미리 날짜를 확인 후 방문하도록 해야 합니다.

⑤ 세무서 방문

▶ 매도인은 양도세를 신고 및 납부해야 합니다.

▶ 매수인은 건물 완공 후 소유권을 취득할 때 취득세를 납부합니다.

2 분양권 상태의 임대차계약

1) 분양권 상태의 임대차계약서, 확인설명서 작성법에 관한 기본 지식

① 소위 입주장이라고 불리는 곳에서 작성하게 되는 계약서입니다.
② 분양권 전매 제한에 영향을 받지 않습니다.
따라서 분양권상태의 임대차계약과 매매예약을 동시에 하는 방법으로 전매제한을 피하는 편법에 활용되기도 합니다.
③ 계약시 공부상 소유자가 아닌 자가 임대인이 되는 계약이므로, 사기 방지를 위해 분양계약서를 꼼꼼하게 확인해야 합니다.
④ 매도인이 대출을 받았을 가능성이 높으므로, 대출실행 금액과 이자 연체여부를 확인해야 합니다.
⑤ 계약서 작성의 핵심은 임대인이 잔금일에 분양대금 및 대출금 등을 완납하여, 임차인이 입주를 할 수 있게 만드는 것입니다.
⑥ 등기부와 건축물대장 등의 공부가 아직 만들어지지 않았을 가능성이 있으므로, 분양권 매매 확인설명서와 같이 최대한 많이 기재하고 절대 공란을 두지 않아야 합니다.

2) 전세계약서 작성법

부동산(오피스텔) 월세 계약서

임대인과 임차인 쌍방은 아래 표시 부동산에 관하여 다음 계약 내용과 같이 임대차계약을 체결한다.

1. 부동산의 표시

소재지	서울특별시 용산구 한남동 808 대림오피스텔 제5층 제508호					
토지	지목	대	면적	3743㎡	대지권종류	소유권
					대지권비율	3743분의23.12
건물	구조	철근콘크리트구조	용도	업무시설	면적	84.64㎡
임대할부분	508호 전부				면적	84.64㎡

2. 계약내용

제1조 [목적] 위 부동산의 임대차에 한하여 임대인과 임차인은 합의에 의하여 임차보증금 및 차임을 아래와 같이 지급하기로 한다.

보증금	금 일억원정	(₩100,000,000)
계약금	금 일천만원정	은 계약시에 지급하고 영수함. ※영수자 (인)
1차중도금	금	은 년 월 일에 지급한다.
2차중도금	금	은 년 월 일에 지급한다.
잔금	금 구천만원정	은 2023년 09월 05일에 지급한다.
차임	금 오십만원정	은 매월 일에 지급한다.

제2조 [존속기간] 임대인은 위 부동산을 임대차 목적대로 사용할 수 있는 상태로 2025년03월03일 까지 임차인에게 인도하며, 임대차 기간은 인도일로부터 2027년03월03일(24개월) 까지로 한다.

제3조 [용도변경 및 전대 등] 임차인은 임대인의 동의없이 위 부동산의 용도나 구조를 변경하거나 전대, 임차권 양도 또는 담보제공을 하지 못하며 임대차 목적 이외의 용도로 사용할 수 없다.

제4조 [계약의 해지] 임차인의 차임 연체액이 2기의 차임액에 달하거나, 제3조를 위반 하였을 때 임대인은 즉시 본 계약을 해지 할 수 있다.

제5조 [계약의 종료] 임대차 계약이 종료된 경우 임차인은 위 부동산을 원상으로 회복하여 임대인에게 반환한다. 이러한 경우 임대인은 보증금을 임차인에게 반환하고, 연체 임대료 또는 손해배상금이 있을 때는 이들을 제하고 그 잔액을 반환한다.

제6조 [계약의 해제] 임차인이 임대인에게 중도금(중도금이 없을때는 잔금)을 지급하기 전까지 임대인은 계약금의 배액을 상환 하고, 임차인은 계약금을 포기하고 이 계약을 해제할 수 있다.

제7조 [채무불이행과 손해배상의 예정] 임대인 또는 임차인은 본 계약상의 내용에 대하여 불이행이 있을 경우 그 상대방은 불이행 한 자에 대하여 서면으로 최고하고 계약을 해제 할 수 있다. 이 경우 계약 당사자는 계약해제에 따른 손해배상을 각각 상대방에게 청구할 수 있으며, 손해배상에 대하여 별도의 약정이 없는 한 계약금을 손해배상의 기준으로 본다.

제8조 [중개보수] 개업공인중개사는 임대인 또는 임차인의 본 계약 불이행에 대하여 책임을 지지 않는다. 또한 중개보수는 본 계약 체결에 따라 계약 당사자 쌍방이 각각 지급하며, 개업공인중개사의 고의나 과실 없이 본 계약이 무효, 취소 또는 해제 되어도 중개 보수는 지급한다. 공동중개인 경우에 임대인과 임차인은 자신이 중개 의뢰한 개업공인중개사에게 각각 중개보수를 지급한다.

제9조 [중개대상물확인설명서교부 등] 개업공인중개사는 중개대상물확인설명서를 작성하고 업무보증관계증서(공제증서 등) 사본을 첨부하여 거래당사자 쌍방에게 교부한다. (교부일자 : 2024년 09월 01일)

[특약사항]
1. 본 계약은 계약일 현재 권리 상태하의 오피스텔 임대차계약임.
2. 매수인은 특약1에 관하여 분양계약서 원본과 대출 관련 서류 및 관련공부 등을 열람한 후, 확인설명서를 통해 확인설명을 받고 계약을 체결함.
3. 권리 상태: 분양권 상태의 임대차계약임/ 분양권 행사를 제한하는 권리(가압류, 가처분)가 존재하지 않음을 임대인 및 시행사를 통해 확인함.
4. 임대인은 잔금일까지 책임지고 분양대금 및 (대출금)을 완납하기로 한다.
5. 임대인의 분양대금 납부 지체로 인하여 임차인이 잔금일에 입주할 수 없는 경우, 임차인은 즉시 계약을 해제할 수 있으며, 임대인은 계약금의 배액을 위약금으로 배상하기로 한다.
6. (임차인은 임차물에 관한 대출은행의 선순위 근저당권 설정에 적극 협조해야 한다.)
7. 임대인 계좌:

본 계약을 증명하기 위하여 계약 당사자가 이의 없음을 확인하고 각각 서명 또는 기명 날인한다. 2024년 09월 01일

임대인	주소	서울특별시 용산구 바른길25				(인)
	주민등록번호	654321-	전화	010-1234-5678	성명	김갑동
임차인	주소	서울특별시 용산구 대박길				(인)
	주민등록번호	770116-	전화	010-2345-6789	성명	김을순
개업공인중개사	사무소 소재지	서울특별시 관악구 신림로15길 4, 지층1 (신림동)				
	사무소 명칭	고수부동산공인중개사 사무소		대표자명	서명및날인	(인)
	전화번호	02-875-2486	등록번호	11620-2019-00205	소속공인중개사	서명및날인 (인)

① 특약 2번 → 분양권 매매와 마찬가지로 분양계약서의 진위여부를 분양사무소 등을 통해서 확인하여야 합니다.

추가적으로 옵션계약서, 확장계약서, 대출관련 서류 등을 통하여 임대인의 임대권한을 확실히 확인해야 할 것입니다.

② 특약 3번 → 분양권 매매와 마찬가지로 중개대상물에 물리적 하자는 존재할 수 없지만, 권리 하자(분양권에 설정된 가압류, 가처분)는 존재할 수 있으며, 이는 분양권 매매에서 보다 확인설명의 중요성이 큽니다.

따라서 공인중개사는 계약시 반드시 권리 하자의 유무를 매도인과 시행사를 통해 확인한 후 의뢰인에게 설명하여야 할 것입니다.

가압류, 가처분 등의 권리 하자가 존재한다면 말소특약이 필요할 것입니다.

③ 특약 4번 → 가장 핵심이 되는 특약입니다. 임대인이 분양대금 등을 완납해야 임차인이 입주할 수 있으니, 당연히 가장 중요한 사항입니다.

④ 특약 5번 → 임대차 보증금으로 대출금을 완납하기 힘들거나, 보증금이 소액인 월세계약이라서 그럴 필요까지 없는 경우, 보존등기 이후 대출은행 명의의 근저당권이 1순위가 되도록 임차인이 협력한다는 특약이 필요합니다.

3) 잔금 진행 과정

① 입주지원센터 방문
- ▶ 당사자들은 미리 폰뱅킹 한도를 확인하여 이체에 지장이 없게 준비하여야 합니다
- ▶ 중개사무소에서 만나서 이동하거나, 입주지원센터에서 정한 시간에 만나도록 합니다.

② 임차인은 임대인 계좌로 잔금 송부
- ▶ 잔금시에는 입금의 순서도 중요합니다.
- ▶ 임차인이 바로 은행 또는 신탁사 지정계좌로 입금하는 것은 안 됩니다.

③ 임대인은 신탁사 지정계좌로 잔금 완납
- ▶ 즉시 완납증명서를 발급받아 임차인에게 확인시켜 줍니다.

④ 입주등록 및 입주

REAL ESTATE

제 8 장

중개사에게 유용한 지식들

1 중개보수

1) 기본 내용

　법적으로는 중개완성시(잔금시 또는 중개사의 책임 없는 사유로 계약이 파기된 시점)에 받는 것이 원칙이지만, 당사자들과의 협의로 변경 가능합니다.
　의뢰인들은 계약시에 기분이 제일 좋으므로, 가능하다면 계약시에 받는 것이 좋을 것입니다.
　임대차의 경우(기존 임차인이 중도 퇴실하는 경우 경우 포함)에는 무조건 임대인에게서 중개보수를 받는 것이 원칙입니다.
　단, 임차인에게로 중개보수에 관한 책임이 전가되었다고 볼만한 합의 또는 사정이 있다면, 임차인에게 직접 수령해도 상관 없습니다.
　가계약 파기시에는 중개보수청구권이 발생하지 않으며, 계약 파기의 원인이 공인중개사와 관련이 없어도 같다는 것에 주의해야 합니다(국토부 의견)

2) 문제가 되는 경우

① 중개보수를 깎아 준 경우
　황당한 얘기처럼 들리지만, 중개보수를 확인설명서에 기재된 금액과 다르게 깎아 준 행위도 과태료 처분 사유가 됨에 주의해야 합니다.
　중개보수를 깎아 준 경우에는 반드시 변경된 액수로 고쳐서 기재해야 할 것입니다.

② 의뢰인이 자진해서 초과 중개보수를 입금한 경우
　의뢰인이 임의로 초과 보수를 입금한 것이며, 초과된 부분을 돌려주려고 했다는 사실을 입증해야 공인중개사는 책임을 면할 수 있습니다.

초과 중개보수가 입금된 경우, 카톡이나 문자메시지를 통해 형식적으로 초과된 금액을 돌려주겠다고 메시지를 보내어 입증자료를 확보하는 것이 좋습니다.

물론, 의뢰인은 다음에도 잘 부탁한다고 하며 이를 거절하는 것이 일반적입니다.

③ 초과 중개 중개보수를 받기로 합의한 경우

계약 당시에 당사자에게 초과 중개보수를 받기로 합의한 경우에는 다음과 같은 방법으로 초과된 금액을 처리할 수 있습니다.

- 현금으로 수령하는 방법
- 컨설팅 비용으로 처리하는 방법(컨설팅 사업자+컨설팅 약정+비용에 상응하는 컨설팅 행위)
- 식사비, 용돈 명목으로 수령하는 방법(반드시 중개보수와 구분해서 입금 받아야 할 것입니다)
- 신세계 상품권 등과 같은 무기명채권으로 받는 방법

④ 단기임대차의 경우

계약기간이 1년이 되지 않은 임대차를 중개할 경우, 임대인과 임차인에게 중개보수를 얼마나 받아야 하냐는 고민을 하시게 될 것입니다.

원칙적으로는 일반적인 임대차와 같은 방법으로 중개보수 산정하여 청구할 수 있으나, 현실적으로는 쉽지 않을 것입니다.

따라서 임대인에게는 상황에 맞게 조정해서 받는 것이 일반적입니다.

반면에 단기임대차 물건은 찾기가 어렵기 때문에 임차인에게는 다 받아도 별다른 문제가 없을 것입니다.

⑤ 요율 적용이 애매한 경우(근생원룸, 오피스텔 등)

근생원룸, 오피스텔과 같이 중개보수 요율의 적용 기준이 애매한 경우에는 공부상 등재된 용도에 따라 요율을 적용하는 것이 원칙입니다.

따라서 근생원룸의 경우, 실제 주거용으로 사용 중이라고 하더라도 비주택 요율을 적용하여도 문제되지 않습니다.

지역에 따라서는 주택요율을 적용할 것을 권고하는 경우도 있으나, 말 그대로 권고에 불과합니다.

오피스텔의 경우에는 일반적인 요율이 아닌 별도의 요율이 적용될 수 있음에 주의해야 합니다.

주거용 구조를 갖춘 국민주택 규모의 오피스텔일 경우, 주거용오피스텔로 등록되지 않았다 하더라도 0.9%가 아닌 0.4% 또는 0.5%를 적용하는 것이 원칙임을 주의해야 합니다.

현장에서는 보통 주거용이면 0.4% 또는 0.5%를 적용하고 업무용이면 0.9%를 적용하는데, 이는 문제의 소지가 있습니다.

⑥ 의뢰인과 중개보수 협의가 안 되는 경우

의뢰인이 확인설명서에 서명 또는 날인을 했음에도 불구하고 기재된 요율대로 중개보수를 지급하지 않는 경우, 희안하게도 법원에서는 기재된 요율을 그대로 인정하지 않음에 주의해야 합니다.

법원에서는 공인중개사가 해당 계약의 성사에 특별한 노력을 하였음이 인정되지 않는 경우에는 보통 법정요율 절반 정도 인정합니다.

따라서 소송으로 끌고 가도 법정요율 한도의 절반 이상은 받기 힘들 가능성이 높으므로, 의뢰인이 절반 정도만 입금하였다면 내용증명을 몇 번 보내 보고 포기하는 것이 좋을 것입니다.

의뢰인이 중개보수 지급을 아예 거부하는 경우에는 법원에 "지급명령"을 신청해 볼 수도 있으며, 이에 대하여 의뢰인이 이의신청을 하면 소송 또는 조정사건이 됩니다.

2 묵시적 갱신

1) 묵시적 갱신이란?

이 용어를 한 번씩은 다 들어 보셨을 것입니다. '자동연장'이라는 용어가 더 친숙하실 것입니다. 같은 말입니다. 단어를 풀어 보면 "말을 안 해서 다시 성립되었다"라는 것인데, 계약이 어느 시점부터 당사자 간에 서로 말없이 지나가면 원래 계약 내용대로 연장된다는 것입니다.

만약에 아파트를 전세로 2년 계약하였는데 계약만료 1개월 전까지 임대인 임차인 간에 서로 말없이 지나갔다면, 계약은 종료 시점부터 다시 2년으로 연장될 것입니다.

여기까지는 대부분의 중개사님들이 아시는 내용일 것입니다. 하지만 묵시적 갱신과 재계약, 묵시적 의사표시(묵시적 승인)를 같이 놓고 차이점을 물어본다면 조금 어려울 수 있을 것입니다.

상황에 따라 당사자의 행동이 위 3가지 중 어떤 것으로 되느냐에 따라서 결과가 완전히 바뀔 수도 있으므로, 반드시 구별할 수 있어야 할 것입니다.

2) 묵시적 갱신/ 재계약/ 묵시적 승인 구별의 실익

(1) 계약의 해지권

① 주택 임대차보호법 제6조의2 묵시적 갱신의 경우

임차인은 언제든지 임대인에게 계약해지를 통지할 수 있다.

제1항에 따른 해지는 임대인이 그 통지를 받은 날부터 3개월이 지나면 그 효력이 발생한다.

② 상가 임대차보호법 제10조 계약갱신요구 등

묵시적 갱신의 경우 임차인은 언제든지 임대인에게 계약해지의 통고를 할 수 있고, 임대인이 통고를 받은 날부터 3개월이 지나면 효력이 발생한다.

③ 민법 제635조 기간의 약정 없는 임대차의 해지통고

묵시의 갱신의 경우 다음 기간이 경과하면 해지의 효력이 생긴다.

임대인이 해지를 통고한 경우에는 6월

임차인이 해지를 통고한 경우에는 1월

위에서 보면 묵시적 갱신으로 인정될 경우, 민법의 특별법률인 주임법이나 상임법에서는 임차인에게만 묵시적 갱신된 계약 기간 중 계약의 해지권을 주고 있습니다. 반면 민법에서는 임대인과 임차인 모두에게 계약의 해지권을 주고 있습니다. 여기에서 주임법, 상임법이 적용되는 경우와 민법이 적용되는 경우를 나누어 보면 아래와 같습니다.

> 주택의 계약이 묵시적 갱신 된 경우 → 임차인만
> 주택이 재계약 된 경우 → 임차인, 임대인 모두
> 주택의 계약 기간이 1년인데 묵시적으로 1년이 지난 경우 → ?
> 상임법이 적용되는 상가계약이 묵시적 갱신 된 경우 → 임차인만
> 상임법이 적용되지 않는 상가계약이 묵시적 갱신 된 경우 → 임차인, 임대인 모두

위에서 보면 3번째를 제외한 나머지 경우는 너무나 명확합니다. 그렇다면 3번째의 경우에는 어떻게 해석해야 할까요? 이 문제는 깊이도 있지만, 매우 질문을 자주 받는 사항이기도 합니다.

2018. 04. 06. 공인중개사협회에 올라온 법률상담 질문을 보겠습니다.

> **사례**
>
> 원룸을 1년 계약하고 현재 1년 7개월이 되었습니다.
> 세입자가 이사를 통보(2018. 04. 05. 통보)해 왔습니다.
> 임대인은 2년 계약을 주장하며 방을 빼서 이사를 가라고 하는데, 세입자는 묵시적 갱신을 주장하고 있습니다.
> 그리고 새로운 임차인이 들어올 때 중개보수는 임대인과 현임차인 중 누가 부담을 해야 합니까?

위의 사례에서 과연 임대인과 임차인 중 누구의 말이 맞을까요?

집주인은 무슨 근거인지 모르지만 계약 기간 2년을 주장하며 알아서 방을 빼서 이사 가고 중개보수도 임차인이 내라고 하는 입장인 듯합니다. 반면에 임차인은 묵시적 갱신을 주장하면서, 통보 후 3개월이 지나면 계약이 해지되는 것이고 중개보수는 임대인이 내야하는 것 아니냐를 주장하는 듯합니다. 실제로 묵시적 갱신 기간 중에 중개보수를 누가 부담하는가에 관한 논쟁이 생각보다 빈번히 있습니다. 임대인들은 어쨌든 계약이 연장되었으니 임차인이 부담하는 것이 아니냐고 주장하지만, 관공서에 문의해 보면 "계약 기간 동안 잘 살아 줬으므로 묵시적 갱신 기간 중일 때의 중개보수는 임대인이 내라"고 말합니다.

결론적으로 말하면 임대인의 말이 맞습니다. 주의해서 볼 점은 위 사례는 묵시적 갱신이 적용될 여지가 없습니다. 계약 기간을 1년으로 정하여도 주임법상 임차인은 2년을 주장할 수 있는데, 1년이 지나도록 임차인이 아무 말도 없었다는 행동은 묵시적 갱신이 아니라 2년을 보장받겠다는 묵시적 의사표시로 보아야 합당하기 때문입니다. 그러므로 임차인에게는 계약해지권이 없으므로 자신이 직접 방을 놓고 나가야 하며, 새로운 임차인이 구해졌을 때 중개보수도 자신이 부담해야 할 것입니다.

(2) 중개보수 부담

묵시적 갱신이 된 경우와 계약 갱신 또는 재계약이 된 경우에는 임차인이 기간 전에 퇴실할 때 중개보수를 부담하는 자가 다르게 됩니다.

묵시적 갱신된 경우 → 임대인이 중개보수를 부담(국토교통부 유권해석)

계약 갱신 또는 재계약된 경우 → 임차인이 부담

(3) 계약 기간

묵시적 갱신의 경우와 재계약의 경우 계약 기간이 달라질 수 있다는 것은 당연한 얘기일 것입니다.

묵시적 갱신일 경우 종전 계약과 동일한 조건으로 계약한 것으로 보므로 기존 계약이 1년 계약이면 1년만 연장이 될까요? 아닙니다. 방금 살펴보았듯이 1년 계약을 했더라도 묵시적 갱신은 계약이 2년이 된 시점에서 인정됩니다. 그러므로 계약 기간은 2년으로 연장됩니다.

재계약일 경우에는 당연히 계약 내용대로 계약 기간이 인정됩니다. 하지만 주택이 아니라 상가임대차의 경우에는 묵시적 갱신일 경우와 재계약일 경우에 명확하게 차이점이 발생함을 주의해야 합니다.

실제 사례를 하나 보겠습니다.

> **사례**
>
> 임대인은 임차인과 상가에 관한 임대차계약을 맺고 10년이 지나던 중, 임차인으로부터 자신은 외국에 갔다 와야 하니 계약서에서 임차인 이름만 자신의 처 이름으로 바꾸어 달라는 요청을 받았습니다. 임대인은 이름 정도만 바꾸는 것이니 대수롭지 않게 생각하고 흔쾌히 수정해 주었습니다.

> 그 후 임대 기간이 11년이 도래한 시점에서 임대인은 임차인에게 이제 계약한지 11년이 되었으므로 월세를 올려 주던지, 상가를 비우든지 하라고 하였습니다.
>
> 그런데 임차인은 10년이 지난 시점에서 재계약을 하였으므로 아직 1년밖에 안 지났으니 앞으로 9년은 더 장사할 수 있다고 주장을 합니다.
>
> 이에 대해 임대인은 1년간은 묵시적 갱신으로 장사했지 언제 내가 재계약을 맺어 주었느냐고 하였습니다.
>
> 그러자 임차인은 10년이 지났을 때 우리 남편에서 나의 이름으로 임차인 이름을 변경하지 않았느냐며, 재계약이 되었다고 주장을 합니다.

결론적으로 임차인 말이 맞습니다. 어떻게 보면 임차인이 법을 잘 알고 싼 임대료로 장사하려고 꼼수를 부린 것입니다. 판례에서는 계약의 중요한 사항의 변동이 있어야 재계약으로 보고, 그렇지 않은 경우에는 기존 계약의 변동(계약의 갱신)으로 봅니다. 만약 위 사례에서 임대료만 조금 올려서 계약서를 수정하였으면 기존 계약의 변동으로 보아 묵시적 갱신 기간 1년만 보장이 되었을 것입니다.

하지만 당사자의 변경은 계약의 중요사항 변동으로 보아 재계약으로 보게 됩니다. 그러므로 계약 기간이 10년까지 보장되지 않냐는 임차인의 말이 옳다고 볼 수 있게 되는 것입니다.

조금 다른 경우지만 판례에서 계약의 갱신이 아닌 재계약으로 보려면 어떤 특별한 사정을 요구하는지 보겠습니다.

사례

> 상가 소유자 김갑동은 김을순에게 자신의 상가를 임대해 준 후 18년이 지난 후 차임을 조금 올려서 다시 계약서를 작성하고 2년이 다 되어가는 시점이 되었습니다. 이때 임대인이 20년간 장사 잘했으니 이제 상가를 비워 달라고 하자 임차인은 2년 전에 재계약을 하였으므로 갱신요구권을 행사하겠다고 주장을 합니다.

이 사례에서 법원은 동일한 상가에 관하여 다시 계약서를 작성한 경우 특별한 사정이 없는 한 이는 기존 계약의 변경(갱신 계약)으로 보아야 한다고 하여 갱신요구권을 인정하지 않았습니다.

그렇다면 여기서 특별한 사정이란 무엇일까요? 판례에서는 계약 당사자의 변경, 업종 변경 또는 차임의 큰 폭의 인상 등 계약의 중요사항 변경을 특별한 사정으로 보고 있습니다. 예외적으로 위와 같은 사항의 변경이 없어도 특약에 "이 계약은 재계약이다"라는 취지의 글을 넣으면 계약 내용의 변경이 없어도 당사자의 의사를 존중하여 재계약으로 보게 됩니다.

그러므로 기존의 상태와 큰 변동 없는 상태에서 상가 임대차계약서를 다시 쓸 경우에는 위 특약의 유무에 따라 결과가 완전히 달라지는 일이 생기니 주의하여야 할 것입니다.

3 건폐율과 용적률

1) 건폐율

건폐율이란 건축하고자 하는 대지에 어느 정도 면적(건축면적)의 건물이 들어설 수 있느냐를 말합니다. 바꾸어 말하면 대지의 면적 중 어느 정도를 비워 놓아야 하는지를 의미합니다.

이것은 해당 건물 또는 단지 전체의 쾌적함과 밀접한 관련이 있습니다. 빈 공간에 공원이나 산책로, 놀이터 등의 시설을 설치할 수 있기 때문입니다. 그리하여 고층 고급아파트의 경우에는 건폐율이 극도로 낮은 경우가 많습니다.

만약 대지면적이 100㎡인데 건폐율이 50%라고 한다면, 대지 중에 50㎡ 내에서 건물을 지을 수 있고(건축면적) 나머지 50㎡는 비워 놓아야 한다는 것입니다. 여기서 건축면적의 계산 기준은 건축물 외벽의 중심선이 됩니다.

그렇다면 툭 튀어나온 발코니는 건폐율 산정을 위한 건축면적에 포함될까요? 발코니도 역시 건축면적에 포함됩니다. 하지만 폭1.5m 이하의 발코니는 다음에 보실 용적률 산정을 위한 연면적에는 제외가 됨을 주의하셔야 합니다.

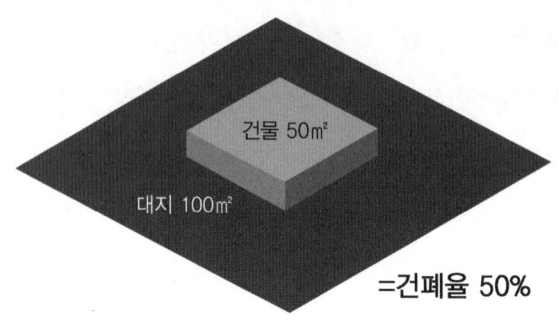

대상 건물의 건폐율과 용적률은 '국토의 계획 및 이용에 관한 법률'에서 큰 틀을 규정해 주고 있으며, 그 범위 내에서 해당 지방자치단체의 조례에서 정하고 있습니다. 그러므로 해당 건물의 건폐율을 알아보기 위해서는 '토지이용규제정보시스템'에 접속하셔서 해당 지역의 정보를 찾아보시면 됩니다.

용도지역			건폐율	용적률
도시지역	주거지역	제1종 전용주거지역	50%	50~100%
		제2종 전용주거지역	50%	100~150%
		제1종 일반주거지역	60%	100~200%
		제2종 일반주거지역	60%	150~250%
		제3종 일반주거지역	50%	200~300%
		준주거지역	70%	200~500%
	상업지역	중심상업지역	90%	400~1500%
		일반상업지역	80%	300~1300%
		근린상업지역	70%	200~900%
		유통상업지역	80%	200~1100%
	공업지역	전용공업지역	70%	150~300%
		일반공업지역	70%	200~350%
		준공업지역	70%	200~400%
	녹지지역	보전녹지지역	20%	50~80%
		생산녹지지역	20%	50~100%
		자연녹지지역	20%	50~100%

관리지역		보전관리지역	20%	50~80%
		생산관리지역	20%	50~80%
		계획관리지역	40%	50~100%
농림지역			20%	50~80%
자연환경보전지역			20%	50~80%

2) 용적률

용적률이란 대지면적에 대한 건축물의 전체 연면적(각 층의 바닥면적의 합) 비율을 말합니다. 이것은 건물을 얼마나 높게 지을 수 있느냐를 의미합니다. 재건축, 재개발뿐만 아니라 모든 부동산 개발에서 아주 중요한 요소라 할 수 있습니다.

예를 들어 어떤 아파트를 재건축할 경우 기존의 아파트가 용적률이 낮은 저층 아파트라면, 앞으로 재건축될 아파트는 현재의 용적률을 적용받아 기존 아파트보다 훨씬 높게 지을 수 있게 되어 공급 가구 수가 많이 늘어날 것입니다. 이는 조합원분양가의 하락과 추가분담금을 말소하는 효과를 불러오게 되어, 이 아파트는 아주 좋은 투자대상이 될 것입니다.

주의할 점은 용적률 산정 시 적용되는 연면적에서 지하층, 주차장시설, 주민공동시설은 제외됩니다.

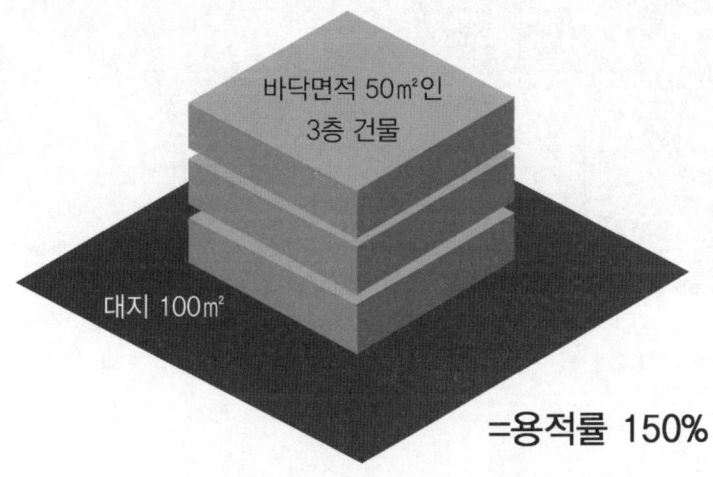

4 도로

1) 도로의 의미

법률에서는 장황하게 설명하고 있지만, 쉽게 말해서 도로란 폭이 4m이상인 사람의 보행 및 자동차의 통행이 가능한 길을 말합니다. (막다른 곳 예외)

그렇다면 우리가 흔히 말하는 4m 도로, 6m 도로는 어떻게 나온 기준일까요? 다음의 그림을 보시면 사람이 이동 가능한 폭을 1m로 보고, 차량이 이동 가능한 폭을 2m로 봅니다. 그리하여 사람이 양쪽에서 지나갈 만한 폭을 1+1=2m로 계산하고, 차 한 대 지나갈 폭 2m를 둔 것이 4m 도로이고 차가 양쪽에서 지나갈 수 있는 폭이 되는 것이 6m 도로인 것입니다.

▶ 4m 도로의 예

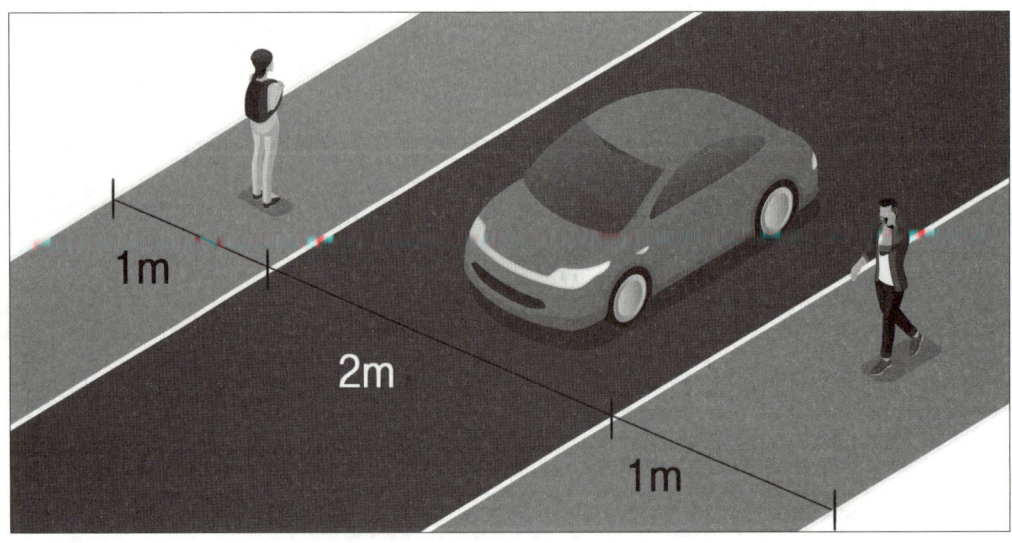

또한, 끝에 길이 막혀 있는 막다른 골목의 경우 아래와 같이 폭이 4m가 되지 않더라도 도로로 인정하고 있습니다.

▶ 막다른 도로

도로의 길이	도로의 너비
10미터 미만	2미터 이상
10미터 이상~35미터 미만	3미터 이상
35미터 이상	6미터(도시지역 아닌 읍, 면은 4미터) 이상

2) 대지와 도로의 관계

(1) 원칙

대지는 2m 이상을 도로에 접해야 합니다. 건물의 연면적 합계가 2,000㎡ 이상일 경우 폭이 6m 이상인 도로에 4m 이상 접해야 합니다.

(2) 대지가 도로와 접하지 않아도 되는 경우

당해 건축물의 출입에 지장이 없다고 인정되는 건축물. 건축물 주변에 광장, 공원, 유원지 기타 관계 법령에 의하여 건축이 금지되고 공중의 통행에 지장이 없는 공지로서 허가권자가 인정한 것.

(3) 현황도로

협회 법률상담란에 자주 나오는 질문 중에 하나가 "매수한 토지(또는 건물)에 접한 도로가 사도인데 어떻게 처리를 하여야 하냐"는 것입니다.

쉽게 말해서 매도인이 그 동안 그 사도를 오랫동안 잘 이용하였는데 매수인 역시 장래에 문제 없이 이용할 수 있냐는 것입니다.

여기에서 말하는 사도는 법률용어로 현황도로일 가능성이 높습니다.

현황도로란 "오랫동안 사실상 도로로 사용되고 있으나 지적도상에 표기되어 있지 않은 도로"를 말합니다. 물론 장래에 건축법상 도로로 지정될 가능성은 있습니다.

현황도로 문제의 핵심은, 현황도로의 소유자는 주위의 토지소유자의 통행을 막을 수 없으며 그 소유자가 바뀌어도 이 사실은 변함이 없다는 것입니다. 즉, 현황도로의 소유자 또는 그 토지의 양수인은 도로를 폐쇄하는 것이 불가능하다는 것입니다.

그러므로 토지 등의 중개 시 그 토지의 유일한 통행로가 현황도로인 경우, 중개사께서는 의뢰인에게 장래의 통행에 관하여 걱정하지 마시라고 설명하셔도 되겠습니다.

5 확정일자와 전세권 설정등기

1) 확정일자와 전세권 설정등기의 의미

(1) 확정일자

임차인이 전세계약을 체결하고 '전입(이사 또는 점유)+전입신고'하여 대항력과 최우선변제권의 요건을 갖춘 후, 계약서를 들고 주민센터에 가서 확정일자 도장을 받아서 우선변제권을 획득하는 것을 말합니다.

하지만 확정일자까지 받았다 해도 여전히 임차인의 권리는 채권에 불과합니다. 물론 등기부에도 기재되지 않습니다. 다만 주택 임대차보호법에서 물건에 준하는 여러 가지 힘을 주었을 뿐입니다.

(2) 전세권 설정등기

임차인이 임대인의 동의를 받아 등기소에 가서 본인이 계약한 부동산의 등기부에 본인이 전세를 사는 세입자라는 사실을 기록에 남기는 것을 말합니다. 그 후에는 세입자의 권리는 민법에서 규정한 물권인 전세권이 됩니다.

2) 차이점

	확정일자	전세권 설정등기
근거	임대차보호법	민법
요건	실거주+전입신고	실거주와 전입신고 불필요
임대인 동의	불필요	필요
비용	전세금 상관없이 600원	40~50만 원
보장범위	건물+토지	건물
효력 발생 시기	전입신고 익일 0시부터	등기 직후부터
등기부 기재	없음	있음
전대차	불가능	가능
보증금 회수	보증금 반환 소송 후 강제집행 (소액임차 보증금은 보장)	소송 없이 경매 청구 후 배당

(1) 주택 임대차보호법이 더 강력하다.

앞의 표에서 보시면 별 설명 없이도 차이점이 이해가 될 것입니다. 전세권 설정등기를 하는 것은 임대인의 동의가 필요할 뿐만 아니라 돈도 많이 듭니다. 그래도 장점을 꼽으라고 한다면 임차인이 다른 곳으로 이사하거나 전입을 해도 물권이기 때문에 권리에는 아무런 영향이 없다는 점과 바로 경매청구가 가능하다는 점 정도입니다.

그에 비해서 이사 와서 전입신고를 하고 확정일자를 갖추면, 전세금이 임대차보호법의 보장 범위 이내일 경우 최우선 변제적 효력까지 가지게 되므로 주택 임대차보호법을 적용받는 것이 더 강력하다고 볼 수 있습니다. 물론 전세금이 고액일 경우에는 차이가 없어집니다. 무엇보다도 확정일자를 받는 것이 더 강력한 이유는 보장범위 때문일 것입니다.

다음에서 설명하겠습니다.

(2) 보장범위가 다르다.

임차인이 확정일자까지 받은 경우 그 효력은 건물+대지에 모두 미치게 됩니다. 일반적으로 경매에서는 건물과 대지가 일괄적으로 매각이 진행되므로, 임차인은 경락대금 전부에 관하여 우선변제권을 주장할 수 있게 됩니다.

그에 반해 전세권은 건물에만 그 효력이 미치므로 전세권자는 경락대금 중에서 대지 분에 관하여는 권리를 주장할 수 없습니다. 경우에 따라서는 매우 큰 차이라고 보지 않을 수가 없습니다.

사례를 하나 보겠습니다.

사례

다가구주택에 관하여 임차인 A와 B는 다음과 같은 순서로 확정일자 또는 전세권을 설정한 후 경매가 개시되었습니다.

2017. 01. 01. ---------------------- A 전세권 설정
2017. 01. 13. ---------------------- B 전입신고 및 확정일자 완료
2017. 01. 16. ---------------------- A 전입신고 및 확정일자 완료
2018. 01. 01. ---------------------- 경매 개시

경매 개시 후 A가 건물 및 대지 매각대금에서 우선적으로 배당을 받자 B가 배당이의의 소를 제기하였습니다.

재판부는 건물의 매각대금에 관하여는 전세권 설정등기를 우선적으로 한 A가 선순위지만, 대지에 관하여는 전입신고 및 확정일자를 먼저 받아 우선변제권을 취득한 B가 선순위라고 하여 토지 배당분에 관하여는 A가 B에게 반환하여야 한다고 하여 B의 청구를 인용하였습니다.

6 계약서 대서, 대필

1) 대필에 관한 논점

① 행정사법 위반 여부

공인중개사가 연장계약서 또는 재계약서를 작성해 주는 행위 뿐만 아니라, 당사자들 간에 직거래를 하여 계약서 작성만 공인중개사가 작성해 주는 경우에 이를 행정사법 위반으로 볼 수 있냐가 문제 됩니다.

안타깝게도 판례는 이러한 행위를 행정사법 위반이라고 판단하고 있습니다.

따라서 대표님들께서는 가급적이면 대필을 해주시지 않아야 할 것이며, 대필을 해야 하는 상황이라면 반드시 권리관계를 명확하게 확인해야 할 것입니다.

또한 해당 계약서에는 공인중개사의 인장을 넣지 말아야 할 것입니다.

개인적인 생각으로는 일반적인 대필행위와는 다르게 공인중개사가 기존에 중개를 한 전세계약에 관한 연장계약서를 작성해 주는 행위는 중개행위의 연장으로 간주하여 행정사법 위반으로 볼 수 없다고 봅니다.

② 공인중개사가 서명날인을 해도 되는지 여부

공인중개사가 대필하고 서명 및 날인을 한 계약서가 대출사기 등의 범죄에 사용된 경우에는 공인중개사도 민형사상의 책임을 질 수 있음은 분명합니다.

그렇다면 공인중개사가 명판만 넣지 않으면 책임에서 자유로울 수 있는 것일까요?

아쉽지만 그렇지 않습니다.

계약서에 공인중개사의 명판이 있는지 여부에 상관 없이 해당 계약서 작성에 공인중개사가 관여하였다는 사실이 입증되면 공인중개사는 민형사상의 책임을 지게 됩니다.

판례에서는 계약서에 공인중개사의 서명 및 날인이 없다고 하더라도 해당 계약서가 공인중개사만이 사용할 수 있는 형태의 양식(한방 프로그램에서 제공하는 양식)이라면, 해당 계약서를 공인중개사가 대필하였다고 보고 있습니다.

③ 확인설명서를 교부해야 하는지 여부

원칙적으로 연장계약서의 작성과 같은 대필행위는 중개행위로 보지 않습니다.

따라서 중개사법이 적용되지 않기 때문에 공인중개사는 확인설명서 및 공제증서를 교부할 의무가 없으며, 법정 중개보수도 받을 수 없습니다.

2) 대필과 중개의 구별이 애매한 경우

임대인과 임차인(또는 매도인과 매수인)이 물건을 확인하고 어느 정도 의견을 조율한 후 중개사무소에 찾아와서 계약서 작성을 부탁하는 경우가 많습니다.

이런 경우에 이를 중개의뢰로 봐야 할 것인지 아니면 대필의뢰로 봐야 할 것인지가 애매하며, 협회에도 비슷한 질문이 자주 올라옵니다.

① 협회 의견

공인중개사가 직접 현장 확인을 시켜 준 일이 없다고 하더라도, 공인중개사가 당사자들과 함께 구체적인 계약 조건과 특약사항들을 협의하였다면, 이는 중개행위로 봐야 한다는 의견입니다.

따라서 확인설명서 및 공제증서를 교부해야 하고, 법정중개보수를 청구할 수 있습니다.

② 실무

스스로 찾아온 당사자들에게 이는 법적으로 중개를 하는 것과 다름이 없다고 사전에 고지하고, 적당한 선에서 중개보수를 협의하여 받는 것이 좋을 것입니다.

물론, 이때에는 확인설명서와 공제증서도 교부해야 합니다.

7 임차인의 원상회복의무(원상복구의무)

1) 원상회복의무란?

 일반적으로 임차인은 임대인에게 임대보증금을 지급함과 동시에 임대목적물의 점유를 넘겨받음으로써 임대차 관계가 시작되게 됩니다. 이와는 반대로 임대차관계 종료 시에 임차인은 임대인에게 점유를 다시 넘겨주는 것과 동시에 임대보증금을 돌려받게 됩니다. 여기서 임차인이 임대인에게 점유를 되돌려주는 것을 임차인의 원상회복의무라고 합니다.

2) 원상회복의 범위

 이것은 임대차 종료 시 임차인은 임대인에게 임차목적물을 어떤 상태로 돌려주어야 하느냐는 문제입니다. 바꾸어 말하면 시설의 철거 또는 수리·수선의 문제로 볼 수도 있습니다.

(1) 개별적인 합의(특약)가 우선한다.

 원상회복의 범위에 관하여 계약 당시에 특약 또는 계약 종료 시 상호 간의 합의로 정한 것이 있다면, 그대로 지키면 되므로 아무런 논란의 여지가 없습니다. 그런데 상가임대차 계약 시에 많이 사용하는 아래와 같은 특약의 효력에 관하여 상반된 판례가 있음을 주의해야 합니다.

> 임차인은 계약 기간 만료 시 임대인에게 어떠한 권리금이나 시설비에 대한 보상을 청구하지 않는다.

> **판례 : A(대법원 1998. 5. 29. 선고 98다6497 판결)**
>
> "임차인이 설치한 시설물에 대해 임대인에게 비용을 요구하지 않는다"는 약정이 있다면 임차인은 원상회복의무도 부담하지 않는다고 합니다. 이에 반해, 판례 B(대법원 2002. 12. 6. 선고 2002다42278 판결)에서는 "임차인이 임대인에게 시설비 등을 청구하지 않기로 약정한 사정만으로 원상복구의무를 부담하지 아니하기로 하는 합의가 있다고 볼 수 없다"고 하고 있습니다.

필자의 사견으로는 대법원에서 '원상회복을 하는 것은 임차인이 필요에 의해 추가 설치한 시설을 처리하는 것과는 별개의 문제'라고 판단하는 듯합니다. 최종적으로는 추가 판례를 기다려야 하겠습니다.

(2) 특약이 없다면 "통상의 손모"인지 여부를 판단

임대인, 임차인 간의 원상회복의 범위에 관한 합의가 없다면 임대차 기간 동안에 통상적으로 발생할 수 있는 '손모'에 관하여는 임대차 종료 시 임차인의 원상회복의무가 없다고 합니다. 그렇다면 '통상의 손모'란 무엇을 말하는 것일까요? 아래의 판례를 보시면 그 의미를 설명하고 있습니다.

판례 : 건물명도등 · 임대차보증금 반환등

[서울중앙지법 2007. 5. 31. 선고, 2005가합100279, 2006가합62053, 판결 : 항소]

[판시사항]

[4] 임대차에서 생기는 통상의 손모(損耗)에 관하여 원상회복비용을 부담하는 자(=특약이 없는 한 임대인) 및 원상회복의무를 임차인에게 부담시키기 위한 요건

[판결요지]

[4] 임차인은 임대차계약이 종료한 경우에는 임차목적물을 원상에 회복하여 임대인에게 반환할 의무가 있는데, 원상으로 회복한다고 함은 사회 통념상 통상적인 방법으로 사용·수익을 하여 그렇게 될 것인 상태라면 사용을 개시할 당시의 상태보다 나빠지더라도 그대로 반환하면 무방하다는 것으로, 임차인이 통상적인 사용을 한 후에 생기는 임차목적물의 상태 악화나 가치의 감소를 의미하는 통상의 손모(損耗)에 관하여는 임차인의 귀책사유가 없으므로 그 원상회복비용은 채권법의 일반원칙에 비추어 특약이 없는 한 임대인이 부담한다고 해야 한다. 즉, 임대차계약은 임차인에 의한 임차목적물의 사용과 그 대가로서 임대료의 지급을 내용으로 하는 것이고, 임차목적물의 손모의 발생은 임대차라고 하는 계약의 본질상 당연하게 예정되어 있다. 이와 같은 이유로 건물의 임대차에서는 임차인이 사회 통념상 통상적으로 사용한 경우에 생기는 임차목적물의 상태가 나빠지거나 가치 감소를 의미하는 통상적인 손모에 관한 투하자본의 감가는 일반적으로 임대인이 감가상각비나 수선비 등의 필요경비 상당을 임대료에 포함시켜 이를 받음으로써 회수하고 있다. 따라서 건물의 임차인에게 건물임대차에서 생기는 통상의 손모에 관해 원상회복의무를 부담시키는 것은 임차인에게 예상하지 않은 특별한 부담을 지우는 것이 되므로 임차인에게 그와 같은 원상회복의무를 부담시키기 위해서는 적어도 임차인이 원상회복을 위해 그 보수비용을 부담하게 되는 손모의 범위가 임대차계약서의 조항 자체에서 구체적으로 명시되어 있거나 그렇지 아니하고 임대차계약서에서 분명하지 않은 경우에는 임대인이 말로써 임차인에게 설명하여 임차인이 그 취지를 분명하게 인식하고 그것을 합의의 내용으로 하였다고 인정되는 등 그와 같은 취지의 특약이 명확하게 합의되어 있어야 할 필요가 있다고 해석함이 상당하다.

하지만 위 판례의 설명으로도 그 의미는 모호합니다. 개별 사안에 따른 판단이 필요할 듯합니다만, 고의든 과실이든 인위적인 물리력에 의하여 찢어지고 부서졌다면 이것은 '통상의 손모'가 아니며 원상회복의 대상이 된다고 이해하시면 쉬울 듯합니다.

3) 어느 시점의 상태로 원상회복을 하여야 하나?

계약 시점의 상태로 원상회복을 하면 된다는 것은 너무 당연합니다. 그런데 계약 시점의 임차목적물의 상태가 이미 여러 시설이 설치되어 있었던 경우라면 어떻게 해야 할 것인지가 문제가 됩니다. 판례에 따르면 임대차 계약 시에 그 이전 임차인이 시설해 놓은 부분에 관하여도 현 임차인이 철거하여 원상회복한다는 등의 특약이 없는 한, 임차인은 자신이 추가로 개조, 시설한 부분에 대해서만 원상회복의무가 있다고 합니다.

실무를 하다 보면 상가의 승계창업의 경우, 새로운 임차인이 기존의 임차인에게 일정한 권리금을 주고 인테리어, 물품 등 시설의 대부분을 그대로 승계하는 경우가 많습니다.

그렇다면 이 경우에는 새로운 임차인이 계약종료 시에 어느 시점으로까지 원상회복을 하여야 할까요?

임차인이 추가로 개조, 시설한 부분에 대하여만 원상회복하면 될까요?

아닙니다. 이 경우에는 새로운 임차인은 기존 임차인과의 권리금계약 시에 기존 임차인의 원상회복의무도 함께 승계했다고 보아야 합니다. 즉, 계약만료 시 공실 상태로 완전 원상회복을 해야 하는 것이지 자신이 추가로 개조, 시설한 부분에 대하여만 원상회복을 해서는 안 될 것입니다.

> **판례 : 임차보증금**
>
> [대법원 1990. 10. 30. 선고, 90다카12035, 판결]
>
> [판시사항]
>
> 가. 이미 시설이 되어 있던 점포를 임차하여 내부시설을 개조한 임차인의 임대차 종료로 인한 원상회복채무의 범위
>
> [판결요지]
>
> 가. 전 임차인이 무도유흥음식점으로 경영하던 점포를 임차인이 소유자로부터 임차하여 내부시설을 개조 단장하였다면 임차인에게 임대차 종료로 인하여 목적물을 원상회복하여 반환할 의무가 있다고 하여도 별도의 약정이 없는 한 그것은 임차인이 개조한 범위 내의 것으로서 임차인이 그가 임차받았을 때의 상태로 반환하면 되는 것이지 그 이전의 사람이 시설한 것까지 원상회복할 의무가 있다고 할 수는 없다.

4) 원상회복과 보증금 반환과의 관계

임대차 종료 시에 임대인이 임차목적물의 원상회복을 문제 삼아서 이것을 해결하지 않으면 보증금을 돌려주지 않거나, 임의로 보증금에서 손해액을 제하고 보증금을 돌려주는 경우가 빈번하게 있습니다. 이 문제는 임차인의 원상회복의무와 임대인의 보증금반환의무가 동시이행의 관계이냐는 질문과 같습니다. 결론적으로 말하면, 임차인의 명도의무와 임대인의 보증금반환의무가 동시이행의 관계이지, 원상회복의무는 별개의 문제입니다. 즉, 원상회복의 범위가 중대하지 않은 이상 임차인의 명도가 있으면 임대인은 보증금을 돌려주어야 하고, 원상회복이 제대로 실행되지 않아서 발생한 손해는 별도로 입증하여 주장하여야 합니다.

판례 : 전세보증금반환

[대법원 1999. 11. 12. 선고, 99다34697, 판결]

[판시사항]

[1] 임차인이 사소한 원상회복의무를 이행하지 아니한 채 건물의 명도 이행을 제공한 경우, 임대인이 이를 이유로 거액의 임대차보증금 전액의 반환을 거부하는 동시이행의 항변권을 행사할 수 있는지 여부(소극)

[2] 임차인이 금 326,000원이 소요되는 전기시설의 원상회복을 하지 아니한 채 건물의 명도 이행을 제공한 경우, 임대인이 이를 이유로 금 125,226,670원의 잔존 임대차보증금 전액의 반환을 거부할 동시이행의 항변권을 행사할 수 없다고 한 사례

[판결요지]

[1] 동시이행의 항변권은 근본적으로 공평의 관념에 따라 인정되는 것인데, 임차인이 불이행한 원상회복의무가 사소한 부분이고 그로 인한 손해배상액 역시 근소한 금액인 경우에까지 임대인이 그를 이유로, 임차인이 그 원상회복의무를 이행할 때까지, 혹은 임대인이 현실로 목적물의 명도를 받을 때까지 원상회복의무 불이행으로 인한 손해배상액 부분을 넘어서서 거액의 잔존 임대차보증금 전액에 대하여 그 반환을 거부할 수 있다고 하는 것은 오히려 공평의 관념에 반하는 것이 되어 부당하고, 그와 같은 임대인의 동시이행 항변은 신의칙에 반하는 것이 되어 허용할 수 없다.

8 개업공인중개의 금지행위

1) 개요

공인중개사법에서는 공인중개사사 일정한 행위를 하였을 경우 처벌(징역＞벌금＞과태료)을 받을 수 있을 뿐만 아니라 행정처분(자격취소＞자격정지＞등록취소＞업무정지)도 받게 됨을 규정하고 있습니다.

여러분들이 위와 같은 처벌이나 행정처분을 받지 않기 위해서는 일단은 내가 어떤 행동을 하면 처벌 등을 받는지 숙지를 하셔야 합니다. 공인중개사법에서 규정한 사유들을 보면 대부분은 단순명확하여 따로 설명이 필요가 없으나, 초과중개보수 수령, 직접거래 등과 같은 사유는 법률적해석이나 판례를 참조하여야 그 의미가 명확해져서 따로 숙지를 하셔야 합니다.

이번 장에서는 이와 같이 별도로 학습하지 않으면 "내가 하는 행동이 처벌대상인가?"하는 의문이 드는 금지행위들에 관하여 자세히 알아보도록 하겠습니다.

공인중개사님들이 한 가지 명심하실 점은, 처벌을 받는 행위를 하였다는 것을 관청에서 알 수 있었던 이유의 대부분이 의뢰인의 민원이나 같은 지역 공인중개사의 신고라는 점입니다. 그러므로 의뢰인과의 좋은 관계 유지도 중요하지만 같은 동네에서 동종업에 종사하는 공인중개사분들과도 평소에 좋은 관계를 맺어 놓는 것이 좋을 것입니다.

2) 초과중개보수를 수령하는 행위

(1) 법률조항

공인중개사법에서는 사례, 증여 그 밖의 어떠한 명목으로도 제32조에 따른 보수 또는 실비를 초과하여 금품을 받는 행위를 금하고 있으며(공인중개사법 제33조 제3호), 이를 위반할 경우 6월의 범위 내에서 자격을 정지할 수 있을 뿐 아니라(공인중개사법 제36조 제7호) 1년 이하의 징역 또는 1천만 원 이하의 벌금에 처하도록 규정(공인중개사법 제49조 1항 제10호)하고 있습니다. 여기에서 행정처분(자격정지)은 관청의 재량이나 처벌은 반드시 받게 됨을 유의해야 합니다.

(2) 초과중개보수 수령의 금지의 위반 유형

① 간이과세자인 개업공인중개사가 부가세 징수

실무교육 등에서 간이과세자인 개업공인중개사도 부가세를 징수할 수 있다는 말을 들어 본 적이 있는 분들이 계셔서 혼란을 일으키는 사안입니다.

이 문제는 간이과세자인 공인중개사분들 뿐만 아니라 다른 업종의 분들도 많이 혼란스러워하는 부분입니다. 왜냐하면 일반적으로 간이과세자인 사업자는 세금계산서를 발행할 수 없으므로 부가세를 따로 징수할 수 없는데 부가세를 납부하고 있다고 생각하고 있기 때문입니다.

하지만 이것은 부가세에 대한 잘못된 이해에서 비롯된 생각입니다. 간이과세자인 사업자는 부가세를 징수할 수 없는 것이 아니라 판매대금 등에 부가세를 포함해서 징수하고 있는 것이라고 이해를 하여야 합니다.

그러므로 간이과세자인 개업공인중개사가 징수하는 법정중개보수 내에 부가세도 포함되어 있다고 보아야 하며, 법정중개보수 이외에 부가세10%를 따로 징수하면 이는 초과중개보수 수령이 될 것입니다.

② 컨설팅비, 용역비 명목으로 금품을 수수한 경우

중개사분들 중에는 중개보수가 아니라 컨설팅비 또는 용역비 명목으로 영수증을 발급하고 금품을 수수하는 것은 상관없다고 말씀하시는 분들이 계십니다.

하지만 공인중개사법에서는 보수 또는 실비 외에 어떠한 명목으로도 금품을 수령할 수 없다고 명시하고 있습니다.

그러므로 계약서나 영수증에 수령한 금품의 성격이 컨설팅비 또는 용역비라고 명시하더라도, 컨설팅만 있었던 것이 아니라 중개행위가 있었다면 초과중개보수 수령에 의한 책임을 면할 수 없습니다.

③ 계약 당사자 일방이 중개보수를 모두 부담하는 경우

계약 당사자 일방이 중개보수를 모두 부담한다는 취지의 합의 내용을 특약으로 기재 또는 녹취해 놓았다면 정당한 중개보수의 수령이 될 것입니다.

하지만 구두로만 합의하고 어떠한 증거도 남기지 않았다면 초과중개보수에 대한 책임을 면하기 힘들 수도 있습니다.

④ 일정한 금액 이상으로 매도 성공 시에 그 금액 이상을 중개보수로 인정한다고 약속한 경우

매도인이 계약 시에는 기분이 좋아서 아무런 말이 없었다 하더라도, 이것은 초과중개보수 수령이며 후에 언제라도 문제가 될 수 있습니다.

매도인이 이러한 약속을 각서 등의 문서로 남겼다 하더라도, 공인중개사는 이를 금품에 대한 증여계약이라 주장할 수는 있어도(실제로 인정되기는 어려움) 초과중개보수의 수령에 대한 책임을 피할 수는 없을 것입니다.

(3) 해결법

① 현금수령

약속된 중개보수 등의 총합이 법정보수의 한도를 초과하는 경우에는 의뢰인에게 양해를 구하고 현금으로 달라고 요청을 하는 것이 좋습니다.

한도를 초과하는 금액만 현금으로 받으면 되며, 여기서 주의할 점은 절대 영수증을 발급해 주어서는 안 됩니다.

② 의뢰인의 녹취 가능성을 고려

중개보수 등의 수령 시 의뢰인이 현금을 지급하면서 "약속한 얼마가 여기 있습니다"등과 같은 말을 할 경우에 절대 "네 받았습니다" 또는 "감사합니다" 등의 말을 해서는 안 될 것입니다.

왜냐하면 의뢰인이 스마트폰으로 녹취를 하고 있을 수도 있기 때문입니다. 이런 것까지 생각해야 하나라고 말씀하실 수 있지만, 의뢰인이 나중에 녹취를 근거로 초과보수의 수령을 주장하면 중개사

는 빠져나갈 수가 없게 됩니다.

　　현금 수령 시에 그냥 말없이 웃으면서 고개 숙여 감사를 표시하는 정도로 족할 것입니다.

③ 부동산컨설팅사업자 등록

　　세무서에서 부동산컨설팅사업자 등록을 한 후 의뢰인과 컨설팅약정(도급계약)을 맺고 컨설팅비용을 수수하는 것은 가능합니다.

　　주의할 점은 컨설팅할 때에 되도록 많은 자료를 제공하는 방법으로 컨설팅이 이루어졌다는 증거를 꼭 남겨놓아야 한다는 것입니다.

3) 직접거래

(1) 법률조항

공인중개사법 제33조 제6호(직접거래 및 쌍방대리 금지)
공인중개사법 제36조 제7호(자격정지)
공인중개사법 제48조 제3호(3년 이하의 징역 또는 3천만 원 이하의 벌금)
☞ 초과보수금지 보다 벌칙이 더 강하다는 것을 알 수 있습니다.

---

(2) 개요

중개의뢰인 ------------------------> 개업공인중개사
대리인　　　중개의뢰　　　친족
　　　　　　매매　　　　　직원(소속공인중개사/중개보조원)
　　　　　　임대,교환 등　공동명의
　　　　　　공동중개

---

① 직접거래의 의미

　직접거래라 함은 개업공인중개사 등이 본인 소유의 중개대상물을 중개의뢰인에게 직접 매도, 임대 등의 권리이전변경을 하거나 / 중개의뢰인 소유의 중개대상물을 개업공인중개사가 본인 명의로 매수, 임차 등의 권리이전변경을 하는 것을 말합니다.

② 직접거래를 금지하는 이유

　부동산 거래 시 개업공인중개사는 일반적으로 부동산에 대한 정보를 잘 알고 있을 것인데, 이러한 정보력을 이용하여 중개의뢰인과 직접거래를 하면 중개의뢰인이 불측의 손해를 입을 수도 있다는 우려가 있기 때문에 공인중개사법에서는 이를 엄격히 금지하고 있습니다.

③ 중개의뢰 여부가 핵심

　직접거래의 여부를 판단할 때에 가장 중요한 점은 중개의뢰인이 직접거래의 판단의 대상인 개업공인중개사에게 중개의뢰를 하였냐는 것입니다.
　직접 또는 간접적인 중개의뢰가 없었다면 이는 중개행위가 아니므로 공인중개사법이 적용될 여지가 없기 때문입니다.

④ 개업공인중개사 범위의 해석

　직접거래가 인정될 수 있는 개업공인중개사의 범위는 단어의 의미 그대로 생각하면 안 됩니다.
　친족, 직원 등 개업공인중개사가 아니더라도 개업공인중개사와 밀접한 관계가 있는 자라면 중개의뢰인에게 불측의 손해를 입힐 수 있다는 점에서 동일하므로 개업공인중개사의 범위를 폭넓게 해석하여야 합니다.

⑤ 단속규정적 성격

　대법원에서는 공인중개사법 제33조 제6호의 규정을 강행규정이 아닌 단속규정으로 보고 있음을 주의해야 합니다. 즉, 이 규정에 위반한 경우 처벌은 하겠지만 위반한 행위를 통해 행한 법률행위의 효력까지는 무효로 하지 않겠다는 것입니다.

> **판례 : (대법원 2017.2.3.선고2016다259677 판결)**
>
> 대법원은 개업공인중개사가 중개의뢰인에게 자신의 전원주택을 매도한 사안에 관하여 "개업공인중개사 등이 중개의뢰인과 직접 거래를 하는 행위를 금지하는 공인중개사법 제33조 제6호의 규정 취지는 개업공인중개사 등이 거래상 알게 된 정보 등을 자신의 이익을 꾀하는 데 이용하여 중개의뢰인의 이익을 해하는 경우를 방지하여 중개의뢰인을 보호하기 위한 것이므로, 이 규정에 반하여 한 거래행위 자체가 그 사법상의 효력을 부인해야 할 만큼 현저히 반사회성, 반도덕성을 지녔다고 할 수 없다"고 판시하고 있습니다.

(3) 직접거래의 사례

① 개업공인중개사의 친족소유 또는 친족명의로의 부동산거래

실무에서 질문 받는 직접거래 사례 중 가장 빈번하고 애매한 사안입니다.

의뢰인소유의 부동산을 개업공인중개사의 배우자 등의 명의로 매매계약 또는 임대차계약 등을 체결하거나, 반대로 의뢰인에게 개업공인중개사의 배우자 등의 명의로 되어 있는 부동산을 매각하는 계약 등을 체결하는 경우 모두 이에 해당될 것입니다.

간단하게 정리하면 다음과 같습니다.

```
원칙 ┌ 친족이 직계존비속 또는 배우자인 경우 --------> 직접거래 성립 O
     └ 친족이 그 외의 친족인 경우 ----------------> 직접거래 성립 X

예외 ┌ 직계존비속 또는 배우자가 거래대상의 부동산에 대하여
     │   그 취득자금을 입증할 수 있는 경우 ---------> 직접거래 성립 X
     └ 그 이외의 친족의 명의나 실질적으로 개업공인중개사의
         소유임이 입증 가능한 경우 ---------------> 직접거래 성립 O
```

위에서 보시는 것과 같이, 매도인 또는 매수인이 개업공인중개사의 부모, 자식 또는 배우자라고

하더라도 일률적으로 그 계약이 직접거래가 된다고 판단 할 수는 없습니다.

원칙적으로는 직접거래가 될 가능성이 높아서 처벌을 받을 수 있지만, 그 계약이 개업공인중개사가 얻을 이익이 없다는 것이 입증 가능하면 직접거래가 되지 않을 수도 있습니다.

하지만, 현실적으로는 자식이나 배우자가 연관된 계약에 관하여 개업공인중개사가 얻을 이익이 없다는 것을 입증하는 것은 거의 불가능할 것입니다.

결론적으로 계약의 당사자가 개업공인중개사의 직계존비속 또는 배우자일 경우에는 직접거래가 무조건 성립한다고 보아도 무방할 듯 합니다.

② 개업공인중개사의 직원소유 또는 직원명의로의 부동산거래

개업공인중개사가 고용하여 소속공인중개사 또는 중개보조원으로 등록한 직원과 중개의뢰인 사이의 계약을 개업공인중개사가 중개한 경우의 문제입니다.

이 경우는 무조건 직접거래가 성립한다고 보셔도 무방합니다.

③ 개업공인중개사와 다른 사람의 공동명의 또는 공동명의로의 부동산거래

중개의뢰인이 내놓은 아파트의 가격이 맘에 드는데 개업공인중개사 단독으로는 매수할 형편이 안 되서 다른 사람과 공동으로 매수하고, 계약서에 개업공인중개사가 공동매수인란 뿐만 아니라 중개인란에도 서명 및 날인한 경우가 이에 해당할 것입니다.

이 경우에도 무조건 직접거래가 성립할 것입니다. 이는 개업공인중개사가 단독으로 매수하는 경우와 실질적으로 다를 것이 없기 때문입니다.

④ 개업공인중개사와 중개의뢰 받은 다른 개업공인중개사와의 공동중개

최근에는 단독중개보다 공동중개로 인한 계약이 많이 이루어지고 있는 실정입니다.

그러므로 공동중개를 할 경우 발생할 수 있는 직접거래에 관한 정확한 숙지가 필요하다고 하겠습니다.

공동중개에서 발생하는 직접거래의 경우 다소 이해하기가 어려울 수 있으므로 먼저 사례를 보시겠습니다.

> **사례**
>
> 의뢰인A에게서 잠실에 있는 아파트의 매도를 의뢰 받은 개업공인중개사B는 매물의 정보를 친분이 있는 개업공인중개사C에게 알려 주면서 "가격이 좋은 물건이니 매수인이 있으면 알려 달라"고 하였습니다.
> C가 확인해 보니 자신이 보기에도 너무 매도 조건이 좋아, 아래와 같은 방법으로 아파트를 매수하기로 마음을 먹었습니다.
>
> a. 자신이 단독으로 직접 매수하고, 매수인란에만 서명 및 날인한 경우
> b. 자신이 단독으로 직접 매수하고, 매수인란 뿐만 아니라 중개인란에도 B중개사와 공동중개의 형식으로 서명 및 날인한 경우
> c. 자신과 중개보조원으로 등록되어 있는 배우자와 공동명의로 매수하고, 중개인란에는 B중개사와 공동중개의 형식으로 서명 및 날인한 경우

위의 사례에서 a의 방식으로 매수 할 경우에는, 중개사 C는 의뢰인A에게 중개의뢰를 받은 적이 없음을 별론으로 하더라도 중개인란에 서명 및 날인을 하지 않아 중개행위 자체가 성립하지 않으므로 직접거래가 성립하지 않음이 논쟁의 여지가 없이 명백합니다.

하지만 b의 방식으로 중개사 C가 아파트를 매수할 경우에는 논쟁의 여지가 있을 수 있습니다.

공인중개사협회의 법률상담에 보면, b와 같은 경우에도 중개사 C는 중개의뢰를 받은 일이 없으므로 직접거래가 아니라고 설명된 경우도 있습니다.

하지만 중개의뢰인의 불측의 손해를 방지하기 위하여 직접거래를 금지하는 공인중개사법 제33조의 취지를 볼 때, 부동산 등의 거래에서 개업공인중개사가 중개의뢰인에게 불측의 손해를 입힐 우려가 있다는 점에서 공동중개도 단독중개와 별반 차이가 없다고 보아야 합니다.

그러므로 개업공인중개사 C가 b의 방식으로 아파트를 매수하고 일단 중개인란에 서명 날인하여 공동중개가 성립한다면 직접거래가 된다고 보아야 할 것입니다.

행정심판의 사례에서도 위와 같은 사례의 경우에, 의뢰인으로부터 직접 중개의뢰를 받지 않은 중개사 C가 공동중개인란에 자신의 서명 및 날인을 하였다가 차후에 이를 삭제한 사안에서, 중개의뢰

를 직접 받지 않았다는 사유 외에 공동중개인란에 서명 및 날인을 하지 않았다는 이유를 들어 6개월 업무정지 처분은 위법하다고 하였습니다. (국민권익위원회 서행심 2012-331)

결론적으로 개업중개사가 공동중개의 형식으로 아파트를 매수한 경우에는, 자신이 중개의뢰를 받았느냐 안 받았느냐와 상관없이 직접거래가 성립한다고 보아야 합니다.

c의 방식으로 개업공인중개사C가 아파트를 매수한 경우는, 공동명의 방식와 공동중개의 방식이 결합된 경우인데, 이 경우에도 b방법을 택하였을 때와 차이가 없으므로 직접거래가 성립할 것입니다.

⑤ 개업공인중개사가 자신의 사무실을 계약기간 중에 내놓은 경우

개업공인중개사가 자신의 사무실을 내놓고 새로운 임차인을 찾아서 임대인과 계약을 성사시킨 경우, 이 행위가 직접거래가 되냐는 질문을 많이 받습니다.

이 경우에는 직접거래가 성립되지 않는다는 의견이 다수설이며, 필자 또한 그렇게 생각하고 있습니다.

왜냐하면 그 사무실은 개업공인중개사소유도 아닐 뿐만 아니라, 그 임대 가격을 중개사가 임의로 정할 수 없기 때문에 중개사가 우월적인 지위를 이용할 수가 없기 때문입니다.

(4) 해결법

① 중개의뢰인과 직거래를 한다.

본인의 사무실에 의뢰인이 찾아 와서 부동산 거래를 중개의뢰할 경우, 개업공인중개사가 중개의뢰의 수락을 거절하고 의뢰인을 설득하여 중개방식이 아닌 직거래 방식으로 거래를 하자고 설득하여 계약을 한다면 이는 직접거래가 되지 않을 것입니다.

② 다른 개업공인중개사의 중개를 통한 거래를 한다.

일반적으로 의뢰인이 중개사무소를 찾아오는 이유는 거래의 안전을 보장 받기 위한 경우가 많습니다. 즉, 개업공인중개사가 자신과의 직거래를 설득하였으나 의뢰인이 중개행위를 통한 계약을 원

한다면, 계약을 다른 개업공인중개사의 중개를 통해서 성립시켜 직접거래의 성립을 피할 수 있습니다.

다만, 여기서 주의할 점은 개업공인중개사가 본인도 계약서의 중개인란에 서명 및 날인을 하는 일이 없어야 할 것입니다. 왜냐하면 본인이 중개인란에 서명 및 날인을 하면 이 계약은 공동중개가 성립하여 직접거래가 성립하기 때문입니다.

9 LH전세, SH전세

1) 개요

① 중개사님들께서 사무소를 운영하다 보면 제일 많은 문의를 받는 것 중 하나가 "LH전세 있어요?"라는 질문일 것입니다.

현업에 뛰어든지 얼마 되지 않은 상황에서 막상 이런 문의가 들어오면 무척 당황스러울 수 밖에 없을 것입니다. 왜냐하면 중개사라는 직업을 가지기 전에는 이런 용어 자체를 들어 본 적도 없었을 가능성이 높기 때문입니다.

그러므로 중개사님들께서는 이 제도에 관한 대략적인 개념과 중개가 진행되는 흐름을 숙지하고 계셔야 할 것입니다.

② LH전세 / SH전세의 개념

LH(한국토지주택공사) 또는 SH(서울주택도시공사)에서 일정한 자격을 갖춘 자를 입주자로 선정한 후, 주택(또는 주거용 오피스텔)을 대신 빌려서 입주자에게 저렴한 금액에 재임대 하는 것이라고 이해하시면 됩니다.

즉, LH 또는 SH에서 전세로 주택을 임차한 후 다시 입주자에게 저렴한 월세로 전대하는 것입니다. 그러므로 LH전세 또는 SH전세라는 용어는 공사와 임대인 간에만 해당되는 것이고, 입주자는 월세를 얻는 것이라 볼 수 있습니다.

```
임대인 ------------------> 임차인(LH,SH) -------------------> 입주자(중개의뢰인)
     전세계약                              월세계약
```

아래에서 보시는 것과 같이 LH전세 계약서에는 임대인, 임차인란 외에 입주자란이 따로 있습니다.

임대인	주소 : 성명 : 주민등록번호 : 입금계좌 :	전화번호 : 은행 :	예금주 :
임차인	주소 : 성명 : 사업자등록번호 :	전화번호 :	
입주자	주소 : 성명 : 사업자등록번호 :	전화번호 :	
중개업자	주소 : 상호 : 대표자 : 사업자등록번호 :	(날인 또는 서명) 전화번호 :	
중개업자	주소 : 상호 : 대표자 : 사업자등록번호 :	(날인 또는 서명) 전화번호 :	

2) 중개진행 절차

① 물건 물색 ---> ② 가계약 ---> ③ 공사에 심사요청 ---> ④ 가능여부 심사 / 통보 --->
⑤ 본계약 ---> ⑥ 전입신고 후 등본제출 ---> ⑦ 잔금지급 및 입주

① 중개사무실로 LH전세 또는 SH전세를 찾는 고객이 오시면, 일단 그 분들은 이미 입주자로 선정이 된 상태이기 때문에 그 분이 입주자의 자격요건을 갖추었는지 여부는 확인할 필요가 없습니다. 그러므로 중개사님들이 LH전세나 SH전세의 입주자 자격요건 같은 것도 외우실 필요가 없을 것입니다.

그렇다면 먼저 해야 할 일은 입주가 가능해 보이는 전세물건을 찾는 것입니다.

보유 매물 중에 전세가 가능한 것이 있다고 해서 무조건 심사를 요청하면 거절이 될 가능성이 높기 때문에 승인 가능여부를 꼼꼼히 따져 보아야 할 것입니다.

가계약 또는 심사요청 전에 따져 봐야 하는 조건은 다음과 같습니다.

▶ 주택 또는 주거용 오피스텔일 것

실질용도가 아닌 건축물관리대장의 용도가 주택이어야 합니다.

국민주택규모(85㎡)이하의 단독/다가구/다세대/연립주택 또는 아파트여야 합니다.

바닥난방 방식의 취사 및 화장실을 갖춘 오피스텔이어야 합니다.

▶ 전세지원불가주택

경매/공매 개시된 경우

토지, 건물의 소유자가 다른 경우(단, 각각의 소유자와 모두 계약체결이 가능하면 신청가능)

압류, 가압류, 가등기, 가처분, 예고등기가 있는 경우(단, 권리관계 말소 후에는 신청가능)

미등기상태인 경우

입주자 본인 또는 배우자가 직계존비속의 소유인 경우

공사의 심의 결과 채권확보가 불가능해 보이는 주택

불법건축물

▶ 임대인이 LH전세 또는 SH전세를 설정하는데 허락을 할 것

과거에는 임대인들이 LH전세나 SH전세에 관하여 막연한 편견을 많이 가지고 있었기 때문에 승인이 가능해 보이는 물건임에도 불구하고 임대인들의 동의를 받는 것이 힘들었습니다.

하지만 최근에는 임대인들의 인식이 다소 변화하여 중개사가 잘 설명하면 별 무리 없이 허락을 해주는 경우가 많습니다.

▶ 전세금액이 8,500만 원 이내일 것

공사에서 지원되는 금액의 한도가 8,500만 원(입주자부담포함)이므로, 이 금액을 초과하는 물건은 위의 모든 조건을 충족하여도 승인을 받는 것이 불가능합니다.

그렇다고 중개사님들은 무조건 계약의 성사를 포기하지 마시고, 차후에 임대인과 입주자 간에 따로 계약서를 한 장 더 작성하여 8,500만 원이 넘어 가는 금액에 관하여는 추가적인 월세 또는 관리비를 받는 조건으로 해결을 할 수도 있습니다.

사례

개업공인중개사 A가 운영하는 중개사무소에 B학생이 방문하여 LH전세 원룸이 있는지 문의를 하였습니다. A가 B에게 승인된 금액의 한도가 얼마인가 물어 보니 6,000만 원이라고 했습니다. 그 때 마침 전세물건 중 건축물대상상 근린생활시설이 아닌 주택으로 되어 있는 원룸이 있어서, A는 원룸건물의 소유주인 C에게 전화를 하여 LH전세를 찾는 학생이 있는데 원룸을 줄 수 있는지 물어 보았습니다. 마침 지층이라서 잘 안 나가는 방이 있어 고민 하던 C는 내심 임대 문의가 반가웠으나 LH전세라는 것이 무엇인지 몰라서 A에게 LH전세라는 것이 무엇인지 물어 보았습니다. A는 C에게 LH전세라는 것이 공공단체에서 지원하는 제도라 매우 안전하고 임대인에게는 아무런 불이익이 가지 않는 제도라도 안심을 시킨 결과, 계약해 주겠다는 답변을 받았습니다.

그런데 A가 C에게 전세금액이 얼마인지 물어 보자 7,000만 원이라는 답변을 들었습니다. A는 그 말을 듣는 순간 다 잡은 고기를 놓친 기분이 들었습니다. A가 C에게 학생이 지원 받을 수 있는 금액이 6,000만 원 밖에 안 되니 금액을 좀 조정해 달라고 부탁을 하였으나, 임대인은 요즘 전세가 얼마나 귀한 줄 아냐면서 단호하게 거절을 하였습니다.

위의 사례에서는 개업공인중개사 A는 두 가지 행동을 할 수 있을 것입니다. 또한 이 결정에 의해서 A의 운명이 바뀌게 될 것입니다.

첫 번째로, A는 C의 답변을 듣고는 낙심하여 B에게 "학생 미안한데 적당한 방이 있었는데 금액이 안 맞네요"하며 돌려 보낼 수 있을 것입니다.

두 번째로, A는 C에게 "그럼 전세 6,000만 원으로 하는 것으로 하고 부족한 금액은 월세 5만 원~10만 원으로 충당하면 어떨까요?"라고 말 할 수도 있을 것입니다. 이 경우 보통 임대인들은 기분 좋게 승낙할 것입니다. 임대인이 승낙을 하면, A는 B에게 따로 월세를 5만 원~10만 원 정도 더 부담이 가능한지 물어 본 후 가계약을 진행하고 공사 소속 법무사에게 팩스로 자료를 넣어서 심사를 요청하면 될 것입니다.

물론, 두 번째의 경우 차후에 계약서를 두 장(임대인 C와 공사+임대인 C와 임차인 B) 작성하게 될 것입니다. 그리고 이 계약은 계약의 자유원칙에 의해 공사와 B, C간의 합의가 있으면 아무런 문제가 없을 것입니다.

② 승인이 가능해 보이는 전세물건을 찾은 후에 임대인의 동의까지 얻었다면 되도록 가계약을 해 놓는 것이 좋습니다.

왜냐하면 일반적으로 전세물건이 찾기가 힘든데, LH전세 물건은 주택(서울시의 원룸 대부분이 근생원룸임)이여야 하기 때문에 더욱 찾기가 어렵기 때문입니다.

또한 가계약 없이 바로 심사요청을 하면 승인여부의 결과가 나오는데 까지 일주일 정도가 소요되기 때문에, 그 기간 동안 심사요청해 놓은 전세물건을 다른 사람이 계약할 가능성이 매우 높습니다.

결론적으로 일단 10만 원 정도라도 걸어서 가계약을 진행시키되, 만약 공사에서 승인이 나지 않는 경우에는 가계약금을 반환해 준다는 임대인의 동의도 받아 놓는 것이 좋습니다.

③ 가계약까지 진행하였다면 공사의 법무사에게 필요한 자료를 보내어 심사를 요청하여야 합니다. 심사에 필요한 서류는 다음과 같습니다.

▶ 기존주택 전세임대 지원신청서
▶ 선순위 임차보증금 확인서
▶ 주택평면도면(평면도가 존재할 경우)
▶ 등기부등본(토지, 건물)
▶ 자격증명서

위의 서류를 작성하는 것은 큰 어려움이 없을 것입니다. 하지만 종종 문제가 되는 것은 "선순위 임차보증금 확인서"입니다.

가끔 실무에서 같은 전세물건인데 A공인중개사사무소에서는 승인이 거절되었는데 B공인중개사사무소에서는 승인을 받은 황당한 경우를 보게 됩니다.

이것은 바로 A공인중개사는 "선순위 임차인보증금 확인서"를 너무 정직하게 쓴데 반해서 B공인중개사는 대충 안전해 보이도록 썼기 때문입니다.

물론 중개사 입장에서는 되도록 계약을 성사시켜서 중개보수를 받고 싶을 것입니다. 하지만 순간의 욕심으로 "선순위 임차인보증금 확인서"를 너무 실제와 다르게 작성하는 일은 없어야 할 것입니다.

④ 법무사에게 자료를 송부 한 후 2일~7일 사이에 전세계약 가능여부가 통보될 것입니다.

지원이 가능하다는 통보를 받으면 공사에서 위임한 법무사와 계약일을 협의하여 정하시면 됩니다. 만약, 불가하다는 통보를 받으면 전세물건을 재물색하여야 할 것입니다.

⑤ 계약일 전에 입주자(중개의뢰인)는 계약금을 준비하여야 합니다. 입주자가 이것을 알고 있는 경우가 대부분이지만, 혹시 모르니 개업공인중개사가 한 번 더 숙지시켜 주면 좋을 것입니다.

계약 당일 공사에서 위임한 법무사가 계약서 양식을 직접 가지고 옵니다. LH 또는 SH전세 계약서는 일반계약서와는 달리 당사자란에 임대인, 임차인 뿐만 아니라 입주자란이 있습니다. 여기서 주의할 점은 임차인이 중개의뢰인이 아니라 공사라는 점입니다. 또한 잔금지급 및 입주는 계약일로부터 3주 이후부터 가능합니다.

만약 앞에서 본 사례처럼 임대인과 입주자 사이에 별도의 계약이 필요한 경우에는 따로 계약서를 한 부 더 작성하시면 됩니다.

⑥ 계약 후 입주자는 잔금지급일 3일전까지 전입신고를 완료한 후, 공사에 주민등록등본을 송부하여야 합니다. 주민등록등본이 송부되지 않으면 잔금이 지급되지 않으므로 미리 전입신고를 해 두는 것이 좋을 것입니다.

⑦ 잔금일이 되면 공사에서 직접 임대인 계좌로 잔금을 입금하게 됩니다.

중개보수 또한 공사에서 개업공인중개사에게 지급하게 됩니다.

🏠 10 주요 중개사고의 유형

1) 등기부등본 또는 신탁원부 미확인으로 인한 사고

① 계약 시 등기부등본 등을 확인하여 거래당사자에게 확인설명서를 작성하여 교부

② 중도금 및 잔금 시에도 등기부등본을 확인한 후, 권리변동사항이 있을 경우에 계약서 또는 확인설명서에 추가로 기재하고 중도금 또는 잔금지급을 보류 또는 계약을 해제하는 등의 조치 필요

③ 별도등기가 있는 경우에는 반드시 별도등기부등본을 확인

④ 근저당이 설정되어 있는 경우 반드시 해당 은행에 문의하여 포괄근저당인지 여부를 확인

⑤ 가압류, 가처분 또는 예고등기가 되어 있는 경우 실제 권리관계를 정확히 파악

⑥ 신탁등기가 있는 경우 신탁원부를 발급받아 신탁계약의 내용 및 실권리자를 확인

2) 중개대상물확인설명서 미작성 또는 설명 누락으로 인한 사고

① 정확한 사실적 내용만 기술하고, 불확실하거나 추상적인 내용은 설명하지 말 것

② 부동산 세금에 관하여는 확인설명서에 기재된 것과 관련된 사항만 간단하게 설명하고, 세무사에게 문의할 것을 추천

③ 수익형 건물(단독/다중/다가구/다세대 등) 중개 시 중개대상물확인설명서상 "실제권리관계 또는 공시되지 아니한 물건의 권리사항"란에 임차인들의 가구수와 보증금액수를 기재

④ 난방방식(중앙난방/개별난방) 또는 엘리베이터 유무에 관하여 주의해서 기재

3) 대리권 미확인으로 인한 사고

① 대리인과 계약 시 대리인의 신분증, 위임장 및 인감증명서를 특별한 사정이 없으면 반드시 요구하여 확인 후 복사본을 보관 및 교부
② 위의 문서들은 위조가 가능하므로 위임인과 통화를 반드시 할 것, 통화 시에도 위임인의 진정성을 확보하기 위하여 주요 인적사항 등을 물어 볼 것

4) 책임특약으로 인한 사고

계약에 관하여 개업공인중개사가 책임을 진다거나, 연대보증을 한다는 등의 특약을 절대 기재하지 말 것

5) 거래대금의 타계좌 입금으로 인한 사고

거래대금(가계약금/계약금/중도금/잔금)은 특별한 사정이 없는 한 반드시 매도인 또는 임대인의 계좌에 입금하도록 유도

6) 소속공인중개사 또는 중개보조원의 관리 소홀로 인한 사고

① 소속공인중개사 등의 책임은 사용자인 개업공인중개사의 책임임을 주의
② 계약서는 개업공인중개사가 직접 작성하여 교부
③ 거래 대금은 소속공인중개사 등에게 교부하지 말 것을 계약 당사자에게 설명할 것

7) 신분증(주민등록증) 위조사기로 인한 사고

① 행정안전부에서 제공하는 음성서비스(국번없이 1382번)를 통한 주민등록증 진위여부 확인
② 계약 시에 등기권리증을 반드시 확인

8) 상가임대차 중개로 인한 사고

① 의뢰 받은 업종이 대상 부동산에 입점이 가능한지를 구청 해당과에 문의해 볼 것
② 해당과에 문의를 해보았더라도, 계약서에 입점불가 시 개업공인중개사가 책임이 없음을 특약으로 남겨 놓을 것

11 내용증명

1) 내용증명의 의의 및 기능

　사무실을 운영하다 보면 건물주들이 찾아 오셔서 세입자들이 월세를 여러 달 밀려 스트레스를 심하게 받는다며, 어떻게 세입자를 내보낼 방법이 없느냐고 문의하시는 경우가 많이 있습니다. 이 경우에 저는 건물주께 "우선 내용증명을 보내서서 이행을 청구하고, 그래도 세입자가 밀린 월세를 해결하지 않으면 내용증명을 한 번 더 보내서 계약해지를 통보하라"고 말씀을 드립니다. 이 말을 들은 건물주께서는 보통 내용증명을 좀 써 달라고 바로 부탁하는 경우가 많이 있습니다.

　여러분들이 만약 위와 같은 상황에 놓였을 경우, 건물주께 "법무사를 방문하여 작성하십시오"와 같이 말한다면, 이것은 여러분들이 운영하는 중개사무소의 신뢰도를 높일 수 있는 기회를 잃어버림과 동시에 짭짤한 부수입을 올릴 수 있는 기회를 놓치는 일이 될 것입니다. 그러므로 여러분들은 반드시 "내용증명은 제가 대신 작성하여 보내 드리겠습니다"라고 자신있게 말할 수 있어야 할 것입니다.

　내용증명이라는 것은 "발신인"이 "특정한 내용을 담은 문서"를 "특정한 시점"에 보냈으며, 그것을 "수신인"이 "특정시점에 수취했음"을 우체국이 등기우편의 방법을 통하여 공식적으로 증명해 주는 제도입니다.

　법률의 대원칙 중 "법은 권리 위에 잠자는 자를 보호하지 않는다"라는 것이 있습니다. 즉, 권리자가 일정한 권리를 행사하기 위해서는 의무자에게 일정한 조건을 갖추고 통지 또는 통고 등을 해야 하는 것이지, 가만히 있으면 권리를 인정해 주지 않는다는 것입니다.

　그러므로 일정한 시점(기준시점)에 권리를 행사하였다는 증거를 남겨 놓아야 하는데, 그 방법으로는 전화통화의 녹취, 이메일의 발송 또는 카톡 등이 있을 것입니다. 하지만 권리자가 권리를 행사해야 하는 시점에 의무자가 전화를 받지 않는 경우가 많이 있으며 이메일이나 카톡 등도 받지 못 했다 또는 읽지 않았다 하면 그만이기 때문에, 내용증명제도를 이용하여 확실하게 권리행사 의사를 전달하는 것이 중요할 것입니다.

2) 내용증명 작성 시 주의사항

(1) 공손하지만 위협적으로 작성

내용증명을 발송하여 얻을 수 있는 가장 좋은 결과는 수신인이 의무를 이행하여 소송까지 가지 않는 것일 것입니다. 그런데 내용증명의 내용이 너무 무례하고 강압적이라면, 수신인이 내심 그 내용이 맞다는 것을 인정하면서도 반발심에 그와는 정반대로 행동하는 경우가 많습니다.

그러므로 내용증명의 내용은 공손하면서도 법률조항이나 판례 등의 확실한 근거를 제시하여 수신인에게 위협적인 느낌을 줄 수 있게 작성하여야 할 것입니다.

(2) 내용은 정확하게 기재

내용증명 작성 시 그 내용을 잘못 기재하여 보낼 경우, 소송 등에서 오히려 자신에게 불리한 증거가 될 수 있습니다. 그러므로 내용증명이 훗날 소송 등에서 이용될 것을 대비하여 불리한 부분을 쓰지 않도록 표현 하나 문구 하나에 유의하여야 할 것입니다.

(3) 내용증명은 2번 송부

경우에 따라서 다르겠지만, 일반적으로 내용증명은 2번 보내는 경우가 많습니다. 한번은 계약내용 그대로의 이행을 청구하여 수신인에게 채무이행의 기회를 마지막으로 한 번 더 줄 것이고, 이에도 반응이 없으면 두 번째로 계약의 해지 등의 통보를 내용으로 하는 내용증명을 보내게 될 것입니다.

3) 주요 내용증명의 작성방법(필수적 기재사항)

(1) 연체임대료 청구 또는 그에 따른 계약해지 통고 시의 내용증명

① 발신인, 수신인 정보 기재

② 임대차계약의 내용(계약당사자/부동산 소재지/계약기간/보증금/월차임) 기재

③ 월차임 연체 내용(월차임 연체 횟수 및 총액) 기재

④ 청구 내용(특정시점까지 연체된 차임지급 또는 해지 의사) 기재

⑤ 불이행시의 법적 조치(명도소송 예정고지) 기재

내용증명서

▶ 일시 : 2019.07.01.
▶ 수신자 : 이몽룡
▶ 주소 : 서울특별시 관악구 신림로7길 23, 건영아파트 102동 1104호

▶ 발신자 : 성춘향
▶ 주소 : 서울특별시 동작구 상도로30길 40, 상도2차 두산아파트 2020동 1304호

▶ 제목 : 연체임대료 청구 및 계약해지에 관한 내용증명
　　　　부동산의 표시 : 서울특별시 관악구 신림동 1516-4 4층

1. 귀하(귀사)의 무궁한 발전을 기원합니다.
2. 귀하는 발신인과 위 부동산에 관하여 2018.11.06.부터 2020.11.06.까지 보증금 5,000만 원/월차임 100만 원에 임차를 하는 상가임대차계약을 체결하여 현재까지 이르고 있습니다.
3. 귀하는 계약 기간 중 월차임 지급을 총4회 연체(2019.02.06.~2019.06.05.)하시어, 발신인께서 수차례 구두 또는 통화로 이의 지급을 요청하였습니다.
4. 하지만 귀하는 연체된 월차임의 지급을 계속 미루시고, 현재는 연락조차 되지 않는 실정입니다.
5. 이에 발신인은 본 내용증명을 통하여 마지막으로 연체된 차임(400만 원)의 지급을 정중하게 요청하는 바이오니, 본 내용증명을 송달받은 7일 이내로 귀하는 연체차임을 지급하여 주시기를 희망합니다.
6. 혹 귀하께서 발신인의 요청을 아무런 이유 없이 지체하실 경우, 발신인은 불가피하게 "상가임대차보호법 제10조"에 의거하여 계약을 해지할 것입니다. 부디 이런 불미스러운 일이 발생하지 않도록 협조를 부탁드립니다.

　　　　　　　　　　　　발신인 :　　　(인)

(2) 매매계약에 따른 이행의 청구 시의 내용증명

① 발신인, 수신인 정보 기재

② 매매계약의 내용(계약당사자/목적 부동산/매매금액 및 지급시기, 방법 등) 기재

③ 발신인의 매매계약에 따른 의무이행 사실(이행의 제공) 기재

④ 수신인의 매매계약에 따른 의무이행이 지체된 사실 기재

⑤ 청구 내용(특정시점까지 매매목적물 양도 또는 대금을 지급하라는 의사) 기재

⑥ 불이행 시의 법적 조치(지연손해배상 또는 계약의 해지) 기재

내용증명서

▶ 일시 : 2019.07.01.
▶ 수신자 : 이몽룡
▶ 주소 : 서울특별시 관악구 신림로7길 23, 건영아파트 102동 1104호

▶ 발신자 : 성춘향
▶ 주소 : 서울특별시 동작구 상도로30길 40, 상도2차 두산아파트 2020동 1304호

▶ 제목 : 매매계약에 따른 이행청구에 관한 내용증명
　　　　부동산의 표시 : 서울특별시 관악구 신림동 1516-4 4층

1. 귀하(귀사)의 무궁한 발전을 기원합니다.
2. 귀하는 2019.05.12.발신인과 위 부동산에 관하여 매매계약(매매금액 10억 원/계약금 1억 원/중도금 4억 원/잔금 5억 원/잔금일 2019.06.12.)을 체결하여 발신인에게 계약금과 중도금을 지급하였습니다.
3. 그 후 발신인은 잔금일에 등기이전에 필요한 모든 서류를 갖추어 약속된 장소(서희공인중개사사무소)에 출석을 하였습니다.
4. 하지만 귀하는 아무런 사전 통보도 없이 일방적으로 약속된 장소에 불출석하시고, 현재는 연락조차 되지 않는 실정입니다.
5. 이에 발신인은 본 내용증명을 통하여 귀하께서 매매계약에 따른 잔금을 지급하여 주실 것을 정중하게 요청하는 바이오니, 본 내용증명을 송달받은 7일 이내로 잔금을 지급하여 주시기를 희망합니다.
6. 혹 귀하께서 발신인의 요청을 아무런 이유 없이 거절하실 경우, 발신인은 불가피하게 "민법 제544조"에 의거하여 계약의 해지 및 손해배상청구를 할 것입니다. 부디 이런 불미스러운 일이 발생하지 않도록 협조를 부탁드립니다.

　　　　　　　　　　　　　　발신인 :　　　(인)

(3) 임대차계약 종료에 따른 보증금반환청구 시의 내용증명

① 발신인, 수신인 정보 기재

② 임대차계약의 내용(계약당사자/부동산 소재지/계약기간/보증금/월차임) 기재

③ 임대차계약이 종료된 시점 및 종료 사유 기재

④ 청구 내용(특정시점까지 보증금을 반환해 줄 것) 기재

⑤ 불이행 시의 법적 조치(지연손해배상의 청구 등) 기재

내용증명서

▶ 일시 : 2019.07.01.
▶ 수신자 : 이몽룡
▶ 주소 : 서울특별시 관악구 신림로7길 23, 건영아파트 102동 1104호

▶ 발신자 : 성춘향
▶ 주소 : 서울특별시 동작구 상도로30길 40, 상도2차 두산아파트 2020동 1304호

▶ 제목 : 임대차계약 종료에 따른 보증금반환에 관한 내용증명
　　　　부동산의 표시 : 서울특별시 관악구 신림동 1516-4 4층

1. 귀하(귀사)의 무궁한 발전을 기원합니다.
2. 귀하는 발신인과 위 부동산에 관하여 2018.06.06.부터 2019.06.06.까지 보증금 1,000만 원/월차임 40만 원에 임차를 하는 임대차계약을 체결하여 현재까지 이르고 있습니다.
3. 발신인은 임대차계약 만료 1개월 전인 2019.04.20.에 이미 귀하와의 전화통화로 임대기간을 연장하지 않겠다는 의사를 통보한 바 있습니다.
4. 하지만 귀하는 이미 임대기간이 종료되었음에 불구하고 보증금을 지급할 생각을 하지 않고 계시어, 발신인이 수차례 구두 및 전화통화로 보증금의 반환을 요구하였으나 이에 관하여 별 다른 설명 없이 불응하고 계십니다.
5. 이에 발신인은 본 내용증명을 통하여 마지막으로 보증금의 반환을 정중하게 요청하는 바이오니, 본 내용증명을 송달받은 7일 이내로 귀하는 보증금을 지급하여 주시기를 희망합니다.
6. 혹 귀하께서 발신인의 요청을 아무런 이유 없이 지체하실 경우, 발신인은 불가피하게 소송을 제기할 생각입니다. 부디 이런 불미스러운 일이 발생하지 않도록 협조를 부탁드립니다.

　　　　　　　　　　　　　　　발신인 :　　　　(인)

12 차임 연체에 관한 법률들

1) 민법

> • 제640조(차임연체와 해지) 건물 기타 공작물의 임대차에는 임차인의 차임 연체액이 2기의 차임액에 달하는 때에는 임대인은 계약을 해지할 수 있다.

① 가장 기본이 되는 것은 민법에서 규정한 2기 연체입니다.

② "차임액에 달하는 때"라는 표현을 주의해서 봐야 합니다.
이 표현의 의미는 단순히 2기 동안 차임을 제대로 내지 않은 경우를 의미하는 것이 아니라, 임대인이 계약을 해지하려는 시점에 2기에 달하는 금액의 차임이 누적 연체된 상황을 의미합니다.
또한 2기 연체는 연속될 필요가 없습니다.

> • 예를 들어 임대차계약의 월차임이 50만원이라면
> 한달 40만원 내고 + 다음 달 아예 월세를 안 낸 경우 → 2기 연체 X
> 한달 월세를 안 내고 + 다음 달 또 월세를 안 낸 경우 → 2기 연체 O
> 한달 월세를 안 내고 + 다음 달 월세를 정상적으로 내고 + 그 다음 달 월세를 또 안 낸 경우 → 2기 연체 O

2) 주택임대차보호법

> ● 제6조의3(계약갱신 요구 등) ① 제6조에도 불구하고 임대인은 임차인이 제6조 제1항 전단의 기간 이내에 계약갱신을 요구할 경우 정당한 사유 없이 거절하지 못한다. 다만, 다음 각 호의 어느 하나에 해당하는 경우에는 그러하지 아니하다.
> 1. 임차인이 2기의 차임액에 해당하는 금액에 이르도록 차임을 연체한 사실이 있는 경우

① 계약해지에 대하여는 일반법인 민법이 적용(차임연체액이 2기의 차임액에 달하는 때에 계약해지 가능)되며, 임대인의 갱신요구 거절사유에 관하여만 특별법인 주택임대차보호법에서 규정하고 있습니다.

② "연체한 사실"이라는 표현을 주의해서 봐야 합니다.

이 표현의 의미는 현시점에서 2기에 달하는 금액의 차임이 누적 연체된 상황 뿐만 아니라, 현재는 2기에 달하는 금액의 차임 연체가 해소되었다고 하더라도 과거에 연체한 이력이 있는 경우까지를 포함하는 개념입니다.

이러한 점에서 계약해지 요건인 "차임액에 달하는 때"라는 표현과 의미가 다릅니다.

또한 2기 연체한 이력은 연속될 필요가 없습니다.

3) 상가임대차보호법

> ● 제10조(계약갱신 요구 등) ① 임대인은 임차인이 임대차기간이 만료되기 6개월 전부터 1개월 전까지 사이에 계약갱신을 요구할 경우 정당한 사유 없이 거절하지 못한다. 다만, 다음 각 호의 어느 하나의 경우에는 그러하지 아니하다.
> 1. 임차인이 3기의 차임액에 해당하는 금액에 이르도록 차임을 연체한 사실이 있는 경우

> - 제10조의4(권리금 회수기회 보호 등) ① 임대인은 임대차기간이 끝나기 6개월 전부터 임대차 종료 시까지 다음 각 호의 어느 하나에 해당하는 행위를 함으로써 권리금 계약에 따라 임차인이 주선한 신규임차인이 되려는 자로부터 권리금을 지급받는 것을 방해하여서는 아니 된다. 다만, 제10조 제1항 각 호의 어느 하나에 해당하는 사유가 있는 경우에는 그러하지 아니하다.
> - 제10조의8(차임연체와 해지) 임차인의 차임연체액이 3기의 차임액에 달하는 때에는 임대인은 계약을 해지할 수 있다.

① 제10조 제1항 각호에 해당하는 사유 중 차임 3기 연체가 있습니다.

따라서, 3기를 연체한 사실이 과거에 있으면 권리금 회수에 관한 규정이 적용되지 않습니다.

② 상임법에서도 계약갱신거절 사유 및 권리금회수 규정을 받을 수 없는 "연체한 사실"이라는 표현과 계약해지 요건인 "차임액에 달하는 때"라는 표현을 구별하고 있음에 주목해야 합니다.

4) 민간임대주택에 관한 특별법

> - 시행령 제35조(임대차계약의 해제·해지 등) ① 임대사업자는 임차인이 다음 각 호의 어느 하나에 해당하는 경우를 제외하고는 법 제45조제1항에 따라 임대사업자로 등록되어 있는 기간 동안 임대차계약을 해제 또는 해지하거나 재계약을 거절할 수 없다.
> 3. 월 임대료를 3개월 이상 연속하여 연체한 경우

① 민간임대주택에 관한 특별법은 주택임대차보호법보다 더 특별법입니다.

따라서 두 법률의 내용이 상충하면 특별법인 민간임대주택에 관한 특별법이 적용됩니다.

② 임차인이 계약해지를 당할 수 있는 차임 연체액을 2기가 아닌 3기로 설정하여 주임법보다 더 임차인을 보호하고 있음을 알 수 있습니다.

부동산 중개 실무 123(개정3판)

개정3판 1쇄 인쇄 2025년 06월 02일
개정3판 1쇄 발행 2025년 06월 20일

지은이 권대갑
펴낸이 김지홍

편집 김지홍
디자인 최이서

펴낸곳 도서출판 북트리
주소 서울시 금천구 서부샛길 606 30층
등록 2016년 10월 24일 제2016-000071호
전화 0505-300-3158 | 팩스 0303-3445-3158
이메일 booktree11@naver.com
홈페이지 http://blog.naver.com/booktree77

값 35,000원
ISBN 979-11-6467-185-4 (13320)

• 이 책은 저작권에 등록된 도서로 저작권법에 따라 무단전재 및 복제와 인용을 금지합니다.
• 이 책 내용의 전부 및 일부를 이용하려면 저작권자와 도서출판 북트리의 서면동의를 받아야 합니다.
• 잘못된 책은 구입하신 서점에서 바꾸어 드립니다.